# 布雷顿森林
# 货币战

## 美元如何统治世界

| 珍藏版 |

## THE BATTLE OF
## BRETTON WOODS

John Maynard Keynes, Harry Dexter White,
and the Making of a New World Order

［美］本·斯泰尔 著 符荆捷 陈盈 译
Benn Steil

机械工业出版社
CHINA MACHINE PRESS

本书围绕着布雷顿森林体系的建立，讲述了国际货币体系谈判中的内幕故事。当时身为巨大债权国和贸易顺差国的美国，以一场会议、一纸合约终结了英国对世界贸易和金融的控制权，但这个扣人心弦的历史时刻却又充满了娱乐性。代表英国谈判的凯恩斯，虽然思想光耀千古，却在决定性时刻难败美国谈判代表怀特。作者把布雷顿森林会议作为连接点，将第一次世界大战、第二次世界大战、马歇尔计划、国际金融体系、中美关系统统贯通起来，使整部作品相当有深度、有广度、有政治经济战略的高度。

北京市版权局著作权合同登记　图字：01-2013-6463 号。

**图书在版编目（CIP）数据**

布雷顿森林货币战：美元如何统治世界：珍藏版 /（美）本·斯泰尔（Benn Steil）著；符荆捷，陈盈译 .—北京：机械工业出版社，2024.6

书名原文：The Battle of Bretton Woods: John Maynard Keynes, Harry Dexter White, and the Making of a New World Order

ISBN 978-7-111-75586-9

Ⅰ.①布…　Ⅱ.①本…②符…③陈…　Ⅲ.①美元–研究　Ⅳ.①F827.12

中国国家版本馆CIP数据核字（2024）第072707号

机械工业出版社（北京市百万庄大街22号　邮政编码100037）
策划编辑：杨熙越　　　　　　　责任编辑：杨熙越　　高珊珊
责任校对：龚思文　张　征　　责任印制：郜　敏
三河市宏达印刷有限公司印刷
2024 年 7 月第 1 版第 1 次印刷
147mm×210mm·16印张·355千字
标准书号：ISBN 978-7-111-75586-9
定价：89.00元

电话服务　　　　　　　　　　网络服务
客服电话：010-88361066　　机　工　官　网：www.cmpbook.com
　　　　　010-88379833　　机　工　官　博：weibo.com/cmp1952
　　　　　010-68326294　　金　书　网：www.golden-book.com
**封底无防伪标均为盗版**　机工教育服务网：www.cmpedu.com

致我珍爱的 Gloria 和 Ethan

中文版序

# 是时候建立一个
# "新的布雷顿森林体系"了吗

"我们要为我们的政客、我们的公众和我们的未来考虑",美国财政部部长提醒中国大使。"我们感到,对于两国而言最好的办法就是,中国元<sup>○</sup>以美元报价",即按照固定的汇率与美元挂钩。

这是发生在1935年的一段对话。当时罗斯福政府决心要阻止中国以及欧洲列强的货币持续针对美元贬值。20世纪三四十年代,中国正式将其货币与美元挂钩被视作美国维持产业竞争力必不可少的一个要素,就如同今天中国货币与美元脱钩对美国产业竞争力的重要性一样(并且有过之而无不及)。对于中国采取固定汇率的做法,2009年美国财政部部长提名人蒂姆·盖特纳暗示称中国是货币"操纵者",而在1998年亚洲金融危机时,美国财政部部长罗伯特·鲁宾却公开称赞中国是"一片动荡区域中一根重要的定海神针"。美国评判这个问题一直以

---

○ 此处指代的是法币而非银元。——译者注

来依据的就是：在任何一个给定时点，究竟是固定汇率还是浮动汇率能够使美元更有竞争力。

停止"货币战争"，调和债权国与债务国的利益冲突和矛盾，这些是 1944 年布雷顿森林货币会议的核心主题，并且它们至今仍然是诸如国际货币基金组织或 20 国集团会议的重要议题。但是，布雷顿森林会议远不止如此。它是一场重要的国际聚会，是自 1919 年巴黎和会以来最重要的国际会议。在布雷顿森林会议上，作为世界最大债权国的美国试图借作为世界上最大债务国的英国濒临破产之机，按照美国的利益重塑第二次世界大战（以下简称"二战"）后世界的经济和政治秩序。

这使人们不禁要问，今天世界最大的债权国中国和最大的债务国美国，是否愿意、是否能够或者是否应该被纳入一个"新的布雷顿森林体系"，从而使货币秩序根据当前的经济和政治现实重新调整？值得注意的是，今天美国关于债权国需要进行调整的许多论调与 20 世纪 40 年代约翰·梅纳德·凯恩斯和破产的英国所持的观点如出一辙，而中国则采纳了哈里·德克斯特·怀特和美国人所持的观点，即债务国必须进行调整。

历史与今天的相似之处显然令人着迷，并且时常发人深省。尽管如此，也不应夸大这种相似之处。美国不是那个二战结束后四处乞讨的英国，它仍然在用自己印刷的钞票支付账单，美元占据了全球外汇储备的 60%。而对于中国而言，它无意摧毁其积累的巨额美元资产的全球购买力，并且这么做毫无益处。因此，双方都不认为有迫切的必要性来解决各自对不公平以及对当前体制的抱怨。简而言之，如果世界在很短的时间内将要走向一个新的全球货币体系，那么这一局面更有可能是各种磕磕碰碰和无所作为的结果，而非出于达成了某种协议。

货币事务当然只是中美关系之间变革时机看似已经成熟的一个领域。20 世纪 40 年代，美国有一份雄心勃勃的议事日程，布雷顿森林体系只是其中一项，其他的一些目标或笨拙生硬、目光短浅（如使战后德国去工业化的摩根索计划），或初衷高尚、富有远见（如复兴战后西欧的马歇尔计划）。我希望，随着中国在世界强国之林中重新取得它应有的位置，本书的中国读者会体会到布雷顿森林的这段故事既发人警醒，又鼓舞人心。

本·斯泰尔
美国外交关系协会

The
of Bretton

## 译者序

# 两个人的布雷顿森林

　　布雷顿森林是位于美国东北部新罕布什尔州的一个小镇，坐落在白山国家森林公园内、美国东北部第一高峰华盛顿山的半山腰。1944 年 7 月 1 日，44 个国家的 730 名代表齐聚于此讨论战后国际货币安排。经过为期 3 周的紧张谈判，各方达成协议，设立国际货币基金组织，确立了美元与黄金挂钩、各国货币与美元挂钩，实行固定但可调整汇率以及经常项目可兑换的战后国际货币秩序。因为这是在布雷顿森林达成的协议，所以该体系又被称为"布雷顿森林货币体系"。

　　虽然参会的国家多达 44 个，但会议的核心成果基本是在英国与美国之间达成的，并且已经酝酿了 3 年之久。早在 1941 年，英国人和美国人就分别独立地提出了各自关于战后国际货币安排的最初计划，一场货币秩序对手戏也就此展开。这场对手戏的主角分别是美国财政部的哈里·德克斯特·怀特与英国经济学家约翰·梅纳德·凯恩斯，二人之间的较量在很大程度上定义了在布雷顿森林达成的协议，而这场在布雷顿森林进行的"货币战争",也并不是传统意义上的货币竞争性贬值,而是怀特与凯恩斯之间、美国与英国之间就战后国际货币秩序所进行的思想、实力与谈判策略的对决。这场"战争"的结果甚至早在布雷顿森林会议开始之前就已见分晓。

怀特与凯恩斯堪称西方的"诸葛亮与周瑜",足智多谋,但志同道不合。怀特抱负远大但仕途坎坷,38岁才获得哈佛博士学位,43岁遇到贵人并被提携,从此在美国财政部平步青云。凯恩斯自小成长于剑桥的学术世家,26岁即成为剑桥大学终身研究员,20世纪30年代在经济学领域掀起了凯恩斯主义革命,并在二战开始后担任了英国对美国货币谈判和贷款谈判的首席谈判代表。怀特既仰慕又嫉妒凯恩斯的出身与学识,尽管他的国内经济观点是标准的凯恩斯主义观点,但在与凯恩斯的谈判中,怀特咄咄逼人、寸步不让;凯恩斯则认识到怀特是罗斯福当局中支持国际经济合作最重要的人物,因此尽管他看轻怀特,但仍试图与他保持良好的关系。

怀特与凯恩斯都致力于稳定战后国际货币关系,但他们提出的方案"貌合神离"。怀特于1941年年底提出了"怀特计划",提议设立"国际稳定基金",在国际收支短期失衡时为有关国家提供贷款以稳定汇率,从而恢复固定汇率、取消汇兑管制和歧视性安排。怀特的首要意图是实现货币稳定,他将货币稳定和资本管制视作调控国际经济的手段,将黄金(以及美元)视作稳定货币的锚,他思考的背景是20世纪30年代大萧条时期的货币竞争性贬值以及由此带来的贸易扰乱。同年9月,凯恩斯提出了"凯恩斯计划",提议成立"国际清算联盟"并设立名为"班科"(bancor)的超国家主权货币,国际清算联盟使用班科在各国央行间对国际收支余额进行多边清算，并以透支的方式为各国在战后恢复贸易提供一笔启动资金。凯恩斯的主要意图是解决英国二战后面临的国际收支困难，并解除两次世界大战期间的金本位体制对英国国内经济政策的束缚及其施加的通货紧缩压力。这种扩张主义的国际货币思想也是英美之间的最大分歧之一。

1943年4月，"怀特计划"和"凯恩斯计划"分别对外公布，随后经过为期一年的艰苦谈判，1944年4月，英美两国达成了以怀特计划为蓝本的《关于建立国际货币基金组织的专家联合声明》（简称《联合声明》）。在1944年7月召开的布雷顿森林会议上，《联合声明》的核心条款被纳入了此次会议通过的《国际货币基金组织协定》之中。

对于布雷顿森林货币体系，大体上有两种评价。自由主义认为它是高瞻远瞩的国际合作的结果，特别是英美合作的结果；有人指向20世纪五六十年代的经济复苏（这一时期又被称为"布雷顿森林体系的黄金时代"），认为在布雷顿森林所确立的稳定、开放和非歧视的国际经济秩序确保了战后全球经济的复苏与增长。而现实主义则认为布雷顿森林体系是美国利用债权国优势地位和英国濒临破产的局面来确立美国经济霸权的工具，而且布雷顿森林体系并不成功。黄金与美元双本位制度存在先天缺陷，美国的顺差将使世界各国面临流动性和储备短缺，而美国的逆差将威胁美元与黄金可兑换的承诺进而动摇整个货币体系。执行国家经济政策的主权货币与国际储备货币之间的矛盾是布雷顿森林体系崩溃的核心原因，而这场崩溃的遗留之物——美元本位制，至今仍然困扰着国际货币体系。写作本书的时候，斯泰尔的叙事基本上是现实主义的视角。

当今，自 20 世纪 30 年代大萧条以来最严重的一场国际金融危机仍然余波未平，全球经济复苏乏力，美国"量化宽松"的非常规货币政策在促进本国经济复苏的同时，也对世界各国经济造成了影响。各国都认识到协调国际经济政策的重要性，多国政要或专家学者纷纷呼吁重建"布雷顿森林体系"。他们所设想的，并不是回到 1944 年在布雷顿森林所设立的那个体制，而是希望通过国际合作建立一种真正的国际货币和金融秩序，就像凯恩斯当年所设想的那样。这才是布雷顿森林真正的"理想"，也是布雷顿森林至今仍然被世人怀念的原因。正如凯恩斯在布雷顿森林会议结束时致辞中曾经说到的，44 个国家"在布雷顿森林取得的成果，比体现在这份最终文件中的东西意义更加重大"。而怀特与苏联之间的那段特殊经历则给布雷顿森林蒙上了另一层越发悲壮而萧瑟的理想主义迷雾。

能够对国家政策和国际合作产生影响的，往往不是关于未来的宏伟理想，而是为解决当前问题而被迫采取的权宜之计。在长期目标与短期权宜之计之间的艰难抉择，决定了布雷顿森林会议的结果。时至今日，这个矛盾仍然是一个无解的政治难题。

2014 年是布雷顿森林会议召开的 70 周年，谨以此文纪念多边主义国际经济秩序的两位奠基人，以及那段充满理想的光辉岁月。

符荆捷

# 目录

全球在2008年年底陷入了自大萧条以来最严重的金融危机，萨科齐和布朗都呼吁从根本上反思全球金融体系。周小川也加入了这一讨论，指出导致动荡局面的原因是缺少一种真正的国际货币。

四周景色壮美——《纽约时报》的记者刚抵达这片偏远寒冷的新英格兰北部山区时，便写下了这样的感受："华盛顿山荫蔽下的这片高原与这里突如其来的短暂喧嚣形成鲜明的对比。"

在怀特看来，他的人生真正始于1930年，那年他获得了哈佛大学博士学位。

---

⊖　本书参考文献和致谢请访问机工新阅读网站（www.cmpreading.com），搜索本书书名。

华盛顿山饭店，布雷顿森林会议会址，1944 年 7 月（图片来源：国际货币基金组织）。

哈里·德克斯特·怀特，1945 年 4 月 25 日（图片来源：Harris and Ewing，杜鲁门总统图书馆）。

约翰·梅纳德·凯恩斯, 1929 年 (版权所有: Bettmann/Corbis/AP Images)。

　　布雷顿森林会议主席、美国代表团团长小亨利·摩根索在会议上致辞，1944年7月（图片来源：美国国家档案馆，照片编号208-N-29536）。

　　俄亥俄州共和党参议员罗伯特·塔夫特在参议院银行与货币委员会上作证，反对布雷顿森林协定，1945年7月（图片来源：Thomas D. McAvoy/Time & Life Pictures/Getty Images）。

20 世纪 40 年代任美国财政部部长的小亨利·摩根索（版权所有：CORBIS）。

美国国务卿科德尔·赫尔（左）以及战争部部长亨利·史汀生（右）在众议院外交事务委员会上作证，支持罗斯福当局提出的对英国战争行动提供援助的法案，1941 年 1 月 15 ～ 16 日（图片来源：Hulton Archive/Getty Images）。

租借援助执行官爱德华·斯特蒂纽斯与罗斯福总统讨论将要提交国会的租借援助评价报告，1942 年 12 月（图片来源：美国国会图书馆）。

美联储主席马瑞纳·伊寇斯在美联储宣布提高银行准备金要求后召开的新闻发布会上发言，1937年1月30日（图片来源：美国国会图书馆）。

罗斯福总统与财政部部长小亨利·摩根索在纽约州波基普西市参加竞选活动，1944年11月6日（版权所有：Bettmann/CORBIS）。

布雷顿森林会议美国代表团成员，1944年7月。从左到右，后排：哈里·怀特、弗雷德里克·文森、迪安·艾奇逊、爱德华·布朗、马瑞纳·伊寇斯、杰西·沃尔考特；前排：罗伯特·瓦格纳、布伦特·司班斯、小亨利·摩根索、查尔斯·托贝（不在照片中的有里奥·克劳利、玛贝尔·纽康梅尔）（图片来源：Alfred Eisenstaedt/Time & Life Pictures/Getty Images）。

华盛顿山饭店，布雷顿森林会议会址，1944年7月（图片来源：Alfred Eisenstaedt/Time & Life Pictures/Getty Images）。

出席布雷顿森林会议的各国代表，1944年7月（图片来源：Alfred Eisenstaedt/ Time & Life Pictures/Getty Images）。

美国副国务卿迪安·艾奇逊，1945年9月（图片来源：George Skadding/Time & Life Pictures/Getty Images）。

美国代表团成员弗雷德里克·文森与爱德华·布朗在布雷顿森林会议期间交谈，1944 年 7 月（图片来源：Alfred Eisenstaedt/Time & Life Pictures/ Getty Images）。

凯恩斯在布雷顿森林会议上致辞，他的左边是苏联代表团团长斯特帕诺夫，右边是美国代表团团长小亨利·摩根索，1944年7月（版权所有：Bettmann/CORBIS）。

哈里·怀特（中）与英国代表团成员、经济学家莱昂内尔·罗宾斯（左）及丹尼斯·罗伯逊（右）在布雷顿森林会议上，1944年7月（图片来源：国际货币基金组织）。

凯恩斯（中）、苏联代表团团长斯特帕诺夫（左）与南斯拉夫代表团团长弗拉德米尔·雷巴（右）在布雷顿森林会议上，1944年7月（图片来源：Hulton Archive/Getty Images）。

布雷顿森林会议主席、美国代表团团长小亨利·摩根索与凯恩斯在会议期间交谈，1944年7月（图片来源：Alfred Eisenstaedt/Time & Life Pictures/Getty Images）。

魁北克会议前，英国首相温斯顿·丘吉尔与美国总统罗斯福在沃尔夫斯湾火车站的会面，1944 年 9 月（图片来源：美国陆军，杜鲁门总统图书馆）。

1945 年 12 月 6 日在华盛顿签署总金额 44 亿美元的《英美财政协定》。前排从左到右依次是：凯恩斯、英国驻美大使哈利法克斯勋爵、美国国务卿詹姆斯·伯恩斯、美国财政部部长弗雷德里克·文森；伯恩斯身后站立的是美国副国务卿迪安·艾奇逊，位于艾奇逊右后方的是负责经济事务的美国助理国务卿威廉·克莱顿（图片来源：AP Photo）。

怀特与凯恩斯在国际货币基金组织理事会成立大会上，佐治亚州萨凡纳市，1946 年 3 月 8 日（图片来源：国际货币基金组织）。

负责经济事务的美国助理国务卿威廉·克莱顿、财政部部长弗雷德里克·文森以及怀特在国际货币基金组织理事会成立大会上，佐治亚州萨凡纳市，1946 年 3 月（图片来源：Thomas D. McAvoy/Time & Life Pictures/Getty Images）。

怀特在众议院非美活动委员会上作证，华盛顿特区，1948 年 8 月 13日（图片来源：AP Photo/Harvey Georges）。

指控怀特是苏联特工的三个主要人物，从左上顺时针依次是：公开承认苏联间谍身份的美国记者惠特克·钱伯斯，1948 年；公开承认苏联间谍身份的伊丽莎白·本特利，1948 年；联邦调查局局长埃德加·胡佛，无日期图片（上方图片来源：美国国会图书馆；下方图片来源：美国联邦调查局）。

　　凯恩斯与怀特在国际货币基金组织理事会成立大会上，佐治亚州萨凡纳市，1946 年 3 月（图片来源：Thomas D. McAvoy/Time & Life Pictures/ Getty Images）。

|第 1 章|

# 引　言

Battle
Woods

John Maynard Keynes,
Harry Dexter White,
and the Making of a New World Order

全球在 2008 年年底陷入了自大萧条以来最严重的金融危机，时任法国总统尼古拉·萨科齐和英国首相戈登·布朗都呼吁从根本上反思全球金融体系。2009 年年初，时任中国人民银行行长周小川也加入了这一讨论，并指出导致动荡局面的原因是缺少一种真正的国际货币。这些观点让人回想起"布雷顿森林"，那座位于美国新罕布什尔州的偏远小镇。1944 年 7 月，二战期间，来自 44 个国家的代表齐聚于此，进行了一次前所未有的尝试，即设计一个全球货币体系并交由一个国际机构管理。

19 世纪晚期，自然形成的古典金本位体制为第一次伟大的经济全球化奠定了基础。古典金本位体制于第一次世界大战（以下简称"一战"）期间崩溃，而 20 世纪 20 年代尝试恢复金本位的努力也惨遭失败，并带来了灾难性的结果：经济和贸易崩溃，跨境冲突骤升。20 世纪 30 年代，美国财政部和国务院的国际主义人士从中看到了强大的因果关系，并决心要开创新的局面，用财政部哈里·德克斯特·怀特的话说，就是要"给新世界来一次新政"。

怀特与他的英国对手——革命性的经济学家约翰·梅纳德·凯恩斯同步展开工作，在摩擦中合作，着手为战后世界的持久和平创建经济基础。这种经济基础将赋予政府更多管理市场的权力，同时限制政府操纵市场以获取贸易利益的特权。未来黄金和美元短缺的局面将得以终结，贸易将因此有助于促进政治合作。资本疯狂的跨境流动将受到严格限制，那些激发人们对黄金和美元短缺的恐惧并从中牟利的投机商人将因此受到束缚。各国的利率均由本国的政府专家负责制定，他们都受训于宏观经济学这门由凯恩斯主导设立的新学科。国际货币基金组织将确保汇率不被操纵以获取竞争优势。最重要的是，新生的独裁者将不能通过实施"经济侵略"手段来摧毁邻邦或煽动战争。

20世纪五六十年代强劲的经济复苏使布雷顿森林成为"高瞻远瞩的合作性国际经济改革"的同义词。70年过后，时逢巨大的全球金融与经济压力，在提出修补国际货币体系的蓝图时，对冲基金大师乔治·索罗斯、诺贝尔经济学奖得主约瑟夫·斯蒂格利茨以及政策痴人弗雷德·伯格斯滕纷纷重提布雷顿森林体系，以及那段定义了布雷顿森林体系的凯恩斯与怀特激辩的岁月，这一点或许并不令人感到意外。

但是，布雷顿森林发生的故事真的能够照亮前进的道路吗？

毫无疑问，在布雷顿森林所形成的货币框架存在重大缺陷，并直接导致这一体系于1971年最终崩溃。而且事实上，布雷顿森林体系的存续时间比普遍预计的要短得多，其运行状况也遭遇了更多困难。直到1961年，也就是国际货币基金组织成立15年之后，首批9个欧洲国家才正式实施了要求其货币与美元可兑换的条款，而此时国际货币体系已经明显处于吃紧状态。任何继任的体系都将遭遇曾在20世纪40年代困扰英美两国谈判者的困难抉择，即多边规则与各国自决权之间的权衡取舍。1971 年以来，世界经济领域的政治家反复呼吁创立一个"新的布雷顿森林体系"：1973～1974 年是 20 人委员会⊖，1986 年是 24 国集团⊜，2009 年则是七国集团中的欧洲成员，等等。他们的希望最终都破灭了。[1]

布雷顿森林的故事发生在一个特殊的外交背景之下，即美国政治与经济崛起，以及大不列颠快速衰落。一战前夕，英国债务占国内生产总值的比重仅为 29%，而到二战结束时，这一比重飙升至 240%。用凯恩斯的话说，一个在 20 世纪 20 年代控制地球 1/4 领土和人口的国家正面临着一场"金融敦刻尔克"。[2] 英国为了在战争中存活下来，与美国达成了一笔浮士德式的交易，这笔交易是布雷顿森林戏剧性事件的一个核心要素。

这出戏剧的中心人物是个性极端对立的凯恩斯与怀特：一位是从小群仆环绕、才华横溢的剑桥学术世家子弟；另一位则是出身波士顿工人阶级家庭、由立陶宛裔犹太移民抚养长大、傲慢又固执的技术官僚。

在布雷顿森林，凯恩斯成为有史以来第一位享受国际明星待遇的经济学家。他关于政府干预经济的大胆创新的观点既令他受人尊敬，也使他备受指责，而美国媒体总是嫌对这位尖酸刻薄、能言善辩的英国人报道得不够多。凯恩斯对经济学的传统思想展开了猛烈的抨击，堪比 20 年前爱因斯坦对物理学的影响。在他 1936 年的鸿篇巨制《就业、利息和货币通论》（以下简称《通论》）中，凯恩斯以无人匹敌的机智与自信辩称：在面对一场大萧条之

⊖　全名为"国际货币体系改革委员会"，由国际货币基金组织理事会于 1972 年成立。——译者注

⊜　国际货币基金组织中的发展中国家集团，成立于 1971 年。——译者注

时，政府认为的历来稳健的政策实际上却是鲁莽且不计后果的。他最核心、最富有洞察力的见解是，经济的关键是货币，而正是货币，摧毁了经济体系中被古典经济学家认为能够经常发挥作用的自我稳定机制。凯恩斯将把自己这一富有洞察力的见解应用到设计一个新的全球货币体系上，而这一体系将对美元全球至尊的地位构成威胁，怀特也因此决定使该体系永远不见天日。

尽管凯恩斯提出了富有远见的国际货币体系设想，他到美国的最终任务却是尽可能保留业已破产的大不列颠在历史上享有的帝国特权，在一个看似注定将由美元主导的战后世界中，这一要求几乎是不可能实现的。英国的政治家和政府高官在华盛顿日益绝望的乞讨行动屡屡以失败告终。在这样的背景下，凯恩斯受命成为英国最后的金融大使，担任英国在布雷顿森林会议、租借谈判以及英国贷款谈判中的首席代表。

那个年代的一首英国打油诗生动地描绘了当时的英国使者如何看待自己所处的困境："在华盛顿，哈利法克斯勋爵曾经在凯恩斯勋爵耳边低语，没错，他们是有钱袋子，但是我们有的是脑瓜子。"[3]哈利法克斯和诸多英国政治显贵一样，都未能打开美国的钱袋子，凯恩斯就是在这种情况下被派赴华盛顿和布雷顿森林的前线。派他前去是出于一丝渺茫的希望：如果脑瓜子是清偿债务的关键，他取胜的概率可能会更大一些。

没有人比凯恩斯更能够理解英国极度严峻的金融状况和迫切需求，而且在语言运用方面，他天赋异禀，这本应使他成为一位外交大师，可是他更在乎的似乎是在逻辑上逼迫和羞辱对手，而非说服他们。"这家伙对国际关系是个威胁。"有人评论道。说这话的人不是美国的谈判对手，而是英国战时内阁顾问、后来的诺贝尔经济学奖得主、将凯恩斯视作"天神"[4]的詹姆斯·米德。

英国财政部的保罗·巴瑞评论道："游说拉票、动员支持、餐桌政治，这些技艺都不是凯恩斯所擅长的。"[5]

凯恩斯尽力从心理上和体力上适应周围那些奇怪的人，特别是华盛顿特区的居民，这些人不受凯恩斯对事实和逻辑的超人运用的影响，甚至连逼他们让路都不成。美国人永远不会偏离他们强硬的地缘政治条件，至少在二战后杜鲁门团队重新洗牌之前是不会的。凯恩斯还经常使问题复杂化，他不仅抓了一手臭牌，而且出牌也很笨。一个敏锐和专注的职业外交家本应学会利用纽约的银行大亨来对付罗斯福的金融家，当时这些银行大亨摇晃着贷款的诱饵意在换取英国反对美国财政部的货币改革方案。但是凯恩斯还有个人政治遗产的问题需要考虑，而他在布雷顿森林万神殿中的地位是决定个人政治遗产问题的关键。他为自己的坚持付出了心理上的代价，就像斯德哥尔摩综合征的变异症一样阵阵发作，他会说服自己，并以他无人能及的雄辩口才说服伦敦的政治领导层相信，尽管美国政府恪守法条主义的做法令人难以忍受，尽管他们对理智的说辞不屑一顾，但美国政府的意图仍然是好的，并最终会对英国做出正确的事。

在布雷顿森林，凯恩斯所勾画的战后货币秩序蓝图面临的主要障碍来自怀特，一位当时仍然默默无名的美国财政部技术官僚。采访会议的新闻记者曾经对怀特表示怀疑，认为除了凯恩斯的《通论》灌输的思想外，他可能再无其他观点，怀特对此勃然大怒。尽管怀特没有任何重要的官方职衔，但是到了1944年，他已经对美国外交政策施加了广泛影响，甚至在3年前与日本开战之前的外交活动中也发挥了关键作用，这令人不可思议。

怀特坚毅而聪慧，专注于细节，做事不屈不挠，通晓政策制定门道。本国同事和外国对手对他又恨又爱，而怀特的所作所为也确实不让人喜欢。"他完全不知道如何得体地表现或遵守文明人对话的规则。"凯恩斯抱怨道。[6] 然而，怀特一方面傲慢无理、仗势欺人；另一方面也是战战兢兢、如履薄冰。一直以来，怀特都强烈地认识到，他在华盛顿的脆弱地位完全依赖于他有能力用可行的政策武装自己的"老板"，即时任美国财政部部长小亨利·摩根索。摩根索深受罗斯福信任，但智慧匮乏。怀特常常在与凯恩斯谈判前因为压力过大而病倒，然后会在谈判中爆发。在一次特别激烈的会议上，怀特脱口而出："我们会尽力提出一些让尊贵的殿下您能够理解的东西。"[7]

作为布雷顿森林体系的主要设计师，怀特策略性地战胜了远比他聪明但固执任性的英国天才对手，从而树立了他坚定的民族主义者形象，试图从二战引发的美英地缘政治板块变化中牟取所有利益。怀特对战后秩序的设想与英国长期以来的利益截然对立，特别是在涉及帝国的问题上。然而，怀特的设想还包括使美国与一个新的、正在崛起的欧洲大国建立更加紧密的关系，而且他愿意使用非常手段来实现这一目标，这一点甚至连他最亲密的同事几乎都不知晓。理解怀特这一更大的目标非常重要，不仅能够说明为什么英国人认为他是一个棘手的谈判对手，而且能够帮助我们理解为什么在杜鲁门将对外经济政策的控制权由财政部转到国务院之后，美国的对外经济政策在二战后发生剧烈摇摆。

怀特一直对苏联痴迷。1933 年，他在成为威斯康星州劳伦斯学院一名经济学教授之后不久，就决定要寻找一份奖学金赴苏联研究其计划经济体系。1934 年 6 月，财政部顾问雅各布·维纳邀请怀特来华盛顿小住，协助维纳开展货币金融改革的研究，这才转移了怀特的注意力。正是在那里，他结识了乔治·西尔弗曼、惠特克·钱伯斯以及其他为苏联从事地下工作的人士。早在 1935

年，怀特——这位急于影响世界且对行动面临的官僚制度障碍不屑一顾的理想主义者，就开始了那种危险的双重人生，这种双重人生在 20 世纪三四十年代也吸引了一大批华盛顿的同代人。

虽然怀特的官方著述明确地显示出他是一个支持凯恩斯主义的新政民主党人，但是他私下的沉思显示出他还要更加左倾。在怀特设想的战后世界中，苏联的社会主义经济组织模式将处于支配地位，尽管它不会取代美国的自由资本主义模式。本书研究过程中新发现了一份未经发表的怀特手稿，确凿无疑地证明了这一点。这份手稿写于二战结束前夕，怀特在其中大加指责美国对苏联的态度，言辞激烈。如果当年这份手稿公之于众，必将招来要将他解职的一片呼声。

"我看到了未来，"激进的记者林肯·史蒂芬斯在他 1919 年的彼得格勒之旅后写道，"而且它成功了。"在 1/4 个世纪后的布雷顿森林，怀特坚信苏联的社会主义经济已经证明获得成功。"苏联是第一个付诸实践的社会主义经济案例，"怀特写道，"而且它成功了！"他认为，美国政治统治阶层对苏联的敌意是一种政治虚伪，源自其从意识形态上就不能承认社会主义经济的成功。[8]

显然，一个必须要问的关键问题是，怀特与苏联的关系是否对布雷顿森林会议的结果产生了任何实际影响。关于战后货币改革的"怀特方案"当然不带有任何苏联货币思维的印记，因为这种思维根本就不存在。诚然，在会议上，怀特明显表现出对蓄意阻挠会议的苏联人的过度关心，他比任何其他美国谈判人员都要关心，且比欧洲人还要关心得多，这令一些欧洲人感到恼火。但是这对最终结果并未产生影响，因为苏联并没有批准协定。如果怀特成为国际货币基金组织的首任总裁，他的观点可能会产生更大的影响，但这一点我们永远无从得知。然而，我们将要看到，怀特没有成为基金组织总裁的主要原因，以及此后再也没有一个美国人能够出任基金组织总裁的主要原因，是怀特为苏联从事的活动当时已经露出了端倪。

丘吉尔曾经有一句名言："在美国人穷尽了其他可能性之后，我们总能够指望他们做出正确的事情。"在凯恩斯去世两年之后、怀特去世半年之前，这番话以马歇尔计划的形式得到了应验。马歇尔计划是美国制定的一项异乎寻常的外交国策，它建立在这样一种顿悟的基础之上：英国其实并非怀特所定义的、与美国争夺霸权的对手，而是一个陷入绝境的盟友；面对与日俱增的苏联威胁，英国迫切需要得到支援。

这就是关于哈里·怀特的世界新秩序蓝图的兴衰往事，以及我们今天仍与之斗争的那场衰落的遗留之物的由来。

| 第 2 章 |

# 世界齐聚于白山

四周景色壮美——《纽约时报》的记者刚抵达这片偏远寒冷的新英格兰北部山区时，便写下了这样的感受："华盛顿山荫蔽下的这片高原与这里突如其来的短暂喧嚣形成鲜明的对比。"[1] 这是 1944 年 7 月 1 日，数百名客人陆续造访了仓促翻新的华盛顿山饭店，饭店地址全称是：新罕布什尔州布雷顿森林镇。小镇上没有主街，甚至没有商店，除了饭店之外，唯一的地标就是费布岩火车站，大批外国人搭乘绰号为"通天塔号机车"的列车涌到这里。

在这块名为白山的宝地上，一场国际货币会议即将召开，而距离美国财政部的怀特开始规划这场会议已经过去了两年半。但是，曾经的大饭店已经关闭了两年之久，管理层只有一个月的时间准备迎接蜂拥而至的客人。几个月之前，整个小镇的人口寥寥无几，也就是几个酒店管理员、火车站站长以及女邮递员，女邮递员同时也是火车站站长的妻子。而现在，工人、士兵和政府官员正在匆忙收拾这座饭店，一辆辆军车已经开始把各国代表和他们的顾问送到这里，这群顾问中很多人后来"竟然成了首相、财政部部长和央行行长"[2]。酒店员工竭尽全力应付各种短缺，包括床铺、热水以及酒店员工本身。

"布雷顿森林清奇俊秀，真乃名副其实。"刚刚抵达的英国代表莱昂内尔·罗宾斯在日记中写道，但是"一切都处于极度混乱的状态之中"。[3]新任的酒店经理不久即被撤换，原因有两种说法，一说是在绝望中辞职，一说是因醉酒而被炒了鱿鱼，因陈述人不同而说法迥异。[4]70 多家新闻媒体、会议秘书处、数百名代表团工作人员以及涌入的其他各类人只能在周边旅馆安顿，有的甚至不得不住在 5 英里⊖之外。

这是一场自 1919 年巴黎和会以来最为重要的国际会议，之所以安排在这一偏远地点举行，是财政部部长摩根索有意为之，他希望在美国东部寻找一片大型的度假胜地，既能满足会议需要，又能远离华盛顿逼人的酷暑以及忙碌而忧郁的战时情绪。虽然那些久负盛名的海滨胜地也能很好地满足上述要求，但布雷顿森林能提供一种政治上的诱人便利。因为它位于共和党参议员查尔斯·托贝所在的新罕布什尔州，托贝是一位反国际组织的厉害角色，他将在这一年的 11 月面临一场艰难的初选。时任美国总统罗斯福盘算的是，如果媒体的曝光能够帮助托贝赢得新罕布什尔州选民的支持，那么当会议协定提交参议院批准时，托贝应该会投桃报李。伍德罗·威尔逊的国联就是在参议院翻了船，罗斯福牢记这一教训。

这片新英格兰的山区得名布雷顿森林，是拜托马斯·温特沃斯爵士所赐。时任英国国王乔治三世将这片土地授予温特沃斯和他的几名贵族同伴，1772 年温特沃斯以其位于英格兰布雷顿镇附近的祖宅布雷顿宫命名了这片土地。随着华盛顿山的建设开发，

---

⊖　1 英里 = 1609 米。——译者注

布雷顿森林在 20 世纪早期成为波士顿、纽约和费城地区有钱人的避暑胜地。

酒店是 1902 年由煤矿和铁路大亨约瑟夫·斯蒂克内建造的，动用了 250 名意大利工匠，内设 400 个房间。这个"Y"字形、西班牙文艺复兴风格的酒店，突兀地矗立在低矮山丘与百万英亩的白山国家森林之间。近看，映入眼帘的是巨大的白色粉刷外墙和位于高五层的八角形塔楼上的红色角楼。这家酒店当时是新罕布什尔州最大的建筑物，在启用仪式上，斯蒂克内骄傲地举杯，把美酒献给了"建造这座无用之物的愚蠢混蛋"。[5] 其内部设施包括一个装有染色玻璃窗的 700 座的大厅、一个同样大小的大餐厅、一个室内游泳池、几个奢侈品商店、一个邮局、一个理发店、两个电影院、一条保龄球道以及一台股价电报机。用茶点的地方位于一个雅致的圆形温室内，四周墙壁都是玻璃，穹顶的壁画华丽夺目。喝鸡尾酒的地方则是在室外一条足有 1/5 英里长的柱廊里，可以一览树林和山峦全貌。远眺新英格兰地区最高峰华盛顿山的顶峰，景色堪比阿尔卑斯山脉，新罕布什尔州本地居民常常将此地称为北美洲的瑞士。[6] 这个木质结构的庞然大物曾经接待过诸如阿斯托尔家族和洛克菲勒家族、棒球明星贝比·鲁斯以及丘吉尔，但大萧条使酒店受到沉重打击，迫使它在 1930 年关闭了一季，而二战又将它推到了破产边缘。[7] 传说，华盛顿山一直是鬼怪出没之地，如果不是布雷顿森林会议使其重获新生，华盛顿山本身也差不多快要成为幽灵了。

与会代表来自 44 个国家，总人数超过 700 人。但是，对于华盛顿山酒店的公司业主大卫·斯通曼而言，无论从哪个方面来说这都没有什么值得称道的。新罕布什尔州从来就不喜欢陌生人。中国代表团多达 33 人，在规模上仅次于美国代表团。在这僻静的大山里，他们的到来显得尤其可疑。一些代表在远足登山时被惊吓到了，"一位喜欢胡乱开枪的隐士，并被误以为是蓄意破坏会议的日本间谍"，这位隐士开枪射击，一些代表仓皇而逃。[8] 但是美国政府最终说服了斯通曼，告诉他会议对人类的重要性，而且更重要的是能够将酒店从亏损边缘拯救回来。尽管斯通曼仍然心怀疑虑，但他还是签署了合同，同意承办为期 3 周的会议。在代表们抵达的当晚，《纽约客》杂志是这么形容斯通曼的：他身着白色亚麻西装，游荡于"哥伦比亚人、波兰人、利比里亚人、中国人、埃塞俄比亚人、苏联人、菲律宾人、冰岛人以及其他引人注目的民族之间"，他面色通红，惊惶不已。[9] 就像是火星人入侵了他这富丽堂皇的庇护所。

酒店一位新到的外国客人——俄罗斯裔的莉迪亚·洛波科娃，将这个地方形容成一座"疯人院"，她抱怨道："水龙头整天跑水，窗户要么打不开，要么关不上，管道总是修不好。"[10] 她的房间号是 219，窗外景色宜人，可以俯瞰蜿蜒的阿莫诺苏克河，也可以远眺齿轮火车攀登华盛顿山，每天清晨，山脚下总是笼罩着一层云雾。阿莫诺苏克河在酒店正后方汇聚成湖，湖水冰冷，每天她都在湖中游泳。[11] 莉迪亚年轻时曾是一名芭蕾舞演员，也因此为这传统的休闲安静之所平添了一份活力，每天晚上她都在房间里练习舞蹈，这让住在楼下 119 房间的美国财政部部长整夜不得入眠。

虽然莉迪亚已经名声在外，但她的丈夫才是整个会议媒体追逐的对象。身为偶像人物，作为英国代表团团长的凯恩斯，不得不参加一场又一场的鸡尾酒会，而急切的美国记者团则紧紧抓住他的每一句话和每一个动作。[12] "我们不幸的主席，"罗宾斯写道，"至少被从 50 个角度拍了照，'凯恩斯勋爵与苏联代表团团长交谈'，"虽然他们各自都听不懂对方的话，"'凯恩斯勋爵热情地与中国代表团团长孔博士握手'……'凯恩斯勋爵站起来了''凯恩斯勋爵坐下了'，等等。"[13]

在会议召开的前一天，美国团队在他们的内部战略会议上，对如何处理这位世界上最著名也最具争议的经济学家颇费了一番脑筋。国会中有太多代表已经坚信，整个布雷顿森林会议就是英国人耍的把戏，意图窃取美国的黄金，而因为他那些迎合时尚的长篇大论，没有人比凯恩斯勋爵更让国会感到恼火的了。由于美国的东道国地位和外交惯例，摩根索将担任会议主席一职，并有幸为大会致开幕词；他和他的副手决心将凯恩斯置于媒体的聚光灯之外，使美国要传达的信息成为媒体报道的焦点。

"（英国人）希望由凯恩斯来提名我。"摩根索对他的团队说道，但是"我不想这样。我否决了这一建议"。

摩根索于7月1日下午3点正式宣布会议开幕，此时欧洲战场正在发生巨大变化。同盟国军队大规模进攻诺曼底已经过去近1个月。4天之后，德国陆军元帅格尔德·冯·伦德施泰特因为建议希特勒求和而被从西线总司令的职位上解职。代表们感到战争即将进入结束阶段，他们的讨论因此有了实际意义。会议宣读了罗斯福总统发来的贺信，罗斯福希望代表们在摆在他们面前的经济问题与持久和平的前景之间建立牢不可破的关联性。

"虽然争取自由的战争现在处于最紧张的时刻，而此时自由人民的代表齐聚一堂，共同商讨和规划我们将要赢得的未来，这是非常合时宜的，"总统说道：

你们将要讨论的计划仅是各国间为确保世界有序和谐而必须缔结的协定的一方面，却是一个至关重要的方面，这将对世界各地产生影响。因为它事关人们相互交换大地富饶资源和本国工业及智慧产品所依赖之基础这一基本问题。商业是自由社会的生命线。我们必须确保输送血液的大动脉不再像过去那样被因毫无意义的经济竞争而人为制造的壁垒所堵塞。

经济疾病具有高度传染性。正因为如此，各国的经济健康均为其邻邦所关注，无论远近。只有世界经济充满活力且稳健扩张，各国的生活水平才将得以提高，从而使我们对未来的希望得以全面实现。

摩根索的发言围绕战争与和平的主题展开，但在谈及 20 世纪 30 年代的贸易崩盘以及货币混乱为战争铺平了道路时，他发言的基调明显要更加沉重。摩根索告诉大会全体代表，"竞争性货币贬值"以及"阻碍和限制货物自由流动的措施"成了欧洲"法西斯独裁者"发动流血战争的"经济武器"。"经济侵略，"他说道，"其结果无外乎战争，因而是危险和徒劳无获的。"

摩根索关于错误的经济政策将带来灾难性政治后果的观点，或许会得到凯恩斯的赞同，但是他发言中最实质性的内容无疑会令凯恩斯感到焦躁不安，因为这部分内容直接触动英国人内心深处对美国设计的战后经济和政治结构蓝图的忧虑。

"我们的议程限定于货币和投资领域。"摩根索一开始说得无伤大雅。"但是，应将其视作，"他继续说道，"《大西洋宪章》和美国及联合国许多国家订立的《互助协定》○第 7 条所涉及的更广泛计划的一部分。无论我们在此取得什么成果，都必须得到以此为目标的其他行动的补充和加强。"[14] 第 7 条指的是 1942 年俗称《租借法案》立法中的一则条款，根据该法案，美国承诺在经济上支援英国的战争行动。丘吉尔曾有一句名言，宣称该法案是"有

---

○ 俗称"租借协定"。——编者著

史以来最圣洁的法案"。但是，这部法案提交国会时所采用的标题——《进一步促进美国国防法案》说明了其自利的本质。第 7 条规定了英国需要为援助付出的"对价"，即英国承诺"取消国际贸易中所有的歧视性待遇，并削减关税和其他贸易壁垒"。

英国当权阶层中的大部分人将第 7 条视作对英国清偿能力和主权的致命威胁。1941 年 7 月，凯恩斯在读到第 7 条的早期文案时，当着美国国务院的迪安·艾奇逊的面勃然大怒。"这是赫尔先生的疯狂建议。"他后来说道。赫尔先生指的是艾奇逊的老板、时任美国国务卿科德尔·赫尔。[15] 凯恩斯知道，第 7 条实际上是结束"帝国特惠"的代号，而帝国特惠是英国确保对其殖民地和自治领的贸易特惠市场准入的工具。战争结束后，美国将有强大的能力来供应原属英国的市场，并且，由于被剥夺了传统的出口特权，饱受战争摧残的英国将完全依靠美国的救济来支付对其生存至关重要的进口产品。

任由无所不能的美国支配是不可容忍的，特别是鉴于美国政府已经决心向自己的人民表明，美国男儿的牺牲不是为了永久保留那个道义上令人唾弃的大英帝国。然而，在布雷顿森林，美国财政部部长希望将这一历史性事件与美国超级大国的抱负捆绑在一起。英国此前曾迫切希望自己能够作为美国的合伙人，共同制定战后世界秩序的基本规则。但在一步一步走向布雷顿森林的过程中，美国人以毫不留情的方式不断提醒他们，在新秩序中，大英帝国的余晖毫无保留之地。

|第 3 章|

# 怀特不可思议的崛起

在怀特看来，他的人生真正始于1930年，那年他获得了哈佛大学博士学位。他向名人录《谁是谁》提供的个人简介里对此前的经历没有任何记录。

实际上，怀特的人生是在38年前查尔斯河对岸○一个寒酸得多的环境下拉开序幕的。然而，哈佛大学在某种意义上仍然代表了一次重生。怀特是小商贩的儿子，直到30岁第二次参加大学本科入学考试时才突然醒悟。他开始对政治产生了愈加浓厚的兴趣，虽然第一次入学考试时，他连公民和美国历史考试都没通过。经济学是实现政治目标的一种手段。"很快，我就认识到，大部分政府问题是经济问题，"数年之后他对一位朋友说道，"因此我选择继续研究经济学。"[1]怀特找到了他的兴趣所在。

怀特出生于1892年10月29日，是全家7个孩子中最小的一个。在他出生后4个月，他的父亲雅各布成为美国公民。1885年，雅各布和妻子萨拉随着立陶宛犹太人逃离俄国沙皇大屠杀的移民

○ 查尔斯河是流经波士顿的一条河流，河北岸是哈佛大学，河南岸是波士顿市区。——译者注

大潮来到美国。其家族姓氏维特（Weit）似乎赢得了一位持有进步主义立场的美国移民官的好感，因为他觉得维特这个名字比维斯（Weiss）要好。[2] 当时雅各布 25 岁，在波士顿五金和陶瓷餐具业谋生，一度生活拮据，但最终攒够钱自己开了店。一家人在灯塔山<sup>⊖</sup>脚下的洛威尔街 57 号安顿下来，这里是繁忙喧闹的出租户地区，高架列车在房顶上方轰鸣而过。1897 年，雅各布按照英国习俗将家族姓氏改为怀特（White）。[3]

孩童时代的怀特性格内向，除了邻里那些欺负人的大孩子外，几乎没有人注意到他。[4] 虽然家庭很重视他的教育，他也曾是学校韦伯斯特文学俱乐部的小组成员，每周与小组的其他孩子聚会一次讨论各自的作文，但是他并未显露出任何天资过人之处。1901 年，在他 9 岁生日前不久，他进入老艾略特语法公立学校读书。当时，他的家也已从高架列车的噪声和阴影下搬出，迁至萨勒姆街 7 号。那一年他的母亲萨拉不幸去世。但父亲的生意开始兴旺起来，随后他们又搬了一次家，这回搬到了波士顿郊区的埃弗雷特。1906 年，怀特进入埃弗雷特高中就读。虽然他的成绩远谈不上优异（法语 79 分、化学 85 分），但是他只用 3 年时间就完成了 4 年的学业。1909 年 6 月 25 日，《波士顿环球报》报道，哈里·"德克斯特"·怀特是当年埃弗雷特高中最年轻的毕业生，时年 16 岁，这也首次使怀特那神秘的中间名有据可查。高中同学形容他性格腼腆，但机智聪明。虽然个头矮小，但他是一位狂热的网球迷和棒球迷。[5]

在怀特高中毕业后两个月，即他的母亲去世 8 年后，父亲雅各布也去世了。这时，他家已经拥有 4 间五金用品商店。在接下来的两年里，怀特给家族的生意当簿记员，有时也会客串一下商

---

⊖　波士顿一个著名的历史街区。——译者注

店经理。1911 年 9 月，他被马萨诸塞农学院录取，也就是现在位于阿姆赫斯特的马萨诸塞大学。虽然他未能通过公民和美国历史的入学考试，但他通过了英语考试并被有条件地录取。他不可思议地将"农业"登记为他未来的职业。几个月后，怀特通过了公民和美国历史考试，但到了 1912 年 2 月，他又离开学校重返家族生意。他的平均成绩为 80.8 分，大大高于及格线，但这仅仅是因为他在军事科学这门课上拿到了 99 分。

在接下来的 5 年里，怀特在"J. 怀特父子公司"工作，每天工作很长时间。但他也表现出了强烈的公民意识，每周日上午他都在多彻斯特的犹太儿童福利院给高年级男生授课，还带领他们参加童子军活动。[6] 然而，怀特仍在寻找一个能够改变人生的机会。1917 年 4 月 6 日，国会通过了威尔逊总统对德意志帝国的宣战书，一个重要的机会终于来临。6 天后，已经 25 岁的怀特迫不及待地应征入伍，加入了美国陆军。他提出申请并被位于纽约普拉茨堡的军官培训课程录取，在夏天过后被授予陆军中尉军衔。在连队的 5 名候选人中，怀特又被选中参加高级培训，与几百名军官一道接受所谓的"铁军"训练，之后又被分配到马萨诸塞州的德文营训练新兵。[7] 即将开赴海外之际，怀特结婚了，这也是他那个年代士兵的通常做法。他的妻子名叫安妮·特瑞，是一位 22 岁的乌克兰裔学生，后来成为一位事业有成的儿童读物作家。

从各方面来看，怀特的军旅生涯大体上波澜不惊。他的分队驻扎在位于法国的训练和补给营地，没有投入战斗。1918 年 11 月停战协议签署后，他回到家中，短暂地重归家族的五金生意。但是这种本地小商人的生活已经不能令他满足了。1919～1922 年，他领导了一些旨在帮助军人遗孤和穷人的组织，并于 1920 年搬到纽约市。正是在纽约，时年 30 岁的怀特决定在学术道路上争取获得成功。他于 1922 年进入哥伦比亚大学学习政府学。3 个学期过后，他再次搬迁，这一次横跨整个美国，进入斯坦福大学就读三年级。正是在那里，他于 1923 年获得顿悟。

1924 年 10 月，怀特作为美国大学优等生荣誉学会（Phi Beta Kappa）成员毕业，经济学成绩名列前茅。第二年 6 月，他获得硕士学位。一位教授后来对他的评价是"积极进取、才华横溢"，于是他决心进入哈佛大学就读博士学位，而后开始职业学术生涯。[8]与此同时，他也表现出对进步派政治的热情，这种热情成为他此后华盛顿职业生涯的标志。1924 年 2 月，怀特致信狂热的自由主义者、威斯康星州国会参议员老罗伯特·拉弗雷特，声称自己代表了一群成熟的斯坦福大学毕业生，敦促"斗士鲍勃"竞选总统。人们"渴望为您的事业尽一份力"，怀特写道："他们最诚挚地敦促您注意如下事实——我们的国家从来没有比现在更需要一位领袖，而自林肯以来，没有哪个人比您更加适合担任这位领袖。他们正在等候指示，以尽全力推进您的事业。"[9]最后，代表进步党参选并承诺要将水务和铁路国有化的拉弗雷特，在总统选举中名列第三，位于共和党候选人卡尔文·柯立芝和民主党候选人约翰·W.戴维斯之后，但他仍然相当体面地赢得了 17% 的普选票。而怀特为了实现自己早先的抱负，于 1925 年又一次横跨大陆，在哈佛大学开始了他的博士生涯。

怀特在著名的经济学家弗兰克·陶西格的指导下撰写毕业论文，陶西格认为怀特是他最有前途的学生之一。这篇论文赢得了哈佛大学经济系当年最佳论文奖——大卫·威尔士奖（David A. Wells Prize），并于 1933 年出版成书，书名为《法国 1880～1913 年的国际收支账户》。正是从这项研究开始，怀特对国际货币体系的运行与实体经济的表现这两者之间的关系所涉的政策性问题产生了浓厚的兴趣。

虽然怀特研究的这段历史距他的论文出版仅过了 20 年，但也可以说这段历史已经过去很久很久。1880～1913 年是世界经济史上自由放任主义鼎盛之时，古典金本位统治着世界，全球各国政府史无前例地放开手脚，允许本国国内及国际间经济活动中相当大的一部分接受由市场力量驱动的黄金追索权跨境转移行为的调控（而黄金本身仅仅是在各国央行的金库之间转移）。到了 1933年，形势剧变，世界陷入大萧条之中，金本位支离破碎，贸易量大幅下滑，失业率之高超乎想象。然而，怀特对国际经济问题的思考和著述发生在 20 世纪 20 年代后期，当时深得人心的想法仍然是要寻找重返"安全的黄金时代"之路，著名的犹太裔奥地利作家斯蒂芬·茨威格用"安全的黄金时代"来形容一战之前的30 年。[10]

怀特的论文显示出他既不是旧时代的拥戴者，也不是新时代的预言家。作为一个经济学家，他更像是个补锅匠和工程师。他既赞赏经济的内生机制，但也在寻找政府可以调节的按钮，使经济更好地运行。在论文开头，他首先描述了传统的、所谓新古典主义的理论，该理论阐述了资本的跨境流动如何反过来影响汇率、黄金流动、利率、信贷、价格和贸易，表明这个像钟表一样精准的体系如何令人叹服地持续不断回归平衡。正是这种不间断改变与系统性稳定的相互作用，被认为构成了战前金本位体系的基础。但是随后，怀特着手用数据来检验这个优雅简单的模型能否成立。他回到法国，这一次是作为一个平民而非士兵，去深入挖掘贸易数据。尽管怀特及其书稿的评审均对他所使用的原始统计数据质量不甚满意，但怀特融数据与逻辑于一体，合情合理地陈述了一个法国经济与新古典等式并不十分同步的故事。

怀特的书读起来并不引人入胜，其中完全看不到他写给斗士鲍勃的信中那种标志性的激情。类似"关于资本出口对本国和世界总体有益的假设并非无懈可击"的语言，是典型的怀特式严肃结论。"对于外国投资的总量和方向进行某些理性的调控是可取的……一国储蓄中很大一部分出口，所造成的影响过于复杂，后果过于严重，以至于如果不试图评估其对该国总体福祉的影响，就不能允许资本的继续出口。"[11] 虽然这些观点完全是凯恩斯主义的观点，但是表达方式上丝毫没有凯恩斯大师般的犀利和雄辩。

虽然在论文方面取得了小小的成功，然而在之后的 6 年中，怀特的教职每年一续，却始终未在获得终身教职方面取得任何进展。想要从哈佛大学内部晋职向来十分艰难，但是阻碍怀特的似乎是他留给别人的一种印象，即他在学术上普普通通而在个性上难以相处。一位学生说他是优秀的老师，但是他的一位同事则认为他郁郁寡欢，能力上"并不出众"。已经年逾四十的怀特对他所处的无着无落的不确定状态感到沮丧，转而接受了劳伦斯学院助理教授的职位，那是一个远离剑桥的规模较小的学院，位于威斯康星州的阿普尔顿。1933 年，在搬至阿普尔顿仅一年后，怀特被提升为教授，但是他仍然感到沮丧。他的同事认为他聪明，是位好老师，但是他态度粗鲁、固执己见。与在哈佛大学时一样，他的经济学被视为大路货。但是他进步的政治倾向使他自然而然地成为新任总统富兰克林·罗斯福及其新政目标的拥趸。怀特迫不及待地要把自己的手放在调节按钮上。

一封怀特致其哈佛大学导师陶西格的未注明日期的书信草稿显示出，怀特显然无意留在阿普尔顿做一个学术工蜂，这封信很可能写于 1933 年。

　　一些日益高涨的呼声激发了我的兴趣，这些呼声要求将我们的经济与严重干扰隔离开，并通过在更大程度上限制进口实现这种隔离。我认为，对于这种实际上是呼吁经济自给自足的观点，需要更加批判地看待。我在想，要制定出可行的办法，能够使我们的国内事务更少受到外部力量的干扰，同时又不以牺牲国际经济关系产生的稳定力量或外贸收益为代价，这是否可能？我猜测，前进道路可能的方向是对外汇和贸易实行集中管控。

　　在此后的华盛顿职业生涯中，怀特将会牢牢坚持这一技术性的观点，即一个开放的美国经济体系，通过政府控制汇率和管理贸易的方式来缓和各种扰乱的冲击。

　　令人不解的是，怀特在给陶西格的信中接着写道，他认为问题的答案是苏联。

　　今年整个春天和夏天，我一直在阅读和思考这一问题，但是我的观点还没有明确。我还在学习俄语，希望能有机会获得研究学者奖学金，使我有机会在苏联度过一年。在那里，我想要在国家计划委员会的经济调查研究所集中研究制订计划的技巧。我希望申请社会科学研究学者奖学金，虽然我获得这一奖项的希望并不大。[12]

　　如果怀特获得了奖学金并前往莫斯科，他的思想历程和职业道路会怎样，这是个很有趣的问题：是会成为一个虔诚不二的中央计划主义者，还是会对斯大林幻想破灭？现在看来唯一可以肯定的是，他将会失去一个更大的改变世界的机会。

　　带来这个机会的是 1934 年 6 月 7 日的一封信，寄信人是芝加哥大学德高望重的经济学教授雅各布·维纳，他是凯恩斯思想的反对者，也是年轻的米尔顿·弗里德曼的老师。当时，维纳是财政部部长摩根索的顾问，他邀请怀特来华盛顿小住 3 个月，协助他完成关于美国"货币、银行立法与体制"的研究，"目的是为行政当局制订长期立法计划"。收到信两天后，怀特即拍电报表示接受邀请。"我很高兴将前来与你一同工作"，而他却连付他多少薪水都不知道，而且连问都没有问。维纳在复电中表示，报酬只有怀特在阿普尔顿薪水的 1/3，外加 200 美元的生活津贴。怀特从 6 月 20 日起开始了他在华盛顿的工作，此后再也没有回到阿普尔顿。

怀特在华盛顿的炎炎夏日中不停歇地工作，并于 9 月 22 日向维纳提交了报告。报告的标题气势磅礴：《美国货币标准的选择》，清楚地表明作者直奔主题而无意被次要问题转移目标。现在，怀特不仅想影响而且想制定最高层的政策，他不会白白浪费由一场经济危机所带来的机会。

在报告的开头，怀特阐述了他关于未来经济的观点，他认为未来经济前景黯淡，各国政治上的相互竞争加剧，使战前金本位时期形成的多项成果全面倒退。

各国间的相互依赖产生了稳定性力量，然而未来这种稳定性力量不太可能再像过去那样具有深远影响。其他国家已经对来自国外的扰乱性力量有所警觉，它们也关注国内的稳定，并且在为抵御扰乱冲击而采取限制性措施的问题上更加果断。未来美国大量的农作物出口可能遭遇更多专门用来防止"倾销"的进口限制措施，不断升高的贴现率将遭遇更有效的黄金保护措施，等等。众多有影响力的国家将加大政府对国际贸易和金融的管控程度，并且越发频繁地使用这种政府管控手段，以此与竞争国家抢夺竞争优势。因此，在贸易关系领域，对竞争优势的争夺将更加激烈，国际货物和资本流动突然出现重大变化的情形也将越来越频繁。这些新情况反映出经济民族主义势力的增强，并阻碍了货物、服务和资本的自由交换本应产生的稳定性力量发挥作用。[13]

怀特的结论是，任何新的货币本位制度都应该将"促进贸易和金融"作为一项关键标准，但也应当允许"各国自主制定国内政策"。[14] 需要这样一个体系，"既结合了金本位和国家货币本位制度两者最大的优点，同时又避免了各自的主要不足之处"。它应当是"一种'有管理的'货币本位制度"。[15]

当一个国家遭遇国际收支逆差时（进口和债券购买超过出口和债券销售），用怀特的话说，它就面临"两害相权"的局面，要么汇率贬值，要么国内价格水平下降。两者都是扰乱性的，都不可取，但是需要在两者之间做出选择。

在金本位制下，汇率是固定的，所以国际收支需要通过国内通货紧缩的方式加以调整。与凯恩斯一样，怀特也认为合理的方式应当是反其道而行之。"我相信有确切的证据证明，"怀特写道，"对于一国而言，国内价格水平调整的成本比频繁变动汇率大得多。"美国"将自寻烦恼地使这个国家陷入类似 1929～1933 年的境地"，那是一段持续通货紧缩的时期。[16]

因此，怀特希望重写美国货币体系规则，赋予革新后的美联储更大的自由裁量权，要比其在金本位下拥有的权限大得多，然后再说服全世界其他国家支持，以便在国际上将这一制度确定下来。这一任务甚至比看起来还要艰巨。因为金本位实际上并非由某人所"创造"，而是在经历了数百年的尝试和失败后，才于 19 世纪早期在英国诞生，并在此后很久，直到该体系促进本地和全球商业的作用彰显之后，才为世界各国政府所接受。

但是，1934 年的世界深陷萧条之中。美国的国内生产总值比
20 世纪 30 年代初期的水平下降 28%[17]，贸易量骤降 29%[18]，失业
率飙升至 22%[19]。怀特认为，美国经济复苏需要扩大美国商业界
的贸易机会，而这种贸易机会的扩大相应地需要一套稳定的国际
货币新模型。在接下来的 10 年中，怀特的责任和权力不断增加，
上述观点也成为其基本的立场。

　　20 世纪 20 年代末遗留下来的支离破碎的金汇兑本位制度
在 1934 年彻底崩溃。作为 19 世纪金本位起源和基础的英国，于
1931 年 9 月极不情愿地、痛苦地放弃了它。此后不久，25 个国
家也纷纷效仿。美国直到 1933 年 4 月罗斯福就任总统后才宣布
放弃。赫伯特·胡佛总统曾试图通过贸易限制的方式来维持金本
位；罗斯福则反其道而行之，在货币方面偏离多边主义，而又在
贸易方面尽力维护多边主义。

　　金汇兑本位制度最终崩溃的戏剧性过程将在此后几十年中令
英美关系深受其害。在英国人看来，是美国和法国自私而短视的
政策迫使英国耻辱地放弃了金本位制，美国人实施了极为恶劣的
进口关税，法国人则卑鄙地实施汇率贬值。而在美国人看来，他
们是英国可恶的债务违约行为的无辜受害者。

　　诚然，公众和中央银行家仍然认为黄金具有特殊属性，在维
持对纸币和贱金属钱币内在价值的信心方面发挥着重要作用。但
是，在古典金本位体系中，黄金追索权在各国间流动的依据是规
则，而非由恐慌引发的囤积心理和行为，然而后者现在成为驱使
黄金流动的动力。在放弃金汇兑本位制度的同时，罗斯福还禁止
私人囤积黄金，并在全国范围内强制实施。4 月 5 日，他签署行

政命令，要求将所有的金币、金条和黄金凭证上交联邦储备银行，并禁止黄金出口。6 月 5 日，国会采取极端行动，废除了公共合同和私人合同中的黄金支付条款，从法律上切断了美元与黄金之间的锚索。1935 年 2 月，这一极具争议的措施在最高法院以 5 票赞成、4 票反对的结果勉强得以维持。

1933 年 6 月，在美国银行专家与其英国、法国同行进行了数周秘密谈判之后，罗斯福确信英国和法国正在通过低估其货币汇率的方法寻求竞争优势。他决心不让他的国内经济复兴计划因为价格水平下降以及出口受阻而夭折，并利用一次重要国际政治聚会来粉碎货币市场的任何疑虑。7 月 3 日，作为一个有国际主义者背景、1920 年作为副总统候选人强烈支持国联的人，罗斯福以一则措辞强烈的口信震惊了有 66 个国家参加的伦敦经济会议。他谴责"所谓的国际银行家老式的恋物情结"，并坚称"对于一国福祉而言，一个健全的内部经济体系，比其货币与其他国家货币兑换时的价格高低更加重要"。总统严词抨击主要货币国开展货币协调行动的功效，使欧洲各国期盼在议定基础上重新稳定汇率的希望破灭。据说时任英国首相拉姆齐·麦克唐纳对这一讲话极为震惊；货币委员会特别报告人法国人乔治·博内勃然大怒。会议就此崩溃。从伦敦发回白宫的一则电文显示出，由于总统的语言被认为是"措辞严厉、不合时宜"的 [20]，而使美国代表团处于被动之中，后来罗斯福也承认他的措辞有些过激之处。

然而当时，总统对于修理英国人并没有感到不安，他对英国人抱有一种彻头彻尾的不信任感。"当你与一个英国人坐在一起时，他通常能够拿到交易的 80%。"总统言辞刻薄地对摩根索说道，后者是他的长期密友，时任农业信用署署长。至于英国财政大臣、未来的首相内维尔·张伯伦，罗斯福确信"他根本不喜欢美国人"。对于英国人来说，他们认为罗斯福欺骗并出卖了他们，而这一认识危害到了罗斯福任内所有关于汇率问题的后续讨论。[21]

尽管罗斯福的口信令伦敦深恶痛绝，在经济逻辑方面也充满自相矛盾之处，但凯恩斯竟然称赞其"极其正确"。凯恩斯不仅喜欢其中犀利讽刺的用词，而且强烈支持其中关于将国民经济管理放在首要位置的观点。[22] 此外，怀特已经开始幕后的努力，要在美国国际经济政策中留下自己的印记。与总统传递的信息相反，怀特认为货币问题对实现国内经济稳定至关重要。

在美国国内，罗斯福在货币领域的政策手段也是同样决绝和反复无常的。财政部尝试了众多方案，例如购买黄金以压低美元并抬高国内货物价格。每天早晨，罗斯福都会躺在床上与顾问交换意见，随后制定当天抬高金价的目标，虽然并非总是通过科学的方法。11 月 3 日这一天，总统提议金价应该提高 21 美分。"这是个幸运数字，"他解释道，并咯咯直笑，"因为它是 3 乘以 7 的结果。"[23]

"如果有人知道我们竟然通过幸运数字组合等方法设置金价，"摩根索评论道，"我认为他们是会害怕的。"

纽约联邦储备银行行长乔治·哈里森要求总统允许他在开始大量买进海外黄金之前通知英国政府。罗斯福表示反对："每次我们告诉英国人一些秘密，他们都会收拾我们一下。"[24] 但他还是让步了。接到哈里森的消息，英格兰银行行长蒙塔古·诺曼异常愤怒，罗斯福称他为"粉色老胡子"。"整个世界都会因此破产的！"他坚称。但外国金融家各种现实和想象中的反应令罗斯福感到非常高兴，他与摩根索想象着银行家困惑不已的样子而咯咯地偷着乐。[25]

由于财政部部长威廉·伍丁长期患病，代理财政部部长迪安·艾奇逊实际上取代了他的位置。艾奇逊认为罗斯福购买黄金的做法是不合法的。司法部部长也认为总统无权越过法律规定，在每盎司⊖黄金 20.67 美元的价格之上购买黄金。新闻媒体关于当局内部有人认为购买黄金计划违宪的报道激怒了罗斯福，并误以为是艾奇逊的错（罪魁祸首可能是预算办公室主任刘易斯·道格拉斯，第二年 8 月他就因为对货币和预算政策感到失望而辞职）。[26]在 11 月 13 日的早餐会后，罗斯福对 43 岁的摩根索说他将取代艾奇逊，摩根索听到这个消息后"目瞪口呆"。[27]货币政策并非摩根索的强项，但是他对总统的忠诚以及他所执行的计划大可以弥补这一不足。1934 年 1 月 1 日，他宣誓就职，成为美国历史上第二位犹太裔内阁部长。[28]

虽然总统喜爱凭着突发奇想设定每日黄金价格，但这种做法被证明是不可持续的。由此引起的国内游说和国外抗议越发强烈。于是在 1934 年 1 月 31 日，罗斯福根据前一天国会通过的《黄金储备法案》所授予的权力，将美元兑黄金的价格固定在每盎司 35 美元，比价较之前每盎司 20.67 美元的官方价格下调了59.06%（美元此后一直保持在这一水平直至 1971 年，至少是在严格限定的法律意义上而言）。摩根索宣布，财政部此后将按照每盎司 34.75 美元的价格买进黄金，并以每盎司 35.25 美元的价格卖出，但是交易对象仅限于执行金汇兑本位制的政府及其中央银行。[29]该法案将美联储持有的全部黄金的所有权转移给政府，控制美国货币体系的核心权力也因此由纽约转移至华盛顿。这一努力日后将成为罗斯福当局的一项长期政策主张，一直持续到 1944年的布雷顿森林会议。

---

⊖　1 盎司＝28.35 克。——译者注

　　怀特决心在与维纳的合作结束后继续留在华盛顿，并再次接受了一项临时任命，从 1934 年的 10 月 5 日起担任美国关税委员会的特聘专家和首席经济分析师。三周后的 11 月 1 日，他又辞去了这一职务，因为他找到了另一个在财政部研究与统计局临时任职的机会，职务是首席经济分析师。这项"紧急任务"原计划于 8 个月后的 1935 年 6 月结束，结果却开启了他在财政部 12 年的戏剧性职业生涯。

　　1935 年 3 月，怀特完成了一篇题为《对当前形势的概要分析》的备忘录，详细阐述了他的政策观点。他强调了 1000 万人失业的迫切问题，但同时也对反资本主义的极端人物越来越受欢迎而感到担忧，诸如令总统感到如芒在背的参议员脩义·龙以及电台神父考弗林等人，他们"极端激进的计划迅速获得支持"。

　　这份备忘录的大部分内容和另外一篇观点更加犀利、呼吁采取更为积极的"赤字支出政策"的备忘录，均带有鲜明的现代特征，当代的美国自由主义经济学家很容易就可以写出这样的文章。

　　关于"失去信心"的指责，大体上是某些保守主义者放出的烟幕弹，他们一贯反对几乎所有的政府开支，反对任何增税措施，并且过于短视，以至于不知道对他们自身利益构成最大威胁的是当前的失业水平将继续维持下去……自从第一份不平衡的预算出现后，就有人提出债券市场无法容纳政府债券的观点，然而今天美国政府债券的价格比以往更高 [30]……如果公司不利用失业者潜在的购买力，政府就可以这么做，而且几乎不会让社会付出任何代价。[31]

　　"1936 年我们还能继续承担 80 亿美元的赤字并运行下去吗？"怀特当时提出了这样的问题，"唯一的答案是，如果商业尚未恢复到足以允许政府削减支出的水平……那么我们就不能指望某些私人产业在孤立无援的情况下重现繁荣。"[32]

但是，进一步的大额赤字支出是针对疲软的商业投资的"唯一解决办法"吗？如果大额和持续的赤字确实导致"信心丧失"的局面出现，那么更多的支出非但无益，反而可能是有害的。评估哪些人的信心将受到影响、影响的程度有多大以及由于什么原因造成影响，这些问题自然非常具有挑战性，这也就解释了为什么至今为止，"财政刺激"措施的反对者和支持者之间的激辩仍在继续。

怀特从未对国内政策产生过重大的直接影响。但是，通过事实上将国内政策与国际政策捆绑在一起，他确实开始在国际政策领域为自己开辟出一个关键的位置。怀特强调"重建国际经济均衡"极为重要，并且应在"不损害我们在一个较高的实际收入水平上稳定国内商业的长期计划"的情况下实现国际经济的均衡，却只字不提总统在伦敦扔下的"炸弹"，当时人们就是这么称呼罗斯福的口信。国内政策的方法"有赖于"国际政策的方法，且两者"相互影响，整个计划必须被视为一体，而非两个单独的计划"。[33] 在第三篇备忘录中，怀特强调"国内货币问题和国际货币问题，国内商业活动和对外贸易"是不可分割的。[34]

怀特一方面全心全意地支持总统的国内目标，另一方面又坚称国内目标只有在与一个新的国际货币稳定计划相结合的情况下才能发挥效力，而这一新计划将由怀特本人制定。他的逻辑是"恢复国际货币均衡将增加对外贸易，而对外贸易的增加是构成复苏的一个重要因素"。他对英国和法国竞争性贬值的问题感到苦恼。"如果能够做出选择，"怀特称，"每个国家都倾向于使本国货币低估而非高估。"因此，如果不努力通过国际协定恢复均衡的汇率平价，各国就会为了保护本国工业而制造进口壁垒，并将通过"各种双边贸易和汇兑安排"保护其出口市场，所有这些都将减少国际贸易并使复苏进程陷入瘫痪。[35]

罗斯福还没有改变他在伦敦会议上的立场，但是他迫切希望摩根索能够找到一种方法，避免主要经济大国之间再度出现竞争性贬值局面。这为怀特创造了一个巨大的机会。怀特在财政部已经获得认可，人们称赞他是"一个年轻有为的经济学家，一个精力充沛、思维敏捷的人"。[36] 他正在从事有关货币稳定的研究工作，而此时白宫也开始认识到货币稳定对国内的益处。4 月美国将派员赴欧洲开展厘清事实、解释立场的对话，而怀特则成为摩根索眼中执行此项任务的合适人选。

罗斯福的国务院和财政部关系并不融洽。在关于是由时任美国国务卿科德尔·赫尔还是由财政部部长摩根索领导新的货币外交行动的问题上，两个部门爆发了第一次争吵。最后的结果是，摩根索批准了国务院发给荷兰政府的一份电报的措辞，称怀特将前往研究货币状况，并且"他未获授权以任何方式谈判军事问题或就政策问题进行讨论"，双方这才暂时休战。[37]

怀特欧洲之行最重要的一部分是他在伦敦的停留，从 4 月底直到 5 月中旬。其间，他与实业家、银行家、经济学家、公务员以及当选代表进行了不间断的会谈。他在 6 月 13 日提交了自己的报告。报告显示，怀特的欧洲之行以在美国使馆的一场会议开始，当时他对心存疑虑的美国大使说，他将告诉英国人，会谈将"在学术和理论基础上"进行，还将清楚地表明他"与当局的政策没有任何关系，而仅仅是前来观察经济现象"。他希望以此方式获得英国官员的合作。[38] 当然，这完全是无稽之谈。但是，怀特约见英国官员并没有遇到任何障碍。英国官员自然会对英国的政策闭口不谈，却迫切希望向怀特讨教美国的美元政策。怀特在报告中写道，他在会谈中非常慎重，对于一个像他那样在此问题上充满激情而又滔滔不绝的人，做到这一点可真是具有挑战性。

怀特发现，实业家普遍反对任何将英镑与黄金重新挂钩的做法，他们认为将英镑与黄金挂钩的做法要为1925～1931年英国的经济困境背负主要责任。由于1929年以来世界贸易大幅萎缩，现在英国实业家的绝大部分出口都是流向使用英镑的英国自治领，因此他们对英镑汇率的波动不甚关心。他们对于汇率问题缺乏兴趣令怀特感到十分好奇，特别是那种小英格兰本土主义的思想，即"如果英镑价格相对于其他货币发生了变动，那么肯定是其他货币的价格发生变动，而非英镑"。[39]执政党工党的重要人物，诸如休·道尔顿和乔治·兰斯伯里，同样对固定汇率毫无兴趣，并且强烈反对回归金汇兑本位制的任何做法。与罗斯福一样，他们都认为国内价格稳定对经济复苏更为重要。在经济学家中，伦敦经济学院的教授莱昂内尔·罗宾斯和T. E.格里高利则持有截然不同的观点，他们主张英国"尽快"在1英镑兑换4.8美元左右的水平回归金本位。他们认为，不这么做会导致贸易继续下滑，引发人们对英镑的信心下降，进而使英镑区解体，以及引发全球范围内又一波以邻为壑的货币贬值。但在怀特将要举行的会谈中，最重要的一场是与罗宾斯的思想对头凯恩斯的会面。

凯恩斯泛泛地表达了支持稳定汇率的想法，掩饰了他在此问题上众所周知的反对立场。他主要提出了实现稳定汇率所面临的实际问题，特别是英国政府关于低估美元币值、英镑汇率只应在一个更低水平上稳定下来的观点，以及在他看来，"国会中的某些团体"可能会否决罗斯福政府达成的任何协定的问题。他提议由英国、美国和法国的财政部门开展合作，这样可能能够避开来自议会或国会的障碍。在这件事上，凯恩斯确实表现出了对未来事件敏锐的判断力，甚至有可能影响到了事态的发展。而素来不为法律或官僚体制障碍所惧的怀特认为，这一观点与自己志同道合。事实上，他们会面后的次年，这一想法就付诸实践了。然而，他们此次会面最重要的意义在于，两人此后将分别成为各自国家在英美金融对手戏中的主要谈判者，而这场英美金融对手戏也最终定义了布雷顿森林体系。

欧洲之行对怀特接下来的职业生涯具有重大意义。它标志着一个开端，在这之后长达 10 年的时间里，怀特成了摩根索权力范围不断扩张的思想基石。摩根索是总统的老朋友，他位于纽约州达奇斯郡的农场，与总统在海德公园的庄园相隔不远，即便如此，摩根索要想力压赫尔和国务院一头，前提必须是他的想法令人信服和务实有效，并能够得到有力的执行。但是，财政部部长并不是一个思维特别灵敏或体质特别强健的人。[40]怀特则是摩根索完美的补充。他抱负远大，但需要一位有权有势的贵人提携。他带给摩根索的则是关于新政国际化的清晰思路、不间断的能量、细节掌控力以及"将经济理论转化为行政措施的天赋"。[41]

到了 1936 年夏天，找到务实解决办法以停止毒害匪浅的报复性汇率贬值行为，或者至少是暂时停止这种以牙还牙的做法，直到找到一种能够取代已经支离破碎的金汇兑本位制的更加长效的体制，成为迫在眉睫的问题。在由莱昂·布鲁姆领导的法国左翼政党人民阵线组建政府后，黄金外流导致法郎大幅贬值，迫使罗斯福政府和斯坦利·鲍德温领导的英国保守党政府采取行动。经过数周的紧张谈判，美英法三国于 9 月 25 日达成《三方协定》，停止货币战争。[42]摩根索将其定性为"君子协定"，生怕其中某些内容给人留下正式条约的感觉。美英两国极不情愿地接受了法郎贬值 30% 的结果，并承诺不以本国货币贬值作为报复手段。三国政府同意使用各自汇率稳定账户的资金限制三国货币之间的汇率波动。法国曾希望得到更为坚定的承诺，即三国承诺通力合作恢复国际金本位制。但是罗斯福根本不想这样做，据摩根索讲，罗斯福坚称他在伦敦会议上发表的关于坚持美国行动自由的声明"应当成为我们的教科书和'圣经'"。[43] 鉴于货币政策完全是政府的职责，总统还进而要求去掉所有提及"中央银行"合作的文字表述，这些表述将中央银行与"私人金融"联系起来，美国财政部部长也提出相同的要求。[44]

在接下来的两个月中，美国财政部还启动了另一项重大政策转变。《1934 年黄金储备法案》规定，财政部只能向实行金汇兑本位制的国家出售黄金。但是在 1936 年 10 月，摩根索改变了这一政策，允许美国财政部向英国和法国出售黄金，售价每日一定。"负责任的人民政府，"摩根索在一次新闻发布会上宣布，"现在将展开合作，确保将汇率波动限制在最低水平上……那些在商业经营中不对任何人负责任也不承认任何旗帜的国际投机者，今后将无法快速地将资金从一个市场转移到另一个市场，从而无法通过挑起外汇市场混乱而攫取私人利益。"[45] 虽然与过去的古典金本位相去甚远，但是《三方协定》和美国恢复出售黄金加在一起给世界经济带来了些许稳定。11 月，比利时、荷兰和瑞士也签署了协定，从而有权以与英法相同的条件与美国进行黄金交易。美国在 1937 年后允许英镑逐渐对美元贬值，即便如此，它也依旧继续坚持这一政策。

然而，经济稳定的微弱迹象只是昙花一现。1937 年 10 月，股市崩盘。1938 年春，法郎再次贬值，随后法郎与英镑挂钩。英镑则维持有管理的浮动，直到二战前夜，当时汇率固定在 1 英镑兑换 4.03 美元的水平。美国经济再度陷入衰退，新政计划显露颓势。

尽管如此，到了 1936 年，如果说美国总统还没有做好准备，美国财政部已经坚定地致力于实现货币稳定目标，并已经使美国政府的黄金美元价格成为核心国际货币的基准和锚。诚然，金本位制已经不复存在，货币规则已经出局，各国政府自主决断大行其道，凯恩斯获得了胜利。然而，当欧洲民主国家急需稳定却无能为力之时，美国通过信守美元与黄金可兑换的承诺，重新建立了一个形似的国际货币体系，而这一体系又不带有金本位制所要求的、政治上难以接受的国内政策纪律。

尽管在财政部根基尚浅，怀特此时正不断巩固其作为摩根索最重要顾问之一的地位。1935 年 7 月，他特别经济分析师职位的任期又延长了一年；1936 年 10 月，他被任命为研究与统计局助理局长。然而，他的工资仍然需要从财政部的内部拨款中支付，资金来源是《1934 年黄金储备法案》下设立的外汇稳定基金通过贬值所获得的利润。这一临时性的拨款程序竟然一直持续到 1945 年，直到那一年怀特才获得完完全全的公务员身份。

此时怀特已年逾四十，个头算是矮子里拔将军，身高不到一米七，身材壮实，圆脸盘、蓝眼睛、带无框圆眼镜，留一抹修剪过的黑色一字胡，时常让人想起德国独裁者阿道夫·希特勒的小胡子。他的步伐快速而急促，仪表举止也是如此。虽然包括赫尔在内的同僚都对怀特的职业道德及对细节的掌控给予极大尊重，但是"他有时会不好相处"，摩根索多年后回忆道。怀特"脾气急躁、抱负过高，满脑子权力欲"。[46] 而且他还缺乏耐心，说话直截了当、冷嘲热讽。摩根索的儿子（与其父同名）曾经定期列席财政部部长与幕僚的晨会，他评论道，怀特"连珠炮似的发表意见，听着就觉得他倨傲轻蔑、吹毛求疵"，只有在他直接对财政部部长讲话的时候才是个例外，怀特向来都知道怎么巴结对他有利的人。他"总是对任何能够为他铺垫权力之路的人无微不至和彬彬有礼"。[47]怀特在布雷顿森林会议的主要助手爱德华（"艾迪"）·伯恩斯坦将他描述成一个"性情多变"和"脾气暴躁"的人。从职业素养上看，怀特"其实并不是一个顶尖的技术官僚，但是如果要找一个对经济政策有想法的人，怀特就是这样的人"。[48]怀特起草的备忘录显示出他具有一种近乎神奇的能力，能够把技术问题解释得清晰透彻和细致入微，并能够将经济学原理与实际的国际政治环境联系起来。虽然怀特的会议日程排得很满且干扰不断，但是他的备忘录给人感觉好像是在与世隔绝的静谧环境下雕琢而成的。不难看出他是如何成为现在这样一个有影响力的顾问的，就算不是个不可或缺的人物，有哪个忙碌的内阁部长会认为这样的人没有价值呢？

但是，怀特并不听从指挥，而且"时常跳出正常的官僚渠道以规避反对意见"，摩根索的传记作者约翰·莫顿·布鲁姆评论道："这一习惯可以被认为是偷偷摸摸的，甚至与颠覆混为一谈。"[49]鉴于现在我们已经知道了怀特为其自由职业而从事的外交活动，对他搞颠覆的指控也许并不总是混为一谈的结果。

怀特的同事基本不了解他的私人生活，只知道他有妻子和孩子，并且他爱好国际象棋和音乐。[50]1936年，怀特把家从哥伦比亚特区郊区、接近马里兰州西尔弗斯普林镇的地方搬到康涅狄格大道的一间公寓之中，当时他的两个女儿一个10岁、一个7岁。1938年，他们又搬到马里兰州贝塞斯达市，住进费尔法克斯大道上一座有 8 个房间的房子，直至战后。

在康涅狄格大道和费尔法克斯大道的家中，怀特有一块布哈拉地毯，按照现值美元的价格折算，价值可能超过 3000 美元。然而这块地毯的有趣之处不在于它的工艺水平或艺术价值，而是它代表了怀特人生中极其关键的一面，一段危立于其私人生活与华盛顿职业生涯之间的阴暗而模糊的人生。

根据有关这块地毯最详细的记录，这是怀特在 1937 年年初收到的一份匿名圣诞礼物，一位名为乔治·西尔弗曼的铁路退休员工局的官员将它送到怀特家中，西尔弗曼后来调入财政部，并在怀特手下工作。[51] 数年后，据说一位到怀特家中拜访的客人故意向怀特指出，它"看上去像块苏联样式的地毯"。怀特本就是一个神经紧张的人，这么一说之下他明显变得焦虑不安。之后当朋友们再来拜访时，这块地毯就不见了。

那位送地毯的西尔弗曼，最终被钱伯斯指认为内森·格里高利·西尔弗玛斯特所控制的美国间谍圈的一名成员，钱伯斯是苏联情报机构与它在美国政府秘密消息人士之间的通讯员，而西尔弗玛斯特是一名财政部和战时生产局的经济学家。根据钱伯斯的陈述，那位指出地毯产地而使怀特受到惊吓的无名拜访者是"伊丽莎白·本特利组织"的成员。本特利也曾是一名通讯员，1945 年成为美国政府的情报线人。

据钱伯斯称，怀特"显然"对这份礼物"印象深刻"。当时钱伯斯委托了一位专家充当中间人，一共购买了 4 块，这位专家就是哥伦比亚大学的艺术学教授梅耶·沙皮洛。钱伯斯听命于苏联军事情报机构（格乌鲁）的特工鲍里斯·贝科夫上校，后者提供现金让他购买"贵重的大地毯"，送给包括怀特在内的有价值的美国消息人士。[52] 贝科夫几乎不会讲英文，钱伯斯只知道他叫"彼德"。

最初贝科夫想给他们"一大笔钱",但钱伯斯告诉他这是个愚蠢的主意:"他们是讲原则的共产主义者。如果你给他们钱,他们就不再信任你了。"贝科夫对此感到困惑,但还是做出了让步。他让钱伯斯告诉怀特及其他人,这些地毯"是在苏联织造的,是苏联人民送给他们的礼物,以表达他们对美国同志的感激之情"。[53]而"乘着这4块地毯",钱伯斯欢欣鼓舞地说道:"我们开启了活跃的间谍活动。"[54]

按照钱伯斯的说法,怀特的秘密工作始于1935年。怀特是一名理想主义者,根据他的设想,未来世界事务将交由像他一样开明的技术官僚管理。怀特似乎乐于通过像钱伯斯这样的秘密步兵来加速那个新世界的到来。但是与钱伯斯不同,怀特不接受任何人的命令。他按照自己的方式工作,不加入任何地下运动。如果确实有人认为他的知识和接触到的情报很有价值,他会乐于使用这些人提供的资源,从而使他的知识和接触到的信息能够物尽其用。他知道自己在政府中的地位低于他的才智理应获得的地位,因此他也渴望得到这些外人给予的认可和赞赏。[55]

通过与他关系密切的中间人,怀特为钱伯斯获取了财政部的官方文件。钱伯斯在自己位于巴尔的摩的工作室翻拍这些文件,而后怀特再通过相同的渠道归还这些文件。[56]怀特还每周或每两周为钱伯斯写一份备忘录,概述他认为有用的情报。[57]

怀特对这份自由职业干得越来越努力,与此同时,美国财政部与苏联的正式关系出现恶化。1936年9月26日,星期六,就在《三方协定》刚刚公布后的第一天,财政部就被迫介入外汇市场以支持英镑与美元的兑换价格,因为苏联通过大通国民银行抛售了一大笔英镑。摩根索从纽约联邦储备银行得到这一消息时脸色铁青。他确信苏联人试图搞垮这一协定,随即召开了一场新闻发布会，以揭露苏联人的举动并显示美国使用货币稳定基金的决心。而苏联人则对美国财政部部长的声明勃然大怒，并令人难以置信地声称，苏联需要这笔钱，目的是履行一项在斯德哥尔摩的美元支付义务，而出售时间只是个巧合。

钱伯斯竭尽全力保护怀特，并为此撤换了一个代号为"威尔顿·鲁格"的中间人，因为这个人违反了地下工作中关于严格守时的纪律。1936 年，与怀特推心置腹的密友西尔弗曼接替了鲁格所扮演的角色，但他一直没有将钱伯斯引荐给怀特，直到他确信钱伯斯"能够搞定那个怪人"。怀特很享受他们这种偷偷摸摸的会面，除了一点让他勉为其难，就是他得为会面保密，他通常会选择在康涅狄格大道的公寓附近找一个会面地点。

"我从来都不喜欢怀特，"钱伯斯直言不讳地写道，"我看见他在夜幕中沿着康涅狄格大道走过来，身材矮小，鬼鬼祟祟……他对接头十分紧张，走着走着不时往身后瞟一眼，显得过分警觉。"会面时，怀特显得焦躁不安，还有莫名其妙的朴实和单纯。他"不停地谈论财政部部长"摩根索，财政部部长的情绪也反映在怀特与钱伯斯会面时或兴高采烈、或郁郁寡欢的言谈举止之中。[58]怀特清楚地意识到，他对世界的影响完全依赖于他与摩根索的私人关系，而摩根索的身份和地位则依赖于他与总统的友谊。显然摩根索没有努力提升怀特在白宫的独立形象。直到 1942 年 8 月，财政部部长仍然称："我可不认为总统知道怀特是谁。"[59]如果怀特与摩根索的纽带，或者摩根索与总统的纽带被切断了，怀特将不过是官僚体制中一个精力充沛的过客，其华盛顿的任期有可能立即终止。他非但不再能享受在华盛顿街头秘密重塑美苏关系那种刺激的感觉，还随时有可能返回阿普尔顿去默默无闻地从事学术研究。

钱伯斯于 1937 年年初将怀特直接引荐给贝科夫，因为后者抱怨怀特是他最没有用处的消息来源。钱伯斯称那次会面激发了怀特此前从不曾有过的热情，而这是因为怀特需要得到"重要的大人物"的关注。[60] 钱伯斯向匈牙利裔的共产主义者约瑟夫·彼德斯（又名"J. 彼德斯"）求助，请他从财政部找一名共产党员来"操控"怀特，并从他那儿得到更多东西。彼德斯推荐了哈罗德·格拉瑟。格拉瑟是在怀特的帮助下进入财政部工作的。不久，格拉瑟就对钱伯斯保证，"怀特正在交出他所经手的全部重要东西"。[61]

在受雇于美国政府所承担的工作方面，怀特继续扩大自己的职能。1936 年 2 月，他被任命为财政部参加跨部门的外国贸易协定委员会的代表。1937 年 12 月，摩根索派怀特代表财政部出席全国军火控制委员会会议。[62] 但在业余时间，怀特还主动开始了对苏联货币体系改革问题的研究，当然这件事他不会让行政当局知晓。

在怀特与钱伯斯秘密的街头漫步中，怀特关于货币问题云里雾里的言论令钱伯斯感到索然无味。"我告诉怀特，我对货币理论、金融或经济学一无所知，"钱伯斯回忆道，"但是，在我们的交谈中，他不是在抱怨财政部部长心情不好或感激财政部部长心情很好，就是在对深奥晦涩的货币计划进行大段大段的独白。"怀特敦促钱伯斯将他关于苏联货币改革的观点告诉莫斯科政府。钱伯斯转告了贝科夫，后者同样对这个问题不感兴趣。然而令贝科夫感到意外的是，莫斯科对由美国财政部的专家指点其货币事务的想法非常感兴趣。贝科夫迅速改变了态度，并让钱伯斯立即把怀特的完整方案弄来给他。然而此时怀特已经远赴新罕布什尔州的彼得伯勒消夏，钱伯斯不得不驱车前去找他。

怀特给了钱伯斯自己草拟的苏联货币改革方案，但是对于方案的细节并没有表现得特别激动。这令钱伯斯感到迷惑不解。"我还以为他的热心和急切表明了他对货币理论无私的热爱以及对苏联的关心。但是我自己有时也感到奇怪，为什么他要为这个组织工作？他的动机总令我感到困惑。"[63]

至于怀特所倡导的经济政策，则完全不是马克思主义的观点。如果在今天，他的经济政策会被称为彻头彻尾的凯恩斯主义。他坚持政府应当在支持经济活动方面发挥积极作用，在程度上当然要比大萧条之前的传统做法积极得多，但是他从未强烈主张政府对生产资料进行广泛控制。他关于国际货币事务的文章显示出他对建立一套体系的关心，"以减少对私人企业进行限制……的必要性"的关心。[64]至于怀特的国内政治立场，都是主流的新政主张，而且没有证据表明他赞赏共产主义的政治意识形态。

一方面是怀特在经济和政治问题上众所周知的观点，一方面是他代表苏联进行的秘密活动，正是这种明显的差异，导致在过去半个多世纪中出现了大量对怀特其人说法不一但并没有什么说服力的描述。[65]"谁是哈里·德克斯特·怀特？"在怀特去世5年后《生活》杂志问道，但这显然是一个未能回答的问题。关于怀特的记述常常令人不悦地分为两个极端对立的阵营。有的将怀特描述成一个对莫斯科无条件服从的仆从，暗地里苦心经营数年，意在颠覆美国的政策。[66]有的则将怀特描述成一个坚定不移的新政主义者和国际主义者，偶尔出于好意而做出越界的行为，目的是努力建立与苏联的和谐关系。[67]两个阵营都未能描绘出令人信服的怀特的形象。

官方记录的怀特与秘密行事的怀特之间缺失了一环联系，最能够补上这环联系的，是一篇手写在一张黄色线条信笺纸上的、未曾发表也未注明日期的文章。这份文件深藏于普林斯顿大学怀特档案馆一卷厚厚的杂文卷宗里，显然被怀特的传记作者错过了。然而，它就像一扇引人入胜的窗户，向我们揭示了志向远大、成就斐然的怀特，在二战即将结束时，在其声望巅峰之际制订的宏伟计划。

文章的标题十分简练：《未来的国际政治经济》（Political-Economic Int.of Future）。文章开始就提出，二战使美国"如梦方醒"，美国可能是"自其建国 170 年以来第一次……有意识地朝着长期的国际联盟、国际承诺和国际责任的政策方向转变"。维护世界和平的关键是在美国、英国、苏联，可能还有中国之间建立"一种紧密的军事联盟""旨在维护国际法……其他大国即使联合起来也没有希望战胜这 4 个国家"。

怀特认为，这类联盟是必不可少的，因为在 10 年之后的世界里，"战败国将恢复其部分经济实力，并且更多地重拾其尊严。它们将再次萌生成为一个强国的想法，如果有可能的话，还想要抹去其战败国和二流大国的身份……有谁能不相信，在日本和德国这两个战败国中，那些有权有势的当权阶层将渴望恢复两国曾经的大国地位？在日本和德国的历史上，有什么证据可以使人们相信这两个国家将会对长期的弱国地位逆来顺受"？

成功建立这种联盟所面临的最大威胁，是美国的"孤立主义"和"它的孪生兄弟，不断肆虐的帝国主义"。这一说法是如此之刺耳，以至于如果文件被公之于众，肯定会招致一片要求将怀特解职的呼声。怀特指责称，这种帝国主义"促使美国最大限度地利用其金融主导权和军事实力，以成为世界上最有权势的国家"。

在财政部，怀特带着一腔空古绝今的极大热情来追求实现美国对全球金融的主导权。有鉴于此，他居然在文章中对使用这种主导权以"成为世界上最有权势的国家"表示反对，这实在令人难以理解。怀特希望美国与谁分享权势呢？文章在这一点上说得很明确，它用了一半的篇幅讨论苏联，通篇都对美国对其崛起的大国对手的看法持批评态度。

怀特指责道，美国存在一个"势力非常强大的天主教统治集团，很容易与反苏联势力结盟，而其他集团则担心与一个社会主义经济体的任何同盟关系，只会加强社会主义而削弱资本主义"。同样，如果外界得知这份文件的存在，怀特对定义不明的"天主教统治集团"的抨击必然使他面临朝不保夕的命运。

怀特继续展开，指出美国及西方盟友在对苏联的态度方面像个伪君子。"资本主义意识形态与社会主义意识形态之间充满敌意的对立状态……构成了一个危险的导致分裂的因素。"他对此感到痛心不已，并认为资本主义国家与社会主义国家之间真正的经济与政治差异被夸大了。美国有许多公有制的著名案例，例如田纳西河谷管理局、国家公园系统以及石油储备体系。在运输、电话服务、水务、燃气以及电力方面，价格被法律所固定。私人的市场竞争"受限于数不胜数的限制和资质要求"。与此同时，"在苏联，数以十万计的小农场由个人承租并运营；木匠、鞋匠以及各种各样的服务，都以与资本主义国家相同的方式出售给消费者；人们可以获得出版物的版税，可以拥有政府债券并获得利息；工资率虽由政府决定，但仍受供求原则的影响，且受影响的幅度与资本主义国家相同"。然而关键的一点是，怀特预计资本主义国家将在战后发生转变，"而且所有的转变都将朝着加大政府对产业的控制、加大对竞争和自由企业运营的限制的方向"。因此，未来将朝着苏联模式的方向趋于大同。

接下来怀特问道，为什么资本主义国家要反对苏联？是因为政府的形式？怀特认为不是，因为资本主义国家"既可以实践像美国和英国那样的民主制度，也可以实践像西班牙、葡萄牙、尼加拉瓜或者洪都拉斯那样的独裁制度。事实上，意大利、西班牙、巴西、波兰以及中国基本没有我们所说的民主，但是这并没有导致任何对这些国家的根本性敌意，也丝毫没有影响到我们与它们的贸易和金融安排"。另外，"在社会主义经济中，既有可能像战前的苏联一样采取专政统治（战时的政治模式不能构成一个公平比较的基础），也有可能拥有高度的民主，就像苏联于1936年通过但从未完全生效的宪法中所倡导的那样……因此，政治体系的差别显然不能构成反对苏联的基础"。

怀特关于苏联"从未完全实施""高度民主"的轻描淡写的评论颇为引人注目，这非常强烈地表明他对斯大林的国内政治体制的观点过于乐观。关于宗教自由呢？"与流行的见解不同，苏联从未取消个人自由进行宗教崇拜的权利，"怀特坚称，"苏联的宪法确保了该项权利。"而且，"德国自1933年以来对宗教自由发起了更加恶毒的攻击"，但是资本主义国家并没有对德国提出异议，直到它们感受到了军事威胁。关于苏联在海外煽动社会主义革命呢？"第三国际的衰落，以及苏联当前采取的不积极支持其他国家开展此类运动的政策，应当有助于大大消除此类摩擦的根源。"

在西方反对苏联的真正原因中排除了内部政治、宗教和对外政策之后，怀特得出结论，冲突的真正根源一定是经济意识形态："基本上就是资本主义反对社会主义。那些真心认为资本主义优于社会主义的人，"怀特似乎并未把自己算在内，"担心苏联将成为社会主义意识形态的发源地。"在文章的结尾，他写道："苏联是第一个付诸实践的社会主义经济案例，而且它成功了！"[68] 美国政府最重要的经济战略家得出了这一结论，不能不令人震惊。

苏联社会主义经济"成功了"，资本主义国家将转向政府加大对产业和竞争的控制，怀特的上述结论，使人们更加相信一则关于怀特经济观点的颇有争议的记述。这是记者乔纳森·米切尔 1954 年在参议院司法委员会内务安全小组委员会上的一段证词。米切尔曾在 1939 年为摩根索写过讲话稿，他回忆起 1945 年 8 月与怀特的一次午餐会，就在日本投降前不久。据说当时怀特提出了这样的观点，即在战争期间兴起的受政府控制的贸易体系将在战后继续下去，因为缺少资本（美元和黄金）将迫使政府严格控制私人跨境贸易。而国际货币基金组织将无法纠正这一问题，一个可以被称为国际货币基金组织之父的人说出这样的观点是令人震惊的。怀特继续说道，美国拥有庞大的国内市场，有能力使私人企业制度再延续 5~10 年，但是最终不可能在一个国有贸易的世界中作为一个资本主义的孤岛生存下去。据米切尔记述，怀特提及了英国社会主义者哈罗德·拉斯基所著的《信仰、理智和文明》一书，这本书提出苏联创造了一个将取代资本主义的新经济制度，怀特认为"这是我们这个时代写出的最有意义的一本书"，而且"以惊人的准确性和洞察力预见了世界发展的方向"。[69]

拉斯基的书赞扬苏联的共产主义，称之为一种新的信仰，可以填补过时的基督教信仰和道德上破产的资本主义所留下的精神和物质空白。"自十月革命以来，"拉斯基宣称，"更多的男人和女人获得了更多自我实现的机会，比世界上其他任何地方都多。"[70] 在"冷战"结束后几十年的今天，这类观点看起来显得怪异，但是 1945 年拉斯基是英国工党主席，属于西方政治主流的中心人物。怀特的文章虽然缺少拉斯基学者般的历史广度，但显然与拉斯基的论辩有观点相同之处，尤其关于资本主义盟国虚伪有罪的观点。两人都认为，资本主义国家能够容忍德国和意大利对民主的镇压；直到希特勒和墨索里尼开始转向对外侵略之后，这些资本主义国家才编造了保护政治和宗教自由的迫切需要。就苏联而言，事实上资本主义国家不能接受的正是社会主义经济取得的成功。

怀特的兄长内森于 1956 年出版了一本书，强烈质疑米切尔的可信度，为他的同胞兄弟辩护。鉴于当时怀特广为人知的思想印迹，米切尔的叙述确实听起来并不可信。但是，这篇新发现的怀特的文章表明，米切尔讲述的故事实际上是完全可信的。

"怀特与苏联人关系密切，这一点毋庸置疑。"伯恩斯坦在几十年后回忆起怀特时说道，而且"怀特也正是这样一种人，他认为自己可以对所有人提出建议"。[71] 但是，怀特并非只是提出建议，而是步入歧途并越走越远，他为什么会这样呢？

在二战期间，有一批数量惊人的美国政府官员暗中向苏联提供了帮助，他们从未认为自己对美国不忠。按照伊丽莎白·本特利的说法："他们是一群被误导了的理想主义者，为了一些他们认为是正确的事情而那样做……他们强烈认为我们和苏联是盟友，认为苏联承受了战争的主要冲击，因此苏联必须得到尽可能多的援助，因为政府里的人……没有向它提供我们本应提供的东西……那些我们提供给了英国却没有提供给它的东西。而且他们感到……自己其实有责任为苏联搞到这些东西。"[72]

按照钱伯斯的说法，怀特在战前就开始了这方面的努力，大约就在苏联 1933 年与美国建立外交关系、1934 年加入国联之后不久。显然，怀特认为在未来几年中，美国的政策应该并且将会朝着与新近获得合法性的苏联政权更深入接触的方向转变。西尔弗曼与钱伯斯本质上是为怀特提供了一个机会，使怀特在任何官方的机会到来前，能够证明他对这个仍然十分神秘的外域大国的真诚和善意。

贝科夫送给怀特一块地毯，这并不是苏联人唯一一次以失当的方式表达他们对怀特努力的感激。钱伯斯声称，多年后，当他成为《时代周刊》杂志的一名撰稿人时，曾经听说了下面的故事。

有一天（很可能是在 1945 年），华盛顿的一个木匠在家中收到了一箱鱼子酱，之后又收到了一箱伏特加，再之后是一封刻印的邀请信，邀请他出席苏联大使馆举办的一场社交活动。木匠目瞪口呆。最后，他接到美国财政部一个名叫哈里·德克斯特·怀特的人打来的电话。木匠也叫哈里·怀特。财政部的怀特追查到了他那些礼物被送错了地方。他提议木匠怀特把一半东西寄还给他，另一半自己留用。"我本打算全都寄还给他，"木匠对记者说道，"但是我想，"在回忆了他与财政部的怀特的对话后，"他应该是那种即便我全都寄回去，也会认为我留下了一半的人，所以我就索性留下了一半。"[73]

1938 年年初，在得知斯大林开展大清洗运动之后，钱伯斯越来越担心自己的安全，因此他做出了一个重要决定：脱离共产党。此时他必须唬住那些为他提供情报的人，让他们闭嘴。就怀特的情形而言，钱伯斯觉得，最好的办法就是直接走进怀特在财政部的办公室。但是他迅速放弃了这个想法，因为到了财政部大楼之后钱伯斯才发觉根本没法说通站岗的警卫放他进去：怀特只知道他叫作"卡尔"。所以他在附近的商店里给怀特打了电话。他本以为怀特会对这种违反规定的举动感到很震惊,却奇怪地发现怀特很高兴听到他的消息。

怀特与钱伯斯在财政部附近碰头,随后两人开始散步。"要不要掉个头回去检阅一下岗哨?"怀特欢快地问道。他们走进一家饮料店坐下,点了咖啡。怀特异乎寻常地健谈,东拉西扯地讲了很多财政部部长和西尔弗曼的事,之后才问起钱伯斯"回到华盛顿是不是有工作"。钱伯斯直截了当地提出,怀特必须脱离"那个组织",不然他就会公开指认怀特。怀特一头扎在咖啡杯上。"你不是认真的吧?"怀特抗议道。钱伯斯保证,如果怀特按他说的去做,他就不会揭发怀特。两个人在尴尬中分手。离开时,钱伯斯发现了一个街头摄影师,于是迅速地推着怀特调转方向。错愕不已的怀特在被钱伯斯推着转身时,目光掠过他的肩膀发现了远处的相机,并庆幸躲过了镜头。这是两人最后一次见面。[74]

根据伊丽莎白·本特利的陈述,在钱伯斯叛变之后,怀特对妻子保证"今后将远离间谍活动。他的妻子不是共产主义者,也不喜欢他的革命活动"。[75] 他可能在之后的几年里确实信守了这一承诺。

关于怀特通过钱伯斯给苏联传递的情报的价值,在过去几十年中争论不休。有人说重要,有人说不重要,但这并不是问题的关键。正如钱伯斯自己总结道,虽然怀特和其他线人"非常想要提供帮助",但是"众所周知,外交部门的秘密被大大高估了"。[76] 少许历史知识加上一些基本的政治想象力,能够获得的收益就至少不会亚于政治间谍行动。[77] 问题的关键在于,敌对外国势力的特工被安插到了一国内政和外交机构的核心部门。"有了阿尔杰·希斯和哈里·德克斯特·怀特"这两个钱伯斯招募到的重量级人物，"苏联军事情报机构就像坐到了美国政府核心部门的旁边"。[78]希斯后来成为美国国务院特别政治事务办公室主任，怀特成为财政部部长助理并在政策和人事上拥有巨大的权力。怀特知晓财政部部长的言谈和想法，并能在很多问题上对财政部部长产生影响。而且，正如我们将要看到的，怀特对苏联的好感与他多年来所执行的一些重要政策立场之间并非毫无关系。

　　1936 年，凯恩斯的《通论》出版，他的思想也迅速传到华盛顿。特别是关于政府应当果断使用赤字支出方式来对抗衰退的观点——这种观点今天已经成为主流，但是在凯恩斯之前一直被普遍认为是不负责任的——在美国当局内部获得了有影响力人士的支持，包括联邦剩余物资救济署署长兼公共工程管理署署长哈里·霍普金斯（他于 1938 年成为商务部部长）、财政部法律总顾问赫尔曼·奥利芬特以及美联储主席马瑞纳·伊寇斯（其思想要早于凯恩斯）。怀特自己直言不讳地反对平衡预算的传统观点。"通过增加税收或者削减政府支出等通货紧缩措施来平衡预算是错误的。"1937 年 10 月怀特在与摩根索和维纳的一次会谈中说道。[79]但是，摩根索不为所动，没有被增加联邦支出的收益所说服，甚至多年后他也未能改变这一立场。他继续主张通过出台货币政策措施解决危机，而怀特则对此提出了具体建议，包括削减银行储备金要求、联邦储备银行更大规模地购买证券（这两项措施都将把更多的现金注入金融体系）以及美元进一步贬值等。[80]
　　摩根索没有得到罗斯福的支持，罗斯福决定是时候通过支出措施使美国摆脱衰退了。这提升了怀特的地位。1938 年是非常残酷的一年，经济自 1933 年以来第一次陷入衰退，幅度高达 3.5%。

摩根索知道自己的影响力正在减弱，于是更加依赖怀特提供政策上的指引，并于当年3月将怀特提升为货币研究局局长。4月，他将怀特纳入高级顾问小组，这个小组又称作"9点半小组"。当月，总统宣布了40亿美元的紧急支出计划，包括大规模的公共工程项目。财政部当时的预测是，1939年财政赤字将达40亿～50亿美元，这令摩根索一度想要辞职，但他最终放弃了这个想法，因为考虑到这样做将会严重破坏总统所做的努力。

对于罗斯福而言，尽管他非常希望能够专注于国内事务，但是来自国内和国外越来越大的压力使他不得不对全球范围内愈演愈烈的军事侵略行为做出回应，特别是德国大规模地重整军备、德国与意大利干预西班牙内战、意大利入侵埃塞俄比亚以及日本侵略中国。1937年10月5日，他用一篇著名的《隔离侵略者》的讲话做出回应，表示美国的立场是反对轴心国，但并未具体点出国名；同时他还强调其治下的政府致力于实现和平，以避免激起美国人孤立主义的情绪。演讲中还有一点值得注意，即将和平与商业和贸易联系起来，自1914年一战以来，这一主旨思想在美国政治思考中占据了越来越重要的地位。

与此同时，摩根索稳步扩大了财政部在外交事务领域的职权范围，为怀特创造了新的责任和机会。中国便是这方面一个很早的例子。美国于1934年通过了《白银采购法》，这部法律是白银生产商、通货膨胀支持者以及对银行家强烈不满的人所组成的游说集团施加强大政治压力的结果。法律要求财政部大量购买白银并提振其价格。这一做法对中国的货币造成了毁灭性打击，因为中国的货币与白银绑定。虽然中国国内并无白银供应，但是白银长久以来一直为这个国家所珍爱。[81]中国的白银储备被走私出境并在海外销售，导致其货币供应减少并进而引发了通货紧缩、信用收缩以及经济衰退。

对于日本侵略者而言，这一做法不仅使他们获利不菲，而且可以有效地破坏蒋介石政府。而蒋介石政府则恳求美国改变其政策。摩根索对此表示同情，他也将《白银采购法》视为一件头疼的事。但是他没什么可以操作的余地。赫尔从经济和政治两方面反对财政部的建议，迫使摩根索指责国务院过于在意日本的意见。而总统则无意改变美国的购银政策，也不允许财政部卷入中国的货币改革事务之中。

1935 年 10 月，中国驻美大使施肇基告诉摩根索，中国即将放弃银本位制，并提议向美国出售其白银储备，而非在世界市场上低价抛售。摩根索将此事打上了货币问题的标签，并将它视作一次绕过国务院的良机。但他仍须谨慎行事，因为《白银采购法》要求美国支持白银的货币地位，而中国将要做的则是削弱它。

怀特支持购买中国白银的想法，但要求中国做出对等承诺，将中国元与美元挂钩。中国大部分贸易以英镑结算，而英镑兑美元的汇率下跌也带动中国元对美元的下跌。怀特希望结束这种状况，以有利于美国的出口商和制造商。[82]

当时与今天一样，中国顶住了美国要求其改变货币政策的压力。摩根索愤怒地对施肇基回应道：

我们要为我们的政客、我们的公众和我们的未来考虑。我们投入了 6500 万美元，而你们却将货币与英镑挂钩，这种事我们是不会做的……你们迈出了这一步，我们希望你们能够成功。我们认为，对于两国而言最好的办法是：中国元以美元而非英镑报价。你们这些人是在玩牌，你是在虚张声势。[83]

　　但是中国仍然不肯让步。最后，摩根索在获得总统的批准后放弃了美国的主张。但是他也试图挽回些颜面，因此没有同意中国关于美国向其购买 1 亿盎司白银的要求，而只同意购买 5000 万盎司。协议最终达成。

　　摩根索仍然担心中国会与英国达成类似交易，并以将中国元与英镑挂钩作为交换条件。货币外交你来我往一直持续到 1936 年 5 月，其间陈光甫⊖出使美国，强烈要求摩根索购更多白银，而摩根索则反复抱怨中国元紧随英镑变动。财政部部长强调，美国"感到帮助中国加强它的货币对世界和平非常重要"。[84] 陈光甫承诺终结中国元以英镑报价的制度，承认这种报价方式给人的感觉是与英镑挂钩。急于让国务院靠边站的摩根索最终同意由美国财政部与中国财政部达成一项安排，前者将按照市场价格再购买 7500 万盎司的白银，按月分期购买直到 1937 年 1 月，购银收入将留在纽约且仅供中国稳定中国元外部价格之用，协定细节对外保密。

　　与中国达成的货币协定加上《三方协定》，不仅巩固了财政部作为新政计划的外交政策分支的地位，还加强了它作为美国外交政策的经济政策分支的地位。这就进一步赋予怀特更多的机会，使其个人职权范围扩展到外交政策的核心领域。在一份提交给摩根索的长达 44 页、单倍行距打印的备忘录中，怀特报告了中国 1936 年的经济形势，并充满自信地谈及广泛的政治问题，称蒋介石"事实上是一个独裁者"（虽然"他实际的权力要比希特勒或者墨索里尼小很多"）。怀特在财政部任职期间关注的一个核心问题就是美国的贸易竞争力，在这份备忘录中，他不厌其烦地详细阐述了导致美国对中国的长期顺差于 1935 年突然逆转的原因。不

---

　　⊖　时任上海银行总经理。——译者注

出意料，他所做分析的精华部分仍然是货币问题，他将中国元的挂钩问题定性为更广义的英镑与美元全球竞争的重要组成部分。他提出，英国需要中国元与英镑挂钩，其迫切程度要大于美国对中国元与美元挂钩的需要，"一部分原因是英国更加需要对外贸易，以及它在国际金融中的传统地位；另一部分原因是美国正在崛起，而英国正在走下坡路"。怀特提出："如果召开一场国际会议，那么使用英镑的国家越多，英国在与金本位国家进行谈判时的地位就越强大。"[85] 他的这个想法比美国确定布雷顿森林会议的立场早了 8 年。如何确保美元永久取代英镑在全球贸易、金融和储备货币中的地位，这将是怀特在财政部余下的时间里一直需要思考和面对的问题。

在欧洲方面，1938 年是提升怀特外交事务职权的关键一年。9 月 30 日，英法德达成《慕尼黑协定》，这一协定现在已经成为对侵略行为可耻的绥靖政策的代名词。英法同意德国吞并捷克斯洛伐克[⊖]的苏台德地区，为希特勒于次年 3 月占领布拉格铺平了道路。

10 月初，摩根索指示怀特就国际形势问题起草一封致总统的函。怀特对此满怀热情："比起我其他的所有工作，我更愿意干这件事。"[86] 怀特为摩根索起草的信函涉及了众多方面，虽然不清楚这是否出于摩根索的本意，但怀特所写的平铺直叙的大白话中的大部分内容几乎一字不差地变成了摩根索"在外交政策方面迄今为止冒险发表的最强硬声明"。[87]

怀特毫不掩饰对德国、日本和意大利的强硬立场，一遍一遍地重复使用"侵略者""侵略"的字眼，并敦促"从未被一丝绥靖

---

　⊖　捷克斯洛伐克是 1918 年 10 月 28 日~1992 年 12 月 31 日存在的共和国。1993 年 1 月 1 日起捷克及斯洛伐克成为两个独立的国家。——译者注

行为玷污过的"总统,"像钢铁一般坚定地"采取行动。信函条理清晰地陈述了财政部在这一问题上合情合理的利害关系。首先关注的是侵略者对国际贸易和货币事务造成的巨大破坏,认为它们严重损害了美国的出口利益,推高了美元汇率,破坏了当局促进贸易和美元竞争力的计划。然而,信函随即转向敦促总统在政治上更加果断地采取除了战争之外的其他行动来帮助侵略行为的受害者(特别是中国),只要能够避免战争。信函对英国的外交政策嗤之以鼻:"谁能够预料到……英国首相会急于觐见希特勒并恳求他不要过于苛刻或不耐烦,并且是以谦卑的口吻恳求,唯恐这位独裁者感到不快并要求得更多?"信函鄙视英国和法国,认为两国独立性的萎缩和影响力的崩溃是其自身意志薄弱的结果。怀特通过他的领导恳求总统:"不要让下面这种不得已的情况发生,美国总统飞赴东京,以谦卑的姿态觐见日本天皇,恳求他收下半个菲律宾就适可而止,而不要为了整个菲律宾发动战争。"[88]

信函于 10 月 17 日送给总统。11 月 14 日,"在白宫的一次重要会议上"——这是摩根索给定的性,罗斯福从历史的角度阐述了美国做好战争准备的必要性。总统指出:"德国的权势在慕尼黑复活,并彻底地改变了我们自身的国际关系状况;这是自 1818 年神圣同盟以来,美国第一次面临在大西洋一侧同时遭受北半球和南半球发起攻击的可能局面……然而,将一支大规模的军队派赴海外是不可取的,在政治上也是不可行的。"[89]总统将当前的国际形势称为对美国的一种安全威胁,但是这种威胁,无论多么巨大,都不能通过将部队开赴欧洲战场的方式解决,因此必须采取其他手段来化解。怀特 1923 年在斯坦福决心成为一名经济学家时就认定"大部分政府问题是经济问题",现在他终于等到了一个绝好的机会来证明自己是正确的。

政府部门间的界限并不能构成对他的阻碍。怀特在 1940 年 8 月的一份备忘录中怒斥国务院到处都是"崭露头角的张伯伦、达拉第和霍尔",以上三人是英法在慕尼黑奉行绥靖政策的主要人物。"我相信,制定和通过一个立场坚定、态度鲜明的外交政策并交由国务院执行的时机已到。"[90] 美国的外交努力是"可悲的",构成它的是"这种 19 世纪狭隘的讨价还价的行为模式,依赖的是难以捉摸、半真半假的承诺、各种恼人的小伎俩以及两面三刀的做法,一方面长篇大论地公开表达善意,另一方面又夹杂暗含的威胁,主要目的就是掩饰本质上毫无价值的结果。我们的外交策略对于加强我们的国际地位或使我们远离一场艰难的战争毫无用处,一如波兰军队的装备和战略对波兰国防的作用"。怀特看不起那些民主国家的外交部门,并在一份于 1941 年 5 月末起草、6 月 6 日提交给摩根索的备忘录中,炮轰"美国、英国和法国的国务院及外交部门,抨击它们政策不力,或是误判形势,或是犹豫不决,或是工于心计,或是碌碌无为"。"外交和军事策略一样,一次'全力以赴'的行动需要充分调动所有的经济和政治资源。"[91]

这样的语句出自区区一个财政部研究局负责人之口,似乎应该令人惊诧不已。但此时,怀特在摩根索心中的地位已经远远超过他的官方职务。战争部已经处于待命状态,国务院却还不紧不慢,摩根索急于填补缺口,为总统发出的行动号召赋予实际的意义。而怀特既有热情,又有想法。

一份 1939 年 3 月的备忘录体现了怀特很早就形成的一种坚定思想,即美国需要与"世界上另一个最强大的国家",也就是苏联,开展紧密合作。[92] 怀特描绘了美苏之间深层次的共同利益,而他的总统则似乎没有看到这种明显的利益。怀特认为,需要对英国的张伯伦政府施压使其同意与苏联开展军事合作，以抵抗德国的入侵。他提议给苏联一笔 2.5 亿美元（相当于今天的 40 亿美元）的 10 年期贷款，贷款资金将用于购买美国的棉花、机械和制成品。即使在美国财政部冻结了波罗的海国家资产作为对苏联于 1940 年占领波罗的海诸国的反应之后，怀特仍然朝着相反的方向努力推进，支持达成三方合作安排，由美国从苏联购买价值 2 亿美元的战略商品，苏联则相应地以赊销的方式向中国出售军事物资。怀特认为，应当把苏联与德国、日本之类的侵略者区别开，因为苏联"在近期内无意进行领土扩张……苏联的侵略采取的是意识形态宣传的形式，而非军事入侵"。[93] 这听起来特别像 20 世纪七八十年代反"冷战"斗士的言论。将这个观点与罗斯福 4 个月前在美国青年代表大会会议上的讲话做一个对比：

> 与你们中的很多人一样，我希望苏联能够找到解决自己的问题的方法，希望它的政府最终变成一个热爱和平的政府、一个人民拥护的政府、一个选举自由的政府，希望它不会干涉邻国的统一和完整。[94]

然而，总统的财政部在未来几年将继续按照对苏联意图更为乐观的判断来执行外交政策倡议。怀特将越来越多地成为这些行动的幕后推手。

1941 年 12 月 7 日，星期日，夏威夷时间早晨将近 8 时，366 架日本轰炸机和战斗机袭击了珍珠港，向美军庞大而又脆弱得不可思议的军事基地发起攻击。结果是灾难性的：4 艘美国战列舰被炸毁或击沉，另有 4 艘严重受损，11 艘其他战舰被击沉或摧毁，

188 架飞机在地面被击毁；2330 名美国人阵亡或奄奄一息，仅"亚利桑那号"战列舰这一艘战船上就有 1177 人被夺走了性命。第二天，罗斯福总统对国会发表了著名的演说，称 1941 年 12 月 7 日将成为"活在耻辱中的一天……无论我们要花多长时间才能战胜这次有预谋的侵略，美国人民都将凭借正义的力量最终获得绝对的胜利"。

丘吉尔从总统处得知惨重的伤亡情况时，回应道："这是怎样的浩劫！"[95] 但是私下里他将日本的袭击称为"一件幸事……大英帝国前所未有的好运气"。他终于得到了梦寐以求的东西：美国参战了。"我在床上像一个获得拯救的人那样感恩地睡了一觉。"[96] 在莫斯科，人们的情绪与之相似。"我们感到解脱，深深地呼出一口气。"苏联内务人民委员会情报总局美国办公室负责人维塔利·巴甫洛夫回忆道。[97] 但这并不仅仅是场边啦啦队的喝彩。巴甫洛夫已经暗中成为这场较量游戏的一部分。

日本决定袭击珍珠港是一系列关键政治事件的结果，而且显然不能说是由单一的一件事、一次行动或是一个人引发的。但是，最近似的导火索则与巴甫洛夫以及他最重要的美国联系人怀特有着不同寻常的关联。

11 月 20 日，日本驻美大使野村吉三郎和特使来栖三郎向赫尔提交了一份东京提议的"临时协议"，这是一份临时的工作文件，重点是缓解政治、军事和经济的紧张局面。接下来几天谈判持续进行，其间美国情报部门截获并破译了日本发给大使的电报，电报以明确的语言要求他们必须于东京时间 11 月 29 日前解决分歧。美国海军部认为日本可能对菲律宾或关岛发动进攻，但不会袭击珍珠港，因为对美国领土发动攻击显然是"战略性失策"，必将导致美国对日本全面开战。

就在此时，怀特出乎意料地出现了，并成为这一戏剧性事件的一个关键人物。11月17日，怀特向摩根索提交了一份长篇备忘录，题为《消除对日紧张关系及确保战胜德国之方法》。这篇备忘录迅速成为谈判接近尾声时疯狂混乱的外交行动的一部分。摩根索此前一直不是解决对日问题的关键角色，但是怀特再一次填补了财政部部长知识的空白。摩根索在删除了引言部分对美国外交政策言语冒犯的批评后，将怀特这篇"令人惊叹的建议备忘录"转给了赫尔和罗斯福。

怀特希望总统提出一个包含具体条件的协议。如果日本接受有关提议，他激动地声称："就会把一个危险好战的强敌成功地转变为一个爱好和平和繁荣昌盛的邻邦，全世界都会为这种转变而兴奋不已。总统在国内外的威望及领导力将因为这一重大外交胜利而迅速提高。"

赫尔以及一小部分美国最高级军事和行政官员与重要友邦政府的代表一起，着手起草一份美国的"临时协议"替代方案，其中纳入了怀特的主要诉求，即日本从中国和中南半岛撤出所有武装力量，停止支持除国民党政府以外的任何其他中国政府或政权。时任战争部部长亨利·史汀生对日本是否将给予合作表示怀疑，因为有关条款"非常严厉"。但是，怀特力主不放宽任何条款。他为摩根索起草了一封言辞激烈的致总统的信函，警告不要达成一个"远东慕尼黑"、不要"以30块带血的黄金"将中国"出卖给它的敌人"、不要"令美国在民主国家伟大的反法西斯斗争中的世界领袖地位变得黯然无光"。摩根索没有发出这封信，但是怀特在其他方面继续紧逼。他给太平洋关系研究所前秘书长爱德华·卡特发电报，请他前来华盛顿游说，反对向日本做出让步，而联邦调查局的记录显示卡特支持苏联的立场和事业。[98]

当罗斯福从史汀生那里得知一支日本远征军正从中国南下开赴中南半岛时，形势转向了怀特这边。据史汀生所述，罗斯福"勃然大怒"，称这改变了整个局势。他要求将"临时协议"改为"总体基本建议"，并授权赫尔向日本方面提交一份后来称为"十点备忘录"的文件。11 月 26 日，赫尔召见了野村吉三郎和来栖三郎，递交措辞严厉的最后通牒，包含了怀特在中国问题上的诉求，且没有做出任何让步。来栖三郎感到担忧，告诉赫尔如果将这样一份文件作为对日本停战建议的回应交给日本政府，日本政府将"举起双手表示放弃"。赫尔没有动摇。冲突已不可避免。

最后通牒中的核心要求是怀特提出的，这一点毫无争议。而日本政府在接到最后通牒后做出了袭击珍珠港的决定，这也是毫无争议的。虽然陆军参谋长乔治·马歇尔将军在战后提出假设称，如果谈判没有在 1941 年年底崩溃，日本可能不会发动袭击，但一场袭击在当时可能已经在所难免。然而值得注意的是，苏联和美国在欧洲战争中的盟国都急于确保这样一场袭击能够真正发生。"太平洋战争本来是可以避免的。"苏联军事情报总局格鲁乌的退休上校、荣获二战"苏联英雄"称号的弗拉德米尔·卡波夫在 2000 年写道，此时珍珠港事件已经过去近 60 年，他坚称："斯大林是对日最后通牒的真正发起者。"

怎么可能是这样呢？卡波夫称："怀特是根据（苏联内务人民委员会的情报官员）阿赫梅罗夫和巴甫洛夫发起的计划行事。""怀特起草了供摩根索和罗斯福总统签署的备忘录。"据卡波夫所述，苏联利用怀特来刺激日本攻击美国。这个计划甚至还有一个名字，叫"白雪行动"，白雪指的就是怀特。"'白雪行动'的本质就是在日本帝国与美国之间挑起战争，并确保苏联在远东的利益……如果日本与美国开战，它就没有资源再进攻苏联了。"[99]

他们是如何执行这项行动的呢？巴甫洛夫就是在此时介入的。1941 年春巴甫洛夫被派往华盛顿，年仅 27 岁。他是苏联情报部门的产物，而情报部门那些比他级别高的人在斯大林大清洗中大批遭受迫害。他的任务是激活一个"有影响力的特工"，名叫怀特；他要弄清楚在苏德签署条约之后，怀特是否仍然愿意合作；并且，如果愿意，他要确保怀特在美国外交政策的上层组织机构中提议支持对日本发出足以引起战争的最后通牒。巴甫洛夫 55 年后在一本叫《白雪行动》的书中讲述了这段故事。[100]

1941 年 5 月末，巴甫洛夫致电怀特，称他捎来了在中国的"比尔"给怀特的消息。比尔就是阿赫梅罗夫，但怀特只知道他叫比尔。阿赫梅罗夫与怀特是在 1939 年认识的，当时阿赫梅罗夫称自己是一名将要赴华的汉学家，介绍他们认识的是立陶宛流亡者、苏联情报联络特工约瑟夫·卡茨。[101] 巴甫洛夫邀请怀特在老艾比特的烤肉店中共进午餐，此前怀特也是在这里与比尔碰面的。

在看到桌面上放了一本《纽约客》的杂志后，怀特向坐在桌前的巴甫洛夫打了个招呼，杂志是巴甫洛夫用来显示自己身份的标记。巴甫洛夫说自己刚刚从中国回来，比尔让他捎给怀特一封信，信中概述了比尔对日本在亚洲扩张的担忧。巴甫洛夫为自己蹩脚的英语表示歉意，随后将比尔的信摆在怀特面前。怀特读完后惊讶地表示，比尔的想法与自己的想法非常相似。怀特想把信装进口袋，但是巴甫洛夫伸过手去示意怀特不要这样，于是怀特把信还给了对方。

巴甫洛夫说他很快就要返回中国，比尔急切地希望知道怀特的观点。美国是否认识到了日本的威胁？它是否下定决心要做些什么来反制日本的侵略？怀特对巴甫洛夫表示感谢，并向他保证比尔的观点与自己对该地区事务的观点和理解相一致。怀特说，既然自己的观点获得了像比尔这样的中国通的支持，他就可以朝着必要的方向展开必要的努力。怀特的语速很慢，在快讲完时还要让巴甫洛夫确认已经完全理解了他的意思。巴甫洛夫请他放心，并几乎一字不差地复述了怀特要带给比尔的信息。怀特点头表示认可。他为午餐结了账，两人就此而别。

在此次会面后不久，怀特就起草了上文提及的那封观点激烈的 6 月 6 日致摩根索的备忘录。除了对美国外交行动的瞻前顾后大加指责外，怀特还就两个国家提出了具体建议，即日本和苏联。有关苏联的部分，怀特提出通过经济激励拆散苏德条约。有关日本的部分，怀特提出与东京达成一套综合性的和解方案，美国将在政治与经济方面适度让步，换取日本从中国和中南半岛撤军，并承诺放弃在中国的治外法权。不管怀特是怎么想的，这些要求都是不切实际的；日本人也绝不会接受。[102] 至少这一点正是苏联情报部门期望发生的。

比尔的信，也就是阿赫梅罗夫的信，显示出苏联希望美国向日本提出 3 项要求：停止在中国境内及其边境的侵略行动、将军队撤出亚洲大陆。怀特明确地提出了前两项要求。[103] 然而，令人费解的是，他提议承认满洲为日本帝国的一部分，这一立场直到几个月之后才发生转变。

怀特在满洲问题上的犹豫不决，显示出他并非苏联情报部门的傀儡，这与卡波夫所说的恰恰相反，而且阿赫梅罗夫只能够影响怀特干预行动的大致轮廓和时机。白雪行动的意义不在于怀特因为受到提醒而做了他所做的事情，显然也不在于怀特的所作所为不符合他所认为的美国利益；相反，其意义在于苏联人相信怀特有足够的影响力并且能够受到影响，并认为美国与日本之间的冲突非常重要；还在于他们选择利用怀特来实现他们的目标。无论如何，怀特的干预将在那年秋天产生重大影响。

6 月的时候，摩根索还没有准备好亲自介入对日谈判，他仅仅是寄出了这份备忘录。但是这份备忘录确实促使不堪重负的财政部部长将亚洲政策的钥匙交由自己热心的助手处理。"我对中国不感兴趣，"摩根索在 1941 年 7 月对怀特说，"我想要找个人，能够处理这一事务的人。"

"您不想让我提出任何问题吗……"怀特带着怀疑的语气问道。

"是的，你要搞定它们。"财政部部长脱口而出。[104]

怀特决定在 11 月 17 日的备忘录中重申他对日本的态度，这一次立场更加强硬。怀特现在提议美国不再承认满洲为日本帝国的一部分，而是应该要求日本从满洲撤军。鉴于自 6 月以来亚洲的地缘政治分量显著上升，财政部部长比 6 月怀特提交第一份备忘录的时候更容易接受这些观点。

6 月 22 日，德国撕毁了与苏联的条约，并发动大规模侵略。当时的一个关键问题是日本会向北进攻苏联还是向南攻击美国？巴甫洛夫和阿赫梅罗夫相信怀特会推进午餐会面时讨论的问题，而且看起来怀特确实这么做了。到了 11 月，日本已经一跃成为需要总统优先考虑事项中的首要问题，而摩根索现在认为怀特的建议是可行的，并有可能改变局势。接下来就是那段历史了；在这段历史中，怀特所扮演的角色和发挥的影响远远超出了其正式职责。

怀特的职责就要发生改变。1941 年 12 月 8 日，在珍珠港遭到袭击的第二天，摩根索在晨会上宣布，他准备任命怀特为部长特别助理（"an assistant secretary"，这是一个生造的职衔，不同于怀特直到 1945 年才升任的正式的"财政部部长助理"，即

"assistant secretary of the treasury")。这次非正式的提职认可了怀特在过去半年中为自己开辟出的外交政策职能，特别是涉及中国和日本的职能。[105] "他将替我处理所有外交事务，"摩根索解释道，"我希望把这些问题都装进一个脑袋，而且我希望是装进怀特的脑袋……当外交方面遇到问题时，怀特会介入进来并来见我，我会告诉他我的决定；当决定做出后，他会传达给你们。"[106]

现在，怀特已经跻身华盛顿最有权力的人士之列。

| 第 4 章 |

# 凯恩斯与货币威胁

怀特的美国旅程崎岖曲折、困难重重，而凯恩斯在英格兰的崛起则似乎轻而易举、命中注定。怀特感到，他的人生真正开始于他出生后近 40 年，从他获得美国最知名学府的博士学位开始。而凯恩斯从未在乎过什么博士学位，他甚至连经济学学位都没有。但是，1908 年，凯恩斯被久负盛名的剑桥大学经济学家阿尔弗雷德·马歇尔选为教学助理，并于 26 岁时被他的母校——剑桥大学国王学院选聘为终身研究员。

凯恩斯在学术上获得的成功不会令任何人感到惊讶。他的父亲内维尔在剑桥大学度过了 40 年，先是担任伦理学讲师，后来担任剑桥大学的高级行政管理员，马歇尔认为内维尔是他曾经教过的两三个最出色的学生之一。[1] 凯恩斯的母亲弗罗伦斯就读于剑桥大学纽因哈姆学院，后来成为剑桥市第一位女市长。弗罗伦斯 22 岁时生了凯恩斯，即 1883 年 6 月 5 日，后来她比凯恩斯还多活了 12 年。和人们称呼他父亲一样，大家都以凯恩斯的中间名——梅纳德来称呼他（内维尔和梅纳德全名中的第一个名字相同，都叫作约翰，但是这个名字没有人使用，很可能是因为内维尔的父亲也叫作约翰）。

凯恩斯与他的妹妹玛格丽特和弟弟杰弗里，在一个教养有方、生活宽裕的中上层阶级知识分子家庭中被抚养长大，由一个厨师、一个客厅女侍和一个保姆照料，后来家里还请了一位德国女家庭教师。尽管如此，凯恩斯仍然体弱多病，这种虚弱的体格后来折磨了他一生。他还承受着"确定的、经常的、无法改变的、摆脱不掉的想法"的折磨，因为他自认为长得很丑。[2] 但是，他从很小的时候就在抽象推理方面表现出卓越超群的能力。到了 12 岁时，这种能力已经渗透进了家庭祈祷中："让妈妈等于 x，"他恳求道，"让杰弗里等于 y。"[3] 他在代数方面的特殊天赋后来表现为他更喜爱使用数学的方法进行辩论。然而到了 20 世纪头 10 年，他又转而尖锐地批评在经济学中过度使用数学方法。

学童时期的凯恩斯，和几十年后那个即便不是空古绝今也是他那个时代最有创造力、最能挑战传统信仰的经济学家凯恩斯一样，做事很快但对细节缺乏耐心，更倾向于使用粗线条的方法和突然爆发的丰富直觉来攻克大难题。"当你使用了绝对准确的语言时，"他在 1933 年说道，"你是在尽力表达自己的想法，为了让那些没有思考能力的人受益。"[4] 在今天这个时代，那些运用更高等的数学方法得出明显错误结论的青年经济学家，往往会比那些通过合理估计得出大致正确结论的青年经济学家获得更好的奖励。如果在今天，像凯恩斯这样一个才华横溢的年轻人能否有机会在一所顶尖的美国经济学院获得终身教职都存在疑问。

凯恩斯于 1897 年 9 月进入培养精英的伊顿公学就读，时年 14 岁的他在入学考试中数学成绩名列第一。从那里，他通过奖学金竞争考试进入剑桥大学国王学院，毕业时他的名次位列其他 11 名数学家之后，但在全年级排名前 10% 的学生中，他的排名相当靠前。他只是在毕业后才正式学习经济学，且只学了很短一段时间。马歇尔同意担任他的家庭教师，每周辅导 1 小时，一共辅导了两个月，这多亏了凯恩斯的父亲与这位伟大教授之间的亲密关系。凯恩斯后来会骄傲地回想起他所选择的职业，经济学家"必须是数学家、历史学家、政治家和哲学家"。[5] 单独就其中任何一个职业来看，他都没有表现出罕见的天赋，但是他以一种天才的能力将这些职业综合在一起，在此方面没有一个经济学家能够与他比肩。

有一个问题一直令凯恩斯的传记作者争执不休，即作为一个公共知识分子、一个学者和一个政治家，凯恩斯的私人生活在多大程度上应被认为对他的人生经历产生了影响？例如著名的经济学家约瑟夫·熊彼特曾经挖苦道，凯恩斯那句"从长期来看，我们都会死去"的格言，是一个没有子嗣的思想家自然而然的观点。应当指出，凯恩斯与他未来的夫人在 20 世纪 20 年代晚期曾经试图要过孩子。然而，更应当指出的是，称凯恩斯思想的重要元素是所谓的隐秘冲动的产物并因此无视它们，这样做未能公正地对待他的思想。

然而，如果无视凯恩斯私人生活中的重要元素，特别是凯恩斯的同性恋经历，就像凯恩斯第一个重要的传记作者罗伊·哈罗德那样，尽管这段历史充分体现在 20 世纪初期后近 20 年炽热而感伤的私人书信往来之中，这样做则是低估了凯恩斯在学院及政府的官方圈子以外的交往联系的重要性，特别是与男性秘密社团剑桥"使徒"的成员以及离经叛道的伦敦布鲁姆斯伯小圈子里的知识分子和美学家的交往。凯恩斯曾经就"使徒"留下著名的评论："我们……在最严格的意义上都是不道德的人。"他的意思是愿意为了追求有价值的公共目标而与习俗决裂。[6] 凯恩斯的个人喜好不可否认地影响了他的道德世界观，以及他在官方环境下言辞犀利的表达方式。而这两方面对 20 世纪三四十年代美国挑剔的观察家和谈判对手如何理解凯恩斯，又产生了重大影响。

　　1906 年，时年 23 岁的凯恩斯决定加入公职，目标是赢得头奖，即女王陛下财政部中的一个职位。由于只有一个空缺，需要通过竞争性考试进行选拔，考试科目涉及逻辑、哲学、数学和经济学。结果令他深感失望，他总分名列第二，于是选择了印度事务部作为安慰奖。与大多数管理大英帝国的英国官员一样，尽管他的职责是管理印度事务，但他对这一领域几乎没有任何第一手的知识：他人生中与印度人打交道的经验，仅限于那些他在伦敦和剑桥遇到的印度人。[7] 鉴于他不喜欢早起和晚睡（"在时间的两端，我的蜡烛都是熄灭的。"他打趣道），这份工作的工作时间——从上午 11 点到下午 5 点，外加每年两个月的假期——正好合适。[8] 但是，"90% 的时间里我都感到无聊，剩下 10% 的时间里我感到非常不快，因为我不能按照自己的想法做事"[9]。于是，1908 年，在他 25 岁生日的时候，凯恩斯辞职回到剑桥，接受了一个令人向往的讲师职务。那时，渴望回到剑桥比开始经济学家的职业生涯更加吸引他。他在经济学这门新兴科学中的背景此时仍显单薄：他在 1910 年才开始细读亚当·斯密，但第二年他便赢得了大学的亚当·斯密奖。[10]

　　论学习知识的速度，似乎没有人比凯恩斯更快，特别是当他的浓厚兴趣被激发之后。他的第一篇学术文章《印度近期的经济事件》于 1909 年发表于《经济学杂志》。这篇文章也许标志着他与货币问题终生不渝的精神爱恋的真正开始。通过"统计数据验证"印度价格水平变化与黄金流进流出之间的关系，令他感到"特别兴奋"，他在信中对他的情人——画家邓肯·格兰特说道：

"这就是我的理论。统计数据能够证实它们吗？除了做爱之外，没有比这个更加迷人的东西了。"[11] 到了 1911 年 10 月，28 岁的凯恩斯已经成为这份期刊的编辑，一个他极度热爱并在余生中一直担任的职位。

凯恩斯第一次政府经历的另一个幸运的副产品是他的第一本书：《印度的货币与金融》（1913 年）。虽然这本书在凯恩斯离开印度事务部 5 年之后，在他 30 岁生日过后不久才出版，但实际上书中的大部分内容是凯恩斯在 1912 年圣诞假期时完成的。该书主要是为印度式的金汇兑本位制度进行辩护。印度通过将英镑存在伦敦的方式将其货币兑换黄金的价格维持在一个固定的水平。凯恩斯反对印度实施彻底的古典金本位制度，他认为印度经济体系更加松散，黄金使用得很少，导致其货币供应能够对实际商业需求表现出更大的弹性。那些坚持认为储备货币需要以有形商品形式存在的人是受到了误导，是在支持"一种旧时代的残余，那个时代的政府在这些问题上不如今天的政府可靠，那个时代的风气就是不加批判地效仿这个在英国建立起来的、似乎在 19 世纪第二个 25 年运行得相当之好的体制"。[12] 当然，今天大众辩论的焦点常常是，政府在货币问题上是否不够可靠，或者对金融市场的崩溃瓦解做出的反应是否过于死板。凯恩斯又进一步对银行业发表了一些尖刻犀利的评论，如果放在今天，很多人听起来会觉得非常贴切，他问道："相比社会其他服务人员普遍获得的收入，伦敦城的人获得的报酬高得离谱，却并没有为社会提供更加有益或难度更大的服务，这种情况还有必要存在多久？"[13]

书中浮现的两大主题日后将经常出现在凯恩斯的思考之中。第一，理性的货币改革核心在于逐渐缩小黄金的作用。第二，伦敦是天然的全球金融中心，此类改革可以并应该以伦敦为基础

（当时英国的贷款支持了全世界一半的贸易）。然而，1914 年欧洲即陷入毁灭性的大战，这场战争颠覆了英国主流阶层所广泛认同的那个假设，即伦敦与英镑将能够无限期地发挥其在 19 世纪的基础性作用。

在职业生涯的这个阶段，凯恩斯在货币问题上还算不上一个"凯恩斯主义者"。例如，1912 年，他还在主张价格水平下降比上升好，因为前者对工薪阶层和债权人比对企业家和债务人有利——"这将导致财富分配更加平等"，他说道，"因此也更加公正"。[14] 但他也显露出后来将对金本位制发起全面攻击的苗头。他在一篇 1914 年发表于《经济学杂志》的文章中提出，金本位制妨碍了以理性的方式管理货币政策，"关于这一问题，知识以及科学的方面已经有了答案"。如果"最终能够废黜黄金对我们暴君式的统治，并使其降格为立宪君主"，他以标志性的尖酸刻薄的口吻风趣地宣称："历史将揭开新的篇章。人类将在取得自治方面又迈进一步。"[15] 这段时期，他也正在成为一个出色的大众评论员，定期在报纸和周刊上就货币与金融问题撰稿。

虽然凯恩斯对于诸如自由贸易的价值、价格与货币稳定等问题的思考，随着时间的推移曾经发生过多次重大变化甚至反转，但是他的文章在一个方面保持了高度稳定：犀利地讽刺和蔑视那些执着于在他看来是旧有异端邪说或是过时传统观念的人。"通过关税保护在国家所需之物方面制造人为的稀缺，"他在 1910 年剑桥同学聚会的讲话要点中写道，"不可能使社会作为一个整体从中获益。"[16] 作为剑桥大学自由贸易协会的干事，凯恩斯当时认为反对自由贸易的人不应被视作经济学家。

　　凯恩斯很早就对英国自由主义政治产生了兴趣，并且一直保持了下去：他父亲反对社会主义，是个持保守主义倾向的自由派；他母亲则是那种朴实自然、虔诚高尚、"乐善好施得很天真"的人。[17] 自由党特别吸引凯恩斯的一点是，它在20世纪初的全盛时期持有兼收并蓄的折中主义立场，既支持与海外进行自由贸易，也支持在国内实行社会保险。1915年1月，时年31岁的凯恩斯决定重新加入政府部门。曾任印度事务部次官、现任财政部金融秘书的埃德温·蒙塔古在令人向往的财政部为他争取到了一个战时职位。凯恩斯立刻就被这里的氛围所吸引了："非常聪明，干货很多，并且在某种意义上非常愤世嫉俗；对于自身的才智非常自信，且不受制于那些自己都不太确定自己是否知晓情况的人。"后来他又骄傲地将英国财政部与美国财政部做了一番对比，认为后者"除了负责税收之外，没有任何权威"。[18]

　　在一战期间，怀特满腔热情地应征入伍并在法国服役。凯恩斯则留在家中，只要他在财政部工作就可以免于服役。然而，他仍然于1916年2月令人费解地——而且从表面上看，纯属多余地——正式声明出于良心考虑拒绝服役，理由是征兵行为本身违反了他自由选择的权利："什么是或者不是我的责任，在这样的一个问题上，我不愿意将自己的决定权让渡给任何人，而且我认为这样做从道德上是错误的。"[19] 他为什么要这么做？因为凯恩斯受到强大的个人压力要他辞去财政部的职务并反对战争，这种压力来自他布鲁姆斯伯里小圈子的朋友，例如邓肯·格兰特、李顿·斯特雷奇以及他的剑桥小团体，特别是伯特兰德·罗素和D. H. 劳伦斯。凯恩斯从未在原则上反对战争，尽管到了1916年1月他关于战争进行方式的立场有所动摇。显然，声明出于良心考虑拒绝服役的做法是一则保险措施，以防他从财政部辞职后失去豁免的保护。[20]

凯恩斯成为自由党财政大臣雷金纳德·麦克纳最为信任的顾问。他将成功地进行战争视为一项对他个人才智的挑战，并全身心投入为英国的战时行动提供资金的各项复杂任务之中。凯恩斯努力应付英国在外部融资方面被迫承担的风险，当时英国在纽约举借了大量美元债务，其中一部分流向了信誉较差的盟国用来购买军火、食品、燃油和金属。到了 1916 年 9 月，英国在美国的支出达到了每月 2 亿美元（折合现在为 41.5 亿美元），其中大约一半资金通过减少黄金储备以及出售美国及加拿大的债券筹措，其余的则是通过借贷。[21]雪上加霜的是，英国在对美国资金的依赖性逐渐上升的同时，与美国的关系正在逐步恶化。华盛顿对英国海军干预美德贸易感到恼火，而英国人最重要的纽约银行家 J．P．摩根则在反对威尔逊总统竞选连任。11 月，美联储指示其成员银行降低对外国借款人的信贷敞口，并告诫私人投资者不要接受协约国短期债券作为抵押物。这既是出于审慎的目的，也是出于政治的考虑：要促使协约国结束战争。由于来自美国国内反英选民团体和反俄选民团体的压力越来越强烈，威尔逊于 1917 年 1 月22 日公开呼吁"要和平、不要胜利"。

凯恩斯的结论是，英国的外交政策需要"采取如下路线，不仅要避免美国人任何形式的报复行为或主动激怒美国人，而且还要安抚和讨好"。他不安地提醒道，一旦私人渠道的融资枯竭，威尔逊将"有能力把他自己的条件强加于我们，只要他愿意"。[22]虽然英国的黄金正在以令人警觉的速度流失，但凯恩斯仍然支持财政部的立场，即必须保卫英镑对美元的汇率。20 年之后，他会认为："如果当时放弃了汇率挂钩，这将会摧毁我们的信用并使商业陷入混乱；这样做不会带来任何实际的益处。"[23]该政策当时的一个明显目标是避免向德国发出英国资源已近枯竭的信号。[24]

假设德国政府看清了这一情况，它可能不会于 2 月做出如下这个决定命运的决策：重新恢复无限制潜艇战以阻断美国对协约国的补给线。美国驻英国大使沃尔特·佩奇给国内发电评论道："保持我们领先的贸易地位并避免恐慌的唯一办法就是对德国宣战，这并非不可能的事。"[25] 4 月 6 日，美国宣战了，这对英国来说是件幸运的事。

美国参战似乎为英国战争行为继续获得融资提供了保证，但是它也带来了一个新的、令人担忧的政治因素。纽约的银行家将对协约国提供战争融资视作一个取代伦敦同行、获得国际市场支配地位的机会，并将华盛顿视作实现该目标的一个障碍而非援手。本杰明·斯特朗的纽约联邦储备银行成立还不到两年，但已经将取代英格兰银行成为国际货币事务的领导力量作为其目标。然而，在华盛顿，国会中很多议员仍然对银行家表现出公开的敌意，因为在他们看来是银行家将美国拖入了战争。在威尔逊的女婿、美国财政部部长威廉·吉布斯·麦卡杜看来，英国、纽约和国会都是其政治对手，他决心对这三方都加以抑制。

在美国参战前，英国人已经成功地从 J. P. 摩根那里借到 4 亿美元，现在他们将注意力转向了华盛顿。4 月 9 日，英国财政部金融秘书萨姆埃尔·哈德曼·莱佛向麦卡杜提出，在未来 6 个月贷给英国 15 亿美元。麦卡杜怀疑这笔钱将主要用于偿还欠摩根的债务并维持英镑美元汇率挂钩，而非用于购买美国货物，因此愤怒地驳回了这项提议。

在英国，政府的内部斗争更甚于美国。英格兰银行行长沃尔特·康立弗试图迫使凯恩斯抨击财政部对英镑美元汇率的处理方法，到 7 月的时候甚至发展到阻止在纽约的莱佛动用英格兰银行在渥太华的黄金储备。麦克纳的继任者财政大臣博纳·劳则予以还击，迫使康立弗提前退休。

所有这些国内的钩心斗角掩盖了一个比这大得多的问题，即美国政府在多大程度上能够决定战后政治和解的条件。英国财政部在此问题上处于外交的第一线，既必须争取到足够的资金，又不能以帝国特权或在欧洲均势中的核心利益作为交换。

凯恩斯起草了数封重要信件，向麦卡杜解释英国极端严峻的处境，后者则一点一点地向英国提供资金，从而使美国财政部能够控制资金的用途。7 月 20 日，劳给麦卡杜发去电报，同样是由凯恩斯起草，称英国"可用于向美国支付的资源已经耗尽"，而且除非华盛顿能够填补这一缺口，"否则协约国整个金融体系都将崩溃瓦解。这一局面的来临不是未来几个月的问题，而是就在最近几天"。28 日，凯恩斯为英国维持英镑与美元挂钩的做法画了一道底线，他成功地在内部讨论中指出：只有在有美元剩余的情况下才应当维系挂钩机制；一旦英国的美元储备耗尽，就应当停止英镑的可兑换，以保护英格兰银行剩余的黄金。他又起草了另一封发给华盛顿的电报解释汇兑困境，电报促使麦卡杜进一步释放了一些资金。

事实证明，作为外交笔杆子的凯恩斯比作为华盛顿实地参与者的凯恩斯作用更大。在 9 月的乞讨之旅中，他陪同首席法官雷丁（鲁弗斯·艾萨克）爵士拜访了麦卡杜，并立刻给英国驻美大使留下了深刻印象。大使对夫人说道，雷丁的财政部书记员凯恩斯，"言辞过于冒犯"。他是"剑桥大学的研究员……也是一个有天赋的年轻人……我想现今这种人的规矩就是，鄙视外围与之不相配的人并碾碎他们可怜的尊严，以此来显摆他极大的优越性"。[26] 英国财政部派驻华盛顿的金融代表巴希尔·布莱克特爵士写道，凯恩斯在伦敦时就曾以"粗鲁、固执以及不合作"的态度对待美国人，现在则"将这种粗鲁无礼的印象带到了国外"。[27] 在此方面，直到下一次世界大战的时候也没有什么改变。至于凯恩斯对华盛顿的印象，"美国唯一真正值得人喜欢和原创新颖的东西，"他对在英国的邓肯·格兰特写道，"就是黑人，他们很迷人。"[28]

凯恩斯很排斥与作为战争暴发户的美国大老板讲道理。从1917 年晚些时候起，他需要参加每月在伦敦和巴黎轮流召开的协约国理事会金融监督会议。美国财政部部长助理奥斯卡·克罗斯比主持该会议，并梳理和删减各国对美国资源的竞相索求。凯恩斯嘲笑理事会是一个巨大的"猴子窝"——他后来将经常用这个词形容 1/4 个世纪后在布雷顿森林集会的那群非盎格鲁－撒克逊人。虽然凯恩斯极端厌恶听命于会议上"自负、虚伪且喋喋不休的法国人和可恶的扬基佬"，但是他也承认，在白厅"挥舞克罗斯比的大名"能够极为有效地使"抗命不从的各个部门"听从指挥。

长久以来，伦敦一直都是欣欣向荣的世界金融中心，但是战争改变了一切。现在英国对美国积累了越来越多的巨额债务，其中很大一部分是为法国和意大利的美元债务进行担保，而这些债务永远无法偿还。凯恩斯设计了巧妙的机制想要扭转这一状况，甚至可能允许英国从其中转渠道的地位中获益。他从 1918 年 3月起开始劝说美国财政部"接手法国和意大利未来所有的债务"，而让英国来做实际的全球采购——这可能使英国主导世界商品市场（例如小麦）并充当中立国家的垄断供应国。美国人拒绝就这样上当受骗，常常令凯恩斯感到愤怒。他气不打一处来地说道，他们似乎乐于"使我们陷入金融上完全无助和依赖的境地"。[29]

虽然美国于 1917 年 4 月参战似乎确保了协约国取得最终胜利，但显然，过去以英国为龙头的金融和货币秩序无法在这场胜利中幸存下来。这一经历使凯恩斯意识到了英国依赖美元在地缘政治上需要付出的巨大代价，并将影响他在二战期间与美国财政部进行的最重要的金融谈判。

凯恩斯非常敬佩前首相 H. H. 阿斯奎斯，甚至与他有很好的私人关系。当阿斯奎斯于 1916 年 12 月辞职时，很多情况都发生了变化。时任军需大臣（也曾在麦克纳之前担任财政大臣）大卫·劳合·乔治接任首相，他是一个更坚决果断同时也狡猾得多的政客，对凯恩斯战时顾问的作用评价很低。用新任首相的话说，凯恩斯"反复无常、性格冲动，不适合担任重大紧急状况的顾问。他以杂技演员的身手仓促地得出结论，而他又能以同样敏捷的速度匆忙倒向相反的结论，这不会让情况好起来"。[30] 乔治亲自将凯恩斯的名字从 1917 年 2 月最终的皇家荣誉名单中划掉（后来在博纳·劳的干预下，凯恩斯于 5 月授勋三等巴斯勋章）。凯恩斯则将首相的态度原样奉还："我在为一个我所鄙视的政府工作，"他于 12 月对邓肯·格兰特说道，"为了一个在我看来有罪的目标。"对他的母亲，他痛惜地写道："战争的延长……很可能意味着我们此前熟知的社会秩序行将消失。"虽然他又补充道："富人的没落相较之下是令人安慰的，总之这是他们应得的下场。"其实这种观点针对的目标范围很小，他自己就是在仆人的照料下舒舒服服地度过了战争年代。至于世界事务，"一年之内，"他认为，"我们就将主动放弃对新大陆的权益主张，并将这个国家抵押给美国。"[31]

凯恩斯对战争的进行方式感到绝望，但这还及不上他对和约条款的愤怒失望。1918 年 11 月 11 日英国与德国签署停战协议后，他继续留在财政部，并成为该部门在 1919 年 1 月开始的巴黎和会上的主要声音。然而在 6 月 28 日签署《凡尔赛条约》的前 3 周，他"痛苦而愤怒"地辞职了。直到1940年，他才重新加入财政部，那时英国又一次需要借助美国的现金来挺过一场欧洲的战争。

三个与德国赔偿相关联的问题搅和在一口滚烫的政治大锅中，即使是用最透彻的经济分析也无法解决：哪些损失需要由德国承担赔偿责任？德国支付赔款的能力有多大？协约国各方如何分配赔偿所得？那一年的晚些时候，凯恩斯奋笔写下一本栩栩如生、震惊于世的谈判回忆录——《和约的经济后果》。这本书立刻给他带来了广泛的国际赞誉，当然还有来自美国、英国以及特别是法国为数不少的愤怒谴责。他以铿锵尖刻的笔法刻画出三个主要人物的形象——美国总统伍德罗·威尔逊、英国首相大卫·劳合·乔治以及法国总理乔治·克列孟梭。这本书确立了凯恩斯的地位，使他跻身欧洲最才华横溢、最机敏深刻的辩论家之列。

凯恩斯嘲讽威尔逊"迟钝而且混乱"，是一个"又聋又哑的堂吉诃德"，这反映出英国人对美国人宗教信仰的总体观点，认为他们易受人左右、虚伪做作并且欠缺智慧。凯恩斯说道，威尔逊"不做不正直和不正确的事情；不做违背他伟大的政治信仰的事情。所以，尽管他的'十四点计划'在文字上给人们的鼓舞并没有减少，但它变成了一个用于掩饰和解释的文件，成为所有有智慧的人自我欺骗的工具，我敢说，总统的祖先曾经通过这种方式说服他们自己相信，他们认为必须做的事情与摩西五书的每一个音节都保持一致"。论智谋，他比不上"邪恶"的欧洲人：即"怀疑"而"顽皮"的克列孟梭，以及"山羊腿吟游诗人"乔治，"说话压根儿就没有内容……空洞无物"，让人们嗅到一种"极度漫无目的、骨子里不负责任的味道"。[32]

然而，凯恩斯写这本书的主要目的并不是讽刺三巨头，而是要解释，或者更准确地说，是通过准确的历史和逻辑分析让人懂得，

条约的经济条款为什么是非常错误和危险的。考虑到他后来对国家
经济规划，尤其是货币管理问题重要性的观点，凯恩斯在书中对
欧洲经济自 1870 年至一战前发展状况的记述非常值得注意，因为
他着重强调了欧洲自然演进的经济一体化带来的巨大而广泛的实
质收益。最令人惊讶的是他的如下评论："各种货币对黄金的价格
及相互间的汇率都保持在一个稳定的基础之上，这在很大程度上促
进了资本和贸易的流动，其全部价值只有在我们今天失去这些有利
条件之后才能认识到。"[33] 一战终结了这一切：2 月，当美国对英
国的官方援助被切断后，法郎和英镑都大幅下跌，结束了 100 年固
定汇率的历史。[34] 凯恩斯还指出："使人类获益极大的巨额的固定
资本，是在战前半个世纪中积累起来的，而在一个财富平均分配的
社会中这永远不可能发生。"[35] 这个观点听起来像是自由意志论者。

在巴黎和会上，凯恩斯以极大的热情和耐心努力想要说服会
议的主要参与方：如果他们要从德国"那里'榨取'一笔……首先
要做的就是不能把它毁掉"。[36] 他提出了一套巧妙而有远见的计划，
用一个一揽子的宏伟方案，既解决欧洲协约国相互间及对美国的
债务问题，同时在考虑德国资源和出口能力的情况下，合理确定
要求德国支付的赔偿金额。其关键的创新之处在于，将协约国对
德国的赔偿索求降低到一个在凯恩斯以及美国人看来可以做到的
水平，同时削减英国对美国的债务。凯恩斯强调，如果找不到办
法来削减对美国的债务，英国将暴露在"美国未来将会提出的、
最难以接受的压力之下"，而凯恩斯的计划能够解决这一问题。[37]
虽然乔治很少接受凯恩斯提出的建议，但这一次他欣然接受。然
而美国人并不上钩。"我意识到，这些行动的目的是要将我们与不牢
靠的欧洲金融体系捆绑在一起，"威尔逊对他的主要顾问之一、金融
家伯纳德·巴鲁克写道，"我要依靠你的帮助来挫败这些行动。"[38]

凯恩斯估算出德国每年偿还赔款的能力，要大大低于其本国政府以及法国政府的要求。他所使用的经济学公式遭到了一些经济学同行的质疑。他尽了最大的努力试图反驳这些质疑，尤其是法国经济学家雅克·吕夫在凯恩斯自己主编的杂志上发表的观点。吕夫认为，凯恩斯在逻辑上混淆了德国财富转移对汇率和国际收支的影响。[39] 在近 20 年之后，吕夫将再次以相似的理由质疑凯恩斯最有名的学术著作——《通论》：他认为凯恩斯犯的错误是，将观察到的经济混乱状况归咎于货币体系的内在缺陷，而非可以立即辨别并纠正的政策失误。

无论如何，《和约的经济后果》在国际上所取得的巨大成功，与凯恩斯所运用的技术性工具关系不大，而更多地要归功于他敏锐地捕捉到了和约条款背后狭隘而荒唐的政治短视。虽然早期从出书中赚得的大部分钱将被他投入到外汇投机这一新嗜好中并最终挥霍一空，但是现在他已经成为一个明星级的公共知识分子，而且活得也像个明星一样。1925 年，他与离异的俄罗斯裔著名芭蕾舞演员莉迪亚·洛波科娃结婚。他们第一次见面是在洛波科娃 1918 年伦敦巡演期间的一次社交聚会上（这次相见并非一见钟情："她是一个如此拙劣的舞者，"他对金融家奥斯瓦尔德·法尔克说道，"她的臀部是如此的僵硬。"）。[40] 在凯恩斯眼里，莉迪亚娇媚迷人、质朴率真、自由奔放，但是他的文学朋友圈认为她太没有文化。虽然这段看似奇怪的婚姻抬高了凯恩斯的大众声望，但也在他与布鲁姆斯伯里圈子的友谊中扎进一根永远的刺。尽管如此，他仍然真挚地、深深地爱着她，直到生命的尽头。


几乎所有成为著名学者和公共知识分子的人，都是先以学者身份出名的。但凯恩斯不是。他直到 1930 年才出版了第一部伟大的经济理论著作，那一年他 47 岁。但是，1923 年时，他一年内就在报纸上发表了 51 篇文章（他产出的巅峰），这使他活得相当潇洒。他生活富足，并成为一个慷慨的艺术赞助人。

凯恩斯生意兴隆的年代，正是英国经济濒临破产之时。1920～1922 年的萧条使英国经济深陷泥沼。当经济于 1923 年触底反弹时，失业率仍然接近 10%，并在 20 世纪 20 年代一直居高不下（到了 20 世纪 30 年代甚至每况愈下）。是因为对战前贸易体系遭到扰乱的情况适应得过于缓慢吗？还是因为在货币领域错误的政策选择？或者经济学家关于市场自我恢复的若干神话的信念是毫无根据的？在这个时期，凯恩斯还没有准备好在思想上进行一次大跃进，对古典经济学发起一次正面进攻，但是他已经准备好发起一场持久的思想消耗战。

他的主要目标是英格兰银行。英国价格水平因为战争而被抬高，而英格兰银行则通过提高利率的方法对价格水平施加了强大的下行压力，目的是尽力将美元兑换英镑的平价恢复到战前 4.86 美元兑换 1 英镑这个受人尊敬的水平。虽然英国的单位劳动成本确实有所下降，但是下降速度远不及价格下降的速度，这导致 1922 年年底单位劳动成本比应有之水平高了约 25%。英格兰银行认为，工资水平有足够弹性，恢复过去的美元平价仍然可行，并值得为此承受短期的阵痛。凯恩斯则公开抨击英格兰银行的观点。虽然他感到这项政策正在将英国带到"革命的边缘"，而且政府应该"让美元见鬼去吧"，但是关于为何这项政策应被认为是毫无希望、误入歧途的，他还未能提出任何革命性的真知灼见。[41]他关于工资比价格更有"黏性"的观点得到广泛认同，但是这本身不足以反驳致力于消除工资黏性的政策。

　　事实上，他此时仍然相信，由于被抑制的强大需求将得到释放，因此无论银行是否像他所极力主张的那样放宽货币政策，失业率最终仍然会降下来。而且他仍然是一个传统的自由贸易支持者，反对所谓关税和进口壁垒能够治愈失业问题的"保护主义的谬论"。他认为，保护主义只能暂时地通过推高价格增加就业。但是这种说法不禁引出下面的问题：为何当时他主张通过降低利率、英镑贬值来实现这个推高价格的目标？[42] 显然，他过去的思想信念还没有完全与他新的、更加激进的观念协调统一起来，但是大方向已经很明显了。"时局越纷乱，"他在 1923 年 12 月国家自由俱乐部演讲时说道，"自由放任的体系运行得就越差。"[43] 日后他将会提出关于长期不充分就业之谜的新观点。显然，观点的萌芽此时已经开始成形。

　　1923 年 12 月，《货币改革论》出版，这是凯恩斯在总结他战后货币思想方面做出的第一次重要尝试。米尔顿·弗里德曼认为它是凯恩斯最好的作品。弗里德曼是凯恩斯关于政府积极使用财政政策观点最著名的批评者，他这么说显然会让凯恩斯感觉到自己在抛弃货币管理问题的古典思想方面走得还不够远。事实上，在《货币改革论》出版后几个月，凯恩斯就得出了这个结论。尽管如此，这本书仍然闪耀出了凯恩斯独到的思想风格，将抽象的经济分析与对当代事务机智辛辣的评论混杂在一起。

　　书中最核心的理论观点并非完全由其原创，而是构建在欧文·费雪、克努特·维克塞尔等著名经济学家此前研究的基础之上。它提出，货币当局应当致力于稳定对货币的需求，而非货币供应。凯恩斯认为，他的理论主张最重要的含意在于，当局为了稳定价格（这应该是货币政策的主要目标），需要积极干预并持续调整货币钞票的供应量以及银行存款储备金的比率。这与金本位制形成了强烈反差，金本位制要求货币当局以更加机械的方式应对货币黄金储备的跨境移动：当黄金流入时放松信贷，当黄金流出时收紧信贷。在凯恩斯的著述中，金本位制也成为和平最大的祸害。

当时，金本位仍然被广泛认为是所有稳健的国际货币体系的中流砥柱。凯恩斯对金本位的犀利抨击使读者感到了预料之中的震惊，引发了诸多对这本书的批评意见。"言辞就应该是略带狂狷的，"凯恩斯于 1933 年说道，"因为它们是智者攻击愚人的利器。"[44]凯恩斯承认金本位制在已经过去的 19 世纪表现得可圈可点，但他坚持认为现在情况发生了明显的变化。特别是，战争导致了一个糟糕的结果：它将世界上大部分货币黄金都转移到了美国。凯恩斯断言，试图恢复金本位这个"野蛮的遗迹"，将会导致"把管理我们价格水平以及操纵信贷周期的权力交到美联储的手中"，后者已经"在金牛犊的基座⊖上……建立了一种美元本位制度"。[45]这种说法无论怎么有道理，总让人感觉有不止一点嫉妒的味道和民族主义的情绪。金融控制权从伦敦转移到纽约和华盛顿，这将成为凯恩斯长期的关注，伴随他职业生涯的余生，甚至反映在他的理论著作中。

《货币改革论》对在一系列问题上如何权衡取舍，提出了许多精妙而深有见地的观点，例如关于通货膨胀与通货紧缩，关于汇率稳定性与汇率灵活性，以及关于短期和长期（"在长期我们都会死去"），[46]但是书中布鲁姆斯伯里式亵渎不敬的语言限制了其发挥实际作用，因为它冒犯了许多它希望转变思想的对象。而且，

---

⊖　根据《圣经·旧约》中的《出埃及记》，摩西带领以色列人离开埃及，当摩西在西奈山上接受《十诫》时，山脚下的以色列人熔铸了一尊巨大的金牛犊异教雕塑，并要作为王位的基座，招引异教诸神。——译者注

虽然凯恩斯讽刺的对象总的来说是保守主义者，但是他越来越大的影响力也令诸如 H. G. 威尔斯等著名社会主义者感到如芒在背，他们将凯恩斯反布尔什维克的中间路线主义视作实现他们希望看到的更为彻底的经济政策改革的障碍。[47]

不论怎样，英国国内政策辩论的议题迅速收窄，集中于政府是应该继续实施进一步刺激通货紧缩的政策以恢复英镑原有的美元平价，还是应该被动地等待平价重新出现后再采取措施固定住它。凯恩斯看到他对金本位制柏拉图式的形象发起的攻击在政治上未能命中目标，于是便识时务地撤退了。在 1924 年 7 月的一次议会委员会会议上，他转而提出美国的经济繁荣将不可避免地抬高美元价格水平并恢复平价，而无须要求英镑价格水平下跌。届时，他将倾向于通过许可证限制黄金进口，以阻止英镑的美元价格进一步攀升。他小心翼翼，避免亵渎神圣的平价本身。

1925 年 4 月 28 日，时任英国财政大臣丘吉尔做出了一个引发严重后果的决定，按照战前汇率使英国重新回归金本位制。此时，凯恩斯再次改变立场，强烈反对对任何平价水平做出承诺。"我认为在当下条件下，"他在 8 月 1 日致伦敦《泰晤士报》的信中写道，"这个国家的工资水平，出于种种原因，在短期内非常僵硬，从而导致实际上不可能通过调整工资水平来使之适应国际黄金信贷的流动状况，而我有意将汇率波动作为应对冲击的减震器。"虽然这也许看起来像是在捍卫浮动汇率，但是在他的职业生涯中，凯恩斯更多时候往往是在捍卫汇率"稳定"的益处。在这样一个根本性的问题上持续不断地调整立场将使他的支持者感到困惑，但同时也削弱了他的批评者。

在《泰晤士报》刊登了他来信的同时，借着他此前对《凡尔赛条约》的攻击所取得的商业成功，凯恩斯又出版了《丘吉尔先生的经济后果》一书。这本书在英国很畅销，但是与他前一本《后果》不一样，它在美国销路很差。凯恩斯知道，丘吉尔对这一决定感到非常苦恼，因此后一本书虽然有一个恶作剧式的标题，但是在内容上，则很注意将责任归咎于财政大臣的"专家"。丘吉尔并不理解复杂的货币问题，而且今后也理解不了。他最终还是受到了当时普遍观点的影响，即如果宣布放弃战前平价水平，就如同"背弃"英国维持英镑可兑换的庄严义务。[48] 在他看来，这将带来严重的地缘政治后果。"如果我们没有采取这一行动，"他在宣布恢复金本位制时说道，"大英帝国的其余部分全都会抛开我们采取相同的行动，而结果仍将是金本位制，但不是以英镑为基础，而是一个美元的金本位制。"正如最后事态发展的结果所显示的，"美元的金本位制"无论如何都将出现，而英国在1925～1931年维持了一个显然被高估的汇率并为此付出了巨大的经济代价，且最终于1931年再次被耻辱地赶下金本位制。事后看来，要反驳凯恩斯对丘吉尔决定的论断是极其困难的。但是，一个仍然可以争论的问题是：丘吉尔是否应当寻求建立任何平价，甚至是一个低得多的平价。[49]

到了20世纪20年代中期，凯恩斯已经形成了一个以史为鉴、对各种体制都很敏感的分析框架，用来思考经济良政的各个要素，并清晰地阐述了这个分析框架。但是在理论上他还没有什么突破，也就是说，没有提出一套定义清晰的、可以被称为是资本主义经济运行一般原则的东西。与那些继续对19世纪自由放任模式抱有信心的人形成鲜明反差的是，凯恩斯认为政府积极管理货币体系是至关重要的，目标是避免通货膨胀或通货紧缩对社会不同团体阶层的惩罚及不公正待遇，并且不让变幻莫测的黄金市场左右此类问题。他认为，中央银行现在应当"被视作一种有益的、科学的控制技术，和电力以及其他科学的分支一样"。[50]

他进一步认为，需要用积极有力的财政政策（主要体现为资本支出）来填补私人投资萎靡不振所留下的空白。在私人部门及市场竞争的问题上，他的观点模棱两可，一方面，他将商业信心视作对经济运行最重要的因素；另一方面，他支持用大企业来取代企业家，并支持国家逐步介入大企业的运营。任何有助于促进遍布商界、政府以及大学的相互关联的社会精英"生产集中化"的措施都是受欢迎的。[51]

与社会主义者不同，重新分配财富不是凯恩斯的动机。他认为失业是一种明显的社会危害，由于错误的通货紧缩政策导致某些工人团体（例如矿工）收入大幅下降也是一种社会危害。但是他从不鼓动采取措施减少市场对某些团体的回报，来增加市场对其他团体的回报。虽然他与自由党逐渐疏远，但他对工党的敌视不亚于对保守党：工党是一个"阶级政党"，他写道："而这个阶级不是我的阶级。如果我真的要去追求阶层利益，我将追求我自己阶级的利益……在阶级战争中，我将站在受过教育的中产阶级一边。"[52]

在他那个时代，凯恩斯关于在实现特定目标过程中政府的作用的观点相当激进；对于那些囿于传统或因为担心不可预测的后果而建议限制政府作用的人，凯恩斯毫无耐心。但是，他也是一个伯克式的保守主义者⊖：他相信在任何给定的时点上，经济政策的目标和方法必须建立在当时社会真实情况的基础之上，而且社会永远不应该被迫向抽象的经济原则屈服，无论此类原则在指导过去的政策时是否行之有效。"我们必须为新的时代发明新的智慧，"他写道，"而与此同时，如果我们要做点好事，就必须

---

⊖　埃德蒙·伯克（1729—1797）是现代保守主义的重要人物。——译者注

在我们的父辈眼中显得离经叛道、惹是生非、危害匪浅、忤逆不从。"[53] 对于精心策划社会变革能够带来的益处，他深感怀疑；但对于精心设计适当方法解决国家在任何时刻可能遭受的任何经济问题，他对专家的能力有无限的信心。"如果一个资本主义的政府有原则，后果是极其严重的，"他以其特有的令人耳目一新的风格写道，"它必须是投机取巧（取其最褒义的含义）的，依靠调整适应与良好判断谋生。"[54]

货币的问题，包括货币的功能、历史、管理和心理，越来越令凯恩斯痴迷。这既是出于对知识的渴求，也是出于一种发自肺腑的强烈情绪。凯恩斯曾经写过一篇题为"我们孙辈经济状况的各种可能"的文章，这篇文章来自 1928 年 3 月他在温切斯特公学的一次讲演，文章中他有一句著名的批评："对货币的喜好是一种有些令人作呕的心理变态，一种一半是犯罪、一半是病态的习性，让人感到不寒而栗并需要交由精神病专家处理。"[55] 他还认为这种喜好是犹太人这个特殊人群的一种特殊病态——这是那个时代在他所处阶级中一种并不少见的观点。"我仍然认为，这个种族对收高利贷表现出了过度的兴趣，"他对一个对他的观点持礼貌批评态度的人士写道，"而且不是因为某些偶然的原因。"[56]

凯恩斯本人对投机也有一种"过度的"偏好。那一年，他的这一偏好令他损失惨重。由于在橡胶、玉米、棉花和锡等初级商品上买空，而市场走势与他背道而驰，凯恩斯被迫抛售证券以补充保证金。1929 年 10 月华尔街崩盘后，他的净资产从 1927 年年底的 4.4 万英镑（约相当于今天的 350 万美元）暴跌至 1929 年年底的 7815 英镑，尽管他并未持有美国股票。[57] 到了 1930 年，凯恩斯坚称，初级商品价格下跌并非因为过度投资，而是由政策引致的需求不足所导致。对于一个投机初级商品并损失如此惨重的人，这一观点也许并不令人感到意外。[58]

那年 10 月，凯恩斯出版了他的第一部，也是倒数第二部重要著作——两卷本的《货币论》。从 1924 年起，也就是市场崩盘 5 年之前，他就开始写这本书并在反复不断地修改。书的内容也反映出随着这个 10 年的发展，作者的关注也在不断变化，这种变化有时显得非常刺眼。出版后，凯恩斯随即承认这本书在文学上不是一件杰出的作品，而大萧条的到来将使他认识到，他需要在思想上再来一次大得多的飞跃。

与之前的《货币改革论》和之后的《通论》一样，《货币论》不是一本单纯解释或修正抽象理论观点的读物，虽然从标题上看似如此。三本书都试图努力解释的问题是，在其出版之前的一段历史时间内，什么是驱动英国经济的特定的、深层次的力量，特别是与货币和货币政策有关的驱动力。《货币论》特别关注的一个问题就是英国回归金本位制，在凯恩斯眼中这是英国一次严重的失误，他将金本位制定性为一种陈腐、落后的管理英镑的依据。尽管在已经过去的 19 世纪金本位制曾经经历辉煌，但是社会已经发生了变化，英国在世界中发挥的作用已经降低。而随着经济学的发展进步，货币管理唯一正当的方法就是将其交由中央银行的专家管理，根据掌握的各类信息酌情予以调控。

在凯恩斯看来，《货币论》想要传递的一则关键信息是，一个中央银行，或者更确切地说，是国际主导地位已经被美联储篡取的英格兰银行，实施避免黄金储备流失的货币政策，会对国内利润和就业造成严重和持久的损害，原因是某些价格存在普遍的黏性，主要是指劳务价格。这种黏性可能是由于"行业工会的力量或者仅仅是人们以货币作价考虑问题的倾向"，即是体制性障碍阻碍了劳动力市场的调整，或者仅仅是因为心理上的怪癖。[59]凯恩斯认为，是货币政策自身需要适应社会的"自然倾向"以及"现有的实际存在的工资体系"。[60] 到了 20 世纪 70 年代，在所谓的滞胀时期，这一争论又一次强力回归：高失业与高通胀率并存，这一组合令当时许多凯恩斯学派的经济学家感到困惑。

《货币论》读起来时而让人感到单调乏味，时而又令人感到活泼机智或顽皮可爱，它综合运用了理论、统计、历史和心理学的方法，支持被凯恩斯不甚清晰地酝酿了多年的观点。这些观点中最突出的就是，我们现今的财富以及伟大的文化丰碑和遗产，并非归功于我们生活节俭的祖先努力攒钱储蓄，而要归功于他们那些过度挥霍、积极进取的亲戚的动物精神。"难道世界七大奇迹是节俭造就的吗？"凯恩斯反讽地问道，"我对此表示怀疑。"[61] 为了证明他的上述判断，他写下了题为"历史上的例证"一章，从货币的角度来阅读世界历史，内容大胆而富有争议；他还写了一个更加晦涩难懂的章节，解释他关于彻底区分储蓄和投资行为的理论以及关于市场利率无法发挥古典经济学赋予其的平衡作用的理论。

《货币论》以关于国际货币管理问题的一章作为结尾，这一章非常重要。虽然内容并不扎实，但是富有远见。它发展了凯恩斯日后将在布雷顿森林支持和捍卫的观点。特别是，它提出了"超国家银行货币"（supernational bank-money，S. B. M.）的概念，即由一个新的超国家银行发行的国际储备资产，凯恩斯希望用它来取代黄金作为唯一的终极国际储备资产。20 世纪 40 年代，凯恩斯将把超国家银行货币更名为"班科"（bancor），而目标也不仅仅是取代黄金的地位，还包括阻止看似势不可当的美元全球霸权。

1929 年 11 月，在华尔街崩盘后不久，凯恩斯被任命为政府的麦克米伦金融与产业委员会的成员，该委员会负责就银行与工业的关系开展持续调查。1930 年，凯恩斯花费了大量的时间参加委员会会议和听证会，并主导了整个进程，屡屡令英格兰银行和财政部的大人物陷入被动守势，并为商业下行周期期间在货币政策和政府支出方面采取新的、更加积极主动的模式奠定了思想基础——这一模式在许多人眼中也构成了凯恩斯主义的核心内容。

凯恩斯主张，中央银行必须"为系统中注入货币"并"喂哺囤积者"以迫使利率下降并恢复私人投资。[62] 但是这还远远不够。如果商业投资不足，政府必须自己承担这份工作。通过赤字支出来资助大规模的公共投资项目，这种做法不足为虑；新的支出将从失业救济发放金额的降低以及商业活动复苏中得到回报。这是现在被广泛引用的"财政乘数"的早期说法，凯恩斯是从他最喜欢的学生理查德·卡恩的研究中吸取了这个概念。其前任门生休伯特·亨德森等著名批评人士认为，凯恩斯方案的主要效果是使商人预期未来将增加税负，由此导致进一步减少对私人投资的激励，并迫使政府提供更多的凯恩斯开出的危险药物。凯恩斯指责亨德森"缺少基本面的分析"，而亨德森则指责凯恩斯拒绝稳健的保守主义模式，例如降低英国工业的成本，是因为这"不符合你的自尊"。[63]

令人感到困惑的是，凯恩斯在失业和工资问题上想法多变。当年 2 月他说道，他"解读历史时发现，几个世纪以来一直存在一种强烈的社会情绪，抗拒任何削减货币收入水平的事"。[64] 但是就在几天之后，他又提出，失业救济"降低了个人承受的压力，而这种压力会迫使个人接受不再是他想要的或他习惯了的工资水平和就业种类"，因此发放救济阻碍了工资根据下降的价格水平和上升的失业率进行调整的进程，"在过去"这种情况本应是普遍存在的。[65] 与此同时，他还对最低工资立法提出批评，主张通过以税收为基础的财富重新分配来帮助"社会中更加贫困的人群"，认为这是一种"更加明智"的方法，而不应该"将个人的工资固定在雇主支付不起的数字上"。[66]

当然，最终他的主要结论是清楚的：政策的目标应该是推高价格而非削减货币工资，因为这会引起"更少的社会抗拒"，而且更加公平，因为"食利者阶级和其他有固定货币收入的人"与挣工资的人一起分担了调整的痛苦。[67] 也许最有争议的一点是，凯恩斯提出，如果政府不能将价格推得足够高，不足以抵消英国商业界目前运营中面临的成本劣势——而且英国的"工资政策肯定是趋向于更加宽厚地支付工人薪酬（相对于其生产效率而言），高于许多其他国家通行的水平"——那么保护主义，特别是进口关税，以及阻止外国投资就是必需的。[68] 过去被他认为是奇思异想的观点，现在在他看来不仅是合情合理的，而且是不可避免的。伦敦经济学院的莱昂内尔·罗宾斯曾经与亨德森和阿瑟·庇古一道作为凯恩斯的手下在首相拉姆齐·麦克唐纳的经济学家委员会中任职，他后来接受了凯恩斯关于公共支出的观点，但是从未接受凯恩斯在自由贸易方面的异端邪说。

亨德森、罗宾斯以及庇古对委员会报告的关键问题提出了强烈的不同意见，并非常醒目地体现在了报告之中。这份报告对政策没有产生直接影响。每当发生金融危机时，这种思想对峙的僵局都会重现。金融危机之后出现的衰退在多大程度上是结构性失衡的产物，需要进行稳健、耐心的结构性修复？抑或，可以通过注射一针财政的强心剂来恢复商业的乐观情绪并使经济迅速复苏，而不管导致病人倒下的根本原因？凯恩斯毫不含糊地支持第二种方法。他谴责"在一个充满需求的世界中出现大规模失业的不正常状况"，这句激动人心的话轻易地掩盖了病因及消除病因的问题。

虽然凯恩斯还未能提出一个条理清晰的理论框架，来阐明为什么他强烈认为所有经济问题都应该有短期的解决方案，但是他十分反感这种观点，即危机必然需要承受痛苦和煎熬，历经缓慢的救赎，以此来补偿缺乏竞争力的罪过。他正处于寻找和确定一条激进的思想中间路线的过程之中，介于马克思主义关于资本主义必将在危机中灭亡的观点与19世纪古典自由主义关于资本主义需要摆脱政治的障碍才能自行其善的观点之间。他谴责"革命家的悲观论调，他们认为情况是如此之糟，除了暴力变革之外没有什么能够拯救我们"，也谴责"那些保守派，他们认为我们经济和社会的平衡非常不稳定，不能冒任何风险来进行实验"。[69]

然而，与此同时，对政治一向敏感的凯恩斯认识到，即便他关于财政刺激的观点毫无希望胜出，但是他早先提出的、并无太大信心的关税建议仍然有可能获得支持。到了1931年年初，他已经放弃了对公共工程的强烈支持，转而拥护进口壁垒。他提出，如果狂热的自由贸易支持者得势，就会引发一场信心危机，并导致发誓支持更多保护主义的部长进入内阁，这一观点令人感到有些奇怪，因为在20世纪20年代初期凯恩斯自己也是一个狂热的自由贸易支持者。[70]令人惊讶的是，此时此刻，凯恩斯没有用经济学理论来支持他的立场。这纯粹是一个政治可行性的问题："目前，自由贸易以及工资率的大幅变动，是一个在思想上站得住脚的主张。"他在3月时写道，然而这些选项"在纯假设之外的其他领域并不存在。"[71]但是，凯恩斯将会在之后的《通论》中提出，在像英国20世纪30年代早期所面临的状况下，降低工资事实上是一个糟糕的经济政策。凯恩斯职业生涯的一个主要内容，就是不断寻找理由——无论是经济、政治还是理论、实践，来支持他的直觉告诉他是正确的道路。

那一年晚些时候,《进口关税法案》得以通过, 可以说凯恩斯在背后对此做出了些许贡献, 或者说要承担一些责任。他还在广播上敦促英国的家庭主妇停止储蓄并外出购物, 购买英国货物: "每当你省下 5 个先令," 1931 年 1 月他在广播上说道,"你就让一个人一天找不到工作……相反每当你购买货物, 你就增加了就业——当然如果你想要增加这个国家的就业, 你就必须购买英国的、本地生产的产品……所以, 你们这些爱国的家庭主妇啊, 明天早早地上街去吧, 去参加那些极好的打折活动。"[72]

此时, 凯恩斯并未主张贬值, 这也许令人感到意外, 因为贬值是今天看来最没有争议的政策药方之一。直到 9 月 10 日, 也就是英国退出金本位制 11 天之前, 凯恩斯仍然在《标准晚报》上公开主张将进口管控作为替代措施。这也是凯恩斯鱼与熊掌希望兼得的一个最明显的例子: 既树立其自由思考的公共知识分子的形象, 同时在英国承诺维持伦敦城以及英镑国际地位这个最最微妙的经济政策问题上, 也不超越在政府看来属于负责任的公共评论的界限, 因为是政府确保了凯恩斯能一直处于镁光灯之下。所以他在公开场合对汇率问题出言谨慎, 然而私下里相信英国需要切断与黄金的联系并重新获得对国内利率的控制权。[73]

当然, 英镑崩溃的速度也令凯恩斯感到非常惊讶, 否则他也不会提出贸易保护这个权宜之计。9 月 16 日, 因弗戈登的一群水手发生暴动——有关他们的工资将削减多达 25% 的消息令他们勃然大怒, 而这一事件引发了对英镑的挤兑。两天后, 英格兰银行通知政府, 英镑的兑换已经维持不了几天了。9 月 21 日, 财政大臣菲利普·斯诺登宣布英国脱离金本位, 到那一年年底时英镑兑美元贬值了 30%。经济学作者格雷汉姆·赫顿回忆道, 凯恩斯兴奋得忘乎所以。这是"一件极好的事"，凯恩斯在一段罕见的、保留至今的、1931 年 10 月的影片片段中说道。现在，他坚称英国的商人和失业工人"一定不能允许任何人再将他们关进金牢笼之中——这么多年来他们一直困于其中"。[74] 英国已经"一举……恢复了对世界的金融霸权"，他有些乐观地称赞道。[75] 超过 20 个依赖对大英帝国出口的国家随着英国一起贬值，自发地形成了一个"英镑区"，凯恩斯认为英格兰银行和伦敦城能够在其中继续保持核心的国际地位。他公开放弃了对关税的支持。[76]

如果说凯恩斯看起来有些像一个政治动物，随着政治必要性的潮起潮落而改变他的花纹，这是因为他强烈地渴望保持他的重要性和相关性。到了 20 世纪 40 年代，当他步入国际外交领域时，这一需要常常会变得格外痛苦和明显，因为他试图说服英国内阁和上议院相信，他在与美国人进行关键的金融与货币问题谈判中获得了成功，即使是在他显然没有做到的时候。然而，就目前而言，凯恩斯发觉自己在政治上被边缘化了。10 月 27 日，由保守党主导的政府在大选中获得压倒性的胜利，而与凯恩斯以前有很深感情的自由党现在成了一个外围的边缘团体。虽然有理由认为凯恩斯可能会支持工党，因为工党的政策与凯恩斯关于优先提高政府投资和工人阶级消费能力的观点相吻合，但是他反对工党对资本主义的敌视立场以及为了重新分配而重新分配的痴迷信念。工党内部支持凯恩斯思想的主要人物奥斯瓦尔德·莫斯利于当年 2 月辞职，后于 1932 年成立了英国法西斯主义者联盟；凯恩斯在工党内部一直受到歪曲而名声不佳，部分是因为莫斯利支持他的观点。

凯恩斯在政治上的边缘化，给了他时间与思想上的自由，来

改进（或者更准确地说，是从根本上重新思考）长期失业问题的
经济学基础，以及货币在其中的作用。诸如伦敦经济学院年轻
的、冉冉升起的奥地利经济学家弗里德里希·哈耶克以及凯恩斯
以前的学生丹尼斯·罗伯逊对《货币论》提出的批评意见，使凯
恩斯相信，并不是他自己误诊了问题，而是他需要一个完全不同
的理论方法来为他的诊断辩护。尽管英镑贬值、利率下降，1932
年的失业率仍然达到了 17%。他相信，古典经济学关于市场自
行纠正的观点中必然出了点问题，而他也同样相信，这点问题正
与经济以货币为基础的属性有关。但是他还没有弄清楚问题的本
质。"我们更多的是用天赋和直觉来反对传统学派，而不是因为我
们已经准确地发现了他们的理论错在哪些方面。"他于 1934 年 11
月开诚布公地说道。[77] 但是在 1935 年新年致萧伯纳的一封信中，
作为对萧伯纳敦促他更加严肃认真地看待马克思的回应，凯恩斯
写道，他"正在撰写一本关于经济理论的书，这本书总体上将彻
底改变——我想并非立即，但是会在未来的 10 年之中——世界
思考经济问题的方式"。关于马克思，"除了偶尔一现的……洞察
力"，他的经济学价值为"零"。[78]

　　为了向经济学家同行证明自由市场缺乏自动恢复功能，凯恩
斯耗费了大量的智力和精力。尽管如此，他继续在大众出版物上
极力宣传他关于政府赤字支出的主张，其中最引人注目的是他那
本引起了广泛辩论的小册子——《通向繁荣的手段》，书中运用
卡恩的乘数思想来分析英国和美国经济萧条的状况。[79] 凯恩斯得
出的结论是：每 1 美元新的公共开支将至少产生 2 美元的额外产
出——这真正称得上事半功倍。虽然提出了大胆的经济学主张，
但是与凯恩斯早期的通俗作品相比，这本小册子的基调惊人得清
醒和严肃，刻意避免使用犀利的语言鞭笞圆滑狡诈的政客。尽管

如此，保守党财政大臣内维尔·张伯伦仍然公开拒绝了凯恩斯的强烈要求，毫不客气地宣称"从没有一个财政大臣会故意使他的预算失衡"。[80] 张伯伦为 1933～1934 财年制定了平衡的预算；经济恢复得也很好，1933 年增长了 3.3%，1934 年增长了 8.7%。[81] 为了维护自己的观点，凯恩斯提出，"假设有更多的政府贷款支出"，增长率"会更高，规模会更大"。[82] 是否会这样，我们永远无从知晓。

《通向繁荣的手段》在美国广为流传，就连新宣誓就职的总统罗斯福也收到了一本，当然我们并不知道他是否阅读过或者对这本书评价如何。但是，我们确实知道的是，美国在 1933 年的世界经济会议上支持国际公共工程计划，要不是凯恩斯，这样的思想恐怕不会这么早出现在世界面前（他自己的政府拒绝了这一思想）。[83] 对于凯恩斯对罗斯福新政产生的影响，存在一些争议：新政的支持者和反对者常常都会突出凯恩斯的影响力，但是凯恩斯自己（他在 1934 年 5 月以私人身份访问华盛顿时第一次与罗斯福会见）公开批评了被总统视作核心计划的国家复兴署（"一项改革的计划，披着复兴的外衣，却很可能阻碍复兴。"用斯基德尔斯基的话说）。[84] 我们在某种程度上也可以有信心地推测，小册子中提出的通过新发明的国际"黄金钞票"扩大全球中央银行储备的观点——既利用了公众对黄金的依恋心理，但又没有赋予黄金实际上的存在与否以任何意义，被阿普尔顿的某个经济学教授研究并吸收了，这个人就是怀特。

凯恩斯的经济学观点一直在沿着许多方向改变，有的时候改变非常大。在 1933 年 4 月 17 日一场著名的都柏林讲座上，他就支持经济"国家自给自足"发表了有史以来最强硬的声明。看起来，保护主义思想不再是受教不足、智慧匮乏的结果。凯恩斯承

认"逐渐将生产者和消费者收拢到同一个国家、经济和金融组织
之下的好处"越来越大。他现在相信，国际劳动分工的收益是言
过其实了。而且，他"支持……那些希望……使国家间的经济联
系降至最低程度的人"，因为这将导致更少的"紧张和敌对"。所
以"只要是合理且便于实现的，就让货物在本国出产"。而他的
另一句结论则变成了一句经常被人引用的话："以及最重要的是，
让金融以本国为主。"也就是说，在所有的各式各样的经济联系
中，国际资本流动会产生最大的危害。[85] 莫斯利给凯恩斯发来贺
信对讲座表示祝贺，令后者感到十分尴尬。

　　这种保护主义的田园思想绝不是凯恩斯在此问题上的最终观
点。事实上，凯恩斯对各种经济政策的净成本和收益的声明，受
情绪状况以及听众偏见的影响很大（他喜欢质疑他们）。无论如
何，凯恩斯肯定没有听从他自己提出的金融应该留在国内的呼
吁。1932 年，他开始积极买入华尔街的股票；1936 年，美国股
票占到了他个人投资组合的近 40%。那一年他终于出版了他的鸿
篇巨制。[86]

　　《通论》是有史以来出版的最有影响力的一部经济学思想著
作，也可以称得上是思想上最大胆的一部作品。作为对 19 世纪
自由市场促进社会团结的自由主义古典信念的批判，这部作品在
分析上比马克思的《资本论》要严谨得多，产生的毁灭性效果
也更大。但是它传递了一则完全不同的信息：虽然马克思和凯恩
斯都从资本主义之中看到了导致其自身灭亡的种子，凯恩斯相信
资本主义可以被（而且从社会的利益出发必须被）拯救，通过明
智而审慎的政府干预行动，特别是采取及时的大规模公共投资的
形式。

　　对于《通论》对经济学这个职业的影响，特别是在美国的影

响，怎么说都不为过。它实际上建立了宏观经济学并使之成为一门学科；这一术语直到 20 世纪 40 年代才开始被使用。但是《通论》的语言风格不同寻常，就连专家读者也很难从书中分离出"真正"的实质内容。将这本书比作《圣经》，可能也只是稍许有些言过其实：它传递了强大的信息，充满了令人难忘、优美动人的段落；时而晦涩，时而枯燥，时而带有强烈倾向，时而前后自相矛盾；一部由直觉驱动的激情之作，用牵强的逻辑和无力的评论作为占位符，直到门徒被召唤现身来提供证据。正如凯恩斯自己对他的杰作的评论，"我更钟爱作为我理论基础的相对简单的基本思想，而非我用来表达这些思想的具体形式，并且我不认为在目前的辩论阶段应该使后者具体化。如果简单的、基础性的思想能够为人熟知并接受，时间、经历以及一些头脑的合力将发现表达这些思想的最好方法。"[87]

这本书的核心主张是革命性的（至少对经济学家而言）：经济并不会自然趋向充分就业。如果政府不强力介入以提振消费需求，高失业将会无限期存在。仅靠中央银行供应廉价货币还不够。这与古典经济学完全背道而驰，后者认为非自愿性失业的延长是价格机制运行受到某种干扰的结果。古典经济学显示充分就业要求具有弹性的工资，而凯恩斯则在不同的假设基础上表明，工资水平下跌实际上可能会使失业状况恶化。这些不同的假设涉及货币的性质、人的心理以及当代社会的习俗惯例。这些因素中的每一个都足以证明他的观点，而他也没有特别强调其中任何一项。

如果是在 20 世纪 20 年代美国的繁荣期，人们对这样一本响亮刺耳的著作的反应会冷淡许多。但是在大萧条中期，伴随着史无前例的高失业率，这本书即使对反对凯恩斯逻辑分析的经济学家来说都是很有吸引力的。在美国，这本书还有着特殊的吸引力，因为它为有争议的新政政策提供了思想上的依据。如果说今天的大多数政策制定者会自然而然地认为政府应当在衰退期通过赤字政策稳定经济状况，而在 20 世纪 30 年代，这远非一个自然而然的观点；正是凯恩斯使这则药方在思想上值得尊敬。

和与他同时代的另一个思想巨人爱因斯坦一样，凯恩斯有一种天赋，能够从复杂的现象中看到与他之前数个时代的专家所看到的完全不同的联系。虽然数学是物理和经济学分析所使用的主要工具，但是爱因斯坦和凯恩斯在高等数学方面既没有超常的天赋，也没有过分的痴迷。他们有一种非常罕见的天赋——思想直觉。两人都运用类比这种工具来思考困扰他们的问题，例如骑在一束光线上（这激发了爱因斯坦的狭义相对论）或者生活在一个只生产和消费香蕉的经济体中（通过这个故事，凯恩斯"证明了"节俭储蓄是致命的）。凯恩斯非常崇拜爱因斯坦，1926 年他们曾在柏林会见。他似乎有意识地模仿了爱因斯坦的做法，即彻底颠覆全世界所认为的他们已经理解了的永恒机制。"凯恩斯认为他对经济学领域做了爱因斯坦实际上对物理学领域所做的事情。"阿瑟·庇古说道。庇古是古典学派的代表，凯恩斯通过这本书不仅要颠覆这个过时学派，而且还令它难堪。[88]

牛顿曾经提出时间是绝对不变的，除了一个疯子有谁会质疑这一点？爱因斯坦对此质疑。他认为，时间是相对的，并且他随后证明了这一点。凯恩斯声称他建立了一个新的"通论"，这个争议颇多的提法分明是在效仿爱因斯坦的"广义"相对论（区别于他的"狭义"相对论）⊖。[89]古典经济学家，也就是在 20 世纪 20

⊖ 爱因斯坦的广义相对论英文名称是 The General Theory of Relativity，凯恩斯的《通论》英文名称是 *The General Theory of Employment, Interest and Money*。——译者注

年代唯一得到世人尊敬的经济学家相信萨伊定律，凯恩斯将其表述为"供应会为自己创造出需求"，而凯恩斯正着手证明这一点是错误的。[90]

凯恩斯认为萨伊说过这句话，但其实萨伊的原话并不是这样。对于"萨伊定律"的准确内涵也有着无穷无尽的争论。萨伊确实写道："只有在过多的生产方式用于一种产品的生产而另一种产品的生产方式不足时，才会出现供过于求。"这确实隐含着需求不可能小于潜在供应之意；供应出种类正确的货物和服务，需求就会在那里。这是因为"创造一个产品，这种情况本身就会立即为其他产品打开一个缺口"；创造者之所以供应是因为他有需求。[91]凯恩斯认为，萨伊定律把因果倒置了；事实上，是"支出为自己创造了收入"。[92]是需求，而非供应，决定了经济活动的水平。是投资（通过提振收入）产生了必需的储蓄，而不是储蓄导致投资。按照凯恩斯的理论工具得出的结论是：考虑到心理因素往往会抑制需求，在任何给定时点，需求可能会不足以确保充分就业。古典经济学在这一个核心问题上犯了错误，而遵循它开出的药方会带来可怕的后果。

"凯恩斯作品有一个特别之处，"罗斯福的经济顾问劳克林·卡利在对《通论》的评论中写道，"他似乎总认为收入增加是投资增加的结果，而不是消费增加的结果。"然而，卡利认为，如果他将重点放在消费而非投资上，但仍将他的分析冠以"凯恩斯主义"之名，"可能更容易被总统接受"。这种强调用联邦预算来操纵消费水平的做法就成为美国凯恩斯主义财政政策的特征。[93]

自从《通论》出版以来，经济学家在一个最根本的问题上产生了意见分歧，即持续的大规模失业能否被定性为一种"均衡"，也就是说即使所有价格具备完全的弹性，大规模失业仍然能够存在。这个问题既有很重要的理论价值，也有很重要的现实意义，因为问题的答案对于政策将产生重要影响。如果答案是肯定的，这确实是一个革命性的深刻见解，因为它意味着市场并没有自我纠正的机制，一场衰退可以永远持续下去，直到政府投资介入，填补长期私人投资不足留下的缺口。然而，如果答案是否定的，那么这种干涉行为非但不能通过所谓的乘数效应来启动一个可以自我维系的复苏进程，而且将使价格的信号减弱，阻碍将生产能力转移到其他更迫切需要的用途。在古典主义观点看来，凯恩斯主义的解决办法针对的是症状而非病因，因此延误了可持续的复苏进程。

这场辩论一直没有结论，双方都援引相同的证据来支持自己的立场。于是，对于凯恩斯主义者而言，日本经济在 20 世纪 90 年代的萎靡不振是过早结束"财政刺激"的结果，而在古典主义观点看来，则是因为过度依赖"财政刺激"所导致。随着 2007 年美国房地产市场的崩溃，同样的辩论再次出现。

自从放弃了《货币论》中提出的思想分析框架后，凯恩斯在很多年中一直试图努力归纳出一个有说服力的理论，来解释在他心中沸腾的信念：即使在价格具备弹性的情况下，投资也有可能与储蓄不协调，从而使总收入无法最大化。在《通论》中，他认为他找到了这个理论解释。这就是所谓"流动性偏好"的概念，即人们可能会选择囤积死气沉沉的货币，也不愿消费他们的劳动果实或将它们用来投资。关于"货币是一切罪恶的根源"的坚定信念"几乎是《通论》的潜台词"，斯基德尔斯基评论道。[94] 流动性偏好是促使凯恩斯提出关于全球货币改革新思想的核心理论。法国的雅克·吕夫是凯恩斯的死对头，他们曾就德国赔偿问题展开辩论，到了 20 世纪 60 年代，吕夫还将继续发难并成为凯恩斯和怀特构建的布雷顿森林体系的一个重要批评者。吕夫认为，"流动性偏好"不仅仅是《通论》知识体系的核心，也是它的致命缺陷。关于《通论》的批评意见不胜枚举、五花八门，但是吕夫所指出的一点肯定是对的：凯恩斯对货币体系运行方式的解释，是他反对古典经济学的核心依据。[95]

在一篇于布雷顿森林会议 3 年后、凯恩斯逝世 1 年后发表于《经济学季刊》的文章中，吕夫证明了为何"对额外现金储备的需求"，即被凯恩斯所鄙视的"囤积的习性"，"其经济效果"逻辑上必然"等同于对消费品或资本品的需求"。如果吕夫是正确的，那么凯恩斯就未能超越《货币论》的范畴，也未能给他大胆的政策药方搭建一个理论基础。

在一个以商品为基础的货币体系中，例如战前的金本位制体系，吕夫对古典经济学的辩护最容易被理解，因为对货币的需求必然等同于对采矿、运输以及黄金货币化的需求。但是吕夫提出，上述观点在一个法定货币体系中依然成立。在法定货币体系中，中央银行发行现金并换得证券——证券代表"被储藏起来的财富，或者从更广义的角度看，正在通向生产过程的财富"。对货币的需求并非如凯恩斯所说的是一种对虚无的需求，而是对实际财富的需求，这种财富能够在现有的货币体系框架下被货币化。所以，对黄金的需求增加，这种情况本身不会降低能对市场产生重大影响的购买力；同样，对货币的需求增加本身也不会产生这种效果。

凯恩斯在货币问题上正确与否，这一点重要吗？"假设凯恩斯开始……就简简单单地提出，他认为有事实依据做出如下假设：现代资本主义社会的货币工资存在黏性并抗拒向下的移动，"伟大的经济学家保罗·萨缪尔森在 1964 年提出，"他的大多数洞见仍然一样正确。"[96] 这才是今天大部分凯恩斯主义分析的逻辑基础，而非凯恩斯关于货币特殊威胁的理论阐释（凯恩斯对此非常执着和坚持）。"大多数仰慕凯恩斯的人，"约瑟夫·熊彼特挖苦地评论道，"只是从他那里挑选他们认可的东西，其他的一概不要。"[97]

就吕夫而言，他提出凯恩斯的货币和财政政策药方的基础根本不牢固。相反，使用这些药方一段时间之后将不可避免地导致通货膨胀，以及导致私人生产机构供应能力不足，无法满足人们对货物与服务的实际需要。[98] 休伯特·亨德森和其他一些人赞同这一观点，但是直到 20 世纪 70 年代出现滞胀之后，这一观点才得到广泛认同，反凯恩斯主义的思潮也随之反弹。到了那时，《通论》中提出的政府总是可以，并且是意料之中地改进自由放任体系的结论，显得不再是那么站得住脚了。2008 年经济危机后，《通论》再度复活，主要是因为人们相信这是一本关于萧条经济学的可靠著述，而非一个事实上"通行的理论"，如凯恩斯所认为的那样也可以用于繁荣时期。

然而，1937 年年初，《通论》还远谈不上对指导当时的政策有什么功效。英国经济自 1932 年以来一直保持增长，预算平衡、利率较低，私人投资非常稳定，特别是在建筑业上。1936 年增长率为 4.9%，1937 年为 3.5%；失业率虽然仍处在 8.5% 的高位，但是自 1932 年以来逐年稳步下降。[99] 正统的经济学似乎又重新活了过来，而且活得很好。但是，随着貌似已经复苏的美国经济于当年夏天急转直下，英国经济也再度陷入衰退。

凯恩斯自己的健康状况也在那一年明显恶化，胸口的阵阵剧痛以及极度虚弱压垮了他。诊断结果是亚急性细菌性心内膜炎，以及由此导致的心脏损伤。如果在今天，医生会开出抗生素的处方，但是当时抗生素还没有发明出来。凯恩斯的匈牙利医生雅诺什·普拉什给他注射了一种当时最新发明的抗生素药物，使情况有所好转，但是没能完全治愈他。在接下来的岁月里，他虽然会断断续续地显示出一些恢复的迹象，但实际上他已经在一条长期下行的轨道上了。

如果不是因为战争的乌云再度笼罩，凯恩斯有可能会活得更久一些，他的去世也不会那么令人瞩目。虽然他和爱因斯坦一样，是一个持有自由主义倾向的世界主义者，但是凯恩斯并没有被他的国家抛弃，这使他对参与政治抱有完全不同的态度。凯恩斯是一个彻底的英国人，正是那个时代英国面临的问题驱使他不断形成自己的理论——通货紧缩与萧条的问题、支付战争以及艰难度过危险的和平过渡期的问题。而当战争再一次降临到英国人的头上时，尽管凯恩斯身体虚弱、健康状况逐渐恶化，他仍然甘愿驻守最关键的金融前线。

凯恩斯坚定地相信，《凡尔赛条约》种下了未来欧洲冲突的种子，而希特勒在德国的崛起证明了这一判断。张伯伦在 1937 年 5 月接替了辞职的斯坦利·鲍德温成为英国首相。与张伯伦不同，凯恩斯不相信寻求与希特勒达成协议的政策能够成功。但他并不反对英国回避德国对欧洲大陆现状的挑衅行为。在 1938 年 3 月《新政治家》杂志刊登的一篇文章中，凯恩斯敦促捷克斯洛伐克政府就苏台德地区问题与德国达成和解，即使这要求"修正波西米亚的边界"。[100] 9 月 30 日，张伯伦从慕尼黑返回并宣称"争取到了我们时代的和平"，凯恩斯则称之为"令人感到极大的安慰"。实际上，此时德国的军队正在准备进军捷克斯洛伐克的边境据点，这令这个国家猝不及防。凯恩斯对张伯伦在慕尼黑的表现提出批评是基于一个异想天开的观点，他认为既然"希特勒完全反对战争"，如果首相在刚开始时言辞能够强硬一些，应当可以在某种程度上为捷克斯洛伐克人争取到更好的待遇。[101]

凯恩斯在他的私人书信中对张伯伦大肆批评，但是这两个人对未来的看法有很多相似之处，尽管凯恩斯自己永远不会承认这一点。张伯伦认为与德国开战将威胁到大英帝国的存亡；凯恩斯对帝国没有这么深的感情，但是他比任何人都明白，鉴于再进行一场欧洲战争的代价巨大，大英帝国日渐衰减的经济联系构成了英国抵御在经济上对美国彻底依赖的唯一屏障。

当然，希特勒并没有认真遵守他关于尊重修改后的捷克斯洛伐克边境的承诺。1939 年 3 月，德国军队占领了布拉格，希特勒也迅速宣布波西米亚和摩拉维亚是德国的保护国。张伯伦突然转变了政策立场，承诺在波兰周围建立一道缓冲区来保证其边境和独立。这种承诺甚至比为捷克斯洛伐克建立缓冲区的想法还不可靠，而张伯伦于前一年刚刚拒绝了这个想法。

英国阻止纳粹继续推进的行动姗姗来迟。对于苏联在此方面能够做出多少贡献，首相存在严重怀疑，但英国仍然与苏联展开了谈判。然而，8 月 23 日，苏联与德国这两个意识形态上相互敌对的国家令人震惊地签署了《互不侵犯条约》，也就是所谓的《莫洛托夫－里宾特洛普条约》，希望也随之灰飞烟灭。9 月 1 日，希特勒入侵波兰。两天后，英国对德国宣战。9 月 17 日，苏联从东部入侵波兰。此后，世界大战（the Great War）就被称作一战；二战从此开始了。

英国的国防开支此前从未超过国内生产总值的 7%；1939 年达到 18%，1940 年飙升至 46%。[102] 这就是凯恩斯回到财政部的背景。

战争开始后，凯恩斯便集中精力制定正确的经济战略以赢得战争，这与他在一战时一样。凯恩斯时年 56 岁，身体状况欠佳，加之他个性上无法管控、难以融入白厅，因此最初并不在被征调为政府服务的经济学家之列。但这并没有阻止他通过在报纸上刊登文章或者亲自现身说法的方式，向政府中能够推动政策制定的人士强有力地阐述自己的观点，议题涉及各个方面，从价格控制（他强烈反对这么做）到扰乱罗马尼亚的石油提炼。

他还继续在公开场合力推自己的观点。在伦敦的《泰晤士报》上，他解释了为何在战争时期控制需求过剩而非克服需求不足是当前国内关键的问题，展示出了《通论》分析框架的灵活性。[103] 他对为何以及如何预防通货膨胀的强调（暂时地）使他与哈耶克的关系更亲密，但激怒了工党的大臣，特别是工党领袖克莱门特·艾德礼。这篇文章给他带来的关注度促使凯恩斯写了一本题为《如何支付战争费用》的小册子。小册子于 1940 年 2 月发表，内容上吸纳了工人阶级的支持观点来抵御左翼的抨击，但仍然忠于凯恩斯古典自由主义的信念，提出应当允许价格体系尽可能正常地运行——甚至即使是在政府通过诸如强制储蓄等方式限制私人购买力的情况下，以确保在满足战争需求的同时不引发后续的通货膨胀。

1940 年 4 月，英国第一次军事介入欧洲大陆，然而试图将德国军队驱逐出挪威的行动以惨败告终。由此引发了压倒性的政治压力，要求张伯伦让位于更受保守党支持的哈利法克斯勋爵（爱德华·伍德）或者更能赢得跨党派支持的丘吉尔。张伯伦选择了丘吉尔。5 月 10 日，时任英国国王乔治六世召见丘吉尔并要求他接任首相。在多达 5 人的跨党派战时内阁中，丘吉尔委任保守党同僚金斯利·伍德担任财政大臣，后者于 6 月邀请凯恩斯参加一个谘商委员会。凯恩斯认为这是一个"超级无用的委员会"，但是仍然甚合他的心意，因为委员会只涉及极少的正规义务，同时还能给他直接接触财政大臣的机会。[104] 但是到了 8 月，他也回到了他真正渴望回到的地方——财政部。在那里，他作为不领取报酬的顾问开始加入各种委员会。然而给他的任命接踵而至：1941年 1 月他被任命为财政大臣的经济顾问，10 月又被任命为英格兰银行的一名董事。这个言行肆无忌惮的经济学家，如今令人惊讶地、牢固地进入了英国政治体制的主流。

《如何支付战争费用》对英国战时融资的具体问题产生的直接影响比凯恩斯期望的要小。例如，伍德 1941 年的预算更多地依靠税收（特别是对富人的税收）、价格控制以及定量配给，而非凯恩斯关于递延支付的思想。但是，凯恩斯对他的母亲说，他已经引起了一场"公共财政的革命"，这显然也并非言过其实。[105] 国民收入核算有史以来第一次被作为管理总需求的工具，这确实是革命性的。而且，虽然凯恩斯写小册子是特别针对英国的战争行动，但是它引发了大西洋对岸相当的兴趣。《新共和党人》在 7 月发表了一篇题为"美国与凯恩斯方案"的文章，用凯恩斯的思路分析美国的情况。[106]

凯恩斯从战争一开始就坚信，美国的合作（即使不一定是在军队方面）对于英国的战争行动是至关重要的。1939 年 11 月，他不甚明智地写了几篇《关于战争致总统的便笺》，其中特别建议罗斯福"与德国断绝外交关系并宣布互不往来"。他写道，德国的"背信弃义部分是我们的过错。20 年来我们的所作所为就像个混蛋一样"。[107] 凯恩斯进一步建议美国应当为同盟国提供用于战争行动的贷款，在战胜法西斯主义后贷款将偿还给一个重建基金，用于拯救欧洲。[108] 前一年，凯恩斯曾经收到总统对他不请自来的第一封信件的冷淡答复，然而他的第二封信显然是石沉大海了，最后凯恩斯明智地决定不再继续发他的"便笺"。

在整个战争期间，凯恩斯持续过高地估计了美国对英国的同情，并低估了美国公众以及国会反对美国援助或介入战争的严重性。在美国人看来，邪恶的德国和意大利法西斯只是腐朽的西欧硬币的一面，令人深恶痛绝的英国帝国主义则是另外一面。而且，英国还是美国经济上的竞争对手，通过操纵帝国来干预美国的出口，英国的银行家和政府曾经合谋来动摇货币的稳定性，而且在偿还一战债务方面，英国人还曾不光彩地一走了之。

到了 1940 年年底，凯恩斯关注的重心已经从国内金融问题转向国际金融问题，并全身心投入到财政部战略制定的核心圈子的工作之中。他提出，罗斯福"必将提出要求获得一些政治让步、达成政治协议，还可能提出经济方面的要求，作为援助的回报"。因此他认为"最紧迫的问题就是我们能够保留足够多的资产，使我们可以拥有行动的自由"——避免成为美国的卫星国。[109] 弗雷德里克·菲利普斯爵士与大卫·维利在英国财政部负责海外金融事务。在一份 10 月 27 日致菲利普斯爵士的备忘录中，凯恩斯详细阐述了他关于英国通过外贸与投资维持其获取美元的能力的方案，这一能力对于为英国购买海外物资提供资金至关重要。这份方案的关键就是美国为英国在美国的军事采购提供资金，凯恩斯坚持美国应当采取拨款赠予的方式，而非贷款。英国不能再次被迫承担"违约的耻辱和责难"，却允许美国随随便便地向此前由英国供应的市场进行销售，并由此切断英国偿还借款的手段。政府必须提防"当前的紧急状况被当作趁火打劫之机，夺走大英帝国最宝贵的东西"。[110]

　　这份备忘录背后的假设是，美国是战争中的一个盟友，但须加以训练以使其所作所为更像一个盟友。这一假设有两个缺陷：美国尚未与任何国家开战，以及美国也不会接受旁人的说教，按凯恩斯分配给它的角色做允许它做的事。这一点，他很快就将领教。1941 年 5 月，凯恩斯自一战以来第一次正式访问华盛顿。

| 第 5 章 |

## "最圣洁的法案"

因为那些决心阻止美国参战的人所代表的观点差异很大，所以 1939 年的美国被孤立主义情绪所笼罩，确切地说是孤立主义的各种情绪。有和平主义者，有共产党的支持者，还有法西斯的支持者，有同情德国的人，也有认为法国和英国的抵抗毫无希望的人。只有不到 3% 的人支持美国立即参战并加入法国与英国一方，但有 30% 的人甚至连与任何交战国进行贸易都不同意。[1] 孤立主义的情绪反映在一系列中立法案之中，这些法案旨在阻止美国与任何一方的交战国纠缠不清。1935 年的立法宣布对武器及其他战争物资实施贸易禁运。次年，国会进一步禁止对交战国提供贷款或信用，这反映了所谓的奈委员会（Nye Commission）的调查结果，这个委员会认为是银行家将各国推进了一战。

罗斯福感到忧心忡忡，他担心如果没有美国援助，英国和法国将无法抵御德国的入侵。9 月 21 日，他向国会呼吁放松禁运。他坚信，一旦英国沦陷，掌控整个欧洲造船能力的德国将战火燃烧到西半球只是一个时间问题。战争部部长、海军部部长、陆军参谋长和海军作战部部长都认为英国所坚守的阵地对美国国防至关重要，而除了帮助英国加强防御之外，唯一可以接受的备选方案就是派美国军队去占领这些阵地。用罗斯福的传记作者罗伯特·舍伍德的话说，罗斯福"知道一旦英国和它的海军被消灭了，我们所有关于大西洋安全的传统概念——门罗主义、公海自由原则、西半球团结——都将成为回忆，而美国人民将长期生活在'纳粹的枪口之下'"。[2] 通过谈判达成的和平同样将是一场灾难，因为这将给希特勒争取宝贵的时间和资源来巩固他的地位并重新武装，同时也会扩大英国、法国，特别是美国国内那些反对战争的人的影响。"依我看来"，罗斯福以政治上最圆滑的语言试探道，禁运"对美国的中立、美国的安全以及最重要的是美国的和平，构成了最致命的危险"。[3]

总统一点一点地铲除禁运法令的影响。在他的说服下，国会于 11 月 4 日修订了 1935 年的禁运法案。虽然法案仍然禁止美国船只将美国货物运送到交战国的港口，但是现在允许在"现钞自运"的基础上销售武器和军需物资，即接收方以现金支付，并以自己的船只运送货物。通过这种方式对法案进行调整，使美国可以在维持中立表象的同时向英国提供物资援助，因为德国缺少资金，而且大西洋海运线也处于英国的控制之下，这实际上使德国无法在现钞自运体系下获得物资。

然而不幸的是，这种安排对德国的受害者而言是不够的。1940 年 4 月，德国入侵挪威和丹麦，5 月入侵荷兰、比利时、卢森堡和法国，希特勒以令人恐怖的效率消灭了一个又一个民主国家。西北欧低地国家的平民在德军猛攻面前绝望地逃难，却遭到了有组织的机枪扫射和飞机轰炸。[4] 5 月 10 日，德军占领低地国家的当日，因慕尼黑协定蒙羞的英国首相张伯伦宣布辞职，丘吉尔被召唤到白金汉宫接任首相一职。

　　用丘吉尔的话说，在比利时与法国的战斗"是一场巨大的军事灾难"。"英国陆军的整个基层部队、中坚力量和大脑中枢"在敦刻尔克堪堪逃过了全军覆灭的结局。5 月 27 日～6 月 4 日，850艘仓促聚集的各类船只不畏艰险，成功地使超过 33.8 万名英国和法国士兵安全撤离。然而，英国远征军的所有装备几乎损失殆尽。英国的存亡取决于美国生产并交付大量关键物资的能力和意愿，对于这一点再也没有任何疑问。英国以现钞自运的方式购买这些物资的做法持续不了几个月，之后英国的美元和黄金储备就将消耗殆尽。

　　罗斯福知道，如果美国要向英国提供进行战争所需的大规模的及时援助，他必须最大限度地利用法律赋予他的授权，而且当这样仍然不行的时候，他就必须推动国会扩大对他的授权。6月 10 日，意大利从南部进攻法国的当天，总统发表了一篇演讲，震惊了当局内部拘泥于传统观点并带有保守主义倾向的国务院。在演讲中，总统怒斥意大利独裁者贝内托·墨索里尼"手握匕首""并已经将它插进了邻国的后背"。他继而做出保证："美国人民将团结一致，沿着两条明显摆在我们面前的路线同时推进——我们将向抵抗力量提供这个国家的物质资源；与此同时，我们将控制并加速使用这些资源，从而使我们美利坚自身能够拥有足以应对任何紧急状况和国防任务的装备与训练。"就这样，在没有国会授权的情况下，罗斯福做出了承诺，美国将向抵抗德国和意大利的反对力量提供援助，并使自己做好战争的准备。

　　凭借财政部的律师创造出的存在很大问题的法律依据，美国当局立即展开行动，调派 150 架战斗机飞赴加拿大，它们在那里登上了法国的航空母舰。但是航母还未抵达目的地，法国就宣布投降了，舰队只得在加勒比海岛屿马提尼克等待战争的结束。接着，当局又从空虚的美国弹药库中搜刮了 50 万只步枪、8 万挺机关枪、1.3 亿发子弹、900 门 75 毫米火炮以及 100 万枚炮弹，还有一些炸弹和 TNT 炸药，同样凭借的是可疑的法律授权。这些物资被运送到了英国，英国人对此的反应如同天降甘霖。但是总统周围的许多人都认为这是一种政治上的自杀行为，甚至可能更糟糕，因为这些武器可能很快就会落入希特勒手中，并转而被用于对付美国。[5]

英国财政状况每况愈下。在战争开始前，英国的储备约为 45 亿美元。然而现在，即使是在征用并变卖了英国公民持有的美国资产之后，金库实际上也已经空了。11 月 25 日，英国大使洛思安勋爵告诉美国记者，英国的"金融资源已近枯竭"。这一言论使罗斯福和摩根索极为不快，他们认为大使的这番话将使美国当局继续提供援助的努力在政治上遇到更多的困难。"如果奈参议员或者其他参议员把我召到国会山，"摩根索对大使抱怨道，"他们会说，'你看，在某月某日，洛思安大使说道，英国人就要没钱了。谁给你这个权力允许他们继续对美国发出订单'？"[6]尽管十分不满，但摩根索知道形势确实非常严峻，他自己的部门，估计到次年 6 月，英国的赤字将达到 20 亿美元。同时，他也知道国会期望他在向英国提供援助之前先榨干英国人。他正准备这样做，要求英国财政部官员弗雷德里克·菲利普斯爵士提供一份英国控股资产、证券、黄金以及直接投资的完整清单，每份清单都按照各类资产大致的流动性进行分类。

但是并非所有的东西都可以用来付款。"有一样东西我知道我可以代表罗斯福先生表态，"财政部部长对大使说道，"即我们不想获得任何一个岛屿……我知道他不想要牙买加，我知道他不想要特立尼达，而且我也知道他不想要英属圭亚那。"[7]

12月9日，罗斯福名义上正在视察西印度群岛新设的军事基地，实际上却是搭乘"图斯卡卢萨"号重型巡洋舰在海上巡游。一架海军的水上飞机给他带来了丘吉尔的一封超过4000字的长信，信中非常详细地说明了欧洲、非洲、中东和亚洲战线的情况，并着重强调了生产和运输这两个关键问题。丘吉尔提出，为了英国和美国的共同利益，英国有责任"在美国完成备战之前坚守战线并与强大的纳粹搏斗"。与此同时，英国需要船只，特别是驱逐舰，以及补给物资。他坦白地告诉总统，"现在我们不再有能力为这些物资支付现金了"。但是，他以一种可以明显感觉到的为难情绪提出了如下建议："我相信，你会同意我的观点，即在这场斗争的紧要关头，将英国所有可以出售的资产剥夺一空，以至于在用我们的鲜血赢得了这场战争之后，在人类文明得到拯救之后，在为美国争取时间充分自我武装以应对一切不测之后，我们将被剥削得一干二净，这样做不仅在原则上是错误的，而且实际上对双方都不利。这种做法不符合我们两国中任何一国的道德和经济利益……而且我也不相信，美国的政府和人民会认为，将他们慷慨承诺的军需物资和商品援助限制在有关费用可以立即支付的前提下，这么做符合他们的指导原则。"[8]一方面是丘吉尔口中美国的高尚情操，他期望美国能在短时间内达到这些高尚情操的要求；另一方面则是摩根索提出的要求，要求英国进行全球大甩卖以避免美国当局在国会受挫，两相对比，反差何其强烈！

英国已经在美国订购了至少50亿美元的物资，怀特估计这大大超出了英国的支付能力。考虑到即使英国获得这些军事物资也不一定能够挺过这场战争，摩根索希望知道完成这些订单是否符合美国的利益。陆军参谋长乔治·马歇尔将军强烈主张完成订单符合美国的利益，即使英国沦陷，英国需要的飞机、坦克以及大炮，以及为了满足英国的需求而逐步扩大的生产能力，对于美国的国防也至关重要。战争部部长亨利·史汀生也支持这一观点，并极力主张及时交付、不要拖延。这一问题的决策需要总统参与；但是总统当时正在船上，并坚持在他返回并与摩根索商议之前，不得采取任何行动。[9]

罗斯福被丘吉尔的信深深地打动了，如果说不是出于对英国困难处境的同情，那么一定是因为考虑到了英国一旦屈服美国将面临的后果。他知道"现钞自运"以及背着国会偷偷摸摸将物资输送给英国已经行不通了，他决心找到一个新的政治解决方案来取而代之。"我们必须找到某种办法，"他说道，"将这些物资出租甚至是借给英国人。"

他想出的办法可谓是一招政治上的神来之笔。12 月 16 日，晒得黝黑的罗斯福精力充沛地回到华盛顿，并于次日召开了一场新闻发布会。会上，他坚称："在占据压倒性多数的美国民众心目中，对于美国国防而言眼下最好的办法就是英国的自卫战争能够取得胜利，这一点绝对毫无疑问。"在将这种公众情绪确立为事实后（虽然当时事实远非如此），他接着树立起一个稻草人作为他反驳的对象。他说道，有些人认为我们应当把钱借给英国人，而其他人认为我们应当作为礼物把钱赠予英国人。虽然事实上几乎没有人持这两种观点，但是树立起两个极端阵营的形象能够实现总统说服听众的目的。他接着阐述了由他本人提出的巧妙的中间路线：

现在，我试图做的是摆脱美元的符号。我想，对于在座的每一位而言，这都是一个全新的思路，来摆脱愚蠢的、不明智的、过时的美元符号。好，让我给你们举一个例子。假设我的邻居家失火了，我们相隔大约一百多米，而我正好有一截浇花用的水龙带。如果他能够把我的水龙带拿去接到他的消防栓上，我也许可以帮助他把火扑灭。那么，我该怎么做？我不会在救火前对他说："邻居，我的水龙带花了我15美元；你要用的话付我15美元。"那么我们会怎么处理呢？我不想要15美元——我想在火被扑灭后把水龙带拿回来。那么好，如果在救完火之后水龙带完好无损，没有一点损坏，他会把它还给我并对我表示万分感谢。但是假设它在火灾中损坏了，烧了几个洞，我们不一定非要特别正式地处理这个问题，但我会对他说："我很乐意把水龙带借给你，但我知道我再也使用不了它了，它已经彻底损坏了。"他会说："水龙带原来有多长？"我告诉他："大概50米长。"他会说："没问题，我给你换一个新的。"现在，如果我拿回了一个不错的水龙带，我的情况也挺好。

换言之，如果你将一些军事物资出借并在战争结束后收回，假设它们完好无损，那么你就没问题了。假设它们被损坏了，或者状况变差了，或者全部损失了，如果你能够让借用这些物资的人给你换个新的，那么在我看来，这个结果对你也不错。

我没法讨论太多的细节，而且你们也不用提出法律上你准备怎么做的问题，因为这正是目前在研究的问题。但是，这种想法就是，对于英国以后的订单，我们不会全部接管，但是会接手其中非常大的一部分；当这些产品生产出来之后，无论是飞机、枪械还是其他物资，我们会就英国使用这些物资达成某种安排，因为这对美国国防而言是最佳选择，而双方达成的谅解是，当这场表演结束后，我们将在某个时间以实物的形式得到偿还，这样就不用考虑美元债务的形式和美元符号，取而代之的是一个以实物偿还的君子协定。我想你们一定都听明白了。

罗斯福将问题描述成，英国在极端紧急的状况下向美国借一截浇花用的水龙带，而如果美国要把水龙带卖给英国，这实在是太愚蠢和卑鄙了。如果总统直白地向国会提出开一张空头支票来援助英国的战争行动，他必然会遭遇一边倒的失败，而这会对希特勒猛攻下的欧洲剩余的抵抗力量造成灾难性的后果。但是这则水龙带的比喻激起了美国公众的共鸣，并给了总统奋力一搏的机会，来争取通过日后众人皆知的《租借法案》。

罗斯福将起草法案的工作交给财政部，"借支也行，租借也行，你怎么称呼它我不管"[10]。而摩根索则授权法律总顾问爱德华·弗雷及其助手奥斯卡·考克斯开展这项工作。财政部采取了一切预防措施，确保法案不仅能够通过持有敌意的国会的严格审查，而且能够经得住随后的司法审查。摩根索甚至就改变措辞的问题向最高法院大法官、罗斯福的密友费利克斯·弗兰克福特征求意见，法案精明务实但不甚优雅的标题——《进一步促进美国国防及其他目标的法案》，就是出自后者的建议。民主党国会众议院和参议院多数党领袖马萨诸塞州众议员约翰·麦科马克和肯塔基州参议员阿尔本·巴克利又锦上添花，在将法案提交参众两院审议时给了法案一个富有爱国主义色彩的编号——众议院第1776号<sup>⊖</sup>。

尽管如此，法案的通过远非一帆风顺。众议院外交事务委员会中的共和党议员在听证会上严厉质问摩根索、赫尔以及史汀生。而对英国而言，让美国财政部使用怀特准备的数据在国会中作证，来证明英国极度赤贫的状况，并猜测在大英帝国残骸上少得可怜的遗留之物中还有哪些可以用来作为对美国援助的回报，这不啻为极大的耻辱。

---

㊀ 1776 年美国发布了独立宣言。——译者注

随着一系列事件的发生，反对该计划的势力也得到加强。不讨唐宁街喜欢的美国驻英国大使约瑟夫·肯尼迪在被迫辞职后告诫国会这"不是我们的战争"。极富个人魅力的航空英雄查尔斯·林德伯格也持反对立场。"我们今天正面临战争的危险，不是因为欧洲人试图干涉我们的内部事务，"林德伯格坚称，"而是因为美国人试图干涉欧洲的内部事务……如果我们渴望和平，我们只需要停止自找战争的麻烦。"[11]《租借法案》被广泛描绘成一个不祥的措施，可能使美国面临破产的下场，并使之卷入一场注定将以失败告终且与美国核心利益关系不大的冲突之中。

众议院民主党人明确地向赫尔和摩根索提出，法案若不做修订则肯定无法通过。其中一处修订限定了总统可以缔结租借协定的时间期限，但值得注意的是，法案并未限制协定的执行期限。另一处修订则是将现有的军事物资以及已经订购并可能被转移给外国政府的物资的总价值限定在13亿美元，但同样值得注意的是，法案并未限制未来的援助金额。1941年2月8日，在希特勒签署加大对英国国防经济打击，特别是从海上攻击商船以及从空中袭击军备工厂的第23号指令[12]两天之后，《租借法案》以260票赞成、165票反对的可观的多数票数在众议院通过，有24个共和党议员投了赞成票。

参议院的风浪更大一些。俄亥俄州共和党参议员罗伯特A.塔夫特（日后他将成为布雷顿森林协定一个强大的反对者）与南卡罗来纳州民主党参议员詹姆斯·伯恩斯以及弗吉尼亚州民主党参议员哈里·伯德联手提出修订案，明确要求租借援助使用的资金只能出自国会针对这一目标的专项拨款。由于总统因为流感而卧病在床，摩根索和史汀生领导了这场恢复总统分配援助资金授权的斗争。弗雷起草了一版修订案文，将修正案调了个儿，授权国会可以对总统如何处置海外国防物资做出具体限制，但是无权事先决定总统能够做什么。这一招儿达到了目的，法案在参议院以60 票赞成、31 票反对得以通过。1941 年 3 月 11 日，它成为美国的法律。

尽管国会对总统的租借授权施加了限制，但是对于白宫而言，这则立法仍然是一个值得赞叹的胜利，它扫除了由《中立法案》和《约翰逊法案》⊖（即外国证券法案）所设置的孤立主义壁垒。罗斯福争取《租借法案》通过，凭借的并不是公众对英国的好感。"在 20 世纪 40 年代，"英国历史学家迈克尔·霍华德评论道，"美国人有理由将英国人视作一群妄自尊大的混蛋，压迫了半个世界的人民，并且有一种邪恶的天赋能让其他民族为了他们去战斗。"[13] 英国未能偿还其一战债务的记忆仍然历历在目。尽管如此，一个小心谨慎的国会还以绝对多数票通过决议，使美国在另一场欧洲战争之中再次加入英国一方并充当她的靠山。

《租借法案》令伦敦深感宽慰。法案通过后的第一个周末，两艘德国战舰在大西洋击沉了 16 艘英国商船，这令美国的援助变得更加紧迫。[14] 丘吉尔在英国下议院演讲时称英国"对这座反映了慷慨而富有远见的政治家风范的丰碑深表感激和敬意"。[15] 后来丘吉尔又称赞《租借法案》是"有史以来最圣洁的法案"。[16] 很多人经常误以为这句名言说的是战后的马歇尔计划。但是，丘吉尔其实非常清楚租借援助是多么的勉强。他只是出于政治原因不能像他保守党的同事一样大声地说出以下想法："充当我们的兵工

---

⊖ 1934 年的《约翰逊法案》规定，不按期偿还债务的国家不能获得美国的新贷款，也不得在美国发行债券。由于英国未能完全偿还欠美国的一战债务，因此无法得到美国贷款。——译者注

厂和物资供应商，美国佬似乎很喜欢这种想法，认为这就是他们对民主战争的贡献……他们是一群离奇古怪的人，他们被告知如果我们输掉这场战争，他们就是希特勒名单中的下一个……但他们似乎非常满足于将实际的战斗托付给我们；他们愿意做任何事情，除了战斗。"[17]

有一个问题丘吉尔当时肯定没有弄明白，即获得租借援助需要英国在战后付出多大的代价。正如其正式名称所表明的那样，《促进美国国防法案》并非慷慨解囊之举。罗斯福在 1940 年曾经对选民承诺，美国的"男儿将不会被派往任何外国参战"[18]，《租借法案》只是他发明的应急措施，意在牵制德国和日本；至于法案对英国的存亡至关重要，这大体上只是一个巧合。

更为重要的是，罗斯福那个浇花的水龙带的比喻在立法进程中被极度地扭曲了。"法律就像香肠，"诗人约翰·戈德弗雷·萨克斯在 72 年前评论道，"我们对立法的过程知道得越多，就越无法激起我们对它的尊敬。"[19] 虽然法案的标题显示出将水龙带借给英国人会给美国带来直接和互惠的利益，但从绞肉机中出来的法案文字并不承认此类利益。事实上，国会要求总统确保获得"以实物或财产方式的支付或偿还，或任何总统认为满意的其他直接或间接的利益"。归根到底，借出水龙带还是有个价码。"美元的符号"又回来了。如果说有关措辞似乎仍给总统留下慷慨行事的空间，丘吉尔也期盼并相信总统会这样做，罗斯福的经济顾问则选择不这么做。罗斯福在接下来关于水龙带价格的谈判中仅仅发挥了短暂的直接作用。摩根索、怀特以及赫尔将在接下来的几年中利用《租借法案》持续不断地逼迫英国人在金融和贸易方面做出让步，这些让步将在战后世界格局中消灭那个作为美国经济和政治对手的英国。

摩根索是"英国人的好朋友",他的官方传记作家约翰·莫顿·布鲁姆如此评价道。但是"在他与英国人的谈判中,他也是美国利益坚定的维护者"。摩根索认识到英国人在 1940 年与 1941 年独自英勇抵抗希特勒所发挥的关键作用,并对此深表敬意。为此,他付出了比任何人都大的努力来推动国会通过《租借法案》。"但是,没有人比摩根索更加确信,英国与美国的利益并不完全一致,无论两国人民是多么致力于击败纳粹的斗争。"[20]摩根索将伦敦城的金融家视作实现新政目标的敌对力量,就像华尔街的那些人一样。他知道英国不仅仅将《租借法案》视作获取关键战时物资的途径,而且还是保护宝贵的黄金与美元储备的手段,这些资源对于战后维护大英帝国的完整及其影响力至关重要。而他决心不让这些储备资产的余额超过英国在战争中存活所必需的最低水平。

摩根索完全依赖怀特来测算和监督英国储备资产的余额,按照布鲁姆的话说,后者"在思考货币问题时是一个强烈的民族主义者",并且"在获得财政部部长同意的情况下,公开寻求使美元成为战后世界的主导货币"。因此,怀特甚至"比摩根索更加激烈地反对任何刻意扩大英国黄金及美元储备的做法"。[21]

在英国储备余额的问题上,摩根索和怀特遭到了国务院的强烈反对,尤其是国务卿赫尔和最大的亲英派迪安·艾奇逊,后者1933 年从财政部辞职后一度离开政府,到了 1941 年再次归来并担任了赫尔的助理国务卿。赫尔强烈地认为自由贸易对世界和平至关重要,他认为一个财政上有清偿能力的英国对于战后重建自由贸易不可或缺。然而,摩根索和怀特占据了一个重要优势:他们与国会结成了同盟,后者小心翼翼地守护自己为《租借法案》拨款的权力,而拨款授权每 6 个月就需要延长一次。

事实上,"国会对中国天然地比对英国更加慷慨,也许是因为没有人把中国当作战后霸权或商业上的对手"。[22] 就连苏联获得的待遇都比英国更加宽厚,英国人心怀不满地指出。[23]

是什么驱使怀特在英国储备及贸易政策问题上采取强硬的立场?怀特档案中一篇又一篇的备忘录揭示出,1938 年和 1939 年,财政部专注于思考英镑对美元的汇率问题,以及如果英镑继续贬值将对美国的竞争地位产生什么影响。这些由怀特的副手为怀特和摩根索准备的备忘录对英国的账户进行了详细分析,对英镑大幅贬值的可能性做出估算,并对可能提出的理由加以预判。其背后的经济关注是,正如其中一篇备忘录所指出的:"大多数货币与英镑一起下跌,而英镑贬值实际将导致美元对大多数货币升值。这样就使英镑贬值的问题对美国而言比对英国更加重要。"[24]

"如果英镑贬值,"另一篇备忘录解释道,"……事实上将使全世界所有货币都承受更大的压力……日本和德国将受到刺激并在更大规模上诉诸各种手段来保持它们的市场……而这还可能引发公众对修订美英贸易协定的要求。国际货币领域此种不确定因素的后果,不但无助于世界经济复苏,而且可能使经济再度陷入下行区间。"[25] 另一篇备忘录对截至 1939 年 2 月的一年内外国货币贬值的影响进行了定量分析,结论是美国贸易竞争力损失 8%,而英国得益 3%,并将其归咎于"英镑美元汇率的不稳定,特别是金融界关于英国当局对英镑汇率意图的预期"。[26] 这些备忘录明显流露出对英国的不满。提出的报复措施包括公开指责英国违反《三方协定》,对自英国的进口采取措施,提高财政部购买外国黄金的价格以完全抵销英镑贬值的效果,或者抛售英镑换取黄金(这可能会给美国带来外汇损失,但将会引发更大规模的英国储备危机)。[27] 在此背景下,财政部为何试图以《租借法案》为手段来

彻底终结英镑的国际地位，原因就很清楚了。这将必然涉及瓦解大英帝国的结构性支持。

对于美国财政部的意图，没有哪个英国人能比凯恩斯读得更透彻、恨得更透骨。当他的首相正在英国议会赞颂美国人的慷慨时，凯恩斯则在炮轰摩根索在英国为共同事业和国家存亡而斗争之际乘人之危。虽然他承认美国财政部部长需要"安抚国会中的反对派"，但是凯恩斯仍然指责摩根索试图尽量扩大"其未来的权力以将他的意愿强加于我们"。摩根索是要"在《租借法案》生效前尽最大可能地剥夺我们的流动性资产，从而使我们手头的储备降至最低限度，堪堪够满足战争余下阶段中《租借法案》所不能涵盖的大量债务"。在一番激烈的言辞之后，凯恩斯留下最后一句尖刻的评论，充分地反映了他所生长的环境。他指责财政部部长"给我们的待遇甚至比我们认为最卑微、最不负责任的巴尔干国家所应享有的待遇还要差"。[28]

《租借法案》通过后，国会仍然需要批准一项 70 亿美元的拨款法案使之具备可操作性。但是，众议院拨款委员会提出这笔钱不得用于 1941 年 3 月 11 日之前订购的货物。鉴于此前摩根索曾经对国会保证英国会为它已经订购的所有东西付款，国会提出的是一个合乎逻辑的要求。因此美国行政当局逼迫英国迅速地清算更多的资产，其中包括了主要的大公司。柯陶德家族的"美国人造丝公司"是一家纤维生产企业，也是英国拥有的规模最大、盈利最好的美国公司。它被以 5400 万美元的价格卖给了一个美国银行集团，大约仅为其实际价值的一半。[29] 难道我们"要在未来 6 个月左右的时间内想方设法出售我们所有的直接投资，即使可以预见出售这些投资的市场行情很差"？凯恩斯怀疑地问道。"如果是这样，这就是缴械投降……想到这一点，我们当然不会不做一番思想斗争。"[30]

　　凯恩斯在伦敦有一位很有势力且非常有影响力的美国盟友——美国驻英国大使约翰·吉尔伯特·怀南特。怀南特身材高大、发色乌黑、棱角分明、语调柔和，相比他尖酸刻薄、仇视英国的前任约瑟夫·肯尼迪，怀南特在英国很受拥戴。时至今日，怀南特最知名的一点就是他与丘吉尔二女儿萨拉的婚外恋情，以及他在 1947 年一枪结束了自己的生命。

　　凯恩斯向怀南特发泄自己的不满，认为美国人不理解英国人所做出的巨大牺牲。怀南特极力主张凯恩斯前往华盛顿亲自陈述他的观点。英国财政部很快就同意凯恩斯应以财政大臣个人代表的身份访美。新闻媒体被告知，凯恩斯的任务是"更加明确地界定租借援助将包含的内容"。在经历了为期近一周的一连串艰难飞行之后，凯恩斯与莉迪亚于 1941 年 5 月 8 日抵达纽约，而媒体的闪光灯已经等候多时。这就是 20 世纪 40 年代凯恩斯受命财政部 6 次正式访美的第一次，而其中 4 次都是在战争期间。[31]

　　选择凯恩斯执行如此关键的一项外交任务，是英国政府经过权衡之后的放手一搏。凯恩斯没有任何官方政府职务，甚至连他接受贵族封号也是一年之后的事。他不是一个外交官，虽然他比在他之前和之后的任何一个经济学家都精通英语这门语言，但是他天生就不擅长外交辞令。在面临顺着东道主的意思说话和按照自己的方式表达这两种选择时，他通常会选择后者。但是，洛思安失败了。洛思安的继任者哈利法克斯也失败了。他们的职衔、地位、经历或关系未能改变美国人的立场。他们的价值现在纯粹只能体现在国内，就像英镑一样。凯恩斯拥有的明星地位使他仍能赢得美国人的真诚尊敬。凯恩斯聪明绝顶、争议颇丰、妙语连珠，对他痴迷的记者能够不间断地找到关于他的好素材。就凯恩

斯而言，美国新闻媒体的威力和恶毒给他留下了深刻印象。而美国唯一令他更加厌恶的人群就是律师："显然，律师的祸害……比埃及十灾更加严重，连法老都没有见识过。"[32]

凯恩斯在纽约和华盛顿简要听取了对他即将面对的美国人个性及态度的介绍。关于怀特，他被告诫这个统计学家"对我们疑虑很深"。[33]更加准确地说，怀特崇敬作为经济学家的凯恩斯，但是他十分清楚地意识到美国占据压倒性优势的谈判地位，并决心不要被仅有机智言辞却没有美元或黄金支持的英国人占了上风。凯恩斯在 6 月 2 日发给财政大臣的一份报告中写道："这些更年轻一些的公务员和顾问给我留下的印象是能力出众、精力过人（就是那种令人不快的犹太人性格也许有点过于突出）。"[34]可以想象得到，凯恩斯写下这段话时心里想的就是怀特。

至于摩根索，凯恩斯对他们的初次见面显然完全准备不足，这对英国人来说是一件糟糕得不能再糟的事。凯恩斯原本准备进行一场友善的对话，在这场对话中将由他——凯恩斯——来解决此前关于租借安排的所有误解和安排本身的不合理之处。然而英国的特使却遇到了一个冷面无情、刨根问底的财政部部长，后者唯一的关注是确保他费尽千辛万苦才争取到总统与国会达成的妥协不会被任何东西翻盘。

凯恩斯完全不理解美国分权体制的复杂性，他之前和以后都没有访问过国会，也不认识几个国会议员。他想当然地认为能够使摩根索明白将租借限在武器和农产品范围之内的合理之处，并放手让英国人积累美元储备"以满足不可预见的情形之需"。但是这反而激起了财政部部长的疑心，认为英国人将试图利用租借安排来改善他们的财政状况。摩根索用简短生硬的问题予以回击，质疑英国人的意图，而凯恩斯则认为他这么问是出于财政部部长的"自保法则，直到他确认了你的真实意图所在……让他理解你真正的意思是最困难的事，误解无处不在"。[35]

凯恩斯不能理解为什么美国人的利益不同于英国。他还以为美国人仅仅是不能理解，按照现在这种安排，《租借法案》除了帮助英国完成击退纳粹入侵的迫切任务外，没有给她留下任何额外的行动空间。而对摩根索来说，他非常准确地理解了这一点，无论他对细节的理解是多么模糊，并且他认为英国人想要重新谈判已达成的交易，是一种非常粗鲁的、不合规矩的做法。

凯恩斯于5月16日向摩根索提交了一份备忘录，这使局面变得更糟。在备忘录中，他提出了一个替代方案，英国人将正式要求美国人减少对存在政治困难的物项的租借，而作为回报，美国将承担英国现有的金融义务，这样就可以使英国保留更多的美元，并拥有更多行动的自由。即使摩根索愿意支持这一想法（虽然实际上并非如此），他的权限也受到固执的国会和刻意使国内的权力中心相互竞争的总统的严格限定。而凯恩斯不断涌现的新想法将暴露出摩根索的无能并使他难堪。这一点，比任何对凯恩斯个人的敌意，都更加深刻地激怒了财政部部长。

摩根索发现凯恩斯一直在多管齐下，这一点并不完全令人感到意外。凯恩斯试图尽量降低英国公司紧急贱卖的损失，并寻求通过多个渠道解决他的问题。其中之一就是向新政重建金融公司贷款。该机构的负责人是摩根索的竞争对手、商务部部长杰西·琼斯。凯恩斯让怀南特支持他访美的做法产生了事与愿违的效果，因为财政部部长怀疑怀南特大使与琼斯相互串通。尽管凯恩斯在备忘录说明文件中感性地陈述了英国的困境，但是摩根索丝毫不为所动，并以"嘲讽的语调"向英国财政部驻华盛顿代表弗雷德里克·菲利普斯爵士朗读了其中的片段。摩根索得出结论："凯恩斯访美之行唯一的目的就是破坏美国人造丝公司这笔交易。"[36] 他将哈利法克斯从白宫招来，愤怒地质问究竟谁在华盛顿代表英国财政部以及凯恩斯访美的性质（哈利法克斯答复道，菲利普斯是主管，而凯恩斯来华盛顿只是处理与租借安排有关的问题）。

6 月 17 日，凯恩斯向罗斯福的密友、即将成为罗斯福的伦敦特使和租借管理沙皇的哈里·霍普金斯发送了一份后续备忘录，包含了更多关于扩大并改进租借安排的想法。"我收到了一封来自凯恩斯的长信，一封凯恩斯写的又臭又长的信，"霍普金斯对摩根索说道，"我不喜欢他的风格和行为方式。我自己的观点是，他仅仅是在国内受欢迎罢了，当然也许英国财政部不这么看。"

"你和我，我们都这么认为。"财政部部长回答道。

"凯恩斯的问题在于，"霍普金斯继续说道，"如果他继续无所事事地留在这里，等我们为新一期《租借法案》忙得不可开交时，他肯定会拿出些东西来，并告诉我们如何起草《租借法案》，这里的人对此会火冒三丈的。"

"唉，真是见鬼了！如果他是代表英国财政部来到这里的话……他的职责就是给你写信并抄送给我，"财政部部长得出结论，"你知道他会做什么，他会在任何他认为可以行动的方面采取行动……如果菲利普斯给我发来或抄送我一封只有两行字的信笺……内容是说，这个，现在我们陷入困境，希望你能够帮助我们——从个人角度出发，我肯定会比收到一封凯恩斯寄来的 6 页纸的信件采取更积极的行动。你明白吧？……他是那种自以为知道所有答案的人，你懂吧？"[37]

丘吉尔多年来一直试图争取罗斯福在感情上对英国的事业做出承诺，但是没能成功。和丘吉尔一样，凯恩斯也从未成功地在个人感情层面与摩根索建立联系。凯恩斯对摩根索的评价是："所有人都认为他是个嫉妒心、猜忌心很重的人，容易受到抑郁和暴怒情绪的影响。"这话听起来更像是出自冷嘲热讽的爱人之口，而非职业的外交特使。[38] 然而，就像丘吉尔对罗斯福那样，凯恩斯却有办法让自己相信，摩根索一阵一阵一闪而过的好心情反映了他真切的热情和内心深处的感情。虽然人们必须"考虑到他对同事极端严重的嫉妒心，"凯恩斯指的是摩根索与琼斯之间的竞争，但是财政部部长"是英国在美国当局内部最好、最真诚的朋友之一"。[39] 此言不虚。白宫里再也找不到比摩根索更友善的人了。

至于罗斯福，凯恩斯在旅居华盛顿的 11 周期间，拜会了罗斯福两次（而在此之后只见了一次，是在 1944 年）。他对罗斯福的评价符合他的一贯做法。当罗斯福专注于与他的交谈时，就像他在 5 月 28 日第一次拜会时那样，凯恩斯感到他的对话人"身体状况极好"；当罗斯福不再专注后，就像他在 7 月 7 日第二次拜会时那样，他认为罗斯福"非常虚弱和疲倦"。"总统身体很好，"哈利法克斯评论道，"但是凯恩斯认为他很疲倦……在我看来，事实是他对凯恩斯谈话内容的细节不是特别感兴趣。"[40]

当年春天，凯恩斯主动出击，试图使租借安排更加符合英国对于金融独立性的关注，但是这一努力没有成果。到了 6 月末，美国人控制了对话进程，并将议题调了个儿。现在是时候确定英国人为美国的租借所付出的"对价"的具体内容了。

凯恩斯现在面临摩根索和赫尔的两面夹击。摩根索以及财政部的团队决心通过管制英国的出口来控制英国的美元和黄金储备，借此使英国的金融独立性降至最低，这自然与凯恩斯要争取的结果背道而驰。雪上加霜的是，罗斯福于 5 月指定由国务院领导有关对价的谈判，而赫尔的国务院另有一套单独的，而且有时相互矛盾的优先议题：瓦解英国的"帝国特惠"贸易体系。这项要求是基于一个宏伟的原则，即战后世界需要以非歧视的多边贸易为基础，这也是赫尔多年的夙愿。

美国人对大英帝国经济体系的抱怨由来已久。"不能指望那些排除在外的国家接受帝国的幻象，"美国外交官、赫尔的支持者威廉·库尔伯特森在 1925 年写道，"作为将它们排除在地球表面广阔区域之外的理由。"[41]

货币与贸易的问题混合在帝国特惠这口大锅之中，而在战时安排下，帝国特惠更像是一种"强制性安排"而非一种"特殊优惠"。到了 1940 年夏季，英国美元极度短缺，状况岌岌可危，所有英国居民的"硬通货"交易都受到汇兑管制，进口则受到许可制度的限制而降至最低水平。"英镑区"国家的居民可以在英镑区内部使用通过出口积累的英镑，但是随着英国出口水平急剧下滑，对这些国家产生的所谓"英镑结存"（即英国的负债）开始增长。根据协议，这些国家从出口中获得的宝贵的美元将集中存放在伦敦，并仅在购买必需的美国出口时方可提取。对于非英镑区国家，英国与欧洲和拉美的中立国达成协议，用"英镑区英镑"支付它们的出口，而"英镑区英镑"仅能用于购买英镑区内部的货物与服务。[42]

阻止将英镑兑换成美元（这个问题又被称为"封存的结存"），并对自治领使用由其直接挣得的美元进行控制，这些安排的最终效果是，英国将全球对美国出口的需求降至一个人为的低水平。这自然使美国的出口商和国会议员动员起来，愤怒疾呼要求在完全和平等的基础上进入英国的传统出口市场。凯恩斯在华盛顿总是处于防御性的角色，并一度不得不公开反驳国会与媒体指责，后者称英国正利用租借物资故意在拉美市场与美国低价竞争。霍普金斯的《租借法案》执行署对公众和国会的疾呼做出回应称，英国应将其出口限制在传统特产的范围内，例如威士忌和哈里斯毛料。这招致了凯恩斯的还击，他讽刺地指出还可以考虑把苏格兰羊杂香肚算在内。[43]

7月28日，国务院向凯恩斯提交了它关于英国租借协定的建议案文。其中著名的第7条概括了赫尔的自由贸易原则，案文称：

> 英国接受美国国防援助的条款和条件，以及美国作为回报将获得的利益，不应对两国间的商贸设置障碍，而应促进两国互利的经济关系，并改善全世界范围内的经济关系；它们应规定反对美国或英国采取针对原产自对方的任何产品的进口歧视，而且它们应规定为实现上述目标而应采取的措施。

虽然这一声明表面上显得平淡无奇，但它足以使凯恩斯勃然大怒，并将之称为"赫尔先生的疯狂建议"。[44]

英国的商业界感到警觉。"英美合作说起来容易，但是我们必须实事求是、直面困难。"伦敦商会坚称：

> 战争结束后，我们所处的地位将和我们过去所处的有利地位大不相同。我们将由债权国变成债务国……在这种情况下，这个国家的工业界普遍认为，我们必须，至少是在相当一段时间内，依赖指令性进口政策，并假设我们只从外国进口关键商品，且前提是外国愿意接受我们唯一可行的支付方式，即通过出口我们自己的产品以及我们能够提供的服务。事实上，这是一种近似易货贸易的体系，或者至少是一种双边贸易体系，按照我们的支付能力管理我们的进口。这涉及可能要通过配额的方式控制进口和出口，涉及对愿意确保我们支付能力的国家的进口产品实施特惠待遇以及外汇管制。[45]

在凯恩斯看来，赫尔建议的背后是要求废除所有合理的贸易管制和汇兑限制，即所有稳健管理国民经济的方法。鉴于英国战后必将遭遇巨额的国际收支问题，上述措施都是对英国至关重要的特权。凯恩斯还认为赫尔的自由贸易"原则"很虚伪，因为它可以允许美国实施各种各样形式巧妙的进口关税。

凯恩斯最重要的美国盟友迪安·艾奇逊强烈反对财政部的动议，认为在财政部"所设想的胜利中，敌人和盟友都倒下了，敌人因为军事行动，盟友因为财政破产"。[46] 他同时为国务院的动议进行辩护，反驳了他认为是凯恩斯的黑色猜想。但是凯恩斯在这个观点上并非孤立无援，虽然他本人关注的是英国的经济福祉而非大英帝国本身。丘吉尔内阁中的爱国人士，例如印度事务大臣里奥·艾莫瑞、供应大臣比弗布鲁克勋爵，都是坚定的帝国主义者，并且在政治上坚决反对第 7 条中提出的要求。

凯恩斯过度地阐述了战后英国实施贸易歧视的合理性与必要性，这实际上损害了英国实现其谈判目标的努力。时任国务院贸易政策局局长哈里·霍金斯以一则警告还击，称这种做法将不可避免地挑起与美国的贸易战，而这是一场英国不可能取胜的战争。霍金斯说道，凯恩斯"完全未能理解，美国人民响应号召做出牺牲来帮助英国度过当前的紧急状况（即使这样做我们也是在帮助自己），我们的公共民意完全不能容忍英国，以及在英国的坚持下，其他国家对我们的产品实施歧视"。凯恩斯的思想足迹也对他不利，1933 年他曾经写道，英国必须"尽可能使自己不受别处经济状况变化的干扰，以开展我们自己所钟爱的向着未来的理想社会共和国的实验"。[47] 这进一步坚定了霍金斯的观点，即"对价协定中必须包括关于战后经济政策的具体条款"。对于凯恩斯本人，霍金斯说道，一旦他返回伦敦之后，就应该留在那里。他

"众所周知的固执性格"必然将破坏此项协定。[48]

"首相在给罗斯福的长信上所花费的笔墨和思考，恐怕连爱人之间的战时通信也无法相提并论，"丘吉尔的传记作家马克斯·哈斯汀斯评论道，"有时一周两封甚至三封。"虽然时常因为他的情感得不到罗斯福的回馈而充满沮丧，但丘吉尔仍然坚持他的希望，认为罗斯福终将在为时已晚之前弄明白，英美的目标是一致的，而首相也一直在努力为罗斯福营造这种想法。因此，当总统终于建议于 8 月 9 日在纽芬兰沿海布雷森莎湾的美国巡洋舰奥古斯塔号上举行秘密会议，首相"对此抱以无限的希望"。"我不得不说，"丘吉尔兴奋地对女王写道，"我们的朋友不会要求我大老远跑去举行一场必将受到举世关注的会议，除非他对于未来向前怎么走有了想法。"[49]

罗斯福心情很好，"始终保持和蔼友善的态度，而言语一如既往地令人捉摸不透，符合他在所有敏感问题上一贯的表态方式"。[50] 尽管如此，总统仍然无法对军事问题做出政治承诺。相反，他要求英国做出承诺，承诺接受共同的原则，以向世界，特别是向美国国会和人民，表明英国在美国的支持下正在为一个更好的战后世界而战斗。美国的援助不能被简单地视作再次插手旧大陆血腥的权力斗争。

苏联人于 8 月 11 日对柏林发起了第一次空袭，9 天之后，为期 900 天的痛苦而恐怖的列宁格勒保卫战就要打响。苏联显然认为英美的会晤意味着某种威胁，尽管罗斯福和丘吉尔在船上一致同意立即向苏联提供"规模巨大"的援助。[51] 30 年之后，一位苏联的丘吉尔传记作者写道："在布雷森莎湾制订的方案是为了确立英美对战后世界的统治地位。"[52]

罗斯福与丘吉尔一样对推行经济原则没什么兴趣,但他的顾问则不愿意错失这个机会,来敲定他们在租借协定第 7 条中提出的目标,特别是考虑到凯恩斯直言不讳地反对这些目标。副国务卿萨姆纳·韦尔斯生硬地对他的英国同行亚历山大·贾德干爵士提出,战后世界的重建需要"尽可能自由地经济交往,没有歧视,没有汇兑管制,没有用于实现政治目的的经济特惠,也没有各种各样的经济壁垒,在我看来这些壁垒需要为当前世界的崩溃承担明显责任"。他的目标直指英国的一部分人,他们期望建立"一个与过去完全一样的体系,尽管这个体系在上一代人中已经被证明是毁灭性的"。[53]

丘吉尔急于利用与罗斯福会晤的机会公开宣誓他们共同的承诺。他满怀期望地连夜起草了一份宣言草案,这也表明草案内容在此之前已经准备好了。"考虑到所有关于我反动的'旧大陆'观念的传说,以及据说由此给总统带来的苦恼,"丘吉尔在多年后回忆道,"我很高兴下面的内容应当记录在案,也就是后来被称为《大西洋宪章》的实质内容和精神最开始是由英国方面提出的,是出自我的手笔。"[54]

宣言列举的主要原则包括民族自决、公海自由以及免于"恐惧与匮乏"。这些问题都没有太大争议。捅了马蜂窝的是有关经济原则的部分。

丘吉尔提议,美国与英国将"力求不仅在各自领土范围内,而且在世界各国之间公正和平等地分配基本生产要素"。韦尔斯对这一条的反应堪比凯恩斯对美国提出租借协定第 7 条的反应。他批评地指出,丘吉尔索然无味的建议"完全没有任何意义。这令人回忆起一千零一场经济会议中所表达的虔诚愿望,即'商品公正和平等地在国际间分配'将成为现实。而就在那些年里，美国的关税被一再提高，世界经济自给自足的倾向加强，各国开始实施各种各样歧视性的贸易壁垒"。但是，正是"英国为自由主义的贸易政策……盖上了最后一块压棺石"，它于1932年缔结了渥太华协定，"旨在强迫覆盖了1/4个地球的大英帝国的每一个组成部分都只在其区域内部进行贸易"。因此，"除非现在即将发表的宣言包含一则坚定的承诺，即英国在战后贸易政策问题上将与美国一道消除所有此类对国际贸易构成致命威胁的障碍……否则未来新的更好的世界经济秩序显然将得不到任何保证"。[55]凯恩斯现在已经回到了伦敦。就算他听到这番话时心情尚好，也会将其斥为无知的自由贸易者的哭闹。

韦尔斯改写了丘吉尔提出的第四点原则。美国和英国将：

> 致力于消除美国或英国针对原产自对方国家的任何产品进口的任何歧视，以此增进彼此互利的经济关系；两国将致力于推动各国人民都享受在平等条件下进入其经济繁荣所需的市场，并获取原材料的权利。

这实质上就是凯恩斯所憎恨的第7条。

罗斯福知道言贵简洁，也知道歧视问题是国务院关注的核心，于是他径直划掉了分号之前的所有内容，并在分号之后的部分加了几个关键字。第三个版本变成了：美国和英国将"致力于推动各国人民都享受在**非歧视**和平等条件下进入其经济繁荣所需的**全球**市场，并获取**全球**原材料的权利"。

丘吉尔立即发现了案文的意图。读完一遍之后，他立刻询问韦尔斯有关文字的用意是否要对渥太华协定适用。韦尔斯表示确认："当然是这样。"首相施展了他娴熟的外交技巧，称自己一向反对渥太华协定，但同时坚持"他需要至少一周的时间才有望通过电报途径了解自治领对这一问题的观点"。[56]

霍普金斯希望韦尔斯和贾德干迅速起草出新的措辞好让丘吉尔立即签字，但韦尔斯表示反对，称"进一步修改该条款将彻底摧毁拟议宣言这一部分的任何价值"。他在回忆录中称总统也持有"同样强烈的观点"，并抱怨道霍普金斯一定说服了罗斯福，这个问题"不够重要，不足以因此推迟就最终案文达成一致"。[57]罗斯福在给韦尔斯的备忘录中称，"鉴于现在最关键的是时间"，他将删掉"唯一一个有争议的问题，即贸易歧视"。总统不再支持赫尔和韦尔斯反帝国主义的贸易目标。就这样，尽管韦尔斯表示反对，《大西洋宪章》的第四条原则最终承诺两国将"致力于**在适当尊重现有义务的情况下**，进一步使所有国家，无论国家大小、是战胜国还是战败国，都有机会在平等条件下，为实现本国经济繁荣进行贸易并从世界各国获取原材料"。丘吉尔得意地发电报给伦敦，称"关于'尊重现有义务'的表述保障了我们与自治领的关系"。[58]

8 月 14 日，宪章以公报的形式发布。最终双方并未签署，从而避免了将其作为一份条约提交美国参议院批准。即使如此，这份文件仍然引起了持孤立主义立场的国会议员的强烈反对，迫使行政当局坚称文件不涉及"战争期间或战争结束后任何形式的道德义务"。[59]

韦尔斯和赫尔在公开场合表现得情绪高涨，韦尔斯宣称"帝国主义的时代结束了"。但是他们在私下里火冒三丈。赫尔在他的回忆录中写道，有关现有义务的内容"实际上剥夺了该条款的全部意义"。会议结束几周后，气急败坏的赫尔甚至孤注一掷地提议，在第四条原则中增加关于彻底取消帝国特惠的毫无保留的承诺。怀南特自伦敦发回报告称丘吉尔，意料之中地，不愿将此份修订提交战时内阁和自治领政府。[60] 赫尔这才作罢。

英国人赢了这一回合，但是他们将不可避免地输掉这场战斗。《大西洋宪章》是一则声明，而文字是廉价的。租借安排则是一个陷入绝境的买方和一个垄断专营的卖方之间的契约。尽管租借物资继续流向英国，但是双方还没有就协定条款达成一致，而国务院仍然决心要得到它的"对价"。

国务院和英国使馆就租借协定第 7 条的谈判一直拖延到了秋天。虽然国务院坚持取消帝国特惠的立场没有改变，但英国谈判人员在两方面取得了进展。首先，他们说服国务院同意，上述目标应当通过"达成一致的行动"来实现，而且此类行动应当"考虑到当前经济条件所限之情形"而确定。其次，他们争取到了美国对英国的贸易对价做出的一个模糊的"对价"，即美国承诺一旦出现经济衰退将采取"适当的……国内生产、就业以及货物交换及消费的措施"。这就解决了凯恩斯的关注，他担心如果美国未能采取补救性的货币和财政措施，却同时限制其他国家采取此类行动的自由，将会使衰退扩散到海外。

然而，丘吉尔的战时内阁中仍有约 3/4 的人反对在租借协定中提及任何贸易特惠的问题。即便是那些对帝国特惠没有特殊感情的人，例如首相本人，也认为有关英国正在用大英帝国的根基来交换战争物资的感觉令人非常不快。

就和二战时期经常发生的情况一样，英国最终被迫接受美国总统精心算计、转瞬即逝的善意之举。1942 年 2 月，罗斯福在赫尔的敦促下给丘吉尔发电报，要求后者尽快批准新的第 7 条草案。但是，英国的战争行动正节节败退，新加坡于 2 月 15 日落入日本手中，丘吉尔担心继续就第 7 条争执不下可能会给敌人落下口实，宣称美国是在利用英国战争的紧急状况来控制大英帝国。总统对丘吉尔的关注做出了回应。罗斯福没有使用国务院草拟的官方答复，而是以"其自己的、带有强烈个人色彩且周到体贴的方式"复电称，"他未想过要用租借作为与帝国特惠原则做交换的武器"。[61] 这足以安抚英国内阁，而英美租借协定也最终于 2 月 23 日签署。

然而，这并不足以约束美国当局。罗斯福几周后对国会表示："作为我们援助回报的一个直接利益就是与英国（并有可能与我们的其他盟国）就未来贸易和金融政策的框架达成谅解。"[62] 这种贸易和金融政策包含了哪些内容呢？"我们告知英国大使哈利法克斯，"赫尔写道，"我们以笼统的措辞表述第 7 条的目的是避免特别提及特惠安排，因为这样可能会给英国政府制造难题……如果被问及特惠安排一词包含了哪些内容，我们建议说它无所不包。"[63]

对丘吉尔而言，他将在议会中受到连续的抨击和追问，要求他解释为何接受第 7 条。而他能够用来为自己辩护的只能是罗斯福做出的一闪而过、毫无价值的保证。"我一直没有接受第 7 条，"两年后他被迫在下议院做出解释，"……直到总统明确保证，我们关于取消帝国特惠的承诺，不会高于美国政府关于取消其保护性高关税的承诺。"[64]


凯恩斯在租借协定谈判中究竟发挥了哪些实质作用呢？很难想象能有人比他更清楚地发现并阐明摩根索、怀特、赫尔和韦尔斯提出的要求对英国战后清偿能力带来的巨大风险。但是，任何一个已婚人士（凯恩斯也是）都应该知道事实和道理并非总是有助于实现他的目标。就凯恩斯而言，当事实和道理与他过分的自信交织在一起时，这不但帮不了他，反而侮辱了那些不断受他骚扰、学识浅薄、言辞笨拙的美国谈判对手。正如摩根索与霍普金斯的对话所显示出的，凯恩斯不知谦逊为何物的做法，似乎促使罗斯福的顾问提出了更严厉的要求，唯恐前者接下来的机智论点会令他们无法应对。

当然，凯恩斯是握了一手臭牌。但是，危害最小的出牌策略本应是装作对利害关系一无所知、轻松自如，并在协议达成后寄希望于出现神的恩典。这就是英国外交部进行租借协定对价谈判的方法，但是凯恩斯从原则上对这种方法予以鄙视。"如果没有绥靖的对象，"凯恩斯讽刺道，"英国外交部就会感到他们完全失业了。"[65] 他的观点与怀特对美国国务院的观点一唱一和。

令人惊讶的是，凯恩斯在英国战争行动的金融前线发挥着领导作用，但丘吉尔几乎没有注意到他的努力。在他的 5 卷本战争史中只有一处提及了这位伟大的经济学家。[66] 首相在战争期间自始至终的策略就是专注于在战争中生存下来。这项战略的核心是培养与罗斯福及其私人特使（如霍普金斯）的良好关系，因此他寻求不断地通过塑造英美合作的波特金村庄⊖幻象来取悦他们。其他一切都是令人分神的细枝末节。

虽然凯恩斯在美国人面前未能克制沮丧之情的次数要多于丘吉尔，但是他最终与首相一样都倾向于认为谈判对手的意图是善良的，即使有时从后者的行动中无法看出这一点。然而，有的时候事情就是和看起来的一模一样。摩根索和怀特并没有提出不合理的要求，他们只是提出了令人难以接受的要求。"现在优势在我们一边，而我个人认为我们应该抓住它。"摩根索两年后将在布雷顿森林会议上说道。"如果优势在他们那边，"怀特将附和道，"他们也会抓住它的。"[67]

---

⊖  Potemkin Village，意指徒有其表、空无一物的面子工程。——译者注

| 第 6 章 |

# 怀特与凯恩斯的完美计划

尽管摩根索在财政方面生性保守，但他也是一个忠诚的新政人。他还是一个典型的美国人，相信凡是对美国好的东西必然对全世界都好。美国那时还是一个善良的新兴超级大国，与之前的欧洲帝国主义国家不同，它愿意用自己的权势来创造一个以经济合作与非歧视为基础的世界。这种想法的核心就是扩大政府的权力，压制那些飘忽不定、自私自利的金融家；后者在一定程度上利用其对各国中央银行的控制力在货币市场上兴风作浪、扰乱贸易，并引发政治冲突。在布雷顿森林会议上，摩根索有一句名言：他寻求将"高利贷贷款者……驱逐出国际金融的殿堂"。[1]

摩根索从未自诩他知道如何稳妥审慎地实现这一目标。他知道这涉及政府控制货币政策和中央银行。他也知道这涉及创造某个国际机构，赋予其相应的使命和资金，来防止竞争性贬值，从而使各国政府免于诉诸外汇管制措施。他自然要依靠怀特来为这一体系设计技术蓝图。

1941 年 12 月 14 日，摩根索给刚刚被任命为部长特别助理的怀特布置了具体的任务，指示他就建立"盟国间稳定基金"起草一份备忘录，该基金将"为战后国际货币安排打下基础"。无论这份工作听起来多么技术性，摩根索心中有一个极为远大的全局性目标。多年后他对杜鲁门总统解释道，他的目标是"将世界金融中心从伦敦和华尔街移至美国财政部，并在各国国际金融交往中创造一个新概念"。[2] 根据他的传记作者布鲁姆的说法，这个新概念涉及"使美元成为战后整个世界外汇交易的基本单位"，是深得他信任的特别助理将这个雄心壮志灌输给了摩根索。[3] 对于怀特而言，这就是那个能够使他一举成名的机会。

怀特于 1942 年 3 月提出了后来众人皆知的"怀特计划"完整的第一稿。这个计划自然而然地将世界和平作为其基础和前提，而在当时这显得非常遥不可及。新加坡几周之前刚刚沦陷，这是同盟国在二战中的一次惨败，13 万名英国、印度和澳大利亚士兵在马来西亚与新加坡沦为战俘。比战败更加耻辱的是战俘数量居然是伤亡人员的 40 倍之多。丘吉尔将此役称为英国历史上"规模最大的投降"，并考虑引咎辞职。2 月 12 日，德国发起"海峡冲刺作战"，3 艘德军敌舰逃离法国港口并通过了理应被封锁的英吉利海峡，成功地回到德国水域。用一位英国将领的话说，这一事件与亚洲战线的崩溃一起，"从根基上震动了大英帝国"。"不，应当说它们影响了全世界的观点。就在和谐与谅解成为英美两国关系重中之重的时候，它们在美国引起了最不幸的反响。"[4] 丘吉尔还说了一些不合时宜的话，给人感觉他将远东战场遇到的麻烦归咎于没有美国海军的保护，因为后者在珍珠港被日本人"夷为平地"。[5]

怀特看得比波涛汹涌的战争大浪更远，他只看到了战争结束后的经济挑战。他清晰地阐述了美国在战后世界中将立即面对的

"三个无法逃脱的问题"：第一，"防止外汇交易的扰乱以及货币及信用体系的崩溃"；第二，"确保对外贸易的恢复"；第三，"为全世界重建、救济以及经济复苏提供所需要的巨额资本"。他主张立即开始制订并实施有关计划，"建立具备相应资源、权力和组织结构的机构，以应对战后的这三项重大挑战"。[6] 正是这些想法催生了战后三个所谓的布雷顿森林机构，即国际货币基金组织、世界贸易组织 [7] 以及世界银行。

怀特坚持认为，这些问题不能等到敌对状态结束以后。所有参与国的立法行动，以及成立这些重要机构实际的过程，都需要时间，而且它们需要在很短的时间内启动并投入运行。对丘吉尔来说，这类建立空中楼阁的胡言乱语让他非常恼火，这也解释了为什么他蓄意忽视了怀特与凯恩斯的努力。"在斗争的中途"操心"假设战后可能出现的问题"是对时间的极大浪费，"同样的时间如果集中用在思考飞机种类的问题上，都可能产生更多的结果"。英国战争部军事行动指挥约翰·肯尼迪少将嘲讽地说道，对未来提出宏伟政治和经济远景的《大西洋宪章》对于反对德国和日本法西斯主义而言并非一个足够好的理想"。[8] 但是对于怀特而言，制订富有远见的重建计划，这一行动本身就将成为"赢得战争的一个因素"，因为"战前经济领域的模式是每个国家自私自利，经济萧条不可避免，经济混乱大肆扩散；战前 10 年国际经济交往的惯例是依据丛林法则，更弱小国家率先屈服。而如果联合国取得胜利，这意味着战后世界不会再退回到战前那种模式。如果侵略的实际和潜在受害者能够对此更有信心，那么击败轴心国会更加容易"。

而且，如果未能迅速采取行动，结果将是灾难性的。世界将面对"一段混乱竞争的时期：货币紊乱、经济萧条、政治扰乱，最终导致……在国家内部和各国之间爆发新的战争……未能建立一个有效的国联使得在一代人时间内发生了两场毁灭性的战争，同样，如果没有大国间高度的经济合作，那么接下来的 10 年中，将会不可避免地导致经济战争，以及随之而来，由其点燃的可能是更大规模的军事战争"。[9] 与他 8 年前的第一份财政部报告一样，怀特对于他工作的现实意义显然非常有信心。

怀特勾画出了用来执行他的计划的两个新设机构的详细蓝图：一个叫"联合及联系国稳定基金"（United and Associated Nations Stabilization Fund），另一个叫"联合及联系国复兴开发银行"（Bank for Reconstruction and Development of the United and Associated Nations）（他并未建议设立一个贸易机构，这与他将贸易视作一个货币问题的观点相一致）。令人困惑的是，怀特的基金看起来很像一个银行，而银行很像一只基金。但是这些名字大体上保留了下来：很快它们将化身为国际货币基金组织和国际复兴开发银行，后者现在被称作世界银行。虽然怀特对他的银行寄予厚望，希望它能向饱受战争摧残的国家进行重建提供贷款并对私人贷款进行担保（贷款担保是一项新政措施，意在压低利率），但是从地缘政治重要性出发，在两个拟设立的机构中，基金组织显然更加重要。

怀特的稳定基金公开声明的主要宗旨是，大幅并永久性地削减国际贸易以及相关联的资本流动的壁垒。1914 年以前，金本位制史无前例地实现了这两个目标，而且无须任何像怀特所建议的那种复杂的、正式的国际协定。但是后来，金本位就被称作一个可怕的幽灵，要对 20 世纪 20 年代所有的货币政策过错负责。

然而，怀特刻意没有言明一个最重要的目标，一个将在即将到来的岁月中使他痴迷其中的目标，即抬升美元的地位使之成为全世界唯一的黄金替代物，使得黄金的跨境流动不再能够决定和改变美国的货币政策。美国的货币政策将完全由美国专家依据其判断而制定，并将通过固定汇率的方式传递到全世界其他地方。

这类想法令英国的当权阶层感到担忧。英国外交部美洲司的官员 C. R. 金评论指出，美国有一种强大的信念，即"在取得全面胜利后，美国将会崛起，并成为军事上和经济上的霸主"。思维敏捷、曾经率领英国购船代表团访问华盛顿的阿瑟·索尔特写道："必须接受这样的事实，即政策将越来越多地由华盛顿决定。如果还认为政策将由伦敦确定并'横加'于华盛顿，或者认为英国的政策大体可以独立地制定且只需要与美国'协调'，这样做不过是以卵击石、自讨苦吃罢了。"

但是罗斯福当局不愿等到胜利之日再来力推其对世界的设想。就在怀特逐渐解开其经济蓝图面纱的同时，总统正在详细阐述其政治设想，核心是要瓦解欧洲的殖民帝国。罗斯福 4 月 11 日的一封电报激怒了他最诚挚的首相笔友，在电报中他怒斥"英国政府不愿将自治的权力交还给印度人民"。[10] 据说霍普金斯称这封电报"令收信人暴怒"。[11] 考虑到印度的稳定对盟军事业的迫切性和重要性，丘吉尔认为这封电报虚伪做作、多管闲事，而且不负责任。但是美国在亚洲战场取得的军事胜利，例如在 5 月 4 日的珊瑚海战役中重创日本人，与英国人的节节败退形成了令人尴尬的反差，并坚定了美国人的想法，认为美国在勾画世界未来的过程中不需要过多考虑英国的关注和利益。

与今天的美国财政部和美联储的官员不同，怀特不认为美元在没有黄金牢固支持的情况下还能够扮演他所赋予的世界性角色。怀特档案中有一份题为《黄金的未来》的长篇未发表手稿。
这篇手稿显然是写于 1939～1942 年，手稿的一些片段为深入了
解怀特对货币性质以及有效运作的国际货币体系的思考提供了极
好的视角。这是怀特在财政部期间所作的几篇特别详细、经过深
思熟虑并带有政治煽动性的文章中的一篇，至于怀特如何以及是
否有意公开发表这些文章，我们完全无从得知。

怀特对黄金在国际货币体系中发挥作用的评价要大大高于凯
恩斯。"黄金是迄今为止发明的最佳国际交换媒介，"他写道，"黄
金相对于任何其他国际结算手段的优越性……是基于各国的共同
经历，这些经历在全球多个地区一次又一次地揭示出这样一个事
实，即一个拥有充足黄金储备的国家能够比一个没有或几乎没有
黄金储备的国家更加自由和有效地开展国际贸易与金融。"[12]

只有全球政治发生剧烈变化，才可能使黄金丧失其所扮演的
不可或缺的货币角色，而即使这些变化能够成为现实，怀特也不
认为它们会很快发生。在我们的现代法定货币体系中，有许多小
行星围绕美元这个全球主导性法定货币旋转，怀特会认为这个体
系动荡不安，容易在政治上引起争议。"也许未来的某个时间，黄
金将不再拥有相对于其他手段的优越性，"怀特表示，"但是，只
有当国家性的货币体系和国家性的货币政策不复存在，被一个能
够决定各国的货币、信贷以及贸易政策的国际权力机构所取代
时，这种情况才会出现。类似是一种能够控制世界经济政策的货
币国联。"

"如果这个时间能够到来，届时将可能不再需要用黄金来结
算国际收支余额，就像现在不再需要黄金在美国各州之间进行结
算一样。"怀特解释道。货币与政治难解难分、紧密关联。[13]虽然
他可能并没有意识到，但怀特的观点其实是以更加实际的语言重

复了德国哲学家和社会学家格奥尔格·齐美尔在世纪之交的著作《货币哲学》中表达的更加抽象的思想。"不断扩大的经济关系必将在更大范围内产生影响，并最终使全球具有原本只属于封闭性团体的特性。"齐美尔对他所处的迅速全球化的世界如此评论道。"如果这种情况发生了，对代表货币内在价值的抵押物，"也就是黄金，"的需求将会降低……即使我们离在一国之内和国与国之间建立紧密可靠的关系还差得很远，但趋势毫无疑问是朝着这个方向。"[14]

"但是，直到这个万众瞩目的时刻到来前，"怀特澄清道，将他的观点又拉回到当代政治的现实之中，"各国政府将继续寻求获得黄金，因为相比其他任何东西，黄金更适合用作战争基金并充当应对国际变化冲击的保护垫。"[15]然而，在他文章中的另一处，他又将这个万众瞩目的时刻描述得特别黑暗："如果所有重要的国家都采取了极权主义的政府形式，通过易物贸易的方式拿出口交换进口，以至于相互贸易的国家间不再有欠款，那么黄金就可以被摒弃了。"这段话的言下之意是，货币黄金的终止意味着自由民主制度自身的终结。[16]"当这一天来临，当一个国家征服了所有其他国家（或者除了一两个国家以外所有其他国家），并对被征服国家的货币运行加以限制，那么黄金的末日就来临了。但是，当这场灾难发生时，许多价值比货币工具高得多的制度机构同样也将灭亡。"[17]

怀特问道，美元是否有可能取代黄金成为国际交换的媒介和储藏价值的工具。他的答案是：可以，但当且仅当美国最终愿意且有能力以固定数量的那种冰冷、坚硬的金属来兑现那些美元的时候。"有些人认为某种被普遍接受但不可兑换为黄金的货币……与各国主权是可以并存的，"怀特是在有意识或无意识地针对凯恩斯的观点做出评论，"然而，稍微动一动脑子就能够揭示出任何此类想法的不切实际之处。任何一个外国之所以今天愿意接受美元为货物或服务进行支付，是因为它很肯定这些美元可以按照固定价格兑换成黄金。"[18]一个新发明的国际货币也不能例外。

怀特的结论是："使当今世界对美元极具信心的一个因素，毫无疑问就是我们大量的黄金储备[19]……国际协定取代不了黄金。"[20]但是，直到布雷顿森林会议过去了1/4个世纪之后，他的判断才被证明是正确的。那时美国黄金储备不足并且迅速减少，引发了对美元的挤兑并导致布雷顿森林货币体系崩溃瓦解。

在制订其计划时，怀特一定是受到了《经济学人》中的一篇与他文章标题相同的文章的鼓舞，即《黄金的未来》。这篇文章提出："作为国际价值和支付标准的黄金的替代品或某种基于黄金的国际记账单位的替代物，将会从现有的货币中出现。在战后的经济形势下，它将必然是美元。"这篇文章在思想上证明了他的战后货币计划是正确的。[21]怀特财政部的同事约翰·冈特于1943年1月8日给他发来一份备忘录，指出怀特"提议设立的国际稳定基金，似乎是执行这篇社论中提出的经济目标的合适工具。用黄金作为国际货币体系的基础，而在按照经济标准进行国际审查后，方可以改变平价"。[22]

但是，怀特的文章有一个重大疏漏，这也有助于解释为什么他更加青睐的货币体系于20世纪20年代和20世纪60年代两度崩溃。他的文章没有对使用黄金作为国际货币和金本位制度本身做出区分。文章没有对1914年以前的古典金本位制与20世纪20年代盛行的金汇兑本位制之间的根本性区别加以解释：前者以一套全自动的机制管理信用的价格以及黄金的跨境流动，后者则更多受到人为的影响，其基础是各国囤积黄金和国家间外交上的讨价还价。怀特正确地指出："各国政府将采取坚决行动来防止黄金的流失，然而在现代历史上还从未出现过一例政府采取坚决措施阻止黄金流入的情况。"[23] 但是他未能将这个非常重要的发现与20世纪30年代的货币和贸易混乱局面联系起来。而正是因为1914年之前各国政府没有采取行动来阻止外国人用纸币兑换黄金，才使得古典金本位制在促进全球经济一体化方面取得了巨大的成功。

怀特的计划缺少一个机制来确保美国实行的货币政策能够使其维持足够的黄金储备。事实上，这个体系必然会导致出现相反的情况。在真正的金本位体制下，向国外支付一美元必然导致黄金自动外流，要扭转这种局面就必须收紧货币政策。国内信贷的成本将升高，国内价格水平将会下降，出口将变得更有竞争力，而任何国际收支赤字往往都将在相对较短的时间内得到纠正。在怀特的以美元为基础的金汇兑本位体制下，会出现相反的情况。向国外支付的1美元会立即以1美元银行储蓄的形式回到美国，并将被用于创造更多的信用，而不会导致信用收缩。国际收支赤字非但不会减少，反而将进一步增长。这就是今天一连串泡沫和长期性失衡的逻辑根源。

怀特的计划有一个内在的倾向，即它将迫使全球流通的美元数量越来越大。由于没有相应数量的黄金来支持那些美元，外国美元持有人发生恐慌并要求一次性索回黄金的可能性会越来越大。怀特知道存在这种风险，却宁愿淡化它："逐渐稳步地抛弃'自动调整式'的货币体系，转而趋向更多的'管理'，"怀特对后者表示强烈赞同，"其效果是使一些国家可以在更长时间内维持有利的国际收支状况，以及使其他国家在更长时间内承受不利的国际收支状况——前提是后者有足够多的黄金储备可以出让。"[24] 但这就是问题所在。持续的国际收支赤字意味着黄金储备的持续下跌。早晚有一天，赤字国的黄金将不可避免地消耗一空。

为何怀特要淡化这种风险呢？他认为，金本位制的机械性特征在自动扭转国际收支赤字的同时，也对政策制定者管理国内经济活动造成了不应有的限制。这是一个标准的凯恩斯主义的顾虑。他提议的稳定基金可以"使黄金的流进或流出对国内经济的影响降至最低"。[25]它将通过遮蔽国际失衡正在不断积累的危险信号来实现这一效果。

"确实是这样，"怀特指出，"只要稳定基金能够发挥使国内经济与外界隔绝的效果，就将进一步降低黄金在调整机制中的作用和重要性。"怀特认为，这种情况是可取的，因为它将"赋予各国权力机关更多的自由，来制定和执行其各自的国内经济政策"。他的结论是："如果一个国家不愿诉诸汇兑管制等极端措施来使国内经济与外界隔绝，但也不希望迫于国际收支状况的改变（这直接反映出来自国外的干扰和变化）而放弃实现其特定国内经济目标的努力，对于这样一个国家而言，稳定基金是一件非常顺手的工具。"[26]因此，一方面是国家管制贸易和不可兑换货币，另一方面是机械的金本位体制下的自由贸易，稳定基金成为两者之间的折中方案。

怀特提议的全球基金将稳定全球货币市场，即使各国货币可以长期按照固定汇率在相互间进行兑换；同时，与1914年之前的金本位制相比，它将给各国政府留出大得多的裁量权，来干预和管理各自的国民经济。这是一个很难完成的任务。它引发了一个关键性的问题：如果基金的成员政府决定采取的国内政策与维持汇率稳定的要求不一致，基金能怎么办？

怀特的稳定基金将按照一套详细而复杂的规则运行。它允许成员政府从基金处购买其他成员的货币，前提是此类需求是有限度的，以黄金或其他货币做了充分抵押，并且完全是出于应对与贸易有关的国际收支困难的合理需要，即不能仅仅是为了增加黄金或其他强势货币的储备。作为对这些权利的回报，成员政府将承诺在加入基金一年之内放弃所有对与基金其他成员国进行外汇交易的限制，不在未经基金允许的情况下调整汇率，不与其他基金成员达成歧视性的双边清算或汇率安排，并且逐步而持续地降低进口关税和其他贸易壁垒（但基金仅有权对贸易壁垒发表意见，而无权实施制裁）。

很关键的一点是："如果一项货币政策或普遍性价格措施或政策，被表决权占多数的成员认为迟早会导致严重的国际收支失衡，且如果占基金表决权 4/5 多数的成员向有关国家提出不同意其采取该措施，则该国家不得采取任何此类政策或措施。"[27] 宽泛地说，各国在经济政策方面的自主裁量权将受到限制，可以采取的措施仅限于得到基金其他成员大部分认可的、为了维持固定汇率体系而必须采取的措施。汇率贬值将非常罕见，而进行贬值的成员政府需要做出补偿，向基金缴纳更多的资产。

自由贸易和货币交易自由原则有一项例外，是关于以投资而非贸易为目的的资本流动。怀特的体系将允许成员阻止此类资本流动，甚至规定接受此类资本的流入国，如果收到其他国家提出的要求，需要采取配合措施来禁止此类资本的流入。怀特对禁止资本流动提出的理由是，富人为了规避"新的税赋或社会立法负担"而采取的行动一直以来都是"导致外汇交易扰乱的一个主要原因"。[28] 这与他的国内新政思维非常吻合，但是与他在货物贸易上总体的自由主义观点形成强烈反差。

"高关税政策总体上是遵循了传统的、原始的重商主义谬误观点。"他解释道，而且"这些谬误观点流传范围如此之广，那些本该更了解情况的人对这些观点坚持得如此之顽固，他们在国内和外交政策的诸多方面影响力是如此之大，而他们对世界和平与繁荣的影响是如此之不幸，使人不禁要把'重商主义'或者其更加直接的继承人'保护主义'列为经济领域的'世界头号公敌'"。但是，尽管怀特尖锐地抨击保护主义，并以他针对反对观点所惯用的那种军人一般夸大其词的修辞方式加以表达，但令人感到不解的是，怀特紧接着又坚称，如果是为了实现他认为合理的政治和经济发展目标，那么使用进口关税是毫无问题的。"认为'自由贸易'政策是一种值得追求的高尚目标，这种信念所依赖的许多核心假设都是不成立的，"他解释道，"它们是不现实，也是不可靠的。"[29] 唯恐这样的语境还不足以使他的政策立场含混不清，他接着又使他的观点进一步复杂化，提议在未经基金允许的情况下禁止给予商品和服务出口补贴。

最基本的一点：怀特的基金将使世界符合美国的经济利益。美国的出口战车将受到保护，因为其他国家承诺不实施新的贸易壁垒或进行竞争性贬值，不像它们 20 世纪 30 年代时所做的那样，而基金制裁此类行为的能力则进一步巩固了这种保护。相反，美国政府在其自身经济政策方面几乎享有不受限制的自主裁量权。因为其货币取得了统治性地位，加之其控制了全世界 2/3 的货币黄金，这可以确保美国永远不需要向基金借款，而怀特的投票公式赋予美国的有效否决权则可以保证美国自己永远不会受到谴责。其他国家则将接受这个计划，为的是在紧急情况下获得维持生计所必需的美元，而美元则将通过以固定价格与黄金绑定得到支持（这里的假设前提是美国能够且将会一直履行其兑换黄金的承诺，而 30 年后美国将正式抛弃这个承诺）。

在现代人眼中，似乎很难理解为何美国愿意投入如此巨大的政治努力来建立一个所有货币按照固定汇率与美元挂钩的全球体系。相比之下，今天的美国常常要求其主要贸易伙伴（尤其是中国）使其货币与美元脱钩。但是，20世纪三四十年代，美国拥有大额贸易顺差，其他货币则面临贬值的市场压力；如今，美国遭遇大额贸易逆差，美元常常面临贬值压力。20世纪三四十年代，美国的目标是通过固定汇率来抵消美元的升值压力；如今，美国的目标是通过浮动汇率来释放美元贬值的压力。20世纪40年代，当美国还是一个盈余国时，它对"全球失衡"基本不予关注；如今美国成为一个长期赤字国，并对这种失衡非常关注。这两个时期美国政策的一个共同点就是，支持一个弱势美元以帮助美国出口商并保护国内生产商免受外国的竞争。

在一篇提议建立促进国际经济交流新体系的长篇大论的文章中，最令人感到好奇的是怀特强烈呼吁就此征求世界上最大的反资本主义、非市场经济国家的意见和同意。"必然有一些人或者一些政府，或是出于恐惧，或是出于偏见，或是出于厌恶，希望将实行社会主义经济的国家排除在参与方之外，"怀特评论道，"但将一个像苏联这样的国家排除在外将是一个非常严重的错误。"[30]

一方面谴责高关税政策并称之为和平与繁荣的首要敌人，另一方面却力主让苏联参与创设一个体现上述观点的机构，一篇文章之中包含了这两种观点显然令人感到费解。怀特关于社会主义经济需要贸易的观点当然是正确的，然而，鉴于苏联对进口实行绝对的国家控制，它没有理由加入一个以承诺不对贸易设限换取对临时性国际收支赤字提供援助的基金。但是，怀特心中的目标总是要大于他的官方职衔，而且他也不避讳采用明显自相矛盾的方法来实现他的目标。他对自由主义贸易政策柏拉图式的感情也许是真诚的，但是在布雷顿森林会议结束后，他私下认为苏联式的计划模式将不可避免地在全球传播，这一有案可查的观点显示出相比创设一个恢复私人企业之间的恢复贸易的体系，他更感兴趣的是将美国和苏联锁定为政治盟友。

"莫洛托夫从美国人纡尊降贵的举止中察觉出了一种根深蒂固的傲慢，这与他们对英国人态度背后的傲慢如出一辙，他似乎是对的。"马克斯·哈斯汀斯对苏联外交部部长与罗斯福的会面评论道。莫洛托夫晚年回忆道，总统认为苏联是一个"没有工业、没有农业的穷国"，一定会"前来乞讨"。[31] 然而，怀特在苏联身上看到了未来的浪潮。放眼全球，"所有的改变，方向都是朝着政府加大对工业的控制，加大对竞争和自由企业运营的限制"，他若干年后在一篇从未发表的文章中写道。"苏联是第一个付诸实践的社会主义经济案例。而且它成功了！"他得出结论。[32] 因此，在他的基金和银行计划中，怀特既是在向其本国政府，也是在向其他盟国政府呼吁，他坚持认为"在这场合作改善世界经济关系的行动中，拒绝苏联加入的权利，将是重复上一代人所犯下的悲剧性的错误，并在这个万众瞩目的新时代中引入一个非常不和谐的音符"。[33] 鉴于这份文件总体上技术性的性质，这段激情四射的文字显得相当醒目。

凑巧的是，凯恩斯完全自发地于 1941 年 8 月开始酝酿他自己关于新的国际货币体系的思考，这只比怀特正式起草其计划早了几个月。两者的计划从表面上看惊人得相似。但计划背后的结构性支撑显示出他们二人的设计理念存在很大差异，反映出了相互冲突的国家利益。

凯恩斯思考如何修复国际货币体系的问题已经有 20 多年的时间了。在 1923 年的《货币改革论》中，他以很长篇幅分析了这一问题；在 1930 年的《货币论》中，他甚至提议设立一家世界银行来创造一个超国家的货币，其功能是帮助各国应对临时性的国际收支问题，而无须采取通货紧缩措施。但是美国第7条重磅炸弹所带来的震动，促使凯恩斯着手为一个新的全球体系绘制详细的蓝图，一个能够为英国提供保护、抵抗美国货币和贸易发号施令的全球体系。

与怀特一样，凯恩斯设想的体系也是既要能支持自由贸易，又要能防止全球收支失衡发生，并且当失衡真的发生后，该体系允许以最低限度的经济痛楚来纠正失衡的状况。凯恩斯对任何重新恢复金本位制的想法都感到厌恶，他将金本位制称为"野蛮的遗迹"。对金本位制的讽刺挖苦，用斯基德尔斯基的话说："掩盖了他在一个关键问题上缺乏清晰的思考，即金本位制是必然会导致通货紧缩吗？还是说，金本位制在英国造成通货紧缩的后果是由于1925年英镑币值高估的政策失误所导致的？"[34] 事实上，凯恩斯将责任归咎于金本位制，也许还不如索性归咎于天气因素。

例如，凯恩斯提出，在金本位制下"调整进程对于债务国是强制性的，但对于债权国则是自愿性的……因为一国的储备不能降至零以下，但没有一个天花板可以作为其上限"。[35] 但是，这一点无论是在我们当前的法定货币体系还是在过去的金本位制体系，都是成立的。今天的中国非常醒目地证明了这一点：它是世界上最大的债权国，其外汇储备达到了令人瞠目结舌的3.2万亿美元。

凯恩斯进一步提出，债务国通过紧缩措施或货币贬值的办法来摆脱债务，却常常以失败告终，原因是所谓的贸易条件变化产生了负面影响，即如果降低价格未能促使外国需求大幅增加并足以抵销降价的影响，那么债务国的国际收支状况反而会更糟糕。凯恩斯认为这个问题尤其令英国深受其害，他的这个观点并不令人感到意外。"我们总是在贬值中遭受损失，因为我们无形的服务出口的很大一部分是以固定的英镑价格计算的，"他评论道，"以低 10% 的价格多售出 10% 的纺织品，无异于把东西白送给别人，却连半个便士的好处都得不到。"[36] 但是，这个问题依然与金本位制无关。对于许多国家及其许多产品而言，这在今日仍然是个问题。

最后，凯恩斯指出，如果不对投机性资本加以控制，它将从赤字国逃向安全的盈余国，从而周期性地造成大破坏。然而，投机性资本之所以会这么做，正是因为汇率缺少一只可靠的锚，而 19 世纪晚期黄金就发挥了锚的作用。当时，短期资本流动的效果往往是促进稳定而非破坏稳定，因为投资者相信资本外逃给他们提供了一个机会，使其能够在一国货币最终恢复其官方确定的黄金兑换价格后获利。[37] 而且，盈余国也并非总是安全港。正如今天美国的例子所说明的，甚至连世界上最大的债务国，都可以成为危机中热钱流动的受益人而非受害者。关键在于，美国碰巧是世界主要储备货币的发行国。

凯恩斯承认战前金本位制取得了成功，但是坚持认为这是一种反常的现象。他指出，当伦敦还是全球主要的债权人中心时，英国有利的国际收支状况使国内产生了正确且适当的扩张压力，但当接力棒交给纽约之后，国内扩张的压力逐渐消失了。他将战后金汇兑本位制的失败描绘成一种常态，认为这一结果是一个以黄金为基础的国际货币体系的自然趋势。但是这就好比辩称，自行车是有缺陷的，因为当你不踩踏板的时候它就会倒。与 19 世纪晚期英格兰银行的做法不同，20 世纪 20 年代的美联储没有遵循金本位制的基本规则，即当黄金流入时扩张信贷，当黄金流出时收缩信贷。它常常反其道而行之。这就难怪为什么政策的结果如此之糟糕。

凯恩斯在汇率问题上的观点和今天的货币市场一样变化无常,而且晦涩难懂,常常令人抓狂。在 1936 年的一次采访中,他把自己定性为"总体而言……支持各国体系相互独立和汇率波动";但是考虑到"汇率实际上没有理由经常波动",而且考虑到"稳定的某些好处",他"支持采取切实可行的措施确保汇率实际上保持稳定,前提是没有根本性的理由要求采取不同的政策"。至于"稳定的可行性",这将"有赖于采取措施控制资本流动以及有关的不同国家总体工资水平的变动存在相似趋势"。至于他建议在实践中究竟怎么做,他"会进而……对正常情况下应当允许的波动幅度做出更多的保证,而前提是不就此做出任何实际的承诺",他认为:"在绝大多数情形下,10% 的波动幅度应当足够。"[38]你可以想象采访者脸上那困惑的表情。

为什么在这么关键的一个问题上,凯恩斯很难做出明确表态呢?凯恩斯的思想成熟于一战期间。很多过去认为理所当然构成世界政治经济基础的东西,在那段时间骤然崩溃瓦解。特别是金本位制,以及与之伴生的永恒不变的固定汇率。在当时,人们自然而然地认为金本位制是合情合理的,就好像今天的人自然而然地认为它稀奇古怪一样。用其他东西取代金本位制的地位,这在当时是一个很困难并让人感到很困扰的问题,就好像今天在全球寻找美元的替代物所面临的困境一样。即使是像凯恩斯这样激进和富有创造力的思想家也从未与金本位制彻底决裂。20 世纪 30 年代,几乎没有几个经济学家(莱昂内尔·罗宾斯是一个明显的例外)认为位于另一个极端的纯粹浮动汇率(例如 1971 年之后的世界所经历的那样)本身可以被视为一种有助于恢复均衡的"体系"。在今天,浮动汇率被认为是自由放任的经济体系的一部分;

在当时，右翼和左翼的经济学家都不赞成浮动汇率，认为它既是货币失调的症状，也是其肇因；这种失调促使其他国家采取竞争性措施予以应对，其后果是互相毁灭。凯恩斯将自由浮动汇率视作金本位制崩溃后不得不在黑暗中进行的摸索，而显然并非巩固各国贸易关系的一种可行的替代模式。

凯恩斯于 1941 年开始起草他的战后货币计划，此时他的立场实际上是坚定地反对浮动汇率。"贬值是一个糟糕的办法，人们是在别无更好的选择的情况下才会被迫采取这种办法。"他在 1941 年 4 月致英国外交部的信函中写道。[39] 在一份 1942 年 1 月的备忘录中，他写道："在我看来，固定的汇率环境是战后实现稳定的一个重要因素。如果某个特定国家的货币工资率彻底失常，那么除了调整汇率之外别无他法。但是在其他情况下，我敢肯定地说，调整汇率可能获得的收益被极度夸大了，而且它极有可能弊大于利。这就是上一场战争结束后发生的几乎所有汇率贬值案例给我们留下的教训。"至于英国，他评论道："由于将货币工资率与生活成本挂钩的做法越来越普遍，汇率贬值曾经带来的优势已经被极大地削弱了。如果这个国家的货币工资总是随着进口食物成本的上升而上涨，汇率贬值对我们产生的帮助就开始消失了。"[40]

与其说凯恩斯是英国的国际主义者，倒不如说他更像一个有国际主义精神的英国人。因此，并不令人感到意外的是，"凯恩斯的建议"，用与他同时代伟大的经济学家约瑟夫·熊彼特的话说，"首先总是英国的建议，源自英国的问题"。[41] 随着 20 世纪二三十年代国际经济政治力量的变化，这些问题也在发生着迅速的变化。20 世纪 20 年代，关于大不列颠作为 19 世纪帝国主义债权国的生动记忆仍然历历在目，用凯恩斯的话说，英国"指挥了一场国际交响乐"。而到了 20 世纪 30 年代，人们开始接受这样一个无情的现实，即英国遭遇了长期的国际收支赤字，且这一问题在一个理想化的、"自动化的"全球体系的严格限制下无法得到纠正，特别是现在这个体系的条款将由美国来确定。

凯恩斯反对汇率波动的坚定想法应该会得到摩根索和怀特的欢迎。但是他所青睐的替代办法会令赫尔和韦尔斯深恶痛绝，即对那些对英国保持贸易顺差的国家实施资本出口限制和进口管制。这将"不可避免地……涉及对美国的歧视，如果它继续维持其不平衡的债权国地位的话"。[42]

"我的设想是，"凯恩斯1941年11月对财政部的同事写道，"我们将在战后继续现有的汇兑管制的做法，而且我们不打算按照战前的做法回归自由放任的货币安排，即使用黄金或其等价物自由地进行货物的国际买卖。鉴于我们自己的黄金所剩无几，并且将对海外债权人欠下大量的英镑债务，这似乎只不过是一个符合常识的判断……自由贸易的价值取决于以实质上属于易货贸易的方式开展国际贸易。上一场战争之后，外汇交易的自由放任导致了混乱。"[43]

凯恩斯的观点是典型的英国中间路线立场。财政部的休伯特·亨德森经常与凯恩斯发生争论，他称凯恩斯"到头来是一个机会主义者和折中主义者"。[44] 亨德森认为，假设美国会自愿采取诸如降低关税的行动来削弱其债权国地位，或者假设任何战后货币体系本身就能够纠正英国长期的国际收支赤字，都是一种乌托邦式的想法。和令人敬畏的德国经济设计师亚尔马·沙赫特一样，亨德森认为受管理的贸易和双边易货贸易安排是未来的浪潮，而非仅仅是战时的紧急措施。[45]

一方面是英国需要使用被凯恩斯称为是"沙赫特式的工具"来管理战后贸易，另一方面是美国对非歧视的要求，这两种几乎无法调和的需求令凯恩斯深感困扰。他在 1941 年期间的通信显示出他的情绪在绝望与乐观之间来回旋转，绝望是因为美国人的坚持与顽固，乐观则是觉得美国人最终将被迫调整其雄心壮志以适应现实状况，并改变现实状况以实现其雄心壮志。例如，他有远见地提出美国将不得不试图"通过为欧洲重建献上一份大礼的方式来减轻它削减全球失衡状况的压力"。[46] 这一点最终以马歇尔计划的形式成为现实。

与怀特一样，凯恩斯坚持认为，一个体系必须给各国经济政策制定者留下更多的自主权和自由裁量的权力。他将通货紧缩和失业视作完全不必要的灾难，仅仅是因为人类对陈旧过时或明显错误的经济学教义的留恋才使它们得以永久存在。为了防止通货紧缩的压力，各国应当严格控制资本外流（凯恩斯早在 1924 年就开始提倡这一观点），尽管资本外流是金本位制下自动调整机制的核心。政府应该将利率维持在足够低的水平以保持充分就业（他在 1930 年的《货币论》中第一次详细阐述了这个观点），并且不允许诸如黄金抛售等无情的力量迫使利率上升到这一水平之上。

9 月 3 日，周三，凯恩斯一个人隐居在蒂尔顿，并准备用几天时间起草"一份关于战后国际货币计划的重量级备忘录"——他对他的母亲解释道。9 月 5 日，周五，他的工作被中途打断。英格兰银行行长蒙塔古·诺曼召他去伦敦，并在会面时提出请他加入英格兰银行董事会。然而，凯恩斯不愿意放弃他作为财政大臣和财政部不领报酬的顾问的身份。直到特许他继续保留顾问身份后，他才同意担任董事一职。周末，他回到蒂尔顿继续起草备忘录，并于 9 月 9 日周二完成了此项工作，其成果体现在两篇论文之中：《战后货币政策》以及《关于国际货币联盟的建议》（国际货币联盟后来更名为"清算联盟"）。[47]

与怀特一样，凯恩斯将重建并维持多边贸易体系以及消除歧视性和抑制贸易的双边协定，视作货币问题而非贸易问题。这样做的好处在于，可以使问题变得技术性和抽象化，从而不容易激起议会或国会的愤怒。然而，他同时也坚定地瞄准了对贸易痴迷的赫尔，并提议参加计划的国家做出承诺，限制关税、贸易特惠、出口补贴，并完全禁止进口配额或易货贸易协定。

凯恩斯的建议后来被称为"凯恩斯计划"，其基本的运行原理比怀特计划更加复杂，当然目标也更远大。国际交易的清算将通过一个新设的国际清算银行（International Clearing Bank）来进行。各国的中央银行和国际清算银行实际上都不持有任何外国货币。各国中央银行将通过对国际清算银行中各自的"清算账户"进行借记和贷记的方式，在彼此之间买卖各国自己的货币，而记账的单位则是新创造的"银行货币"。后来凯恩斯将这种银行货币称作"班科"（bancor，法语，直译过来就是"银行黄金"的意思）。班科将与所有成员的货币和黄金保持固定的汇率。除了通过贸易途径获得班科外，各国中央银行可以通过缴纳黄金来增加它们清算账户中的班科信用。但是，它们不可以用班科来兑换黄金；班科只能用来对其他国家中央银行的清算账户做转移。这种不寻常的非对称机制反映出了凯恩斯的核心思想：国际清算银行将成为一个促进全球流通货币增长、为货币紧缩制造障碍的工具。

成员国每出口一个物项，都将增加其在国际清算银行账户中的班科余额；每进口一个物项，则会减少班科余额。对一国的班科储备总额（通过出口超过进口的方式获得）以及持有班科债务总额（由于购买超过销售而导致）设置上限，这么做是为了阻止各国积累过高的盈余或者赤字。每个国家的限额将与其在世界贸易中所占的份额成比例。这种确定班科额度的方式丝毫不令人感到意外，它非常符合英国的利益，因为英国几乎没有黄金储备，却需要开展大量的贸易。

一旦超过了最初的上限，可以允许赤字国实施货币贬值，也可以允许盈余实施货币升值。这将使赤字国的货物更加便宜，盈余国的货物更加昂贵，目的是刺激贸易的再平衡。如果进一步超出班科借方余额或贷方余额的上限，将引发强制性措施。对于长期债务国，有关措施包括强制性货币贬值，提高对国际清算银行储备基金的利息支付，强迫出售黄金以及资本出口限制。对于长期债权国，有关措施包括货币升值，针对超额信用部分向国际清算银行储备基金支付最低 5% 的利息，对于更大规模的超额信用支付的利息提高至 10%。

凯恩斯从未真的认为债权国会支付实质上属于罚金性质的利息；但是，他认为债权国会采取必要措施，特别是扩大进口或使其货币升值，来避免遭受惩罚。这也是 2010 年时任美国财政部部长蒂姆·盖特纳提议各国承诺对经常账户顺差设置上限背后的想法。1944 年，当美国还是一个盈余大国时，怀特对此立即予以回绝。在怀特与凯恩斯的时代，认为应由债权国而非债务国对失衡承担主要责任，这是一个非常激进的想法。

创造一种名为班科的新的国际货币，显然是凯恩斯建议中最大胆的一个方面。凯恩斯认为它将解决 20 世纪二三十年代困扰英国和全球经济的许多问题。

第一，他提出，班科将在国际上获得承认，这就使封存结存（持有的外国货币无法兑换）和双边清算协定（为了平衡两个国家之间的贸易而实施进口歧视）等惹是生非的做法变得多此一举。第二，班科将为有序地控制不同国家货币的相对交换价格提供便利，并因此劝阻各国不要采取以邻为壑的竞争性贬值做法。第三，与黄金相比，班科将是一个变数更少的国际货币。货币黄金的供应是由许多无益的因素决定的，诸如挖掘技术的改变、各国黄金储备政策的突然变化，等等；班科的供应则是根据全球贸易的实际需要而确定的，而且在技术层面也可以出于抵销国际有效需求中通货紧缩或通货膨胀倾向的目的而决定采取措施扩大或收紧班科的供应。第四，债权国和债务国都将被要求采取纠正措施以减轻失衡的状况。向债权国收取罚款的机制是方案中诸多新颖特征中的一个，目的是鼓励债权国扩大进口以削减其班科余额，反正"不是用掉它就是失去它"。第五，班科的创造使各国在战后拥有了一笔与其全球贸易份额相适应的储备，从而帮助各国在战后进行恢复。而如果没有这笔储备，许多国家会因为担心迫在眉睫的支付危机而不愿采取自由化的政策。第六，国际清算银行的成立将把毁灭性的政治因素从"战后世界经济生活的规划和管理"中除去。[48]

凯恩斯把他的国际清算银行比作一个国家银行系统。甲先生把他目前不需要使用的资金存在他的银行里，银行将钱借给乙小姐，后者需要这笔钱来进行商业扩张。"本地银行的储户不会因为其闲置不用的资金被用于为他人的商业提供融资而遭受损失。"这种说法有一个非常明显的缺陷。它想当然地假设借款人总是愿意并且有能力偿还资金。凯恩斯并没有讨论这个问题。相反，他强调指出，他的计划是一个安全、封闭的信用体系，在任何时点对这个体系的资金索求总是等于这个体系对其成员的追索权。然而，这种说法在逻辑上无法与他提出的如下原则协调一致：凯恩斯提出成员可以随时用黄金购买班科信用，但在这种情况下，贷方余额将会超过借方余额。

凯恩斯首要关注的是，在没有此类信用安排的情况下，一国经济将会遭受"通货紧缩和收缩主义的压力"。为此，他提出有必要在国际层面制定类似的安排以避免这种压力在全球蔓延（就像大萧条时期那样）。像美国这样的债权国不应该让黄金或其他货币资源闲置：如果它们不愿意把钱花在进口上，就应该提供给其他国家使用，因为这些国家"在支付进口产品方面有困难，并且需要时间和资源才能重新调整"。[49] 他相信，这种安排正负相抵后的结果就是，各国都将收获更多的贸易和更高的经济增长。

凯恩斯提出，资本管制应当成为"战后体系的一个永久特征，至少对我们英国人而言"。[50] 他的逻辑是："国内经济的管理完全依赖于可以不受限制地设置适当的利率，而无须参考世界其他地方普遍的利率水平。资本管制是这一逻辑的必然结果。"在今天，这种想法已经成为正统的凯恩斯主义观点，诸如约瑟夫·斯蒂格利茨等全球化的批评人士支持这一观点，而诸如罗伯特·蒙代尔等全球货币联盟的倡导者则反对这一观点。然而，在 1942 年致罗伊·哈罗德的信中，凯恩斯主要关注的是英国的燃眉之急。"战争结束后，大约将有 20 亿英镑的海外流动性资金存放在伦敦，我们不可能允许这些钱立即自由流动。"他断言。"在现阶段，我们必须尽可能地避免提及这个问题，因为我担心这将助长已经初露苗头的不愿持有英镑余额的倾向。但是，对我们来说，战争结束后立即建立某种管制资本流动的体系，绝对是必不可少的。"[51] 他认为，国际清算银行将"使这种管控更容易实现"。[52]

凯恩斯将他的银行视作英美的联合产物，其他国家则按照事先已经确定的条款加入进来。这么做将"使新机构的宪章和主要细节得以确定，而无须遭受一场国际会议导致的延误及提出的混乱建议"。[53] 显然，凯恩斯所想的并不是在布雷顿森林召开一场大规模的会议，他只想在最后"召开一场部长级会议来通过有关结果"。[54] 至于接下来银行如何运作,"我设想管理层和有效表决权应该永远属于英美两国,"凯恩斯写道,[55] "伦敦总部的主席是英国人,负责处理英联邦(加拿大除外)、欧洲和中东的银行业务。纽约总部的主席是美国人,负责处理北美、南美以及远东的银行业务。"[56] 这一设想让人感到天真得有些可爱,打个比方,就好比英国的玛莎百货<sup>⊖</sup>向美国的零售巨无霸沃尔玛兜售如下的建议:由这两家旗鼓相当的公司联手组建一个全球联盟。

曾担任得克萨斯州农业委员的吉姆·海特沃尔有一句著名的评论:"路的中间什么都没有,只有黄线和被撞死的犰狳。"凯恩斯却一再地反其道而行之。很少有才智出众的人能够像他一样不顾一切地坚持中间路线。他的国际货币联盟计划也不例外。它既不是沙赫特式的,也不是赫尔式的;它以折中的方式将受管理的贸易与自由贸易混合在一起。债权国将被迫调整政策,但是债务国也无法逃脱市场的纪律。成员可以从国际清算银行借款,并使用这种信用购买其他国家的产品,但是所有国家都必须在适当时间结清账户,否则就将自动面临调整措施。银行可以接受黄金作为其体系的投入物,这算是勉强对历史做出的让步。但是,银行将成为一个黑洞,黄金永远不能从中流出。凯恩斯将这一奇怪的特征称为"单向兑换",这也反映出他剥夺黄金作为货币的历史作用的决心。


最后,华盛顿和白厅所提出的计划究竟是同时出生的双胞胎,还是意见不合的表兄弟,这要看你是站在1万米的高空还是站在地面上看它们。

怀特计划和凯恩斯计划都是围绕一个新的国际货币机构而

_____

⊖　英国最大的零售商。——译者注

构建的。怀特的国际稳定基金允许其成员国以其本国货币（凯恩斯风趣地将其称为"一张印刻在高级纸张上的欠条"[57]）和黄金作为抵押进行借款。凯恩斯的国际清算银行则是一个更加宽松的出借方，允许完全无担保的透支，同时对借款方行为相应的约束也更少。这种透支活动是英国银行业一个常见的组成部分，但是对于美国的银行业则很陌生，这种区别几乎肯定对两位作者提出的观念模型产生了影响。但是，凯恩斯也是有意识地在他的银行方案中赋予债务国更大的自由，尤其是英国，并限制了债权国的自由，特别是美国。而怀特则希望仅向债务国提供最低限度的激励，使其无须针对债权国（当然，尤其是美国）采取竞争性贬值或贸易歧视措施。在调和两个计划的漫长过程中，英国人担心怀特的机构"看起来太像一个慈善基金"。他们一直将自己的机构称为是"被动的"，仅仅是"金融马车上的一个备胎"，到需要之时才会使用。[58]

两个计划都涉及一种新的国际货币单位。凯恩斯希望他的班科会随着时间的推移变得越来越重要，对黄金去货币化以及降低全球对美元的依赖度做出贡献。相反，虽然怀特提出"尤尼塔斯"（Unitas）是意在吸引那些对国际货币的想法感兴趣的人，然而它非但不会降低美元的影响，反而实际上将使世界更加以美元为中心。

怀特希望使美元（而且仅仅是美元）成为黄金的同义词。这将使美国政府实际上能够随意地自行设置利率和其他货币条件，不仅是为美国，而且还是为全世界。凯恩斯希望通过创造一种超国家货币的方式让世界戒掉对黄金以及美元的依赖，这种超国家货币的发行将遵循"扩张主义"的政策原则。

怀特同意凯恩斯的观点，认为政府在扭转经济的"收缩主义"

倾向时必须果断出击，同时使用货币政策和财政政策工具。但他反对凯恩斯的国际清算银行，因为事实上美元已经崛起并具备了凯恩斯希望赋予班科的那种国际地位，美国没有理由将其扩大或收缩全球货币供应的权力让渡给一个超国家组织。一个"扩张主义"的班科能够做到的，美元也都能做到，但前提是美国政府愿意这么去做。但是，怀特在其计划草案中回避了这个不招人喜欢的事实。"如果试图建议使用美元作为国际记账单位，"他在 1942年 4 月写道，"毫无疑问会遭到一些国家的反对，出于国家尊严或预见出现货币损失等原因，这些国家将不愿意在国际上推广使用某个其他国家的货币。"

怀特严厉批评关于新的国际货币与各国货币同时发行流通的想法，虽然摩根索曾经要求他对此加以考虑，后者显然是得到了总统的支持。"用一种'贸易美元'或是'迪莫斯''维克托'或者'随便什么名字'的货币单位作为美元的补充，无论两者价值相同还是不同，"怀特在同一篇备忘录中写道，"不会比换一面新国旗对外贸的帮助更大……这种新货币的具体性质从未得到描述，也从未用有意义的语言阐明假设此种新货币能够带来的收益。"[59] 当时，美国还没有正式收到凯恩斯计划，但是有可能怀特已经得到了有关班科的消息，并对其发起了预防性的打击。而"迪莫斯"和"维克托"这两个名字则是罗斯福自己建议的。[60]怀特巧妙地通过备忘录为他那个没有意义的记账单位——尤尼塔斯，做了铺垫和准备。尤尼塔斯不过是一张由稳定基金开具的黄金存款凭证，虽然相貌和气味都与凯恩斯的班科相似，但是没有任何实质内容或者作用。尤尼塔斯的价值固定在 10 美元，它就是10 美元的另外一个名字。

凯恩斯后来指出："尤尼塔斯似乎没有任何作用。"[61] 然而，它的作用正是为了平息对真正的国际货币的呼声。英国人不停地要求美国人赋予尤尼塔斯更多实质内容，即使其班科化，却适得其反：一旦通过谈判消除了班科的威胁后，美国人也完全放弃了他们提议的影子货币。

如果英镑的全球地位没有被美元取代，很难想象凯恩斯（一个开明的民族主义者，但仍然是一个民族主义者）会提出班科这个概念。而即使他提出这一概念，英国政府也会断然回绝这个建议。一言以蔽之，怀特与凯恩斯在战后全球货币体系问题上的立场都是由他们各自所处的位置（华盛顿和伦敦）决定的。

怀特计划与凯恩斯计划都设想黄金将继续发挥货币的作用，但是这种作用要远小于古典金本位下黄金的作用。怀特认为，赋予黄金一定作用对于维护公众信心至关重要，并且未来也将一直如此；凯恩斯则公开地致力于削弱黄金的这种作用，而且越快越好，越彻底越好。怀特计划要求，每个成员对基金认缴的初始资本金中"现金"部分至少一半应以黄金的形式认缴。[62]一旦英国人明白美国人不会在基金使用黄金作为资本的问题上做出让步后，他们就不懈地争取降低这部分资本的比例。根据怀特计划，成员国可以自行决定如何将黄金纳入（或者不纳入）各国自己的货币标准。怀特在此方面唯一的关注是，确保美国以外货币黄金稀缺的状况不会对美国的出口能力构成不应有的障碍。根据凯恩斯计划，清算联盟不持有黄金，除非成员选择向它出售黄金以获得班科。然而，班科不能兑换黄金，只能兑换有借方余额的国家的货币（有一个问题一直没能得到解释：鉴于出售班科只能获得体系中最弱势的货币，为什么各国会愿意用黄金购买班科？）。与怀特计划一样，凯恩斯计划允许各国自行选择本国的货币标准，但凯恩斯还是忍不住评论道，他不认为各国有任何理由维持货币与黄金的双向兑换。

两个计划都旨在维护汇率稳定。但是，凯恩斯计划设置了一个机械的方法来决定成员国何时以及在多大幅度上可以或者说不得不贬值或升值。怀特计划相对而言更加排斥汇率变动，要求成员国在改变其汇率平价时必须取得基金的批准。怀特在固定汇率问题上更强硬的立场，反映出美国人决心阻止其他国家针对美元贬值的强烈意图。另外，凯恩斯更温和的立场也反映出英国人迫切希望避免英镑汇率持续高估的问题再度发作。

两个计划都希望减轻对外汇汇兑的限制和管制。但是，凯恩斯计划允许各成员国自行决定管制的方法和程度。怀特计划则要求成员承诺在基金成立一年之内取消这些限制。

两个计划都反映了一个相同的观点：资本流动可能破坏稳定并损害各国国内税收执法能力。凯恩斯计划允许各成员国自行决定实施资本管制的方法和力度，而且他确信英国会实施此类管制。怀特计划甚至更加严厉，要求成员国相互合作，在未得到汇出国政府批准的情况下不接受外国存款或投资。

两个计划都包括控制成员国国际收支状况的措施。凯恩斯计划规定，当成员国赤字或盈余过高时需要接受惩罚，但是国际清算银行的董事会只有权对纠正措施提出建议，而无权强制要求实施有关措施。怀特计划对各国的干预更深，如果基金认为一些货币或价格政策可能导致失衡，则有权禁止成员国采取这些政策。

两个计划都明确地致力于建立强健的多边清算安排，这样各国就可以承诺放弃歧视性的、抑制贸易的、双边性的易货贸易做法。凯恩斯计划更加直接地鼓励"三角贸易"（即在三个或者更多伙伴国之间开展贸易），这样借款国将不再仅从一个特定国家借款，而是向作为一个整体的所有债权国借款。[63] 但是，凯恩斯计划也为在政治集团内部进行清算保留了合法的一席之地，例如英镑区的内部清算。相反，怀特计划则规定，例外于多边清算机制的做法需经过基金的审查并批准。

两个计划都旨在对遭受国际收支赤字的国家提供临时性资金援助，这样可以使贸易免受短期失衡的阻碍。两个计划还意图限制国际收支赤字的增长。但是凯恩斯计划与怀特计划的区别在于，前者还对盈余的不断增长施加限制。怀特并不太关注限制盈余的问题，考虑到美国是全球占据统治地位的债权国，这一立场并不出乎意料。他的计划允许基金迫使一国对导致过高盈余或过高赤字的政策做出调整，但同时又赋予美国足够的投票权来否决此类行动。

两个计划都关注全球经济再平衡以及再平衡之后恢复稳定的问题，这是战后迫在眉睫的挑战。怀特计划允许向基金出售封存的结存（大部分是英镑），并设想随着时间的推移逐步取消这些结存；尽管凯恩斯欣然接受了这一想法，但关于这一问题的具体方案只体现在了怀特计划中。随着两个方案在政治进程的作用下逐渐合二为一，雅各布·维纳预见到了其中的问题并提出了警告，认为它们将短期需要和长期需要混为一谈。"指望美国单独或者几乎是单独扮演债权人的角色，这在第一阶段是貌似合理的。"维纳在 1943 年 7 月致凯恩斯的信中写道，但是"从长期来看……我认为美国缺少外国短期资金的可能性与不缺少外国短期资金的可能性一样大"，即美国成为债务国的可能性与成为债权国一样大。"我不相信所谓的'美元长期短缺'。"[64]

两个计划都包含了预防性措施，防止各自的中央机构遭受损失，因为损失需要由各自的成员国来承担。但是，凯恩斯计划赋予各国的借款权要大得多。这与凯恩斯的信念是一致的，他认为失业与需求不足是全球失衡的根源，需要通过宽松的信贷条件来扭转这一局面。但是他的计划将美国这个全球最重要的债权人置于一个风险更高、更容易遭受损失的位置。根据怀特计划，美国承担的风险只有 20 亿美元，这些是它对基金缴纳的资本金（怀特提议的基金的资本金总额为 50 亿美元）。根据凯恩斯计划，美国的风险高达 230 亿美元，即按照凯恩斯提议的公式计算出的其他成员额度的总和。怀特计划甚至明确提出禁止成员国外债违约，除非在美国人控制下的基金对此表示同意（而这不大可能发生）。凯恩斯计划在违约的问题上保持沉默。两个计划各自的特征天然地与两国各自的状况相吻合：英国已经破产，而美国决心避免其对外贷款再一次遭受重大损失。

两个计划都希望得到各国的广泛参与。但是，凯恩斯计划提出，各国要获得成员资格，必须遵循国际经济行为的某些一般原则和标准。怀特计划则明确提出，不以一国的经济结构和组织方式作为限制其获得成员资格的依据。这是特别针对苏联的规定，旨在为其参与基金消除政治障碍。与怀特截然相反，凯恩斯对此没有什么强烈的感觉，除了认为它可能有助于使其他国家参与进来。正如他在 1942 年 5 月致哈罗德的信中所写到的："向全世界其他国家提出一个看似是英美集团一样的东西，这么做是否明智？如果说有国家比我们自己还不受人欢迎，那么这个国家就是美国；如果说还有一个国家比美国更不受欢迎，那么这个国家就是苏联；如果说还有国家比苏联更不受欢迎，那么这就是我们自己。"[65] 这段俏皮话也许违反了逻辑学的传递性原则，但是正因为如此，它的修辞效果也显得格外生动和有说服力。

两个计划都设想成员国投票权的权重应该对经济更强大的国家倾斜。但怀特提议，额度及投票权应根据成员向基金认缴的现金、黄金以及证券的价值进行分配。凯恩斯则建议按照过去占国际贸易总额的比重分配份额和投票权，因为他的计划不涉及缴纳资本金。虽然没有明说，但怀特的公式赋予了美国事实上的否决权。凯恩斯则提议在基金成立后的前 5 年明确赋予创始国否决权，他还建议创始国仅限于美国和英国。

两个计划都设想其新设立的中央机构在运行过程中与各国政府紧密合作。凯恩斯将国际清算银行视作一个全球的中央银行，因此在他的计划中国际清算银行将与成员国的中央银行紧密合作。怀特（以及摩根索）则将中央银行视作唯利是图的私人银行家的工具，而后者并不考虑国家的利益，因此他的计划仅允许稳定基金与成员国政府的财政部打交道。

最后，两个计划都设想削减关税和贸易壁垒。但是，怀特计划在此方面走得更远，他要求成员国做出具体承诺。凯恩斯则仅仅提议成员国承诺不采取某些极为恶劣的壁垒或歧视性政策。两个计划还意图取消出口补贴。怀特计划直接规定，在没有获得基金明确同意的情况下禁止提供出口补贴。凯恩斯计划给国内生产者补贴保留了一席之地，前提是补贴项下的产品必须用于国内消费，且当此类产品出口时可以对其征收反补贴税。

擂台现在已经搭好，两个方案可以一决高下了。在思想和才华的战场上，凯恩斯计划定将胜出。但是交锋的地形环境显然对怀特更为有利，因为他的国家持有黄金以及唯一可靠的黄金代金券，即美元。最终，美元才是战争结束后世界其他国家需要的东西。而尽管凯恩斯才华横溢，他也不是点石成金的米达斯国王⊖。

英国只剩下唯一的一个可以使用的手段，那就是撤出这个战场。没有大英帝国的参与，将不会再有什么国际会议和新的全球

---

⊖ 米达斯是希腊神话中的人物，拥有点金术。——译者注

货币体系。但是英国如果想要成功脱身，就必须从别处获得数额巨大的资金援助，不仅仅是为了应付战争余下的时间，而且是为了度过战后将立即开始的过渡期。

关于这种可望而不可即的资金援助，有一个机会将于两年之后出现。在宣布即将于布雷顿森林召开重要国际会议前夕，纽约的银行家为了对抗罗斯福的财政部进行了最后一搏。银行家以一笔大额贷款诱惑英国人，换取英国放弃拟议的金融体系计划，因为该计划可能会损害银行家的国际借贷业务。英国财政部副大臣大卫·维利爵士将这份出价转达给了凯恩斯，并提出了如下这个难题："真正的困惑在于，我们不知道在 1945 年与摩根索先生和怀特博士合作，或是与纽约的银行家合作，哪一个更有可能产生我们希望看到的实际结果。"[66] 凯恩斯将毅然决然地站在摩根索和怀特一边，因为后者才是拯救他的世界货币新秩序设想的唯一希望。他将不会回头。

| 第 7 章 |

# 一败涂地

对于怀特而言，战争是一个牢固确立美元世界货币地位的绝无仅有的机会。他要求美国及盟军士兵使用美元（并且只能使用美元）作为入侵货币，并且通过高估当地货币的办法确保当地人民积极接受美元。对于各轴心国国家，怀特希望使美元成为其唯一有效的货币，直到该国与同盟国达成长期经济协议。[1]

货币计划是怀特的第二步棋，是为战后制定的战略。第一份完整草案完成于 1942 年 3 月，此后他又不断完善和修订，直到 5 月 8 日才最终呈交财政部部长。在首页的说明文件中，他侧重强调的并不是计划本身的具体内容，而是是否以及何时召开一场国际大会来推进计划的主要设想。对于怀特而言，这个大会才是最重要的。他需要一个世界级的舞台来制定政策，而在重要演员登台之前他还有足够多的时间来调整和完善剧本。

第一步，怀特说道，就要解决"准备阶段的'策略'问题"，例如财政部部长应于何时与总统商议该计划，是在就此问题与竞争对手国务院进行接触之前、接触的同时还是接触之后。"如果财政部不就此问题发起一场会议，这场会议肯定会在别处被发起，"
他写道，字里行间显示出他迫切希望自己成为这场会议的主要推
手，"而且这件事在很大程度上应当是财政部的职责。"[2]

怀特计划成了摩根索 5 月 12 日的幕僚会议上讨论的主要事
项。"这是一项杰出的工作。"财政部部长说道。至于策略问题，
他希望先与赫尔讨论，而后再去找罗斯福，因为他担心"如果没
有赫尔的支持，这件事一定会被搞砸"。总统一定会问："那么，
赫尔有什么看法？"摩根索给怀特 24 小时来认真思考策略问题。
而 24 小时过后，怀特给了他一个所罗门王式的大智慧建议："双
管齐下。"[3]

摩根索最终还是改变了主意，先将计划书递交给了总统。他
在首页的说明文件中写道："是时候用行动将我们的国际经济目标
搬上舞台了，世界各国的人民都将认为我们的行动是务实、有力以
及鼓舞人心的。就在我们的敌人还沉浸在欧洲和亚洲'新秩序'胜
利的喜悦之中的时候。宣布计划的具体内容，并宣布着手筹备有望
给国际经济来一场新政的具体机构，没有什么能比这个举动更能够
表现出我们对形势已然扭转的坚定信念了。"不出预料，总统指示
他征求"国务卿和副国务卿的意见"，但同时也指示他开始行动起
来，"就你提出的在华盛顿召开联合与联系国财政部部长会议的意
见"，与国务院、经济战争委员会、联邦储备委员会展开合作。[4]

摩根索于 5 月 20 日给赫尔送去了一份计划书的副本，并将与
总统通信的情况告诉了他，要求赫尔派一名国务院代表参加一场
准备会。赫尔派了里奥·帕斯沃尔斯基和赫伯特·菲斯出席 5 月
25 日摩根索与怀特召开的会议，会上双方立即就正确的外交礼仪
和程序发生了小摩擦，摩根索将此解读为国务院试图阻止财政部
向前推进。于是财政部部长又召集了另一场会议，并对会议安排

做了些手脚，邀请怀特在其他机构和部门的朋友一同出席。

其中之一就是白宫的经济学家劳克林·卡利，他与怀特一样都是雅各布·维纳的财政部"新人头脑信任计划"的一员。"想加入一场打斗吗？"摩根索问卡利，"路口有些苦活儿要干。"

"哦，真的吗？"卡利答复道，"好极了，我是时刻准备着与财政部联手对付国务院的。"

摩根索笑了。"你的鼻子还真灵。哈里和我需要你……国务院想要扼杀它，你明白吗？因为我们有了一个想法，国务院没有，而他们不希望任何其他人有任何想法。"[5]

摩根索想要致函同盟国的财政部部长，邀请他们派金融专家来华盛顿讨论有关建议并制定大会议程。怀特也迫切希望"就各国政府技术顾问的共识程度得到一些清晰的指示"，这将"为我们自己对战后国际金融与货币问题的规划提供重要指引"。[6]他还决定在他的计划得到坚定支持前避免与凯恩斯交锋。

可是国务院并不这么看。在 7 月 2 日的一场会议上，一向对英国人的关注十分敏感的艾奇逊表示，在召开一场大会前，国务院希望先与关键大国私下进行双边讨论，特别是英国。这让摩根索感到恼火和怀疑。"赫尔先生脑子里究竟在想什么？"他不客气地向艾奇逊问道。

摩根索和怀特仍然将艾奇逊视作他们的自己人。"迪安·艾奇逊去到国务院那边唯一的原因是他对那栋楼的喜欢甚于我们这座楼，"怀特几年之后将在布雷顿森林说道，"但是把他的帽子翻过来，他还是一个财政部的人。"[7]

摩根索继续追问道："赫尔希望我们继续推进这件事吗？还是他希望我们让这个计划逐渐淡出？还是他究竟在想什么？"还有，赫尔希望由谁来代表美国与英国人谈判？艾奇逊表示他不知道，只能猜测可能会是"一个专家委员会"。

摩根索很快就放弃了在举行同盟国金融专家会议的问题上与赫尔进行一场持久战的想法。"要进行一场跨部门的斗争……我的能量还不够。"他承认。[8] 财政部与国务院最终达成一致，暂时不考虑召开国际会议，而是准备与英国、苏联、中国和其他主要国家举行非正式磋商。

在接下来的一个月中，英国人费尽心思地猜测美国一方将由谁来负责谈判。艾奇逊试图打消任何可能取得快速进展的期望。他告诉英国使馆的财政部代表弗雷德里克·菲利普斯爵士，派人去英国很难，因为国务院的建议人选将自动遭到"有关部门或个人的强烈反对，因为他们对于自己被排除在外而心怀怨恨"。菲利普斯向伦敦发报称，无法预测正式讨论将于何时开始，因为"它取决于美国当局内部权力斗争的结果"。他建议，先将凯恩斯的清算联盟计划（此前曾被称为国际货币联盟）的概要同时发给摩根索和艾奇逊，以便在"美国人观点还未成形前抓住这个机会影响他们"。[9] 伦敦起初对此反应消极，担心如果孤立地提出这份计划，而不是将其作为更大范围讨论的一部分，会遭到美国人的抨击，因为美国的债权国地位必然导致它将成为清算联盟最终的出资人。[10] 但是财政大臣金斯利·伍德爵士得出的结论是，这给了英国政府一个最好的机会来使讨论进程进入正常轨道，他授权菲利普斯向艾奇逊和摩根索简要介绍计划的基本情况。

"摩根索极为感兴趣，"菲利普斯回电称，"并要求我于下周向他详细解释计划的内容。"怀特敦促菲利普斯提供一份书面版本。8 月 4 日，凯恩斯散发了一稿新的、他认为"适合交给美国人"的版本。[11] 凯恩斯向外交部议会副大臣理查德·劳（后来被封为科尔雷恩男爵）简要说明了计划的内容。随后，劳于当月底带着几份给美国国务院和财政部的副本前往华盛顿。直到收到凯恩斯计划之后，怀特才告诉阿道夫·伯利和里奥·帕斯沃尔斯基，他此前已经"非正式地"向菲利普斯提供了一份怀特计划。[12] 所以英国人实际上已经领先一步了解到了其竞争对手的计划。

使怀特与凯恩斯相处融洽，或是至少使两人计划相互调和，这个过程花了两年的时间。它从 1942 年 7 月 8 日开始。当日，菲利普斯给身在伦敦的财政部理查德·霍普金斯爵士发去了一份由美国财政部草拟的关于战后金融安排的文件，也就是怀特计划。菲利普斯"间接"地获得了这份文件，并指示霍普金斯只将这份文件给凯恩斯一个人看，而且不能让人知道他们看过了怀特计划，甚至不能让人知道英国人知道这个计划的存在。

尽管文件传递像骷髅会接头一样秘密地进行，可就在第二天，英国政府的首席经济顾问弗雷德里克·李兹罗斯也给伦敦发来了一份，并注明是从文件的作者怀特那里收到的。8 月 3 日，凯恩斯答复霍普金斯称，怀特计划"阅读和理解起来非常累"，而且"显然行不通"。同一天，他也致信菲利普斯，并评论怀特"提出的技术性解决方案实际上让我相当不抱希望。怀特不明白如何才能克服金本位制的困难，关于银行货币的有益概念也被他忘得一干二净"。这里，凯恩斯指的是他认为清算联盟可以凭空创造出新的国际货币，就如同银行通过出借储户的资金而创造货币一样。

"但是，"凯恩斯又提出，"一旦向他指出银行货币的优势，他有什么理由不会静下心来围绕这个方法重新整理他的其他想法呢？"这就是凯恩斯一贯的思维，他认为这些美国人的脑子很糊涂，但是一旦把情况向他们解释清楚，一切都会好起来。无论阐述得多么不到位，"总体的思路，"凯恩斯和蔼地说道，"在我看来是最有益也是最具启发性的。"[13] 当然，怀特不会想到要做出这种让步。不会有什么国际货币，美元也不会出现新的竞争者。但是这种源于傲慢思维的乐观主义情绪一直伴随着这位剑桥的大师，贯穿其与美国人谈判的漫长过程。

凯恩斯在致菲利普斯的信中还附了一份关于怀特计划的详细备忘录，文风一如既往地开门见山、尖锐刻薄。美国人的文件"很难理解，而且几乎不可能读懂。其中几处细节我觉得前后不一、没有道理……似乎在实践中不太行得通，会遇到许多困难。而文件非但没有试图解决这些困难，甚至根本都没有提及它们……可以看出它解决不了实际问题"。这个实际问题对凯恩斯而言，就是扩大国际货币供应量，同时摆脱黄金或者美国人的枷锁。

关于怀特的稳定基金，凯恩斯写道："第一眼看上去，似乎很像清算联盟。其实不然。事实上，其背后的原则完全不同。"他认为怀特创造出的东西"和金本位制的某个版本差不多"，不值得加以考虑。[14] 但是，9 个月之后，当他相信很快就能达成折中方案时，他又写道："新闻报道的批评观点似乎过于夸大了两个计划在如何对待黄金这个问题上的区别。"[15]

凯恩斯在备忘录开头将怀特的创造批评得体无完肤，接着他又按照他一贯的思路笔风，提出他的竞争者仍然有望获得救赎。他表示："很明显，也是很令人感到鼓舞的一点就是，我们追求的总体目标是一致的。"凯恩斯着重强调怀特文件中有三个方面与英国的利益相一致。第一，对于封存的英镑结存的处理方法"极为慷慨"。它燃起了凯恩斯的希望，认为美国人将帮助英国处理战后迫在眉睫的流动性问题，而非利用它们趁火打劫。第二，关于资本流入国应与试图阻止资本外流的国家合作的要求是有好处的。凯恩斯对此求之不得，非常支持这些能够更加有效地限制资本流动的想法。第三，"文件在赫尔主义方面的立场极为温和"，没有对极端的自由贸易原则马首是瞻，而这种受美国国务院钟爱的原则将完全禁止帝国贸易特惠。凯恩斯赞许地、大段大段地引用怀特对"19 世纪经济教条遗风"的猛烈抨击，尤其是"妨碍贸易、资本及黄金等的流动是有害的"这个错误的观点。[16]

英国财政部和美国财政部对两个方案后来的每一稿都进行了详细的对比。在怀特与凯恩斯各自的档案中都存有精心编排的对照表，将两个方案中相互对应的条款一一并排列出。

10 月 6 日，伯利向菲利普斯提交了一份关于清算联盟的问题单，重点关注凯恩斯提议的班科可能的影响。伯利在会议开始时指出："迄今为止，只有两种结算贸易逆差的办法奏效过，如果可以接受黄金的话，就是黄金；否则，就是用货物。""凯恩斯勋爵的建议，"他接着评论道，"事实上赋予拟议的清算联盟一种创造货币的方法，可以用来结算贸易逆差。实际上，这很可能意味着我们将获得相当数量的这种新货币。"它的用处何在呢？既然这个计划实际上是要求美国以赊销的方式将货物交付给其他国家，"特别是英国"，那么美国将以何种条件提供这些信用，这个问题最终将取决于班科的用途。

伯利其实是在很礼貌地表示，对于美国这样一个债权国来说，不能兑换黄金的班科，永远不可能成为一个可靠的价值储藏单位。班科似乎有一种内在的通货膨胀偏向。凯恩斯已经指出，流通的班科数量可以扩大也可以收缩，以刺激或降低"世界有效需求"。但是，引致收缩的机制在哪里？而且，鉴于体系中可能没有几个大的债权国，岂不是债务国将拥有多数投票权并控制清算联盟的政策？据菲利普斯称，美国人还"暗示，他们担心清算联盟具有发钞行的功能，会对美元的地位产生不利影响"。

英国人答不上来。将要接替菲利普斯成为财政部在华盛顿代表的罗伯特·布兰德在伦敦仔细研究了美国人提出的长长的问题单，并得出了相同的结论，即清算联盟的董事会显然拥有"巨大的权力，等同于想创造出多少黄金就可以创造出多少，而不费任何麻烦或成本"。他还尴尬地指出："可以这么说，清算联盟为其董事会提供了一个极好的机会，可以在更强大国家的支持下向更弱小的国家提供资金援助，但前者对此一无所知，或者至少国会或者议会不会知道发生了什么。"[17]

真正的谈判开始得相当出乎意料。10 月，摩根索启程前往英格兰视察军事设施并对即将进行的北非登陆做相应的货币安排，怀特与他同行。怀南特大使说服摩根索同意安排怀特与凯恩斯于 23 日进行一场私下的讨论。但是凯恩斯当天下午安排了一场会议，而怀特又必须于当晚离开。"当我提到凯恩斯当天下午另有安排时，"怀南特的经济顾问 E. F. 彭罗斯说道，"怀特博士，这个和凯恩斯一样恃才傲物、特立独行的人，突然说道：'除了凯恩斯，我不与任何人对话。'"凯恩斯原定的会议被迫取消，与怀特的会谈安排在使馆进行。

这场会谈是一次经典的凯恩斯对怀特式的二人会面。"会谈场面生动，有时还有些激烈，"彭罗斯回忆道，"凯恩斯认为怀特提议的基金规模不够大。怀特认为，就美国承担的份额而言，能向美国国会争取到提议的份额就不错了，再要扩大是不可能的。这又导致就另一个问题产生了争议，即资本金应当由各国认缴，还是如凯恩斯建议的通过发行新货币的形式创造。"

怀特计划提出成员国向基金注入资本金，而凯恩斯计划则提出基金以班科为形式重新创造资本金。"凯恩斯激烈地抨击认缴资本金的想法，但是怀特予以坚持，因为这是唯一一个国会可以接受的方法。"当外国人逼迫怀特与摩根索做他们不愿做的事情的时候，他们经常使用国会的障碍作为他们的王牌。

怀特还抨击凯恩斯建议用清算联盟为救济、重建或其中任何一部分活动融资的想法，认为这在政治上是不可能实现的。凯恩斯则清楚地指出，伦敦不会接受关于一国改变汇率需要事先得到基金 4/5 多数票同意的建议。他坚称，鉴于英国财政状况极不稳定，它必须在相当程度上保留在必要情况下就此问题采取单边行动的自由。在投票体系和其他问题上也产生了分歧。最后一点，凯恩斯主张在英美两国之间直接单独谈判，或者再加上自治领和苏联，而怀特认为这将引起外界对盎格鲁－撒克逊金融"团伙"的猜疑。凯恩斯情绪激烈地辩称，鉴于这个问题如此复杂，由美国和英国自己制订计划是至关重要的，可以邀请苏联人参加以平息外界的疑虑，也许还可以加上自治领和法国人，而后完成创建工作，并邀请世界其余的国家加入。[18]

两人同意把对部分内容的修改建议反馈给各自的同事。

对于美国人而言，这场会谈是"非正式的"，因为国务院实际上还没有同意就战后经济规划问题开始谈判。11 月 13 日，国务院终于同意开始谈判。当天，菲利普斯在华盛顿与伯利、帕斯沃尔斯基以及菲斯重启会谈。随着谈判的球从财政部滚到国务院，美方的侧重点也从货币关系转向贸易关系，这反映出赫尔在租借协定第 7 条上的立场。适应美方权力中心的起伏转换是一件经常令英国人感到沮丧的事。凯恩斯警告道，要避免"可能仅仅是与国务院的私人茶话会"式的谈判，他警告英国政府"不应使自己招致华盛顿某些其他部门随后的抨击，这个部门会谈时并不在场但却认为自己应该在场"，他指的就是财政部。[19]

1943 年年初，怀特在公布其方案前早早地就开始行动。在 1 月 7 日美国经济学会上做的一篇题为"战后货币稳定"的讲话中，他提出"联合国应当成立一个国际稳定基金和一个国际银行"。凯恩斯在调和怀特的基金与他自己以班科为基础的清算联盟的过程中所遭遇的挑战，非常鲜明地体现在了怀特的如下声明之中，怀特提出："美元是一种伟大的货币，也是唯一实力得到普遍承认的货币。它很可能将成为战后稳定的货币体系的基石。"[20]

虽然怀特从谈判的第一线消失了几个月，但英国人一直都很清楚他才是美国人方案背后的思想动力。他们认识到，仅凭自己方案的优点不足以克服英国在谈判中的弱势地位，因此他们自始至终都在竭尽全力地讨好怀特。"我认为大段大段地重写他的备忘录是不会让怀特感到高兴的，"菲利普斯在 1943 年 1 月致凯恩斯的信中写道，"但是，如果有可能提出为数不多的修订，或者一些比较简短的修订，显示出我们认真研究的态度，他也许会感到高兴。少数修订有时就能够改变一份文件的意思，这真是很神奇。"[21]英国人承诺与怀特积极合作，进一步完善怀特计划中他们认为对英国比较友好的内容，诸如有关处理封存的结存的部分。但是，他们也强调指出，国际清算联盟是英国建议的核心内容，是必不可少的，以满足黄金短缺国家的需要，并确保"国际货币"数量充足，以避免另一场萧条的发生。[22]

1 月，美国国务院通知菲利普斯，凯恩斯就美国计划提出的替代方案是不可接受的，而且美国当局不会寻求英美先达成共识，而是计划开始与苏联、中国以及其他国家进行讨论。英国人的沮丧之情终于爆发。凯恩斯在致英国财政部的维尔弗里德·埃迪爵士的信中写道，这是"一个愚蠢而无益的想法"。[23] 在致财政大臣的备忘录中，维利痛批"美国人荒谬之极的程序"。[24]

2月1日，美国国务院给英国使馆发来一份新的怀特计划草案，并告知他们草案副本已同时发给苏联、中国以及其他国家的大使。英国人勃然大怒。凯恩斯极力敦促英国政府对他的计划也照此处理。"在明确承诺参加一场猴子大会之前，"他指的是一场正式的国际会议，"我应该先了解一下那些可能成为客人的猴子的初步反应。"[25]

2月17日，菲利普斯收到一份伦敦发来的电报，指示他通知伯利"我们准备将清算联盟的草案发给苏联和中国政府，并有意在不久之后非正式地将计划草案通知同盟国在伦敦的金融专家。然而，我们在听取你与美国人的会谈结果之前不会这么做"。[26] 会谈进行得很糟糕。菲利普斯答复道，美国人现在准备将怀特计划的副本散发给欧洲和拉丁美洲的盟国以及自治领。

英国人打消了试图就此问题达成一份妥协声明的念头。鉴于两个计划在方法上存在巨大差异，加之美国人强大得多的财政状况，埃迪担心："任何关于我们认为有可能达成妥协的草率暗示将仅仅意味着对怀特的文件稍做修改。"[27]

美国国务院并不反对英国人在国际上散发他们的计划，但前提是在处理上应和美国的计划一样，仅将其作为一份专家草案发布，而非政府声明。英国人随即将计划的副本发给了包括苏联和中国在内的盟国。"当然，如果给人的印象是两个相互竞争的方案在竞拍，这将是非常不幸的，"维利评论道，"但是，和以往一样，我们别无选择。"[28]

双方开始了一场长达数月的推销大战，来为各自的计划做宣传。3 月 4 日，摩根索将怀特计划的副本发给了 37 个国家的财政部部长，邀请他们派"一名或多名技术专家来华盛顿……按照计划中提议的方针或任何其他你们愿意讨论的方针，与我们的技术专家探讨开展国际货币合作的可能性"。[29] 同一天，英国财政部宣布，正在召开同盟国财政部部长会议，就战后货币和金融安排进行讨论，苏联、中国以及自治领的代表参加了会议。[30]

2 月 26 日，凯恩斯就他的计划对欧洲盟国做了一次清晰透彻的宣传和推销，以娴熟的政治技巧阐明了其核心要素。尤其是，他提出，将国内银行的原则延伸到国际货币体系之中至关重要，有助于促进国际贸易，减轻全球失衡之痛楚，而这种全球失衡常常令债务国遭受通货紧缩和衰退之苦。凯恩斯在发言中特别强调了一个"最根本的观点"："当贸易往来不平衡，某些国家的进口大大超过其出口，而其他国家的出口大大超过其进口，此时……调整的压力不应像过去那样，几乎完全由债务国这个更弱小的国家承担……我们应当建立一个体制，使债权国承担和债务国一样的责任，来确保适当的平衡。"[31] 有趣的是，今时今日，这个观点会引起美国极大的共鸣，因为美国与中国之间存在大额且长期的贸易逆差。然而，1943 年，美国人自然没有任何理由支持由债权国承担责任的建议。

这次讲话在盟国中引起了积极反响，大多数国家被凯恩斯计划中更加真切的国际主义性质所吸引。尽管如此，各国自己的利益才是最重要的因素。南非是一个黄金开采大国，"南非总理斯姆茨主要考虑的是，哪一个计划能够使黄金拥有一个更有保障的未来？"菲利普斯在 4 月 22 日致凯恩斯的信中写道。[32] 而凯恩斯

自己也注意到，诸如希腊央行行长基利亚科斯·法弗雷索斯之流
"非常害怕与美国人意见相左"。[33]

凯恩斯鼓励支持其计划的国家"相当明确地让美国财政部知
道他们多么倾向清算联盟"，但是"在现阶段要避免发生争议或提
出主张……用提出问题而非反对意见的方式来试探怀特计划，并
且……强烈要求召开一场专家大会来协调两个计划，并指出如果
召开会议，找到协调的方法并非不可能"。[34]

关于这两个相互竞争的计划外泄的内容和小道消息迅速通过
英美的媒体传播开来。财政大臣遭到大量问题的围攻。英国政府
指示菲利普斯通知美国人，英方希望将其计划方案以白皮书 ⊖ 形式
发布。伯利和帕斯沃尔斯基表示他们没有理由予以反对。怀特参
加了这场 3 月 15 日的会谈，并将这个消息报告了摩根索，后者两
天后给罗斯福总统发去一份备忘录，建议美国也公布自己的计划
方案。罗斯福有些犹豫，而摩根索则暂时成功地拖延了英国人公
布其计划方案。"总统非常坚决：不得发布美国的计划，"摩根索
对怀特说，"他说，'这些事还为时过早。我们还没有开始赢得战
争呢'。"[35]

但是，当 4 月 5 日伦敦的《金融消息报》发表的一篇报道详
细地概述了美国的计划后，总统被迫提前采取行动。白厅感到非
常尴尬，并立即派菲利普斯去向摩根索解释，保证英国政府与消
息泄露无关。"多方传闻指出，"菲利普斯说道，泄密源据称是
"伦敦的一家使馆"。[36]摩根索接受了他的保证，当天接下来的时
间，他都在与新闻媒体召开临时吹风会以及向参议院通报计划及
泄密的情况。在匆忙之中，美国和英国双方各自做好了公布怀特
计划和凯恩斯计划的准备，并于 4 月 7 日分别在华盛顿和伦敦发

---

　　⊖ 英国议会的一个文种。——译者注

布，两份计划都没有在任何地方提及对方的存在。

　　新闻媒体的反应按照国家的界限分成两派。美国报纸所持的立场大体上反映了一个控制了世界上大部分的黄金的债权国的利益。《纽约时报》针对两个计划正式公布前的版本做出评论，听起来更像是今天的《华尔街日报》。它主要是在猛烈抨击凯恩斯，指责他："反对外汇汇率稳定以及……支持货币贬值和信用扩张……这个英国政府的杰出顾问提出的部分建议的必然后果是国际劳动分工解体以及经济民族主义肆虐。"文章提出，不需要任何新的模式，因为：

　　在没有任何国际协定的情况下，金本位制成为有史以来最令人满意的国际标准……经常有一种说法，称金本位制"失败了"。事实是，是各国政府蓄意破坏了它，因为金本位制妨碍了民族主义的"计划"；较之汇率稳定，政府更青睐这种"计划"……没有必要发明复杂的技术性工具来确保货币稳定。19 世纪通过金本位实现了这一点。[37]

　　《纽约世界电讯报》用棒球打了个比方：

　　拥有棒球的孩子通常是队长，并决定何时何地来玩这个游戏，以及哪些人可以加入球队一起玩。虽然国际货币稳定不是打棒球，但它也是一场游戏。黄金之于这场游戏的必要性，就如同棒球与球棒对打棒球的必要性。据报道全世界一共有 280 亿黄金，而美国现在拥有其中的约 220 亿，既然如此，我们认为山姆大叔将成为球队的队长，否则就不会有这场游戏……这种"取代黄金的统治地位"的想法以及在战前贸易份额的基础上分配表决权的建议，将使英国的表决权比美国高出约 50%，这种想法和建议非但不能用来打棒球，连打板球都不行。[38]

而英国的报纸则自然而然地倾向凯恩斯计划，认为它是一个绝妙的新发明，可以使英国摆脱黄金短缺的毁灭性枷锁以及陈旧的自由放任主义教条。伦敦的《泰晤士报》写道，它是"通往理性的金融和经济体系的道路上的一座里程碑"。[39]《每日先驱报》则称它是"开明的、振奋人心的以及值得钦佩的"。

终于有东西打破了过去的教条……一个处理国际货币安排问题的全新方法。它很难被英格兰银行接受。因为它违背了这个机构僵化刻板的传统观念。这个计划将黄金摆在它应该在的位置上……它把对维持生计所必需的外部交易的关键控制权交到了政府的手中……它的目标是建立一个国际权力机构，对政府的利益而非私人银行业的利益负责。它实现了管控，仅凭这一点我们就可以避免周而复始的贸易衰退与繁荣所带来的灾难性后果。[40]

凯恩斯对于两个计划最终公之于众感到兴奋不已。现实重新给他发了一手牌，根据这手牌，凯恩斯重新调整了自己关于政治上最佳方案的观点，这符合他的一贯作风。之前他认为，与美国人私下打造共同立场是极为重要的。现在他认为，事实上两个计划公开竞争效果要好得多。"事实上，如果我们真在幕后达成了妥协，十之八九会被国会驳回，不是吗？"凯恩斯在 4 月 16 日致菲利普斯的信中写道，"现在的策略使得压力可以在一个较早的阶段得到释放，而不会伤及任何人。我们必须在众目睽睽之下克服计划公布初期遇到的困难。"[41]

凯恩斯收到了大量对他的计划发表评论的来信。在那些充满溢美之词的信中，有一封来自英格兰银行董事爱德华·皮考克爵士，他称凯恩斯计划是一部"伟大的宪章"。但是，鉴于计划的革命性色彩，他得出了一个悲观的结论："毫无疑问，我们一定会受到阻碍因而走不了这么远，但是有朝一日我们定会完完全全地实现它，而这份文件将证明您的远见、学识与才能。"[42] 66 年之后，中国人民银行行长将以一则声明登上全球各大报纸的头条，他对布雷顿森林会议未能走得这么远而表示惋惜。

充满自信的凯恩斯在 4 月 16 日致信菲利普斯时提出："难道我们现在的目标不应该是召集一场由所有有关国家参加的大会，来敲定细节并达成某种妥协吗？比如说，6 月怎么样？有了欧洲人和自治领的支持，我们在大会上的谈判地位总体上应该比在双边谈判中强势许多。"他推翻了自己先前支持英美发布联合方案的倾向性意见。"但愿我们能说服美国人相信伦敦夏天的气候要比华盛顿好得多！可是在这一点上我不抱希望。"[43] 身处华盛顿的菲利普斯能够更好地感觉到美国人的脉搏，他试图浇灭凯恩斯的乐观情绪："关于清算联盟的优越性你所说的一切都是非常正确的，但是你还没明白头脑简单的美国人的观点。他们模糊地感觉到，这个问题涉及发行更多的国际货币，而他们对一种货币可以完全没有黄金支持感到震惊。"[44]

凯恩斯足智多谋、生性乐观并且痛恨做事畏首畏尾。即便如此，他有时也会说服自己接受政治现实。"我完全能够预见，"他在 4 月 27 日致经济学家罗伊·哈罗德的信中写道，"我们最好还是对美国的计划做出让步，长期来看我们接受他们安排的可能性非常大。"[45]

凯恩斯于前一年的春天被封为贵族，5 月 18 日，他首次在上议院发表演讲，解释了他的货币计划背后的逻辑，并以最为缓和的方式将他的计划与美国的版本做了对比，因为他深知美国计划背后有黄金和美元的强大支持。这次演讲的基调非常谦卑，但是在日后的国内辩论中，凯恩斯会发现自己无法始终保持这种基调。凯恩斯这么做是试图缓和议会的顾虑，即有关计划将给英国重新铸上黄金的枷锁，限制它实施宽松的货币政策的能力，却允许美国扩大其规模巨大的全球债权地位。

关于两个计划的区别，凯恩斯声称："我毫不怀疑两个计划是有可能合二为一的。"并赞扬摩根索和怀特"提出了这个极为新颖、影响深远"，并且与他自己的计划"宗旨完全一致"的方案。[46]这与他私下所做的评论形成了强烈反差，他认为"怀特计划背后的原则完全不同"。[47]关于为何两个计划要分别发布而非经过协调后作为一个计划发布，凯恩斯称："在我看来，我们的财政部和美国的财政部在集中精力制订实际的计划前，决定先在更大范围内征求意见，他们这么做效果更好，比不经过与各自立法机构和联合国其他国家的公开磋商就试图达成最终方案要好很多。战后世界的经济体系不能在秘密的环境下制定。"[48]但是，当美国人几个月之前这么说的时候，凯恩斯强烈抨击了"在一个还比较早的阶段，在英国和美国相互间弄清楚各自的想法之前，就让苏联和中国代表参与进来"的观点。这是"一个愚蠢而无益的想法"。[49]虽然现在他声称希望听取利益相关的非盎格鲁－撒克逊伙伴方的意见，但是他在过去以及将来，都经常不屑地将他们称为"猴子"。

"当事实变化时，我会改变我的想法。你会怎么做呢，先生？"凯恩斯曾经用这句名言来反驳对他改变自己的货币政策观点的指责。但是，就他在上议院的第一次演讲而言，很难用上述理由为他的直率进行辩护。事实并没有发生变化。美国人不过是在每个重要问题上都拒绝了他的观点，而他不敢这么明说罢了。

菲利普斯从华盛顿发回报告称，随着怀特计划的公布，财政部"把球接了过来"，它被指定为负责制定战后货币安排的机构。

"国务院现在变得很低调,"他对凯恩斯写道,"所以,我想以后我应该找的人是摩根索,而不是伯利。"[50]事实上,摩根索不久之后就通知菲利普斯,稳定基金的有关问题由财政部负责,而且赫尔知道财政部正在处理这些问题。伯利继续与怀特争辩,称"制订货币稳定计划应被视为整个战后计划的一部分",而后者是由国务院牵头负责的。[51]但是木已成舟。财政部现在开始主持这场货币改革的大戏。

对于怀特而言,这既是其所在的官僚机构的一次重大胜利,也是其本人的一次重大胜利。他动作迅速,从 4 月下旬就开始在华盛顿召开与其他国家专家的双边会议。菲利普斯沮丧地给伦敦发报称:"无论他们在伦敦说了什么,荷兰人和比利时人来到这里后没有支持清算联盟的意思。"[52]尽管凯恩斯计划在理论上很有吸引力,欧洲的盟国认识到美国人手里握着所有的牌,反对他们是一种政治上不顾后果的行为。怀特以一对一的方式一个接着一个地搞定了他们。

除了美国人和英国人之外,加拿大人最积极地参与计划细节的制定。事实上,他们也提出了自己的"国际交易联盟"计划。由于与美国人的计划非常相像,英国人戏称其为"米白色"计划。[53]

并非所有受到邀请的政府都特别关注货币安排的技术细节。例如,中国人主要是急于确保其待遇不低于苏联人,因为他们感觉对苏联人的优待超出了其金融和经济实力所应得的范畴。而对于苏联人来说,他们仅仅是对这项工作表示了兴趣,但根本没有派代表参加。

怀特将与英国专家的会谈推迟到了 6 月的后半月,这令英方感到非常不快。参加会谈的英国专家包括莱昂内尔·罗宾斯、丹尼斯·罗伯逊、菲利普斯以及使馆的经济顾问雷德福尔斯·奥佩。对于英国人而言，最重要的技术性问题是债权国责任问题。他们强调指出，任何多边清算体系都需要债权人和债务人共同承担责任，使它们的国际收支保持在一定限度之内。这无异于声明美国人需要削减其债权余额。

还是在 2 月的时候，怀特似乎就在债权国责任这个问题上做出了一个重大让步。当时，菲利普斯给凯恩斯转去的怀特计划第 9 稿中有一则"稀缺货币"条款。该条款实际上将允许各国限制自长期债权国的进口（在怀特计划下，由于汇率是固定的，债权国的货币可能变得"稀缺"，也就是说，在固定的价格水平上，需求超过供应）。这一条款令凯恩斯感到非常震惊，以至于他将其视作美国人的政治乌龙，认为他们过不了多久就会试图抹掉它。在 3 月 3 日致凯恩斯的信中，哈罗德几乎无法控制自己的兴奋之情，并指责凯恩斯未能认识到该条款的重要性："最重要的一点就是，在这则条款中美国人给我们的东西，是我们永远不可能在谈判中向他们提出的，特别是在我们签署了第 7 条之后，也就是说，如果我们（和其他国家）出现美元短缺，就可以对美国的货物采取歧视性措施。"[54]

"我同意你的观点，从字面上看，你对该条款的解读是唯一说得通的解释，"凯恩斯第二天回信道，但是"我预计，一旦人们开始重视这个备选方案，它就会被收回了。"[55]

甚至连英国的新闻媒体都不敢相信。美国的计划公布后，伦敦《泰晤士报》的社论作者 D. D. 布雷汉姆于 4 月致信凯恩斯，称："有一个段落看起来似乎美国人实际上是建议在某种情形下限制和定量分配美国的出口。当然，他们的本意肯定并非如此，因为这样一定会引起美国制造商甚至是美国工人暴风骤雨般的抗议。"[56]

事实上，到了 4 月，怀特已经开始在稀缺货币条款的立场上倒退了。当时，加拿大人敦促怀特澄清，当一国货币成为稀缺货币时，这个国家能够采取何种措施来阻止其货币升值。据报道称，怀特的答复是，行动的负担将完全由其他国家承担，他将对自己的计划做出修订以澄清这一点。但是加拿大人又问道，其他国家采取的"适当行动"是否可以包括歧视有关债权国的贸易活动。这个建议令怀特感到"非常不安"。[57] 在 6 月与英国人的一次会议中，怀特提出债权国削减债权余额的难度要比债务国削减债务余额大很多，暗示调整的负担应由债务国承担。[58] 在伦敦的凯恩斯得知了这次讨论的情况之后勃然大怒。"我们对怀特计划修订稿最大的反对意见就是，债权国可以像以前一样继续吸收大量的黄金，"他坚持认为，必须对怀特计划进行大范围的修改，"否则我们就会颜面尽失，并彻底成为美元外交的俘虏。"[59] 确实如此，美国的计划正变得越来越以美元为中心，这反映出怀特在美国计划起草过程中的主导权不断扩大。例如，新提议的份额分配框架就没有对美元和黄金加以区分。哈利法克斯大使从华盛顿发报给伦敦，称"只将美元视作黄金的等价物将会贬低英镑的地位"。[60] 但是怀特寸步不让。8 月 19 日他公开表示："在我们看来，英国人的方案已经出局了。"[61]

到了 1943 年夏季，战争形势已经明显转向对同盟国有利的方向。2 月，残忍的斯大林格勒保卫战以德国失败告终，苏联人彻底歼灭了正在撤退的德国第六军。苏联军队穿过乌克兰向西追击逃窜的德军，并解放了一个又一个城市。德国在东线取胜的可能性已经完全消失。1942 年 6 月，美国在决定性的中途岛海战中一举击溃日本海军，为日后在瓜达尔卡纳尔岛和所罗门群岛战役中取得胜利铺平了道路，使盟军得以在太平洋战争余下的阶段由守转攻。1943 年 5 月，英国和美国军队占领了突尼斯，结束了北非的战事。7 月 22 日，帕勒莫也落入盟军掌控，两天之后墨索里尼被推翻。"义愤填膺的、全人类的联合军队正在挺进，"罗斯福在 7 月 28 日播出的炉边恳谈中对美国人民说道，"他们正在前进，在苏联战线方面、在广袤的太平洋地区，并且进入了欧洲，朝着他们最终的目标——柏林和东京。"[62]

在此背景下，美国财政部和英国财政部努力打造关于战后金融体系的共同立场，意义格外重大。如果两国能够达成共识，其他盟国别无他法，只能迅速接受英美的共同方案。战争结束后，战败国也将被迫签字画押。但是，这个一致意见达成得极其缓慢。

怀特与凯恩斯在 1943 年 7～9 月就两个计划多次通信，怀特更关注两个计划的政治问题，而凯恩斯更关注两个计划的实质内容。怀特的语调像生意人一样务实，而凯恩斯则是热情洋溢，有时甚至是顽皮欢快（"我请你特别注意这则条款隐秘而朴素的美"）。[63] 二人性格上不可弥合的鸿沟显而易见。

9 月到 10 月，凯恩斯又来到华盛顿与美国财政部进行了密集的会谈。产生分歧的还是那些老问题。凯恩斯希望降低黄金和美元的地位，提升尤尼塔斯的地位，使后者成为真正的货币，与他的班科有几分相像；怀特则想让黄金等同于权力，让美元等同于黄金。尤尼塔斯将仅仅成为一个记账工具。凯恩斯希望给予成员国足够的自由空间来改变汇率；怀特则希望严格限制这方面的自由度，提出较大幅度的汇率变动需要得到稳定基金的批准。凯恩斯设想基金是一个被动的资金转移代理人，成员国可以自由地从中提取资源；怀特则坚持将美国的负担严格限制在国会可以容忍的水平。

紧张的气氛再一次弥漫开来。罗伊·哈罗德精准地捕捉到了当时的氛围：

他们俩进行争论的方式方法完全相反。怀特精力充沛，刚勇之气咄咄逼人。他会暴怒并且态度粗鲁。情急时他不由自主滔滔不绝，有时候超出了他语法表达力所能及的范畴。而我们知道，凯恩斯就截然不同。甚至在最深奥难懂的问题上，他也能于电光火石之间觉察出反对意见的自相矛盾之处，并用貌似柔和、话中带刺、有时令人不快的语句指出对方的矛盾之处……他粗暴无理的表现有时久久不能完结，导致群情激愤，甚至引起强烈的怨艾。这已经是老生常谈了，他总以为他的辩论对手会认为这一切都是公平合理的……"不要让那个聪明的家伙凯恩斯往你眼里掺沙子。"怀特曾经对他的美国助手说道，暗示出他怀特相当有能力看穿这些。[64]

伯恩斯坦评论道，怀特对即将与凯恩斯的谈判感到压力很大，因为他需要在两方代表团面前巧妙应对，这甚至影响到了他的健康。[65]

凯恩斯记录下了他对这次交锋的感受。"我使怀特明白了我的意思，"他在 10 月 3 日致埃迪的信中写道，"我一开始便直率、冒犯以及准确地告诉他我对他的看法……我们对他的任何保留意见都不及他的同事对他的感受。他专横傲慢，作为同事很难相处，总是试图强迫你做一些事情，说话的声音粗糙刺耳，无论思想还是行为举止都让人感觉压抑；他完全没有守规矩的概念，也不知道如何遵循文明礼貌的对话规则。"

接着，凯恩斯突然将话锋一转，这是他惯用的辩论技巧：

> 与此同时，我极为尊重甚至欣赏他。在很多方面，他是这里
> 最优秀的人。一位能力出众、全力以赴的公务员，责任重大，决
> 心坚定，品德高尚，是一个有远见、有理想的国际主义者，真诚
> 希望尽全力为世界做贡献。而且，他强大的意志力与他建设性的
> 思想相结合，意味着他能够把事情办成，这里的其他人很少能够
> 做到这一点。他不接受任何的阿谀奉承。

然而，本性使然的凯恩斯最终又转了回来。"与他接触的方法
是，尊重他的目标，激起他思想上的兴趣……而后非常直率、坚
定、毫不客气地教训他，指出他已经背离了有关辩论的轨道或超
出了行为举止的适当范围。"[66] 关于怀特工作的质量，凯恩斯将
他的复兴银行计划称为"一个疯子的作品，或者……某种无聊的
笑话……当然，这也同样适用于混杂了一袋子各种通货的货币方
案"。对于这个货币方案，凯恩斯试图用他的班科取而代之。[67]

两人的关系越来越糟。在10月4日的货币问题会谈结束后，
一位英国代表总结了会场的情况：

> 这些讨论的场面简直混乱不堪！凯恩斯与怀特相邻而坐，两
> 人的另一侧坐着长长的一排各自的支持者。他们没有任何议程，
> 事先也没有准备好要讨论哪些问题，直接冲着对方而去，上演
> 了一场刺耳的争论二重奏，乐章随着其中一方恶语相加而达到高
> 潮，会议在混乱中暂时结束。[68]

凯恩斯喜欢用关于犹太人的俏皮话来开怀特以及他的副手伯
恩斯坦的玩笑，称："怀特是政治上的大拉比，相比之下，伯恩斯

坦是一个普通的小拉比，一个犹太法典《塔木德》的讲师……这个小家伙伯恩斯坦知道当地犹太人聚居区里所有的羊肠小道，但很难说服他和我们一起到世界的大道上走一走。"[69] 10 月 8 日和 9 日，双方进行了一场为期两天的马拉松式的会谈来起草折中方案，会谈"充满了爆炸性的场面"。凯恩斯将怀特对他们会谈所做的记录草稿扔在了地上。

"凯恩斯一直在大发雷霆，"一位英国代表在报告中写道，"这令人难以忍受。简直就是另一部《塔木德》。我们还不如停止谈判。"怀特一直都很在意他与他封为贵族的谈判对手背景上的巨大差异，他还击道："我们会尽量提出一些尊贵的殿下您能够理解的东西。"

谈判就此中止，但是当天下午美国人提出了一稿新的、对英国人更加友好的案文，"这一幕以爱、吻以及各种溢美之词收场"。[70] 凯恩斯对他的表现极为满意，并在致信埃迪时谈及这次成功的外交行动：

伯恩斯坦在最后一分钟仍在努力争取赢回他之前失去的阵地。在我们周六上午的会谈结束时，他试图说服怀特提出一份双方可以直接签字的文件作为补充协议……于是，稳定基金大约有一半的内容又按照塔木德讲师许多个月之前写的那个版本一字不差地回来了……我的反应非常激烈，称在谈判的最后时刻重新打开这些问题，并且条款与会谈开始前一模一样，这实在是令人无法忍受。我团队中的其他人认为我话的太重了，但是就在我们离开会场后半个小时，我们接到一通电话，告诉我们这份文件被撤回了。谈判于是恢复了平静并取得了进展。在我看来，这个例子说明了我们的国家做出激烈反应的重要性。

对于大拉比怀特，他在信件的结尾处宽宏大量地评论道："我坚持我之前表达的观点，考虑到所有的一切，怀特很可能就是这里最优秀的人，而且是对所有相关人士而言最有用的人。"[71]

最终的成果是一份《联合及联系国专家关于建立国际稳定基金组织的联合声明》（Joint Statement by Experts of United and Associated Nations on the Establishment of an International Stabilization Fund）。联合声明提纲挈领地提出了双方专家准备向各自政府提议的原则，但一些有争议的问题还有待达成一致。这份文件只是这个寻求达成一致的艰辛而激烈的过程的开始。英国人坚持要求加入一段文字，声明对草案概述的基金的基本形式表示原则反对。此外，正如凯恩斯之前拒绝签署怀特的案文一样，怀特也拒绝草签修订后散发的版本。

凯恩斯回到伦敦之后，收到了怀特发来的一份修订版文件，在随附信函中怀特要求英国迅速接受该份文件，双方联合公布并向同盟国散发该文件，以及组织召开一场国际会议。凯恩斯的回信使怀特的期望基本落空，他在回信中详细说明了英国政府签署一份文件需要经过的一长串白厅和威斯敏斯特宫的官方程序。他还附上了两份新的草案，一份以尤尼塔斯为基础，一份以各国货币为基础，敦促怀特接受尤尼塔斯的版本。在华盛顿，奥佩替凯恩斯辩说了他的理由。菲利普斯已于8月30日去世，奥佩接替了他的位置。怀特拒绝接受尤尼塔斯的版本，因为"这将被视为涉及放弃主权，而且会使人认为，日后商业往来将不再使用美元、英镑或者其他货币，而是使用一种新发明的国际货币"。[72]在美国，这将被视作"将美元与一个虚假的国际货币单位捆绑在一起"。[73]国会绝不可能接受它。尤尼塔斯现在已经死了。但是，凯恩斯所提的一个建议最终在华盛顿以及布雷顿森林得以通过。怀特认为国会痛恨"联盟"一词，因而拒绝了将稳定基金命名为"国际货币联盟"的建议；凯恩斯随后提议使用"国际货币基金组织"代替。这个名字沿用了下来。

怀特对无休止地讨论他眼中的次要细节问题感到非常沮丧。他坚持国际会议必须于 3 月或 4 月召开，以便在 5 月将最终成果提交国会，赶在美国的选战正式开始之前。财政部的目标是在国际会议上通过它提出的计划，并使之成为民主党竞选纲领的一部分，进而将拒绝该计划的共和党人定性为孤立主义者，斥责他们反对开展至关重要的国际合作。怀特和摩根索不能理解，为什么英国政府将联合宣言提交国际会议讨论需得到英国议会批准？这与美国的程序截然相反，美国国会只能在国际会议结束后才有权发表意见。怀特希望将现有版本的联合声明立即发给苏联和其他国家，但是凯恩斯表示反对，认为这将引起泄密和流言蜚语并导致破坏性的结果，怀特这才部分地放弃了这一想法，他只将联合声明提供给了苏联人。

随着谈判缓慢地进入 1944 年，美国的新闻媒体和银行业对于他们所认为的财政部目标的敌意也越来越浓。俄亥俄州共和党众议员弗雷德里克 C. 史密斯是众议院银行与货币委员会的成员，他公开谴责"凯恩斯 – 摩根索计划"，称之为"英国人为了控制美国的黄金而设计的一场阴谋"。美国将被迫"把我们的黄金倒进欧洲债务的无底洞"。[74] 当然，英国人的看法完全不同。凯恩斯对自己的方案没有得到采纳感到十分担忧，这不无道理。他担心怀特计划将建立一个完全以美元为基础的国际货币体系。他竭力要求怀特澄清"可兑换黄金汇兑"（gold-convertible exchange）这个语义模糊的术语。2 月 3 日，怀特致信凯恩斯，提出："如果将要召开一场国际会议的话，建议把'黄金与可兑换黄金汇兑'

的定义留到正式会议上决定。似乎没有必要在联合声明中给出这个定义。"[75] 怀特在接下来的几个月中反复使用这种拖延战术，把那些他已经拿定主意而凯恩斯坚决反对的问题拖到国际会议上解决，而届时他打算把凯恩斯排除在最关键的谈判之外。

然而，1944 年年初，凯恩斯最迫切的挑战就是说服他的本国政府接受联合声明。对于达成联合声明的价值，英国政府内部有不同的立场。这个国家一些最有影响力的人提出了强有力的反对意见，事实上他们甚至反对凯恩斯的清算联盟，尽管后者在全世界看来应该是英国人的计划。

财政部顾问、经济学家休伯特·亨德森就是反对者之一，他认为清算联盟甚至比金本位制（他实际上指的是金汇兑本位制）更差，尽管后者在 20 世纪 20 年代曾经摧毁了英国的经济。在金本位制下，各国可以撤销或暂停执行本币以固定价格兑换黄金的义务。但是清算联盟要求英国对其他国家承诺维持固定的平价，这个承诺性质尚不明确，有可能采取条约义务的形式，而且可能的代价是不得不出售所有的黄金和货币储备。这一点是不可忍受的。而且，他提出，对于纠正长期国际收支赤字而言，货币贬值的效果比通货紧缩好不到哪里去，因为这种办法仅仅是迫使有关国家以更低的价格出售、以更高的价格购买。而实际上需要的，是完全不受限制地实施进口限制、汇兑管制以及双边清算安排，这些应急措施都是美国财政部和国务院深恶痛绝的。但是，向美国人屈服并承诺放弃"歧视"，这将带来不可接受的风险，导致英国最终可能被迫"手拿帽子乞求美国或者基金提供更多信用。而我们应该采取这样的策略：以财政困难为借口，心怀感激地接受定期发放的援助并听取要我们今后做得更好的教导，但继续沿着已被贬为不受欢迎的路线前进"。[76]

在这个判断上，亨德森得到了维利的支持。虽然维利早期曾经是凯恩斯清算联盟的支持者，但是他最终得出了一个有先见之明的结论，即联合宣言中提出的多边清算义务是毁灭性的。"这意味着我们有义务将英镑兑换成其持有人可能需要的任何货币。显然，这超出了我们战后最初时期的能力……最终，我们将陷入需要美国提供大量援助的境地，为此它可能会对我们提出条件，条件可能包括遵守拟议的货币计划，以及对我们自由行使设想中的过渡期条款权利加以限制。"[77]

既反对联合声明又反对凯恩斯清算联盟计划的其他重要人物还包括：战时内阁成员比弗布鲁克勋爵以及印度事务大臣里奥·艾莫瑞，他们从帝国主义者的角度清晰阐述了反对意见。"我完全同意英格兰银行的观点，"比弗布鲁克对战时内阁写道，"我对替代方案感到恐惧，因为它将摧毁英镑区。而这些都将是在一个位于华盛顿的基金的强迫下不得不做的。"[78]

"只有通过最充分地利用帝国内部或者外国的消费者市场所赋予我们的极为有利的谈判能力，才能够确保我们自己获得特殊的条款；只有通过坚定地控制我们的进口，我们才可能有生存下来的希望，"艾莫瑞写道，"我们必须有权不受限制地采取任何我们认为必要的措施来保障我们自己的生产，发展帝国特惠制度，运用我们相对外国的谈判能力，并加强英镑体系这一绝佳的货币工具。我们绝不能够做出任何将限制上述自由的国际承诺。"[79]

联合声明在战时内阁中最强烈的支持者也许要数理查德·劳了，但他也并没有辩称联合声明是可取的，而仅仅认为它没有使情况变得更糟。"新的草案明确接受了如下原则，即各种货币的价值应当进行调整以适应情况的变化，"他软弱无力地提出，"它还明确规定了基金无权以任何方式干预成员国的国内、社会或政治政策。"[80]

一方面，联合声明的批评者有权有势、情绪激烈、观点鲜明；另一方面，其最有影响力的支持者提出的观点充其量只不过是：它不会严重损害英国特有的权力。在此情况下，一个内阁委员会的多数成员于 2 月 18 日提交报告建议继续对联合声明进行讨论，而战时内阁在 2 月 24 日又做出支持多数派报告的决定，这是怎么回事呢？

事实上，委员会对英镑区的地位以及关键的战后过渡期初期的安排正式表达了顾虑。它也提出建议，要求英国谈判人员在终止帝国特惠制度的问题上不得做出任何让步，只有在普遍削减关税以及允许在农业部门实施国家采购和补贴政策的情况下方可考虑该问题。联合声明居然在这种情况下仍然存活了下来。这令人不解。

原因就是租借。没有租借物资，英国人就无法维持其战争行动。而美国财政部将英国承诺致力于战后货币稳定以及非歧视贸易，视为租借援助必不可少的对价。怀特和摩根索在敦促英国接受联合声明的同时，还在力主取消美国的非军事性租借援助。[81]其目的是使英国的储备控制在 10 亿美元以下，这样英国就将持续处于依赖性的地位。这激怒了丘吉尔，也激怒了美国国务院。"有时，在我们看来（这也许是不公正的），"凯恩斯尖锐地评论道，"美国财政部宁愿看到我们的黄金和美元储备在战争结束后所剩无几，这样他们就可以将解决方案强加于我们。"[82]但是，这种做法在美国公共舆论中反响良好。英国使馆非常清楚地认识到了这一点。在美国人的脑海中，"租借是美国人缩衣节食来供应英国人，而后者甚至都没有偿还他们（一战时期）的战争债务"，英国使馆在一份致外交部的报告中提到。[83]所以，对于英国人而言，怠慢美国并拒绝联合声明，将使非军事性的美国援助陷入极度危险的境地。

尽管如此，英国反对联合声明的观点并没有逐渐消失。比弗布鲁克提交了一份持反对意见的报告，并得到了英格兰银行的强烈支持。报告称有关计划是变相的金本位制，将抑制英国的经济活动，降低英镑的国际地位，摧毁帝国特惠制度并严重削弱英国的农业。

凯恩斯将其炮火对准了英格兰银行和比弗布鲁克。在 2 月 23 日致财政大臣的信中，凯恩斯炮轰英格兰银行"不愿意面对现实……在战争结束后我们对所有朋友和关系密切的伙伴所欠下的债务大大超出了我们的偿还能力。所以，我们绝无可能再度成为国际银行家……除非我们能够争取到一个总体解决方案，而美国的临时性援助以及随后的国际计划构成了这个解决方案的基础"。英国自由地设计战后社会与经济新政策，"如果没有美国的进一步援助，是不可能实现的……如果我们招摇过市地着手自立门户，美国人有足够强大的能力向我们的许多或绝大多数朋友提供优厚条件并诱使它们抛弃我们"。[84]

至于比弗布鲁克，凯恩斯在 3 月 8 日致他的信中表达了沮丧之情。"显然，称我扮演了金本位制维护者的角色，并由英格兰银行来指出这是件多么令人震惊的事，这种说法是完全不可能成立的。你不可能忘记过去的历史，以至于认为这些观点有道理！"凯恩斯坚持认为比弗布鲁克被英格兰银行欺骗了。如果英国人不与美国人合作，大英帝国的经济基础（诸如英镑区）都将面临灭顶之灾。"除非我们就可兑换义务做出承诺，否则英镑区的国家绝无丝毫可能同意继续维持英镑区安排……只有在一个国际计划的庇护下，我们才有希望保护英镑区。"要求自治领"与我们结成货币集团，却不承诺与外部世界的可兑换义务，这是异想天开……

南非和印度将立即抛弃我们"。英格兰银行，凯恩斯愤怒地指责道，"为了维护旧有安排和过时思想的利益而放手一搏，尽管这些利益绝无可能继续维持下去……整个东西从头到尾都是垃圾。看在'上帝'的份上，不要招惹它吧"！[85]

"你使关于经济问题的讨论这样令人着迷，"比弗布鲁克答复道，"以至于我不得不提出反对意见。因为我认为你不会不厌其烦地以如此雄辩的口才来说服别人相信他已经相信的事。"他接下来详细阐述了他自己的观点。即使在他那个时代，这些观点听起来也带有不止一丝的怀旧发霉的气息。

"我不认同作为其基础的原则，因为它本质上是国际主义和自由贸易，而我不相信其中任何一个，"比弗布鲁克解释道，"我认为帝国特惠制度和保护国内农业所具有的价值，大大超过有关计划赋予它们的价值，"他继续写道，"而且，我不愿意支持一项摧毁特惠制度、牺牲农业的主张，因为其提出的补偿在我看来既值得怀疑又少得可怜。"他不同意经济增长要求解除贸易壁垒的观点。"我认为在大英帝国的范围内是有可能取得增长的，"他坚称，"事实上，我们如果这样做了，就可以打下一个更加牢固的基础。"

然而，关于英国将要面临的外交挑战，比弗布鲁克的观点事实上比凯恩斯更加贴近当时的情况。认为英国可以将美国约束在一个能够推进英国的经济和帝国利益的体系之中，这种想法是"一种危险的幻觉。我们能够掌控美国人的日子已经过去了，而且是一去不复返了"。[86]

在华盛顿，摩根索已经没有耐心了。他通过怀南特对英国财政大臣施压，要求加快英国政府批准联合声明的进程，但没有取得成功。4 月 10 日，摩根索在致怀南特的电报中发泄了他的怒火：
"英国代表的拖延让我们处于一个极为尴尬的境地，使我们无法令
国会、我们的公众以及其他国家的政府获悉事件进展的情况，并
导致有害的流言四起，增加了实现我们计划的难度。"他认为，除
非英国人在下周同意发布联合声明，否则今年内就无望召开国际
会议。[87]

　　但是英国政府现在也受到自治领方面的压力，后者要求在基
金中获得更大的份额，并在与计划有关但不直接涉及计划本身的
问题上得到更多的保证。例如，印度要求知道英国将拿什么来支
付印度提供的战争物资，这些物资令印度在伦敦积累了大量不可
兑换的英镑结存。

　　怀特也遇到了外国人的问题。他告诉奥佩，中国人强烈要求
他提供一份联合声明的副本，而拉丁美洲国家方面他也拖延不了
多久了。而且，奥佩在 4 月 13 日致凯恩斯的报告中提到，纽约的
银行家正在华盛顿集会，要扼杀组建国际基金的努力。他们支持
用德维法案取而代之，该法案支持美国在双边层面为重建和货币
稳定提供拨款和贷款。"怀特反复说道，他们使用的是拖延策略，
因为他们认为 11 月之后国会的情绪就会发生变化，开明的国际计
划不再可能获得成功。美国当局将此视为一个严重的威胁。"[88]

　　在伦敦，战时内阁感受到了华盛顿的强烈情绪，但是它继续
在份额、建立平行的国际投资组织等有关问题上提出要求，作为
其支持联合声明的前提条件。怀特极为恼火，并断然拒绝了这些
要求。他不准备在国际会议召开前讨论份额问题，并且不允许将
货币计划与一项投资协定捆绑在一起。

　　怀特与摩根索将注意力短暂地转向其他国家，说服它们参加
计划。他们大体上将此视作走个形式，甚至对美国驻华大使发报

称："声明将在此发布，无论在重庆发布与否。"[89] 唯一真正令他们感到担心的是苏联。怀特为财政部部长草拟了一封电报，指示驻莫斯科的艾弗雷尔·哈里曼大使约见苏联财政部人民委员，告知英国财政大臣已经接受了联合声明（虽然后者实际上并没有），并要求莫斯科与华盛顿和伦敦同时发布联合声明。财政人民委员答复称他还没有收到专家的答复，因此不能同意背书声明文本。但是在经过几番激烈的进一步交换意见之后，在华盛顿即将对新闻媒体发布声明之前的几个小时，苏联外长莫洛托夫告诉哈里曼，尽管苏联专家之间存在重大不同意见："如果美国政府需要……得到苏联政府的同意，以确保世界其他国家也如法效仿，苏联政府愿意指示其专家支持摩根索先生的计划。"[90] 苏联人将在布雷顿森林会议上使用相同的外交策略。

回到伦敦这边，凯恩斯预感到了即将发生的事情。"怀特博士是个记仇的人，"他在 4 月 16 日致财政大臣的信中写道，"我们可能会陷入这样的处境，要被迫接受怀特提出的一般性条款，同时失去我们经过深思熟虑并花费极大力气，才纳入当前文件中的宝贵和意义深远的保障措施。"

战时内阁极不情愿地放弃了其提出的条件。联合声明——这份作为大会序曲的关键性文件，终于可以向前推进了。然而，即使财政大臣约翰·安德森爵士已经开始与摩根索商定 4 月 21 日在华盛顿和伦敦发布联合声明的具体安排，凯恩斯仍然在疯狂地向奥佩发电报，对案文提出修改建议。尽管华盛顿完全不理睬这些建议，凯恩斯仍然说服财政大臣允许他起草一份说明文件，详细解释联合声明与清算联盟计划的区别以及产生区别的原因，这份说明文件将在伦敦与联合声明一并发布。凯恩斯要求财政大臣提前给怀特发去一份文件副本，"但不应要求或指望他表示同意。他还没有赢得这种特权，"凯恩斯补充道，显然是对怀特反复怠慢他的建议怀恨在心，"而且，在这种情况下，我们如果这么做，可能会被当成野狗遭到鞭打和唾弃。"[91]

在华盛顿的新闻发布会上，摩根索笑容满面，他对成功说服苏联人和英国人加入进来感到心满意足。当被问及那些较小的国家时，他打趣道："我们会听取它们的建议，然后解决它们的问题。"这一出乎意料的回答在记者中激起了一阵笑声。当被进一步问及计划的细节时："摩根索对计划的建议内容似乎比提问的人更加糊涂。"[92] 怀特经常插话来回答问题或者纠正他老板的回答。

联合宣言的公布并未结束伦敦的政治争吵，因为声明从形式上只是技术层专家就原则达成的共识，并没有得到有关国家政府的批准。摩根索希望这场国际会议于 5 月 26 日左右召开，并请求英国财政大臣立即同意率领英国代表团出席会议。财政大臣拒绝了这一请求。怀南特向摩根索解释道，英国方面必须获得议会的批准，加之海上旅行面临安全保卫方面的挑战，导致早期赴美参会难以成行。在华盛顿，怀特就英国的拖延再一次对奥佩大发雷霆，称美国政府中有很多人认为，英国的民族主义者希望组建一个排他性的帝国来巩固英国作为欧洲大国的地位（事实上怀特自己就是持这样的观点，只是他没有明说罢了）。这些英国的民族主义者的做法正中美国"帝国主义者和孤立主义者"的下怀，根据奥佩的记录，怀特将后者称为"世界上最可怕的敌人"。[93]

英国下议院于 5 月 10 日举行辩论。在此之前，凯恩斯向财政大臣简要介绍了情况，并特别辅导他如何击破任何关于联合声明意味着重返金本位制的说法。当然，凯恩斯本人之前就曾这么说过，在他与英国政府被迫屈服于怀特计划之前。但是现在，他所能做的不过是将反对黄金和美元的战役推迟到国际会议上打响。虽然凯恩斯"在可恨的下议院度过了 7 个小时，身心俱疲地"听取指责货币方案"不可思议、愚蠢之极"的发言，但是支持联合宣言的动议最终通过了。[94]

现在轮到了上议院。有人提出推迟辩论，要求先就在非货币领域开展国际合作的具体问题进行审议。凯恩斯极力主张上议院加快对声明的审议，认为"首先处理货币建议是符合逻辑的。因为如果各国可以在没有达成一致的情况下以及在很短的时间内突然地、不受限制地调整其货币的价值，那么要提出任何关于关税的建议都是极为困难的。关税与货币贬值在很多情况下是相互替代的关系……当货币秩序陷入混乱之中时，你很难在其他方面建立秩序。"[95]

凯恩斯敏捷地抵挡怀疑主义者从各个角度发起的攻击。他于同一天对伦敦《泰晤士报》刊登的一篇批评信件做出了回应："没有哪个国家从中获得的益处要比我们获得的更大。因为我们贸易的特点是，我们最重要的供应国并非总是我们最好的顾客。"但是，如果英国要拒绝一项国际计划，并坚持"设立多种不同的英镑，且每一种英镑都受限于不同的使用条件，那么再见吧，作为国际中心的伦敦。再见吧，英镑区，及其代表的一切……除了在战争情况下，除了出于支持我们战争行动的目的，如果存放在伦敦的资金无法自由地使用，还有谁会将资金放在这里"？[96]

5 月 23 日，上议院终于进行了辩论。有人对联合声明与凯恩斯计划存在显著区别表示关注。凯恩斯在做出回应时，首先试图尽量淡化这种不同的影响，表示未能保留设立新的国际货币的建议（这也是凯恩斯计划最为核心的要素）并没有那么重要。"确实，清算联盟计划中某些典雅、清澈以及符合逻辑的特征消失了，"他痛惜地说道，"而且，至少对我来说，这一点令人感到非常遗憾。"他声称，结果就是"不再需要新的国际货币单位这一华而不实的新发明了"。如果不是已经认输了的话，凯恩斯是绝不会将其挚爱的班科贬为"华而不实的新发明"的。

他用了一个幽默的比喻来淡化这一妥协的影响。"各位尊贵的大人也许还记得，我们曾经多么不喜欢提议的各种名称——班科、尤尼塔斯、多尔分、拜战特、达里克⊖还有天知道的什么名字。一些尊贵的大人还友善地加入了寻找更好的名称的工作之中"：

> 我回忆起 18 世纪一个乡村教区的故事。那里的人习惯于依据圣经给自己的孩子起名字——阿摩斯、以西结、饿巴底⊖以及其他。还需要给一条狗起一个名字。在对《圣经》进行了漫长而无果的检索之后，他们将这条狗起名为"此外"。我们就没有找到这么好的解决办法，结果就是这条狗死掉了。我们无须对失去一条狗感到过于遗憾，虽然我认为这是一只血统更纯正的动物，比现在这条由不同观点相结合所产下的狗更纯。但是，也许正如有时会发生的那样，这条混血狗可能更加健壮、更加耐用，并且在忠于培养它的初衷方面毫不逊色。[97]

为了凯恩斯计划，凯恩斯本人和英国政府在过去的几年中曾经与美国人进行了不懈的争论。现在他却将其计划的核心降格为一条死狗。接下来，凯恩斯开始猛烈抨击其持反对意见的同胞，

---

⊖ 后三个词的意思分别是：码头用于固定船舶的柱子、古拜占庭金币、古波斯金币。——译者注

⊖ 均为公元前的希伯来先知。——译者注

批评他们支持"小英格兰本土主义"的伎俩。"设想有一套双边和以货易货的协定体系，在此体系下拥有英镑的人不知拿它有何用处。如果认为这是鼓励自治领将伦敦作为其金融系统中心的最好办法，在我看来这几乎是个相当疯狂的念头。"现实决定了，"由于我们的自身资源受到极大的损失且不堪重负，要维持对英镑的信心，唯一的办法就是将其牢牢置于一个国际体系之中"。单枪匹马地干是在经济上最不负责任的做法。"当贸易周期的季风来临时，难道这些批评人士更加倾向于通过增加国内失业的方式来削减我们的进口需求，而非利用基金的资源来应对紧急状况，尽管基金明确规定可以用于此类临时性的目的？"

就和他一年之前在上议院的处女演讲一样，在长篇大论的叙述之中，凯恩斯似乎有时会为了利用任何可能赢得支持的论点，而不惜刻意将其议员同僚导向他所知道的或认为的事实的反面。这些言论，有些是无害的，至少在政治上是如此，例如他称与美国的讨论"不带有一丝火气"，显然这并不包括与怀特的一些关键场次的会谈。其他的一些说法就不是那么无害了，甚至可以说是在实质性地误导，例如他声称他"确信这个国家的人民与赫尔观点一致"。之前，凯恩斯曾将美国国务卿对贸易的观点斥为疯狂的建议，但现在称其显然是在"公正无私、慷慨大度"地实施极好的想法。[98]凯恩斯已经说服自己接受了美国在设置战后货币机构条款方面拥有的势不可挡的霸权。而他之所以这么说服自己，似乎是因为他非常注重维护他在谈判进程中的声望和地位，至少不亚于对影响实际条款的关注。虽然之前他曾经私下将美国的计划不屑一顾地称为"不过是金本位制的某个版本"[99]，现在他却对上议院说道："如果说对于什么是金本位制、什么不是金本位制以及金本位制的实质和含义的问题，我有一丝发表意见的权威的话，我会说这个计划与金本位制截然不同。"尽管如此，他却以如下的反问结束了他的发言："试问我们还有什么可选的替代方案，能够在未来向我们提供堪比的或更好的援助，以及更有希望的机会？"在这一点上，虽然没有明说，但凯恩斯其实是准确地道出了英国财政岌岌可危的状况。[100]

凯恩斯发言支持一个新的多边货币体系，同时坚称能够保留帝国贸易特惠制度。这一观点令包括贝尔福勋爵以及丹尼斯·罗伯逊在内的许多同僚感到自相矛盾。如果一个大国（例如英国）可以自由地吩咐一个小国，称其可以从后者那里购买产品，但前提是后者同意购买大国的产品作为回报，那么各国还能够像货币多边主义所要求的那样，合理地、不受限制地使用其从对一国出口中获得的收入，来支付自其他国家进口的产品吗？

"我认为你可能是在作茧自缚，执着于文字上的区别，即货币问题和贸易问题的区别，"罗伯逊 5 月 22 日致信凯恩斯时写道，"而这种区别看似成立，但在思想上可能如流沙一样并不牢靠。"[101]凯恩斯愤怒地答复道，他"仍然是（或者说更加）不知悔改"。但是，他煞费苦心地用逻辑来包装的东西，实际上只能以政治上不能不做的理由加以解释。[102]当时他所要做的是尽力将伦敦拉向华盛顿。

此项动议最终在上议院得以通过，首要是归功于凯恩斯做出各种保证。但是这自然而然地激起了美国新闻媒体的强烈反应，特别是凯恩斯声称如果美国"顽固地"使其出口超过进口，联合宣言的条款将解除"各国接受美国出口的义务；即使对于已经接受的出口，也可以免除各国的支付义务"。[103]一直紧盯货币问题讨论的德国媒体刻意地聚焦美英之间的权力斗争。《德国矿山报》评论道，凯恩斯在"货币竞争"刚开始时曾经占据领先，精明地打算以拯救世界经济为借口来保护英国的利益，但是美国人最终凭借其政治上更强大的力量将其美元帝国主义强加于英国。[104]《科隆报》指责凯恩斯的发言不是出于一个经济学家的思考，而是出于政治上的原因来美化和粉饰英国终将做出的让步。[105]

凯恩斯以宽慰的语气致信怀特，称怀特一定注意到了英国媒体"报道失实之处"以及"迸发的帝国主义情绪"，请他"不要过于当真；实际上这只是表面现象，是一个过渡性的阶段"。但是令美国人愤怒的不仅仅是英国新闻媒体的报道，还有凯恩斯表里不一的说法，在伦敦他主张坚持维护英国战后的货币与贸易特权。"当我告诉他，他在上议院的演讲给我们这里造成了相当大的麻烦时，"帕斯沃尔斯基记录到，"他的答复是，当时情况是如此之糟，以至于他感到绝对有必要说他说过的话。"[106]

英国久拖不决的政治戏剧迫使摩根索不得不再一次推迟他设定的大会日期目标，从5月推到了7月初（每一次推迟都被认为是世界末日）。一如既往，时间表是由美国的选举周期决定的，摩根索现在希望将大会安排在6月末举行的共和党全国大会与几周之后的民主党全国大会之间。这样使他可以将有关战后货币问题的远大目标直接纳入竞选活动之中。

与此同时，奥佩在花了大量时间劝说纽约的银行家支持货币计划后发现，他们愿意考虑向英国提供一大笔贷款，以此作为货币计划的替代方案，前提是就稳定英镑美元汇率达成协议。在阅读了奥佩的报告后，维利致信凯恩斯，询问努力争取这笔贷款的重要性是否至少不亚于努力争取通过货币计划。"从短期观点看，我们应该选择在过渡期向美国借取多达30亿美元，这个方案眼下对我们来说重要得多，比在后过渡期中接受货币计划更重要。"[107]凯恩斯显得非常震惊，他感到他的远大抱负可能会被银行家区区一笔贷款的诱惑击得粉碎。他反击道："更加审慎而明智的道路是与美国财政部站在一起，而非与对后者心怀不满的批评者同行。"这些银行家"并不了解自己的想法，也没有任何能力来兑现他们的承诺"。[108] 这种不友好的感觉显然是相互的，奥佩在给外交部的报告中称，纽约联邦储备银行官员、纽约银行家主要发言人之一的兰多夫·博格斯曾经告诉他，"如果凯恩斯勋爵将作为英国代表团成员"参加大会，"这会在本地的银行业、商业圈以及在国会中产生不好的效果"。[109] 因为他的"哲学信条是一遍又一遍的赤字支出，他认为使用信贷是一剂万灵药"。[110]

现在，凯恩斯自己也焦急地希望尽快召开一场国际会议，赶在政治大潮坚定地转向不利于会议之前。凯恩斯在 5 月 24 日焦虑地致信怀特称："我们在想何时才能收到摩根索先生的邀请。"他还开玩笑地请求道："看在'上帝'的份上，不要让我们 7 月去华盛顿，这一定会成为一种最不友好的举动。"[111] 就在当天，怀特召集英国与苏联的代表开会，宣布大会将于 7 月第一周召开，但他声称准确的时间和地点还没有确定。在会议召开前三周需要召集国际起草委员会举行会议。怀特和奥佩各自就可以邀请派员出席起草委员会会议的国家提出了建议。苏联人一如既往地不予置评，只是说他们将把问题转回莫斯科。第二天，5 月 25 日，赫尔正式向 44 个国家发出了会议邀请，邀请函显示会议将于 7 月 1 日在新罕布什尔州的布雷顿森林召开。又过了一天，摩根索发布了一份新闻稿宣布了会议的具体细节。

凯恩斯对怀特的会议方案感到不安。会议将分为三个阶段：预备会议，即起草委员会会议，将于 6 月中旬在大西洋城召开；一场规模庞大、为期数周的会议将于 7 月 1 日起在布雷顿森林召开；会议结束后，由所有参加方的立法机构批准会议结果。这完全不是凯恩斯所设想的模式，即会议由英美两国严格控制。"怀特博士对这一切的构想显得'越来越令人难以理解'，"他于5月30日致信维利时写道，"42个国家，总数43，被邀请于7月1日参会。"其中21个国家，包括伊朗、伊拉克、委内瑞拉和哥伦比亚，"显然没什么可以贡献的……只会碍事"。这是"近年来召开的最丑陋和庞大的猴子大会"。他指出，美国的新闻媒体"表示'7月1日起召开的会议可能会为期数周'。除非是将数日错印成了数周，否则"鉴于怀特计划要在会前召开起草委员会会议，"很难想象猴子主会场将如何使自己忙碌起来"。"看起来很有可能在会议结束前就出现急性酒精中毒的情况。"[112]

对于怀特来说，他完全无意让起草委员会起草任何有实质内容的东西。打个比方，古巴代表"将成为默不作声的成员，其主要作用是提供雪茄"，他在5月24日的会议上调侃道。[113] 委员会的工作只是为大会做个预演，并充当美国人收集情报的过程。怀特特别创造了这个环节，目的是确保在布雷顿森林召开的主要会议将尽可能地接近一场事先编排好的日本歌舞伎表演。

美国人决心踩灭清算联盟计划的余烬，而凯恩斯为了使它们继续燃烧施展了各种自我欺骗和政治伪装的手段。尽管如此，在租借谈判和布雷顿森林谈判的多年中，对于英国面临的财政挑战问题，凯恩斯一直是最有洞察力的分析师。他所有文章中最能够揭示这一点的，就是一篇篇幅1万字的备忘录，标题很简单：《过渡期我们外部金融面临的问题》。6月12日，在他出发去大西洋城之前，他将这篇备忘录散发给了大臣以及各个政府部门。

"我们在1914～1918年的外债，几乎全部是对美国的债务，这些债务我们都逃脱了，"凯恩斯写道，"如果假定这一次我们准备偿还，鉴于我们现在是四处欠钱，这一事实……意味着要想在不损伤荣誉、尊严以及信用的情况下重新崛起，我们需要付出比过去大得多的努力。"他的分析显示出英国显然是靠借来的时间和金钱在维持生计。数字很严峻。根据他的计算，在战后的头三年，英国的国际收支赤字大约在 15 亿～22.5 亿英镑（折合约 60 亿～90 亿美元），这些赤字必须通过某种途径得到融资。他概述了一个详细的计划来弥补这一资金缺口，包括反周期偿付、强化盟国出口付款条件、进一步限制自治领使用英镑区的美元储备、提振出口以及放松租借协定中对积累美元储备的限制。

英国需要克服的第一个障碍是否认现实。在此方面，凯恩斯显示出了他作为一个务实的经济学家真正的特殊天赋——他对国民心理分析的敏锐程度不亚于他分析数字的能力。

我们所有的条件反射行为都像是一个富人，所以我们对他人许诺得过多。我们渴望从战争中解脱出来的情绪极其强烈，以至于我们对自己许诺了过多。作为一个骄傲而伟大的大国，我们不屑于与比我们更小或更困难的国家讨价还价。鉴于我们刚刚经历了极度困难的境地，我们财政政策的出发点是安抚民众、有求必应。毕竟，战争时期的财政困难被如此简单、不知不觉地克服了，以至于一般人没有任何理由认为，和平时期的财政问题会更加严峻。供给部要求财政部保证，钱不是问题。而财政部也一直设法保证这不是一个问题。这种成功构成了所有障碍中最大的一个，让这篇备忘录中提及的问题得不到认真对待。

除此之外，对于英国至关重要的一点就是，尽快使自己彻底摆脱对美国的债务依赖，而这将会要求英国国民做出更大的牺牲。"丧失金融独立性的条件和后果……应该让我们感到非常担心……我们必须将对美国援助的需求降至尽可能低的水平，比如，20亿~30亿美元……并且甚至要做好准备，万一出现最坏的结果，即使完全没有援助也能过下去。"无论他为了使联合声明存活下来而对英国议会和新闻媒体说过些什么，有一句话揭示出凯恩斯完全理解在这场与野心勃勃、实力远胜一筹的英国前殖民地进行的博弈中，英国所承担的风险："最近美国的讨论以及提交国会的证据相当清楚地表明，美国中有一些团体希望利用战后对我们提供贷款之机将美国人关于国际经济体系的概念强加于我们（当然，这完全是为了我们好）。"[114] 这显然包括了废除帝国特惠制度、废除关于阻止使用英镑区结存购买美国出口产品的汇兑管制措施，以及使美元黄袍加身、登顶国际货币体系。怀特就是这些团体的领军人物。但是已于6月16日登船驶向纽约的凯恩斯仍然认为怀特心怀善意。毫无疑问，他已经说服自己相信，为了实现自己本国的关键利益，他别无选择，只能沿着这种假设的方向前进。

但是，事实上维利已经将一个诱人的B计划告诉了凯恩斯，即顶住美国财政部的压力，转向私人借款。这些贷款附带的地缘政治条件更少。凯恩斯拒绝了这一方案，其中一小部分原因一定不是这个方案是徒劳无功的，而是这意味着承认清算联盟（这个他思想的结晶）宣告死亡。

在航行途中，凯恩斯及其英国团队，包括埃迪、罗宾斯以及其他几位英格兰银行和外交部的官员，起草了两份关于基金和银行的"船上草案"。凯恩斯还找到些许闲暇时间读了几本书，其中包括哈耶克的《通往奴役之路》。凯恩斯动笔给哈耶克写了一封信，将这本书称为"一本伟大的著作……我从道德上和哲学上发现自己几乎完全同意它的全部内容，而且不仅仅是同意，还深受打动"。这一评论当然会令他的许多追随者感到很失望。然而，和平常一样，他接着就批评了哈耶克的观点，即用政府计划取代市场将不可避免地导致个人自由的丧失以及繁荣的衰退，并用了几段文字为他的"中间路线"辩护。二人之间的思想决斗至今仍然在总体上界定了经济政策辩论的边界。[115]

英国代表团于 6 月 23 日抵达纽约，并随即登上一辆开赴大西洋城的火车。在那里，他们入住克拉里奇酒店，该酒店在此前和此后的一周成为布雷顿森林会议前起草委员会会议的主会场。凯恩斯立即开始工作，率领英国代表团与怀特进行了一场私下的会议，并向后者提交了"船上草案"。怀特的反应并没有记录在案，但是应该不难想象。

英国代表团与美国代表团于次日，也就是 6 月 24 日，开始了正式的谈判会议。最初的交锋专注于与银行有关的问题，进行得一帆风顺。会谈"进行得确实非常好"，莱昂内尔·罗宾斯在他的日记中写道："凯恩斯处于他思路最为清晰、最有说服力的状态；产生的效果是不可抗拒的……犹如天神一般的来访者在唱诵圣歌，美国人坐在那里听得如痴如醉，一道金光洒在他们周围……在与银行有关的问题上，很显然我们取得了梦幻般的开局。"[116] 怀特让凯恩斯负责主持和操控一周之后进行的关于银行问题的谈判，这一点并不令人感到意外，因为这迷人的来访者已经表明他对美国人在此问题上的利益不会构成任何损害。

6 月 25 日的谈判专注于基金问题。在这里，根本性的分歧赤裸裸地暴露了出来。英国代表团强调各国有能力改变各自汇率的重要性，而美国代表团则强调汇率稳定的重要性。英国人强调各国相对于基金的权利，而美国人则强调基金在监管作为个体的国家方面拥有的权力。英国人希望扩大基金规模，而美国人设想的规模要小得多。英国人想要一个很长的过渡期，其间他们可以在贸易和货币领域保留采取行动的自由，而美国人则希望尽可能地缩短这种过渡期。英国人对美国人提出的份额公式感到不满，但是美国人拒绝讨论这个问题，这导致凯恩斯极不情愿地得出了如下的结论，即他们不得不将这个公式作为布雷顿森林会议谈判的起点。

尽管如此，凯恩斯仍然使自己相信，他与怀特有一个共同的谅解，即美国人和英国人将在大会过程中形成一个共同立场。一封他于6月25日致理查德·霍普金斯爵士的信函揭示出这种信心背后虚无缥缈的依据。

怀特迫切希望大西洋城会议不要对关于各种备选方案的疑虑和取舍过早地盖棺定论，因为对他来说很重要的一点是，不要给那些没有参加预备会议的美国代表团成员和其他大国留下一种印象，即要求他们对实质上已经完成的东西不假思索地盖上橡皮图章。与此同时，他也同意，关于哪些方案我们准备放弃，哪些我们同意力推，我们和美国人应该在幕后尽可能地达成高度的共识。因此，我和怀特将尽最大可能达成一个一致的文本，但是从表面上看，许多问题将仍然以不同的备选方案的形式呈现。[117]

如同丘吉尔致罗斯福的信函一样，凯恩斯的信件读起来让人觉得感伤，感觉它的作者完全不能承认自己其实束手无策的事实。凯恩斯将自己和怀特描绘成布雷顿森林会议的秘密的合作

者，密谋提出大会的辩论实质上只是作秀，"在一个大约坐了 60
个人的会场中，后排的那些人什么也听不到"。"当然，在布雷顿
森林召开一场规模巨大的猴子大会，是为了让总统可以宣称，44
个国家已经就基金和银行达成协议。"[118] 事实上，凯恩斯自己也
只不过是猴子大会的一分子，被怀特要得忙碌不堪、精力分散，
以便后者实施他的怀特计划。

英国代表团对后一天（即 6 月 26 日）与美国代表团会议所做
的记录显示出，怀特坚定地拒绝了凯恩斯重新起草的基金第 4 条
关于原则的声明，凯恩斯坚持成员国在决定其汇率方面拥有"最
高的权利"。怀特则坚持认为，基金最重要的任务就是维持汇率的
稳定性。怀特指出，凯恩斯的基金将仅被美国人民视作一个巨大
的信贷计划。在很大程度上，今天的基金组织已经变成了这样。

"因此，怀特认为凯恩斯勋爵的批评和建议直接触及了计划的
根基，而如果凯恩斯坚持这些观点，就不可能达成协议。"英国代
表团的会议记录显示。[119] 凯恩斯提出，20 世纪 30 年代留下的教
训是，维持固定汇率的国际义务，无论如何，在政治上都是难获
支持的；怀特则认为，20 世纪 30 年代的教训是汇率不稳定在政
治上将导致灾难性的后果。

凯恩斯提出了一个妥协方案，即各国在行使贬值权利的同时
将无法获得基金的贷款。根据美国代表团的会议记录，怀特回应
道，英国的建议"非常危险""未能遵守有关汇率条款的后果，仅
仅是剥夺使用基金资源的权利，而届时一国可能已经用尽了其在
基金中的信用额度，并且不再对这些贷款感兴趣"。他不屑一顾
地将凯恩斯的建议斥为"直接违背了我们的谅解"。[120]

二人在战后过渡期的长度问题上也产生了争论。在过渡期，
各国可以维持贸易管控措施。怀特希望过渡期为 3 年，3 年之后

采取有关措施必须获得基金的批准。凯恩斯则希望由各国自行决断过渡期的长短。怀特对此感到难以置信，询问是否这意味着即使 10 年过渡期也不够用。凯恩斯答复道，一段时间后，如果基金认为成员国的理由不充分，可以将其从基金中驱逐出去。凯恩斯宣称这是他的最终立场，并以停止谈判相威胁。而怀特仅仅是变换了话题以等待良机，直到大会开始，届时他就可以摆脱凯恩斯并独自解决这个问题。[121]

6 月 28 日，二人再次发生了争执。这一次是关于"可兑换黄金货币"（gold-convertible currency）和"可兑换汇兑"（convertible exchange）这两个关键却难以理解的术语，它们在原则声明的部分出现了几次。如果一种货币被视同于黄金，该种货币的发行国可能会获得巨大的收益。其他国家会自然而然地希望大量持有和储备该种货币，以进行国际支付结算，并用来抵御不可预见的金融困难。相反，货币发行国将只需要最低限度的外汇储备。通过以不带息的货币换得能够产生利息的资产，它将从中获得"铸币税"收益。在一定限度内，它可以简单地通过印刷钞票的方式使其从海外进口的水平持续高于对外国出口的水平。该国的企业开展的绝大部分贸易将不会遭受外汇风险。最后一点，铸造全球性货币还将带来无法量化的声望。

凯恩斯知道，如果"可兑换黄金货币"最终指的是美元，将会给英国带来经济和政治的风险。他建议用"货币储备"一词取而代之。美国人提出的反建议是用"黄金和美元"作为备选方案，这暴露出了他们真实的野心。凯恩斯反对给予美元任何特殊的地位，提出未来其他货币也可以实现与黄金的可兑换。和处理过渡期问题争议时的做法一样，怀特仅仅决定不再继续纠缠下去，而将此问题推迟到大会上解决。凯恩斯并不知道，怀特关于新世界秩序设想的核心就是在布雷顿森林会议上使美元皇冠加身，成为新的黄金。在怀特及其工作人员向摩根索提交的一份备忘录中，他已经将所有涉及"可兑换黄金汇兑"以及"可兑换汇兑储备"的表述都替换成了"美元"。[122] 但是他并没有对原则声明部分提出修订建议，因为他知道这样会引起许多代表团的反对。相反，他决心以暗度陈仓的方式在布雷顿森林会议上完成这一转换。

　　尽管在关键问题上产生了分歧，但凯恩斯仍在以一种与记录在案的分歧不一致的方式描述谈判的进展情况。"事实上，一切都进展得非常顺利，顺利极了。没有发生任何激烈或严肃的争执，绝大多数时间谈判处于友好和谐的氛围之中。"他在 6 月 30 日致霍普金斯的信中写道，罔顾凯恩斯本人一度以撤出谈判相威胁的事实。"怀特总的来说是一个令人钦佩的主席，"他继续写道，"他个人对我极为友善，而且在幕后时，他一直都决心要找到办法达成协议，除非他自己面临政治困难和阻碍。"凯恩斯又一次坚持认为，与美国人的谈判没有取得任何实质进展，这并不是失败的迹象，而是一种聪明的表现。"这里的策略是不要就任何问题达成正式协议，因为怀特非常注意，向布雷顿森林会议提交的文件不应是任何类似既成事实或仅供签字认可的东西。"在汇率这个关键的问题上，"我们还没有得到他们的明确同意"，然而这仅仅是因为美国人法条主义的情结。"怀特和伯恩斯坦已经被说服接受了我们的观点，但是他们遇到了在这个国家总是发生的问题，这个问题也是导致未能取得任何进展的一个原因，即他们不得不咨询他们的律师，而后者很难对付。"[123] 于是，英国官方记录所记载的与美国人的明确分歧，被凯恩斯带有倾向性地解释成仅仅是故意未达成"正式协议"，旨在营造一个开放性程序的表象，或者仅仅是一个努力说服律师的问题。

怀特本人明确地否认了凯恩斯关于他们私下达成一致的说法。"英国人和我们之间存在一些很棘手的分歧，"他在 6 月 25 日致摩根索的报告中写道，"美国代表团将不得不在大会上予以解决。"他详细列出了一长串问题，首要问题就是"英国人希望增加灵活性，使改变汇率变得更加容易。我们认为在这一点上应当寸步不让"。[124] 他根本没有提到律师的障碍。

凯恩斯和英国代表团是怀特在大西洋城最大的麻烦，但其他代表团自然也在力争使美国考虑到它们各自的国家利益。怀特指示他的技术顾问团队尽可能多地与外国代表们进行讨论，但是要"恪守官方路线"并绝不能提及美国可能做出妥协。[125] 引起最多关注的是国别份额的问题。怀特禁止在美国团队之外讨论该问题，并要求对财政部拟定的份额公式及分配表保守秘密。各国代表仅被告知份额总金额将在 80 亿～85 亿美元。这样就使各国明白，自己份额的增加意味着他国份额的减少。其用意是使这些国家清楚地认识到它们将不得不相互进行斗争，从而避免它们将美国作为斗争的对象。[126]

怀特剩下要做的事情就是操控美国自己的代表团。他决心采取的方式是将他们蒙在鼓里。怀特没有邀请他们前往大西洋城，而是带来了他自己私人的技术助手和秘书团队，并从 6 月 15 日起对他们进行培训，也就是在第一批外国代表团抵达前 4 天。他们将发挥的一个实质作用是，将数量众多的代表的精力、目标、雄心以及虚荣导入没有实际意义的辩论之中。

怀特将对大会的组织做出如下安排：由他本人担任处理基金相关问题委员会的主席。凯恩斯将被安排担任处理银行相关问题委员会的主席。此时，银行在怀特的战后议程中已经成为一个边缘问题。在两个委员会中将下设多个分委会，负责处理具体的实

质问题。所有分委会的主席和报告人都将由外国人担任<sup>⊖</sup>。这实际
上就是凯恩斯所预见的"猴子窝"。为了确保猴子窝不会失控，所
有秘书处人员及助手都将是怀特最为亲近的财政部同事，以及他
亲自从美联储、国务院以及其他美国政府机构挑选的工作人员。
正是这些人，而非外国代表，甚至不是美国代表，将选择讨论的
议题、计算投票的情况以及至关重要的一点——撰写会议纪要和
最终法律文件。怀特指示他的团队不要介入分委会的讨论，但是
警告他们在任何情况下都不得偏离美国的官方立场。

在 15 个外国代表团抵达大西洋城之前，怀特将他的团队分
成了 4 个小组。每个小组都进行了为期 5 天的高强度的工作，处
理美国财政部以及外国代表团对联合声明有关议题提出的修改意
见。[127] 这些议题包括成员国义务、份额与投票权、征收额、成
员身份的退出及暂停、汇率平价的变动。每天各组都聚在一起开
会，提出对联合声明的修改建议并进行讨论，会议由怀特主持。
怀特仅允许他最为亲近的助手浏览修订后的联合宣言全文，拒绝
其他人提出的审阅要求。有人抱怨道，他和他的同事"一直强烈
要求得到一份完整的文件，因为在不了解文件其他部分内容的情
况下很难对其中的一个小章节进行讨论"。当他们最终被允许看
到修订后的声明草稿时，"副本都做了编号，在会议结束后被收
了回去"。[128] 怀特甚至禁止任何人对会议做书面记录。[129]

怀特强制实施的极端保密的做法不仅令其大西洋城的团队成

---

⊖　布雷顿森林会议的基本组织结构介绍如下：会议共设有三个委员会
（commission），第一委员会处理国际货币基金组织相关问题，第二委员
会处理国际复兴开发银行相关问题，第三委员会处理其他国际金融合作
方式问题。每个委员会下设多个分委会（committee），处理常设议题、
临时议题、特殊议题以及文件起草问题。分委会之下还可再成立小组委
员会（subcommittee）。——译者注

员感到恼火，也激怒了身处华盛顿的财政部部长。"除了听你说缺少浴巾之外，我不知道那里还发生了什么。"摩根索 6 月 22 日在电话中对怀特咆哮道，此时会议已经进入了第 8 天。

"我这一直在夜以继日地与美国团队工作，试图就我们的立场达成一致意见，"怀特解释道，"我们在仔细分析各种不同的问题，看我们是否会存在异议或遭遇麻烦，但是这全部都……仅仅是就观点和讨论的基础交换意见。"他解释道，他的目标是形成一份完整的、可以提交给英国人的草案。怀特告诉他的团队，与外国人的讨论不要"当真"，直到 6 月 23 日英国人抵达之后。

"是，但是你要知道，怀特，你让我完全无所适从，还有其他所有美国代表团成员，然后你希望我们出现并在虚线处签字认可，这办不到。这就是办不到。"摩根索愤怒地答复道。

"这个，我想提出一个建议……"

"我说这就是办不到，"摩根索继续说道，打断了怀特，"这非常好。我的意思是，我知道你忙得不可开交，但是你让……我们剩下所有的人完全无所适从。"

怀特试图安抚财政部部长，提出美国代表团的一小部分成员也许可以来到大西洋城并加入会议。或者，他可以在布雷顿森林会议前向代表团成员简要介绍美国的立场。

"是的，但是如果我根本不喜欢已经达成协议的内容，"摩根索试问道，听起来好像他知道他所能理解的技术细节不足以使他表示赞成或反对，"我想说的是，如果你将这个东西发给我了，并在你进行的过程中及时通知我进展的情况，我是会知道的，"他澄清道，态度温和了一些，"如果我没有读它，是我自己的问题。但是如果我从你那里得不到任何消息，那就是你的问题了。"[130]

事后，怀特迅速地给摩根索寄去了一份备忘录，就他对大西洋城会议的管控方法进行辩护，强调他花时间扩充和修订基金及银行草案，使美国专家了解外国代表团的观点，并培训这些专家如何在布雷顿森林会议上发挥支持美国代表的关键作用，强调他做这些事的重要性。但是摩根索知道，怀特是一个自己有想法的人，所以他指示伯恩斯坦及时向他通报大西洋城会议的进展情况。他得到的消息是，在基金的性质以及基金的作用等问题上存在很多争议，这些争议既是在美国不同利益集团之间，也是在各个参与方政府之间。[131] 怀特是在放烟幕弹。

摩根索想要夺过缰绳，但为时已晚。6 月 30 日，代表们被引上了一辆驶往布雷顿森林的专列。他们的离去标志着怀特所导演的大会预备会议胜利结束。他使英国人建设性地忙于讨论之中，但没有对任何实质性问题做出让步。他收集到了有关其他代表团关注的议题的情报，这足以指导他接下来的行动。他让摩根索和美国代表团离得远远的，从而不会对会议造成损害。而且，他还培训了一支私人民兵队伍，他们将在控制接下来这场压轴大戏的结果方面发挥关键作用。

| 第 8 章 |

# 历史于此铸就

这是一个具有决定性意义的时刻，1944 年 6 月 4 日，美国军队进入罗马市中心。第二天傍晚，英国步兵部队借助滑翔机在距离法国卡昂以北 6 英里处着陆。至 6 月 6 日午夜，15.5 万名美国、英国和加拿大士兵已经在诺曼底登陆。到了 6 月 10 日，登陆总兵力已经达到 32.5 万人；6 月 20 日达到 50 万人。盟军传奇一般的"霸王行动"曾因持续不断的暴风天气而几近搁浅，现在终于达到了高潮。

尽管遭遇了一些挫折，但盟军正在一点一点地向后挤压德军筑防坚固的防御部队。丘吉尔一度担心会出现更加困难的局面，还曾游说罗斯福制订开辟南欧战线的预备方案，但没有取得成功。如果不是因为英美实施了军事史上前所未有的长时间大规模欺骗性作战行动，盟军遭到的抵抗将会激烈得多。到了 6 月 25 日，美国军队已经进入瑟堡市郊区，但是德国陆军元帅冯·伦德施泰特仍然怀疑诺曼底的战事只是移花接木的障眼法；数以千计的德国士兵守候在加来海峡地区等待子虚乌有的美国第一集团军群的入侵。在东线，苏联军队以横扫千军之势向明斯克挺进，在

6 月的最后一周击毙了 13 万德国士兵，俘虏了 6.6 万人。但是纳粹并没有停止其恐怖暴行。6 月 30 日，载有 1795 名希腊犹太人的火车驶进距离明斯克 444 英里的奥斯威辛集中营。其中一半人已经死亡；另外一半处于昏迷之中，并随即遭到屠杀。[1]

同一天，远在世界另一端的新罕布什尔州雄伟的白山，工人们正忙碌地为自 1919 年巴黎和会以来最为重要的国际会议做着准备。这场会议关注的问题将超越生灵涂炭的战争，着眼建立一个长远的、基于贸易与合作的世界新秩序。美国财政部部长和他的副手，这两个欧洲犹太移民的后裔，在会议场地与美国的先遣队召开碰头会，编排第二天下午将摩根索选举为大会主席的具体流程。

怀特担心，摩根索接受主席提名的演讲将淹没在摩根索所谓的毫无价值的废话之中。"新闻媒体怎么样了？"怀特问道，"财政部部长的演讲会得到很好的报道吗？"

"哦，会的。"财政部的弗里德·史密斯向他保证道，"因为他们周日也有报纸。这就是为什么"要将演讲提前到周六，比原计划要早。[2]

财政部希望将国会怀疑论者中更容易受到影响的那一部分争取过来，并为此制订了行动计划，其核心就是拉近与新闻媒体的关系，营造一种在国际重要政治场合中前所未见的开放度与公开度。去年在弗吉尼亚州温泉市召开的联合国粮食与农业大会遭到了媒体的敌视，美国当局决心不让这种煎熬的经历再度重演。"这里的官员已经明确表示，在如何对待新闻媒体方面，布雷顿森林将不会成为'温泉'，"《基督教科学箴言报》赞许地写道，"每天都安排了记者与官员的会议。"[3]

演讲的细节安排妥当后，另一个关键问题就是如何处理最容易惹祸上身的英国代表团团长。国会中许多人都坚信大会方案是出自诡计多端、挥霍无度的英国人的手笔，首要作者就是凯恩斯勋爵这个巧舌如簧、贵族做派的大忽悠。摩根索和怀特一致认为，在会议开幕当天不能让这个人接近讲台。"告诉他……如果他在下周之中的某个时间发表演讲，而且是独自一人，他将会得到媒体全部的关注，"摩根索对怀特发出指示，"否则他的声音将被总统以及我们其他人所淹没。"[4] 事实上，摩根索和怀特希望尽可能地盖过凯恩斯的声音。

和以往一样，怀特的动作比他的老板快得多。前一天，凯恩斯发信向伦敦报告，"怀特希望由我来做一场盛大的正式演说"，在一次全体会议上，具体时间待定，就在关于国际货币基金组织的讨论取得"充分进展"之后。[5]

英国代表团成员莱昂内尔·罗宾斯将会议实际的开幕式描述成"一长串索然无味的、难以听清的发言"。对他来说，开幕式当天的主要活动是凯恩斯在他的起居室举办的一场私人晚宴，目的是纪念一个稍显无关的事件——剑桥大学的国王学院与牛津大学新学院"缔约"500周年。[6] 鉴于国王学院最近与耶鲁大学也结成友好关系，凯恩斯还邀请了迪安·艾奇逊（一位具有贵族气质的耶鲁毕业生，5年之后他将成为国务卿）以及艾奇逊的校友——中国代表团团长，被人称为"慈父"的孔祥熙。

经历传奇的孔祥熙有一串长长的头衔：时任中国（南京国民政府）行政院副院长、财政部部长、中国银行董事长、燕京大学校董会董事长、齐鲁大学校董会董事长、铭贤学校（欧柏林大学中国分校）校董会董事长、中国工业合作协会理事长、孔子学会会长、中国财政学会理事长。孔祥熙是孔子第75世孙，通过开办连锁商号、银行、棉纺厂以及采矿厂发家致富。他谙熟中国家族政治的游戏规则，并于 1933 年成为蒋介石国民党政府的财政部部长，时年 51 岁。[7]

布雷顿森林为即兴外交提供了一个无与伦比的舞台，艾奇逊没有放过这个机会。罗宾斯记录道："作为一个伟大的公司律师，艾奇逊试图用他娴熟的技巧引导饱经风霜的孔祥熙承认，中国当前的政策在某种程度上存在割裂之处。可以想象，孔祥熙是不会掉进陷阱里的……他岔开话题，谈起他与罗斯福总统和张伯伦的历史交情和关系……二人结束谈话时甚至还互致了敬意。"[8]

至于怀特，尽管他是大会的设计师，但一直未能完全摆脱凯恩斯伟大存在的阴影。《基督教科学箴言报》报道称，华盛顿批评美国代表团中没有"这个国家顶尖的经济学家"，没有一个人能与英方的凯恩斯、罗宾斯和丹尼斯·罗伯逊等旗鼓相当，并质疑有关讨论是否会因此显出"凯恩斯主义的倾向"。[9]更加具有个性和民族主义色彩的《芝加哥论坛报》为凯恩斯的照片所配的注释是"统治美国的英国人"[10]，并叹息道他令大会上"所有其他人相形见绌"。该报还将怀特讽刺地称为凯恩斯"最热情的仰慕者和追随者"之一，还称他不过是凯恩斯的新鲜思想在美国的回音壁，这令怀特感到非常恼火，但他只是很不情愿地向媒体表示："任何不熟悉凯恩斯作品的经济学家都是笨蛋。"[11]

至于提议新成立的国际货币基金组织，美国人"要是参加这个计划……就是疯子"，《芝加哥论坛报》说道：

其作者凯恩斯……是一个强烈的通货膨胀主义者。他在战前从未能说服他的本国政府接受他的理论，因为当时英国还是债权国，而只有一个极为愚蠢的英国才会稀释英镑的价值，允许其他国家用已经贬值的货币来偿还其对英国的负债。

现在英国成为一个债务国。正如凯恩斯 5 月对上议院演讲时说到的，"我们对其他国家欠下了一笔重债需要日后偿还，这种压力将令我们步履蹒跚"。凯恩斯提议通过现在正在讨论的绝妙计划来缓解债务负担。美国人民希望帮助破产的英国重新恢复，但是除了已经完全被英国人左右的怀特、摩根索或者罗斯福之外，没有一个美国人会同意以我们自己清偿债务的能力作为代价来帮助英国。[12]

《华尔街日报》也措辞严厉地讽刺道，"在美国的一个环境宜人的角落召开一次精心策划的会议"，名义上是为了稳定货币，而真正的动机是出资救助英国。[13]《时代周刊》以独立日为背景渲染英国与美国的利益之争。

在"蓝图战役"中，英美之间大部分初步的小规模冲突都是秘密发生的。第一次公开打击发生在去年春天，由第一代蒂尔顿男爵凯恩斯发起，他提出的建议实际上将使英国在世界货币安排中占据统治地位。第二次则是由美国财政部的怀特提出的反建议，这一次美国凭借其巨额的黄金储备占据了上风。双方选定以白柱子的华盛顿山饭店作为战场，凯恩斯勋爵率领了 15 人的英国代表团前来，其中包括了两位英国最优秀的经济学智囊：莱昂内尔 C. 罗宾斯和丹尼斯 H. 罗伯逊。[14]

第二天上午，7 月 1 日，就在 43 个外国代表团抵达之前几个小时，美国代表团及其顾问举行了第一次正式战略会议。摩根索既是美国代表团的主席，也是整个大会的主席，这听起来有点像既担任球队主教练又担任大赛的裁判员。他泰然自若地扮演了这个双重角色，其中很重要的一个原因是，他不是美国具体谈判立场的提出者，因而并不为此感到骄傲，也没有什么深厚的感情。当外国代表大声嚷嚷的时候，他可以面无表情、问心无愧、头脑清醒地对他们说，能找到解决的办法。而这就是怀特和他的技术专家的工作了。

经济稳定办公室副主任、大法官弗雷德·文森是美国代表团副主席，他还曾经是一名棒球运动员以及肯塔基州国会众议员。文森的家乡是著名的肯塔基赛马大赛的主办地，因此他喜欢用赛马打比方。他会提醒外国代表团团长注意大会"已经冲上了最后的直道"，并警告称名为联合国的"赛马"可能在"终点线"之前"摔倒并折断一条腿"。[15]

怀特在美国代表团中没有任何特殊的职务，但是他在布雷顿森林之于摩根索的作用，就相当于马歇尔将军在欧洲之于罗斯福的作用一样至关重要。因为他自封为处理国际货币基金组织以及新全球货币体系的第一委员会的主席，怀特篡夺了起草大会关键条文的巨大权力。怀特为了使自己能够控制大会而对会议的组织流程做了精心编排，摩根索对此一无所知。但是财政部部长决心不让怀特一人独霸媒体的目光。他匿名地指定由财政部经济学家伯恩斯坦以及律师安塞尔·拉克斯福特主持每天的新闻发布会。"这只是怀特与摩根索之间鸡毛蒜皮的竞争关系的另一个例子罢了，他们计较的是功劳归谁。"伯恩斯坦多年之后解释道。他"感到惊讶的是，这种争功的愿望非常强烈。凯恩斯也是这样。他希望他的计划得到接受"。[16]

美国行政当局的其他代表还包括代表国务院的艾奇逊，以及外国经济署署长里奥·克劳利。马瑞纳·伊寇斯代表美联储。

美国代表团中有 4 名国会议员。摩根索从国会参众两院的两党中各选择了一名代表。纽约州参议员罗伯特·瓦格纳、肯塔基州众议员布伦特·司班斯代表民主党。瓦格纳是参议院银行与货币委员会的主席，他是一个著名的支持新政和劳工问题的进步人士。他还是罗斯福智囊团的成员，并早在一战之前就曾在纽约州的州议会与罗斯福有过一段共事的经历。司班斯是众议院对应的委员会的主席，他也积极倡导自由主义的国内经济立法和外交政策动议，例如菲律宾独立。他曾经担任纽波特市的政府法务官，据说在 1916～1924 年，他为纽波特市打赢了所有针对该市提起的法律诉讼并因此声名大噪。他第一次赢得国会选举是在 1930 年。尽管他在国会中是一个安静的人物和一个不甚出众的发言人，但他的品德赢得了同僚的一致赞誉。他从不在《国会记录》发表众议院全体会议发言稿之前再重新把讲稿改一遍，能做到这一点的人并不多见。[17]

　　会议主办州新罕布什尔州的参议员查尔斯·托贝以及密歇根州的众议员杰西·沃尔考特代表共和党。托贝思想独立、言辞尖刻，曾是一个孤立主义者。他是瓦格纳的委员会的成员，也是一个有争议的人选。摩根索和参议院多数党领袖阿尔本·巴克利在托贝与俄亥俄州参议员罗伯特·塔夫特之间选择了前者。塔夫特是共和党参议院指导委员会主席，也是瓦格纳的委员会的成员。他曾经公开宣称加入基金组织"就像把钱倒进下水道"。[18]沃尔考特是司班斯的委员会的成员。他是一名一战老兵（担任机枪连的少尉），后来成为一名公诉人，并于 1930 年与司班斯一起进入国会。1958 年，他将成为联邦存款保险公司的董事，而后还将担任该公司的董事长。他喜欢加入各种各样的协会和社团，是美国退伍军人协会、美国海外战争退伍军人协会、共济会、麋鹿兄弟会、皮西厄斯骑士兄弟会、国际雄狮社、国际驼鹿社和怪人共济会的成员。[19]

还有两名代表团成员来自政府以外。爱德华 E. 布朗是芝加哥第一国民银行主席，选择他是因为"在银行界比较听话的那部分人中"，他比较突出。[20]《芝加哥论坛报》将这个本地男孩称为美国代表中的"杰出例外"，其他人都是"新政政客"[21]而且"才智平庸"。[22]《时代周刊》对布朗的评价则没那么高，称他"连续几天在会场穿着同一身褶皱的蓝色哔叽西装，雪茄的烟灰挂在西装的前襟上，由于缺少睡眠而显得目光呆滞"。[23]凯恩斯对他的评价结合了两方面的观点，称布朗是"一个身材魁梧的人，体重约127 公斤，只吃牛肉……点起头来像一头被关在畜栏里的公牛。但是……他头脑的领悟力以及个性的力量完全不同寻常。我已经很久没有遇到过比他更有能力或更加杰出的银行家了"。[24]

瓦萨学院的经济学教授玛贝尔·纽康梅尔是代表团中唯一的女性。从 20 世纪 20 年代中期开始，她经常被任命为州一级与财政问题相关的委员会的成员，处理涉及税收、学校融资、自有住房、农村生活等五花八门的问题。[25]沉默寡言的她在布雷顿森林会议的过程中几乎没有留下任何印迹。但是，《纽约时报》对她一直十分关注。7 月 4 日的一则头条报道指出大会使她"忙碌不堪，无暇兼顾她爬山的爱好"。在被问及"一名女性如何能够成为一名经济学教授，并成为一名国际金融和外汇问题专家"时，纽康梅尔对记者说"它就这样发生了"。[26]

美国代表团成员多达 12 人，而负责为代表团提供协助的是来自财政部、美联储、国务院、外国经济署、证券交易委员会和商务部的 12 名技术顾问，此外还有 4 名法律顾问、7 名技术秘书、4 名主席助理以及 1 名代表团秘书长。

摩根索请求在场的美国代表摒弃党派界线，他们必须"作为一个团队开展工作，对外形成一条统一战线"。这场会议比"共和党或者民主党都重要"。美国团队内部的分歧必须在"这个房间里、在这道线以内解决"。

这引发瓦格纳参议员提出了一个程序性问题:"线在哪里?"[27]

怀特很少纵容议员开此类玩笑。他详细地阐述了美国和外国代表团的主要立场。他说道,其他国家认为,在未来的几年内"美国将……给全世界其他国家的货币体系带来压力……因为美国将垄断全球很大一部分市场并将有能力取得所谓的出口顺差"。它们希望"通过基金组织向美国施压……从而迫使美国采取对它们的汇兑压力更小的政策,并使它们能够在美国出售更多的货物"。但是美国将不会容忍基金组织干预其顺差状况的举动。

"我们在这个问题上的立场是非常坚定的,"怀特坚持道,"在这个问题上,我们的立场是坚决反对"。[28]

凯恩斯和其他人甚至希望"对我们、对出借人征收利息",他继续说道,但是美国的立场"与此截然相反……我们要向他们收取利息"。原因是"基金组织旨在实现一个特殊的目标,这个目标就是防止货币的竞争性贬值"。[29]

诺克斯堡储藏的黄金,怀特接着说道,"是美国遭人妒忌的原因……是我们在这场会议上处于强势地位的原因……是我们实际上统治了金融世界的原因,因为我们有这个资源可以购买需要的任何货币。如果英国或者其他任何国家处于这种地位,情况就会发生非常大的变化"。[30]

怀特相信,债权国制定行为准则。即使有像凯恩斯勋爵一样能言善辩的使者,那些走投无路的债务国也只能动动嘴,类似"坚定不移""一期款项"等用词让摩根索感到很好笑。"我们学到了很多新的英语词汇,不是吗?"财政部部长在看过一封符合凯恩斯一贯风格的投诉信后评论道。[31] 英美金融领域戏剧性的斗争已经进入尾声，此时英国代表团团长大体上已经沦为一个伶牙俐齿、令人讨厌的人。摩根索可以拿他慷慨激昂的信函开玩笑。用斯大林的话说，国王学院有几个师的编制？

然而，正是由于美国的地位如此之强势，恰恰导致反对大会的那一部分美国人对会议的目的提出质疑。"美国人都知道，世界上绝大多数货币黄金都安全地埋在肯塔基"，《基督教科学箴言报》评论道，那么"当其他国家的专家谈论起货币、贷款、贸易以及偿还等问题时，就会给那些不熟悉情况的人一种不舒服的感觉，家里的厨房进贼了"。[32]

这些观点未能认识到这样一个事实：尽管美国在布雷顿森林手握几乎所有的王牌，但其他国家也有一个为人熟知的、万不得已的备选方案，即易货贸易。"凯恩斯勋爵圆滑老练但意图明确，他花了足够多的时间向我们强调了这一点。"《华盛顿邮报》评论道：

> 在一次媒体采访中，他指出，如果货币计划被否决了，英国可能被迫诉诸某些让人非常难以接受的办法来扩大它的对外贸易。他说，眼前唯一的替代方案就是退回到易货贸易体系，这也许可以作为"最后的权宜之计"。这种结果显然是美国不愿意看到的。英国人，正如其政府内阁两位大臣最近所声称的，也许"破产了"（因为他们没有钱偿还外债），但是他们不是没有能力通过双边贸易协定的方式将他们的产品推向外国市场。[33]

德国很多年以来一直在这么做，迫使德国马克的外国持有人使用马克来兑换德国的货物。因此，对于有大量英镑结存遭到封存的英帝国成员和中立国，英国也可以如法效仿，使一度金光闪闪的英镑仅能够用来兑换英国人能够向它们供应的商品。倒霉的人总能至少握有一张可能获得成功的牌，即他们的状况不会变得更糟了。"对塔夫特参议员而言，债权国无法对债务国发号施令的状况也许是不可想象的。"著名的政治专栏作者、深得怀特敬佩的沃尔特·李普曼评论道：

尽管美国专家可能不愿公开承认，尽管外国政府也不愿坦白直说，但事实上这更接近事态的真实状况。因为如果世界上只有一个大国有能力提供大额国际信贷，那么通常存在于私人之间的债权人－借款人关系就不成立了。其他大国对于它们愿意接受的信贷条件有相当大的发言权。这就是我们必须清醒地认识到的现实……如果大的债权国提出的条件不符合这些国家的内部需要或它们的国家尊严，除了接受我国所渴望实现的普遍的国际贸易体系外，它们还有一个替代方案。这个替代方案就是在双边或易货贸易的基础上开展由政府控制的贸易。

这并非一个很好的替代方案，而且一旦通过，将使整个世界变得更加贫穷，麻烦也会更多。但是我们千万不能有任何幻想，"如果其他金融大国无法取得恢复普遍贸易所必需的贷款，或者贷款的条件被它们视作美国对其国内政策发号施令或对其的羞辱，它们一定会认为这个糟糕的替代方案是两害相权取其轻。

这种结果也许是可悲的。但这就是人生的现实，我们越早直面它越好。[34]

伦敦的《泰晤士报》发表了相同的观点："基金与银行的挫败将迫使美国或者履行两家机构的责任并承担其风险，或者眼睁睁地看着它的出口贸易在一个日益转向政府控制和易货安排的世界中逐渐衰落。"[35] 所以，美国人不得不合作，正如一句美国俗语所说的那样，开球了你就得玩下去。

在欧洲，7 月 3 日，苏联军队势如破竹地夺回了白俄罗斯的首都明斯克，俘虏了超过 15 万名德国士兵，缴获了 2000 辆坦克。[36] 同一天，在布雷顿森林，怀特在美国代表团的一次深夜会议上介绍了他精心设计的分委会工作流程。

分委会的主席将由非美国的代表担任。处理基金问题的分委会将分别由中国、苏联、巴西以及秘鲁代表担任主席。各分委会的成员将拿到一份工作文件，这是一份事先准备好的《关于原则的联合声明》。文件出自怀特财政部团队的手笔，只是在不重要的部分为安抚凯恩斯和英国人而做了些许调整。参加大西洋城预备会议的代表团提出的备选方案的具体文字被标注为 "A""B""C"，等等。列为 "A" 的总是美国提出的备选方案。"A" 方案的文字原则上已经事先得到英国人的同意，并将在官方会议记录中以美英联合提案的形式出现。文森和沃尔考特将代表美国参加不同的分委会会议，但是他们并不掌握怀特计划的理由和原因。怀特向他们保证道，"孩子们"（指的是技术专家）"将和你们在一起"并将 "告诉你他们认为是否需要应该说些什么"。

文森试图努力从怀特的辅导中得出一些程序性的规则。如何知道某些问题何时得到了 "通过" 呢？这些分委会听起来像 "自由式摔跤"，他评论道。

应该只有 "一条一般规则"，美联储研究部主任艾曼纽尔·戈登威泽建议道："任何人想发言多久就可以发言多久，只要他什么也没说！要将分委会的实质性工作与发言区分开。"

这只是 "开个玩笑"，他澄清道。但是这正中怀特的下怀。

财政部的艾米里奥·柯亚多发表了他的意见（战后他将成为世界银行的首任美国执行董事）。分委会的主席们 "必须得把各项动议通读一边，至少问一问有没有其他备选方案，因为，毕竟……还有 30 个国家没有参加”大西洋城的预备会议。[37]

但是，想要组织就各种动议进行有意义的辩论是一件几乎不可能完成的事。“有很多人……说各种各样难以理解的英语，”俄罗斯裔的戈登威泽评论道。比如说，苏联人“不说英语，他们的翻译也不说英语……一边是行刑队，另一边是英语，他们在两者之间艰难挣扎”。[38]

无论怎样，在怀特的脑海中，分委会的讨论实际上不可能影响基金的内容。秘书处都是由怀特指定的美国人，是他们负责撰写官方会议记录。而且，负责基金问题的各分委会都要向第一委员会报告，而第一委员会的主席正是怀特本人。

艾奇逊一度提出，如果“有人反对主席的裁定”，可能要进行“举手表决”。怀特立即否定了他的建议。他坚持，对主席而言最好的做法是仅仅“确认会议的意义。这样更加安全”，他解释道，“如果这么做合法的话”。[39]

“谁主持今天下午第一委员会的会议？”摩根索天真地问道。财政部部长曾严厉训斥怀特在大西洋城会议过程中将他蒙在鼓里的做法。但是，对于他的副手在布雷顿森林所导演的一切，他仍然惊人地一无所知。

“一个美国人。”怀特含糊其词地回答道。

“是谁？”

“我想，这应该是我的职责，”怀特提出，听起来感觉他刚刚才有了这个想法，“因为讨论的全部都是技术性问题。”

“你居然不情愿地接受了！”摩根索说道，情绪显然不错。

“我很不情愿，但是只好接受了！”怀特承认道，轻巧地一带而过。“我们需要找到一个人来担任第一委员会的主席，一个了解所有问题的人，这很重要，”他很笨拙地继续说道，“因为这个人要防止就他不希望进行表决的问题进行表决，并且总体上把握讨论的方向，不至于出现委员会就我们不想看到的问题达成一致的局面，因为那时就太晚了。"

摩根索感到满意："我不知道还有谁比你更加胜任。"[40]

在会议的前两周，与美元和黄金的未来有关的重要议题变相地以各种形式被多次提及。一个令美国代表团高度关注的问题是稀缺货币条款。自从怀特于一年半之前第一次提出这个概念以来，他一直在努力控制由此引发的政治上的损害。其他国家有可能利用这则条款联手对抗美国，反对美国持续的贸易顺差，对美国的出口实施歧视性的贸易壁垒，并要求美国改变经济政策。"你看凯恩斯在上议院的演讲，"伊寇斯说道，"他非常急切地指出美国人正在执行一个错误的政策……而且我认为要承认……基金组织拥有对我们的政策提出批评意见的权力……这是我们不可能接受的。"

"外国有一种倾向，认为犯错误的总是我们。"怀特补充道。

艾奇逊建议："不要去管稀缺货币条款。"要直接针对美国发布报告需要获得 2/3 的多数票，实际上相当于 5/6 的成员国都必须投票支持。这"足以扼杀所有稀奇古怪的批评意见"。

"这实际上赋予了我们否决权。"怀特承认。

但是，这则条款引发的政治问题令人担心。"鲍勃·塔夫特将坚持认为你在这个问题上放弃了主权。"法律顾问奥斯卡·考克斯回应道。

事实上，塔夫特的批评之声贯穿大会始终。"用不了多久，我们的资产将全部消失，而基金将完全由弱势货币或不值一文的货币组成,"他宣称,"这套复杂体系的全部内容似乎就是为了掩盖这样一个事实,即我们的钱实际上将被一个我们只占少数利益的董事会出借给别人。"他预言基金和银行将被国会否决。[41]

"我认为,所有身在国会的人都意识到,可以就此问题做一篇挥舞着大旗的演讲,"沃尔考特说道,"如果我在众议院发言反对基金组织,我不用担心什么黄金点或者汇率。众议院没有人理解这些。我会在这个问题上高举爱国的旗帜。"[42]

媒体以更加生动的方式不断地刺激国会议员做出这种举动。"我们被一群外国人团团围住,他们希望包办一场一妻多夫制的婚姻,女方是上周二刚满 168 岁的美国小姐,男方是年龄不等的联合国成员们,"《芝加哥论坛报》的一名驻会记者写道,"不能说他们真的爱这位女士,但是她的嫁妆相当丰厚,而且生意就是生意,不要考虑什么个人感情。现在还不知道这件事的结果,或者说开销如何。有些人还记得若干年之前的一场仪式,今天在场的这些绅士中的许多人当时穿着大礼服和条纹西裤承诺爱她、尊重她并且将报答她。"[43]

然而,拒绝赋予基金组织任何就货币稀缺问题发布报告的权力,甚至是一份没有任何强制力的报告,将可能使大会提前产生重大分歧。这么做是不可取的。还有更重要的事情要做。最终,美国团队认为,关于"所涉货币成员的一位代表应参与起草有关报告"的条款,能够提供足够的政治掩护让该条得以通过。

另一个恼人的问题是白银集团的利益。25 个西部参议员于 6 月 21 日致信罗斯福总统要求使白银重新货币化。他们强烈地认为大会方案存在一个"基本的、内在的缺陷",即未能在基础货币中赋予白银一定的地位。[44]墨西哥代表团成了他们的同盟,要求给予产银国"额外的信用额度"。[45]不出意外,其他没有从事大规模白银开采的国家对这一想法不屑一顾。一位印度代表在记者招待会上直言不讳地说，他的国家对赋予白银一定的货币地位"完全没有任何兴趣"。[46] 英国认为这"完全不可接受"。至于美国人，罗宾斯评论道，他们不愿意公开反对白银集团的利益，担心这将激起国内政治问题，"而更倾向于通过晦涩难懂的交易在大会不为人关注的峡谷地带解决这个问题"，就像他们处理其他问题的方式一样。墨西哥人最终做出让步，他们拿到了被某些人称为"椰子条款"的东西："一个挽回颜面的条款，允许基金组织……接受其他各种初级商品作为抵押物，包括白银。"[47]

美国熔炼公司在美国和墨西哥拥有大量白银矿业资产。该公司的一名公关代表在没有注册的情况下混进了华盛顿山饭店，被发现后引起了一番"小小的轰动"。罗宾斯在报告中写道，此人似乎是"向一名低级别的与会代表借了一张通行证，两天来一直在会场穿梭组织白银集团的会议"。[48] 在新闻发布会上，有人质疑此人的存在和目的，尴尬不已的摩根索把这个问题交给了国务院的新闻官。美国熔炼公司可怜的大卫·辛萧先生被强制要求离开会场，他对记者说道自己"从未遭到过这样的羞辱"。[49]

一方面有人力争使白银成为货币黄金的补充，另一方面怀特也有他自己执着的想法，即使美元等同于黄金。如果可以通过下命令的方式来实现这一目标，他有意将国际货币基金组织作为他的工具。然而，凯恩斯此前强烈地反对怀特试图赋予美元任何特殊地位的做法，所以必须在凯恩斯看不见的地方搞定这件事。怀特制定的分委会程序非常适合用来干这个。

就像诺曼底的霸王行动一样，怀特实施他的美元战略依靠的是欺骗和敌人出错。在 7 月 6 日的基金组织委员会第二分委会会议上，他完成了关键的第一步。联合声明的工作文件提出，一成员国货币的平价将于该国被基金组织接纳时与基金组织议定，并将"以黄金作价"。美国人提交的"备选方案 A"的案文则规定，平价将"以黄金作价，作为一种共同的标准；或者按照黄金可兑换货币单位作价，货币含金量为 1944 年 7 月 1 日有效的含金量"。然而，英国人从未批准过这一案文，凯恩斯甚至连看都没有看过。

伯恩斯坦解释称，建议的修订文字"并不重要"，"这样措辞只是为了表明案文没有隐含出售黄金的义务"。显然，"将会存在某种符合协定条款定义的黄金可兑换货币"，他说道。凯恩斯在会前曾经一再坚持，"黄金可兑换货币"不可能有固定的含义，因此是不可接受的。但是在分委会会议上没有人就此提出异议，经过修订的案文成功地提交到了基金组织委员会。[50]

"今天下午的委员会会议是极其重要的，"怀特在 7 月 13 日的战略晨会上对摩根索说道，"就是在这场会议上，关于这些东西中的绝大多数，我们要么迅速决断，要么速战速决，要么索性放弃。"[51]他没有说明"这些东西"是什么。怀特从来没有在任何一次美国代表团的会议上提出美元地位的问题，尽管这对他而言是最为重要的议题。他决心要通过他精心挑选的行动部队在雷达探测不到的地方解决这个问题。

在下午 2 时 30 分的基金组织委员会会议上，关于难以理解的"黄金可兑换货币"的问题自然而然地被提了出来。[52]印度代表想知道它究竟是什么。"我认为是时候了，"他在一次冗长的技术性讨论中突然插话，因为怀特在讨论中提到了这个术语，"美国代表团应该给我们一个黄金及黄金可兑换汇兑的定义。"当时，英国参加该委员会的代表丹尼斯·罗伯逊显然把这个问题想象成不过是一个记账方法的问题，他提议："缴纳官方黄金资本金应以官方黄金储备和美元储备为形式。"他还鲁莽地评论道，这一改动需要对协定其他部分的措辞加以调整。伯恩斯坦赞同罗伯逊的意见，认为"黄金可兑换汇兑"难以定义，而要找到一个"令在座各位都满意的定义……将需要进行长时间的讨论"。但是，"实事求是"地说，他解释道，既然各国货币当局都能够自由地在美国用美元购买黄金，而能够用来购买美元的其他国际储备货币量也很小，"出于这个原因，也许将美元视作我们提及黄金可兑换汇兑时所指的那个东西，这样可能会更简单一些"。

怀特肯定难以掩饰他内心的一阵狂喜。凯恩斯专注于主持世界银行委员会的会议而无暇分身，罗伯逊则径直走进了怀特的陷阱。现在怀特走出了关键的第二步，果断地结束了委员会对此问题的讨论。"除非还有其他反对意见，"他说道，"这个问题将被提交给特殊问题分委会。"没有人提出反对，于是他迅速进入了下一个议题。[53]

第二天，7 月 14 日，上午 9 时 30 分，摩根索召开美国团队的全体会议，兴高采烈地报告道，怀特"与基金委员会起草分委会一直工作到今天凌晨 3 点，他感觉案文已经完美地成形了"。[54]摩根索并不知道这究竟意味着什么，而且很可能也没有兴趣知道。但是，完全由怀特的技术人员组成的起草分委会完成了一件具有战略意义的工作，即将整整 96 页的最终文件中所有的"黄金"都替换成了"黄金和美元"。怀特从未将这些改动提交第一委员会进行审议，但是它们将成为国际货币基金组织协定条款的重要组成部分。凯恩斯直到离开布雷顿森林之后才发现这些改动。

"英国已经'破产了'。"《纽约时报》在 7 月 7 日高调宣称。"不要再回避问题了，"英国劳工大臣欧内斯特·贝文说道，"我们在这场斗争中已经竭尽所有，而且我很高兴我们这样做了。"当天，英国轰炸机在法国卡昂扔下 2500 枚炸弹，为在接下来两天收复该城市做准备；与此同时，美国人正在解放太平洋的塞班岛，有近 4300 名日本人死于对美军发起的代号"万岁"的自杀式攻击之中。[55]《泰晤士报》的一篇文章写道："从布雷顿森林……发来的关于货币会议前景悲观的报道在伦敦被视作不祥的预兆……预示着……"扩大英国出口机会"任务艰难重重"。[56]

然而，凯恩斯天性更加乐观开朗。在 7 月 4 日致英格兰银行行长卡托勋爵的信中，他再次重复了在大西洋城会议上说过的话：英国代表团与美国人"正在幕后"形成共同立场，与怀特方面一切进展顺利。"怀特正在与他自己阵营的内部、与他本国的新闻媒体进行各种斗争；他非常不愿意再与我们产生任何争议，只要他能够避免的话，当然，这对我们来说，要获得满意的结果就更容易多了。"对于卡托最为关心的领域，即对汇率的主权（凯恩斯将其称为"卡托条款"），凯恩斯报告称几乎已经大功告成。虽然"美国律师使问题变得比实际需要的更加复杂"，但凯恩斯已经说服怀特，"在此问题上，明智之举是尽量找到一种办法对我们做出实质性的让步"。

也就是说，作为最后的手段，一个国家有权调整汇率，而不会违反它的义务，也无须脱离基金组织，前提是它愿意停止享受基金组织的相关权利，并且在争议久拖不决的情况下，愿意被要求退出……问题其实不在我们和怀特之间，而在怀特与他代表团的其他成员之间……他一直在努力争取，以信守对我们的承诺……怀特总是笑容满面、亲切友好。他的立场很明确，我们是盟友，共同的敌人来自外部。[57]

凯恩斯继续抨击关于英国从美国银行家那里获得一笔私人贷款的想法，反对将其作为布雷顿森林协议的替代方案。《纽约时报》引用"这位英国金融专家、赤字融资和货币宽松政策的倡导者"的话称，反对大会的银行家提出的向英国提供 50 亿美元贷款的计划"好得让人无法相信"。[58] 怀特本人也反驳了银行界的批评观点，并对新闻媒体表示，布雷顿森林协议中唯一的输家将是外汇交易市场的"秃鹫"。[59]

与凯恩斯关于英美和谐一片的叙述形成鲜明对照的是，英国"大家庭"（这是《纽约时报》对大英帝国讽刺性的称谓）内部的紧张关系正在令人尴尬地暴露出来。7 月 2 日，罗宾斯记录道："凯恩斯与印度代表关于英镑结存问题进行了一次特殊谈话……这个问题有可能成为大会自始至终的一个棘手问题。"[60]《泰晤士报》报道，印度后来在其他代表团面前"当众给了英国人一个'难堪'"，要求基金设法将英国欠印度的巨额英镑债务转换为美元。英国欠印度一国的债务就高达近 120 亿美元，比建议的基金资本金总额高出 50%。鉴于英国的工业产能完全投入战争物资的生产，无法向其债权国供应有需求的出口产品，因此英镑对于债权国而言是毫无价值的。埃及与印度联手，坚持要求"使用某种国际魔法令其持有的英镑能够用来购买它们需要的东西"。[61] 罗宾斯称这一局面"并非特别令人感到愉快，我们需要在全体与会国家面前为自己辩护，因为我们没有能力按照我们的债权国可以接受的条款偿还我们的债务"。[62]

英国代表团与英国外交部之间的电报往来显示出，英国人越来越担心伦敦"世界金融中心"的地位正在瓦解。[63] 英国政府正在力争在国际货币基金组织协定中加入相关条款，使其能够最大限度地控制资本外流。但是，代表团在 7 月 10 日的电报中写道，

通过限制英镑的可兑换性来阻止美元储备减少，这一做法将"被
印度等国家当作一个强大的政治理由，反对将储备留在伦敦"。
与此同时，"加拿大人、荷兰人以及比利时人都对我们说，如果伦
敦还希望在这行继续做下去，那么即使是我们现在的提案都太离
谱、太危险了"。[64] 尽管目睹了大英帝国内部的争吵，但是白厅
的高官和大人仍试图维护其心目中的帝国形象。"财政大臣批准你
们默许关于份额的建议方案。"一份电报草稿开头写道，但是"如
果能够做些什么来缓和小国的失望情绪，特别是除澳大利亚之外
的自治领和欧洲盟国，当然我们也是非常欢迎的"。[65] 在发出这
份电报前，后一句话被划掉了。

　　尽管凯恩斯自己的说法很乐观，但是罗宾斯在报告中写道，
第一周过后，"凯恩斯已经明显表现出精疲力竭的迹象，而我们都
非常担心他。他不是那种很容易控制的人，他的想法非常急切，
放慢节奏对他来说是一件难以容忍的事"。[66] 美国人对凯恩斯的
感觉很复杂，一方面对他的聪明才智表示深深的敬意，另一方面
对他无法适应分配给他的繁文缛节的行政工作又感到十分沮丧。
戈登威泽称凯恩斯"在布雷顿森林会议上是一个杰出的人……他
在两方面显得光芒四射、出类拔萃"：

　　一方面，在思想和表达上，以及在影响他人的能力上，他毫
无疑问是人类最耀眼的光芒之一；另一方面，他的出众还表现为
他是世界上最糟糕的主席。他主持世界银行委员会会议的方式令
人完全无法忍受，因为他事先就在自己的那份文件中把所有问题
都处理完了，目的是使他可以迅速地把案文过一遍……他发言的
时候是坐在座位上的，因此很难听清他说了什么。他主持会议的
时候口齿不清，对于不同的观点缺乏耐心……他在布雷顿森林的

工作，主要是在酒店二层的一间套房里完成的，所有人都要到那里去寻求启发、接受指导以及做出妥协。[67]

艾奇逊是参加凯恩斯的第二委员会的美国首席代表，他对摩根索说道："由凯恩斯主持的世界银行委员会会议，是以一种仓促得完全没有可能和令人无法忍受的方式进行的。"

当然这是因为凯恩斯承受了极大的压力。他对这个文件烂熟于心，所以当有人说到第 15 节 C 款的时候，他已经知道内容是什么了。但会场里的其他人还都不知道。所以在你还没来得及找到第 15 节 C 款、还不知道他在说什么的时候，他已经说道："我没有听到反对意见。"于是它就这么通过了。

其实，当时每个人都在试图找到第 15 节 C 款。他接着说道，现在讨论第 26 节 D 款。于是他们又开始翻他们的文件，而在你找到那一段之前，它已经通过了。[68]

"我会前去拜访他，并以一种非常友好的方式告诉他，至少有半打人异常愤怒地找到我，而我认为他犯了一个错误，"摩根索回应道，"而且我将十分恭敬地要求他在开会的时候把速度放慢一半。"艾奇逊表示同意。考虑到凯恩斯决心于 19 日离开，艾奇逊还让摩根索向凯恩斯保证，即使这样他仍然"可能在周三火车离开之前完成"。但是后来的情况并非如此。

怀特对此没有什么同情心。"仅仅因为凯恩斯是一个独断专行的人，并不意味着你必须接受这一点。你可以站起来，说你不喜欢主持会议的方式。"怀特主动提出要参加第二委员会的下一次会议，并按照上面说的做。"人们或者过于畏惧而不敢对他说，或者过于善良而不愿对他说，但我肯定，如果你对他提出强烈批评，而且你的背后有一群人支持你，他会改进他的程序的。"

"你能否私下去说，而不要公开地这么做呢？"摩根索提出请求，他显然对这两个巨人公开发生冲突的场面感到不安。

"也许可以吧。"怀特让步了。

怀特使第一委员会处于军事管制的状态，但他感到无须插手第二委员会的事务。他乐于让凯恩斯对着一屋子猴子发号施令，即使这样令艾奇逊领导的美国团队感到混乱无章。没有人知道这个官方立场。

"我对世界银行一无所知，"艾奇逊坚持说道，"我是在随机应变，临场发挥。"参加不同分委会的美国人同意了内容截然相反的条款。一个人称另一个人为骗子。"我都快要疯了。"艾奇逊说道。

怀特向艾奇逊保证，他会从专家那里得到他所需要的全部帮助，但是必须等到他——怀特——结束了基金相关问题的讨论之后。

艾奇逊并不满意。他坚持认为怀特使世界银行委员会及其分委会变成了"世界上最混乱不堪、杂乱无章的组织……我们成立了临时分委会、章节分委会、起草分委会以及各种各样的分委会。从某处提交来一份草案，没有人看，于是它被转给其他人，代表们都快疯掉了。"

"基金组织这边没有出现任何混乱，"怀特向他保证道，"所有重要的问题都解决了。"

"我肯定它们都解决了，"艾奇逊讽刺地回击道，"但是我认为代表们可能还不知道。"

"程序非常简单，迪安。"艾奇逊只是不知道如何玩这个游戏。"当第一委员会出现分歧意见时，所要做的不是将问题交还给相关分委会，也不要在分委会中做任何讨论，我们的做法是让少数人就此进行讨论，而后立即将问题转给专门为它而成立的临时分委会加以处理，然后再返回给基金组织委员会。"在那里，怀特控制着局面，"而不是交回分委会……我不认为还有什么比这个更简单或更有效。"[69]

关于怀特组织会议的方式，英国人的观点与艾奇逊是一致的，这也很自然。"他们作为技术人员有很多优点，这些是非常了不起的优点，但是美国人不是很好的国际会议组织者，"罗宾斯写道，"这里的管理相当糟糕，令人难以置信……不同的分委会浪费了大量时间讨论有关问题是否……已经由会议的其他部分加以处理……如果这是一场和会……它可比巴黎和会差得很远。"[70] 罗宾斯没有理解的一点是，怀特的明确意图就是用分委会来浪费时间；怀特已经做出了重要的决策，他只是需要将这些内容引入会议最终文件之中。

由于英国人在大会召开前已经输掉了所有实质性的辩论，英美之间关于基金组织与世界银行问题最大的争议不再是两个机构的具体性质，而是两个机构办公地点的选址。英国人仍然希望将基金组织的办公室设在伦敦，而美国人则坚持基金组织和世界银行都应设在美国（特别是应设在华盛顿，而非纽约，但是他们并没有公开这么说）。英国人决心至少要挽回一些颜面，并避免与怀有敌意的东道国新闻媒体发生直接冲突，因此提议会后再决定这个问题。凯恩斯给怀特寄去了一封标注了"私人"和"秘密"字样的信函，试图为这一要求进行辩护。然而怀特却于 7 月 10 日不屑一顾地把信件的内容宣读给了美国代表团。他在此问题上的立场不可动摇。

"如果你不在这场大会上解决这个问题，将基金组织和世界银行这两个机构都设在美国的可能性就会降低，这就是为什么他们希望暂缓决定。"怀特对美国团队说道：

也许他们希望达成某种安排，使他们可以得到一些东西，我们得到另外一些东西。我想，对我们来说很重要的一点就是，要在此次会议上力推这个问题，因为我肯定投票结果会对我们有利……我认为，我们现在在战略上处于一个不败之地，一定能够拿下它……他们不能以不喜欢总部的选址为由而退出。他们的公众不会容忍这一点，全世界也不会容忍这一点。所以要做的就是，就这个问题发起投票。如果他们不喜欢投票的结果，这实在是太糟糕了……我们投入的资金是其他人的两倍甚至三倍之多……将总部办公室设在其他任何地方的建议都是荒谬的。我们可以通过投票将其设在任何我们想要的地方……这就是为什么他们不愿就此问题投票表决。

怀特的结论是："我不认为我们有什么理由要使自己在政治上受他人操纵。"他的意思是指使美国失去对该问题的控制权。[71]

怀特得到了美国代表团坚定的支持。尽管其中没有几个人接受过与货币体系的技术问题有关的培训，但是他们知道，国会将会坚持要求将两个机构的办公大楼设在步行能够到达的距离之内。"我们有几个与英国有关的问题可能在国会那边非常尴尬，"沃尔考特说道，"如何处置它在西半球的军事基地……而且一直以来人们都很妒忌世界的金融中心位于伦敦……我们认为国会的态度将是……基金组织和世界银行应该设在我们这里。"

"所以答案就是，我们必须努力争下这一点，就在这里，就是现在，"摩根索总结道，"如果没有其他问题了，我们就散会。"

"走吧，喝酒去。"瓦格纳参议员大声说道。[72]

在诸如基金组织与世界银行的选址等关键的政治问题上，怀特和摩根索利用与各外国代表团私下会晤的机会，事实上用份额换得了选票。

"你不认为英国人会知道吗？"怀特对这一策略提出疑问。

"当然，很可能会知道。"艾奇逊回应道。

"别忘了利比里亚，"摩根索适时地打断了他们的对话，"他们受到指示跟随我们投票。"

"利比里亚、菲律宾，还有埃塞俄比亚。"拉克斯福特澄清道。

"你和他们谈过他们的份额问题了吗？"艾奇逊问道。

怀特与艾奇逊把名单过了一遍。"我和卢森堡谈过了，但是还没有结论，因为他们想要 1000 万美元，"怀特说，"他们只能出 500 万美元，而我需要知道最后还能剩下多少。但是我已经确认了利比里亚、埃塞俄比亚会跟随我们投票的。"

拉克斯福特解释了私下交易的重要性："我们需要它的原因是，你可以不停地说啊说，但在一些我们必须使大会通过的问题上，我们没有好的说辞。"[73]

凯恩斯于 7 月 13 日致摩根索的一封"又臭又长的信"中，继续强烈要求将基金组织与世界银行的选址问题从大会的议事日程上拿掉。"他重复了不下 5 次。"摩根索次日早晨对他的团队抱怨道。凯恩斯提出，从政治程序的角度出发，基金选址是一个"高级政策"问题，超出了与会代表的职权范围。

"我坚定不移地反对凯恩斯的立场而且我也不打算改变，"司班斯说道，所有人都支持他的立场，"我认为你应当以外交中所允许的最为直截了当的语言向他说明……语言粗俗一些也无伤大雅。"[74]

凯恩斯最终在与摩根索的私下会晤中提起了这个问题，他在会谈中表现得"咄咄逼人"。他反复强调，如果美国人强行要求就此问题进行投票表决，他将受命于白厅而不得不"退出"大会。摩根索不为所动："我们的代表团觉得需要这样做，特别是其中的国会代表。"

"你们的民族存在的问题就是，你们无时无刻不在想着总统大选，所有的事都牵扯到国会。你们总是把它推给我们。"凯恩斯回击道。

"我们在很长一段时间以来就这一次如何对付国会的问题进行了相当多的讨论，目的是不要再重复威尔逊犯过的错误。"摩根索平静地回应道，这与总统选举没有关系，"罗斯福总统将会轻松获胜。"这是为了避免在国会中再次发生灾难性的逆转，就像威尔逊的国联遭到挫败那样。"你知道，参议员洛吉的文章表明，如果当时威尔逊派人去请他来并和他谈一谈，他洛吉会让这个东西在参议院通过的。"

在进行了一番简短而愤怒的抵抗之后，凯恩斯带着被摩根索称为是"极好的情绪"结束了会谈。[75] 凯恩斯知道是时候再一次面对政治现实了。7月14日，他在致财政大臣约翰·安德森爵士的电报中表示，"我认为形势对我们很不利，我希望能被指示按照第（1）方案或第（3）方案行事"，即或者默认结果，或者继续争辩但仅仅是为了作秀。[76]

怀特希望立即就这个问题进行投票表决，但是罗宾斯请求美国人暂时不要公开提出这个问题，而是再等几天，直到凯恩斯得到伦敦发回的消息。"我们知道我们会被打败，但我们希望避免遭受羞辱。"文森在报告中记录下了罗宾斯说的这句话。

"我们可以等。"怀特大度地做出让步。[77]

7月17日，财政大臣让凯恩斯回信给摩根索，称他凯恩斯实际上并没有充分表达出财政大臣在选址问题上面临的政治困难；

尽管如此，英国政府仍将收回对大会投票表决的反对意见。但是，英国将保留对最终接受基金组织设置前提条件的权利，这个条件就是指定的总部所在地应"被认为最符合基金组织的利益"。[78] 凯恩斯对摩根索说，他希望在就基金组织选址问题进行表决前发表一份公开声明，阐述英国的立场。

第二天，7 月 18 日，大会投票决定，将基金组织和世界银行的总部设在份额最大的国家，这是美国的代名词。《纽约时报》于投票次日高调宣布投票结果：《英国放弃将伦敦作为世界基金中心的斗争》。[79]

摩根索与怀特和艾奇逊一起仔细研究了凯恩斯的新闻稿。艾奇逊赞同凯恩斯的观点，即基金组织的选址是政府间的问题。怀特被激怒了。"政府是由代表们代表的，"他坚持道，"和任何其他问题一样，在代表们决定后，各国政府可以选择接受或拒绝。"

摩根索打断了这场争吵。"你们说完了吗？"他问道，"现在听我说，在我看来问题的核心可以归结为这一点，即世界的金融中心将变成纽约。我愿意在这些代表团面前直面这个问题，并一劳永逸地解决它。我们不希望延缓这一天的到来，因为到了另一个时候，我们也许就不再处于这么有利的位置，而他们也许会变得有能力进行私下交易，结果可能就是它将设在伦敦。"两天后，摩根索几乎指责艾奇逊犯了叛国罪，他告诉怀特、拉克斯福特以及文森："艾奇逊在试图阻止我们提出世界银行选址问题时对我说过的话，居然一字不差，在我看来这似乎不是一个意外。或者他把讲话透露给了英国人，或者英国人透露给了他。"[80]

有时怀特和摩根索不知道艾奇逊究竟站在哪一边。如果他们读过了罗宾斯 7 月 2 日的记录，他们也许不会感到意外。罗宾斯写道，英国与"我们在国务院一方的亲密朋友"的关系"是一如既往得友好"。[81] 根据罗宾斯的记录，艾奇逊对于美国在机构总部选址问题上不讲道理的顽固立场感到"非常愧疚"。"我知道我们的态度完全是不合理的，而且我很能理解有时你会认为是在和一群完全疯了的人打交道，"罗宾斯援引了 7 月 13 日和艾奇逊在一起喝酒时他说的话，"如果想让基金组织在国会有任何通过的可能，诸位就不得不在这个问题上做出让步……我仅仅是告诉你实际情况是什么。"

让罗宾斯感到同样不安的是，他无法消除艾奇逊对英方在租借协定第 7 条问题上进展缓慢的担忧。该条款要求英国承诺在战后取消帝国特惠制度并使其货币可兑换。这个问题在英国仍然是一个政治上的雷区，但是对于英国能否继续回避它，罗宾斯不抱有任何幻想。"无论我们如何讨厌它……在美国人心目中，第 7 条与租借是紧密联系在一起的；而且如果我们在制定与长期贸易安排有关的政策时，却不知道美国人会对我们处理短期财政状况的建议做何反应，其后果将是致命的。我们需要现金，而如果我们背弃白纸黑字承诺的义务，我们就无法得到它。"[82]

到了此时，艾奇逊对怀特的看法可以说是充满了敌意。在 1/4 个世纪之后回首布雷顿森林会议时，艾奇逊揭示出，当时他"经常对怀特粗鲁无礼的才能感到极为震怒……以至于与我曾经用过的措辞相比……指责他支持共产党的说法……会显得很温和"。[83]

最终，布雷顿森林机构的选址问题不是通过会议程序或者精妙的法律处理而解决的。这是一个机会与权势的问题。美国坐拥天时之利，一系列特殊事件的交汇构成了一个短暂即逝的机会之窗。美国利用这个机会，以其对于他国不可或缺的金融服务作为交换，不仅终结了竞争性贬值和贸易保护主义的做法（在美国当局看来这是 20 世纪 30 年代的祸根），而且永远地将欧洲老牌大国从全球舞台竞争对手和障碍的位置上除去。"现在优势在我们一边，"财政部部长宣布，不要再优柔寡断和焦虑不安了，"而且我个人认为我们应该抓住它。"

"如果优势在他们那边，"怀特补充道，"他们也会抓住它的。"[84]

　　尽管在选址问题上英国人以友好的姿态做出了让步，但就在第二天，凯恩斯还是爆发了。令人不解的是，这次的导火索是一个不为人关注的问题：国际清算银行的未来。这是一个松散的、几乎不为人知的中央银行家联盟，坐落在瑞士的巴塞尔，一座位于阿尔卑斯山脉上的小城市。

　　挪威代表在会议初期曾经提议立即清算并关闭国际清算银行，因为它曾经与纳粹政权合作协助其控制被德国入侵的成员国。其他一些欧洲代表团对这一建议表示支持。罗宾斯形容挪威代表团团长、中央银行董事威尔海姆·吉尔豪是一个"古怪的、培尔·金特式的人物，声音暴躁，说话时习惯使用各种毫无意义的手势"。[85] 荷兰人反对这项决议，荷兰代表团团长 J. W. 贝叶恩在 1939 年担任国际清算银行主席期间曾经做出过一个有争议的决定，他在纳粹占领捷克斯洛伐克之后授权将捷克的黄金转给德国。英国人也表示反对，英国外交部的奈吉尔·罗纳德和英格兰银行的乔治·博尔顿反对挪威代表团的提议，因为该提议与国际货币基金组织或者世界银行没有任何关系。艾奇逊和美国国务院支持英国的立场，这令怀特感到相当不快。银行家布朗加入艾奇逊一方。然而，尽管布朗的银行在 1929 年应国务院和财政部的要求协助建立了国际清算银行，他却私下支持解散，只是不愿因为在布雷顿森林采取行动关闭这家机构而使自己陷入难堪的境地。

一场混乱的喜剧于 7 月 19 日下午上演。拉克斯福特和他的美国同事试图改写决议的部分内容，使一国不能同时成为国际货币基金组织与国际清算银行的成员，以便阻止英国人对此项决议提出程序性问题。因为这将在国际清算银行与基金组织之间建立必要的联系，从而使英国的反对无效。罗宾斯将美国的倡议称为"幕后的政治阴谋"。[86] 截至此时，决议还没有形成任何正式的版本。然而晚上 7 点 20 分，凯恩斯从他的同事那里得到的消息却是，第三委员会的一个分委会不顾英国与荷兰的反对，批准了一项关于国际清算银行的决议；批准的消息已经通知了新闻媒体，而且它很快将提交委员会批准。凯恩斯怒不可遏，等不及他与摩根索约好的晚宴之日，径直下楼来到摩根索的套房发泄他的愤怒。"这个人对国际清算银行的事大发雷霆，并说道，如果它于 9 点通过，他将立刻起身并离开大会……他感觉他被出卖了。"摩根索对怀特、文森和拉克斯福特说道，时间是当晚 9 点 30 分刚过一点。摩根索的夫人艾琳诺在凯恩斯爆发时身处现场，她描述道，凯恩斯"是这么的激动"以至于气得"全身发抖"。[87] 根据罗宾斯的记录，艾奇逊"特地解释称他对发生的事情没有任何责任"。[88]

关于这场冲突最令人感到不解的是，怀特和凯恩斯都反对拉克斯福特的方案，尽管各有各的原因。怀特反对的理由是，它将会加强国际清算银行的地位，因为方案暗示，相对于怀特的国际货币基金组织，国际清算银行也算是一个现有的、可行的替代选择。"它使我们在基金组织的问题上更加困难，"怀特对美国团队解释道，"因为反对者可以提出，'为什么不赋予国际清算银行更多权力呢'？"[89] 而对凯恩斯来说，他坚持认为他的政府实际上支持解散国际清算银行，这一立场令怀特感到难以置信，因为罗纳德和博尔顿明确反对挪威人的提议。不管怎样，当晚晚些时候，凯恩斯交给了摩根索一份一页纸的备忘录，其中仅仅提到了对拉克斯福特方案的一个技术性反对意见，涉及英国对国际清算银行和基金组织所做的法律承诺可能存在的冲突。摩根索被其中的深奥之处搞得晕头转向，但确实也被凯恩斯暴怒时表现出的真诚情感所打动了。"伯纳德·巴鲁克对我说了很多，诸如你不能相信凯恩斯、凯恩斯在凡尔赛出卖了他之类的话，所以我一直在期待它的到来，但是我没有看到任何这种迹象。"财政部部长对其团队说道。[90] 和以往一样，他对如何处理国际清算银行的技术细节不感兴趣，但是他坚持要于第二天早晨与英国人举行一场会议，来解决问题并平复他们愤怒的情绪。

凯恩斯与美国代表团居然在一个次要议题上爆发了此次会议上最大的冲突，而且双方在此问题上并没有实质性的分歧，要解释这样一件事，只能说是因为凯恩斯的健康状况迅速恶化，由此引发他的情绪变得非常敏感、一触即发。"因为技术性原因而变得像他这样激动，这是不可能的。"拉克斯福特评论道。[91] 很快一则消息就在大会上传开，凯恩斯当天晚上心脏病发作了。酒吧里的记者也知道了，而最为严重的报道出自一家德国报纸，它为凯恩斯发布了一则评价很高的讣告。[92] "我们都感到，在凯恩斯的健康问题上，我们已经到了悬崖的边缘，"罗宾斯在事后写道，"我现在感觉，在他的能量与大会之间有一场赛跑，不知是他能量先耗尽还是大会先结束。"[93] 卡托给凯恩斯发来的电报情感更加含蓄一些："报纸报道你心脏病发作，非常担心。希望你一切都好但请务必休息。爱你们俩。"[94]

在 20 日上午，拉克斯福特给摩根索朗读了一份修订后的决议，这一版更符合怀特的心意，它仅仅要求"在尽可能早的时刻清算并关闭"国际清算银行。

"'上帝'啊，它简明扼要、一语中的。"摩根索高兴地评论道。[95]

在听取了他团队的简报后，摩根索邀请凯恩斯、罗纳德和博尔顿来到房间，并向他们提交了美国人提出的简洁的新方案。凯恩斯的身体状况已经大为好转，而且他显然渴望修好关系，因此立即表示同意，尽管前一天罗纳德和博尔顿还反对任何与国际货币基金组织或世界银行没有直接联系的决议。博尔顿温和地提出异议，称他"不太知道尽可能早的时刻"是什么意思。"不会很快！"凯恩斯预言道。[96] 他是对的。尽管这份决议成为布雷顿森林协定的一部分，但是在此后的近 70 年里，国际清算银行仍然非常活跃。令人感到反讽的是，这是凯恩斯在此次会议上留下的最实实在在的遗产。

至于其他参加会议的国家，即使是像苏联、法国、中国或者印度这样的国家，也不可能实质性地改变基金组织或者世界银行的架构。这些国家从个体上看对全球经济都不够重要，不足以阻止怀特推进他的宏伟蓝图。因此，它们的代表团参会的目标，不过是最大限度地抬高其在新设机构中的地位、扩大借款能力，同时最大限度地减少应承担的义务。它们实现目标的唯一希望是向美国代表团请愿，因为美国是唯一有能力提供足够的黄金储备使该计划获得成功的国家。

除了美国、英国、加拿大，其他代表团大多都毫无准备，无法对组建基金组织和世界银行提出有益的建议。绝大多数代表，罗宾斯毫不客气地说道："只是无精打采地坐在那里，仅当讨论涉及放松基金份额提款条件或自由化领域的特殊优惠时才苏醒过来。"他指出，欧洲人"憎恨美国人，并且抓住一切机会……来表达这种感情，而且想当然地认为我们这些欧洲国家的人，作为品质更加优越的人，一定会持有相同的观点，即使出于政治原因我们不得不装作并非如此"。然而，他警告道，"试图与缺乏强大执行能力或政治能力的娇贵的欧洲小圈子抱团，并因为我们对新大陆的文化优越性而自我感觉良好，几乎是我们所能够犯下的最愚蠢的错误"。[97]

唯一令几乎所有代表团都强烈感到利益攸关的议题，就是各国在基金组织中的国别份额。份额代表了借款的能力，同时份额也是极具政治性的问题。它们不仅仅会转化为在两个机构中的投票权，而且在各国政府眼中，它们公开地、引人注目地以量化的方式衡量了各国在全球经济等级阶层中的重要性。获得比竞争对手更高的份额，被普遍认为标志了一国在国际社会的眼中具有更高的地位。而如果某个代表团拿回家的份额要低于与其相竞争的一个或多个代表团，将会被视为一种失败和耻辱。因此，对于怀特和摩根索而言，一个巨大的外交上的挑战就是使份额分配的结果让每个代表团回国后都能道出一个胜利者的故事；与此同时，还要将美国认缴的资本金限制在一个国会能够接受的水平。

英国人希望通过谈判为大英帝国的成员国争取更高的份额，无论如何也要高于美国代表团的提议，以通过帝国来显示其实力。美国人一直都清醒地意识到大英帝国的投票权加总后的影响力，并清楚地对新闻媒体表示不允许后者的投票权之和超过美国。[98]苏联希望其份额至少等同于英国。印度要求与中国齐平。中国要求排在第4位，超过法国。法国坚持要求超过荷兰、比利时和卢森堡三国的总和，这样即使日后荷比卢经济联盟变成一个正式的政治联盟，仍然可以确保法国获得基金执行委员会的最后一个席位。在新大陆一边，哥伦比亚和玻利维亚要求与智利齐平。智利则要求获得与古巴一样的待遇，如果有必要的话，可以通过降低古巴的份额来实现这一目标，不一而足。每个代表团都提出，应按照对其本国有利的量化指标来确定份额。提出的主要经济指标包括国民收入、贸易量、黄金储备以及黄金产量，但是中国和印度很自然地倾向于使用人口指标。苏联要求将战争损失作为考量因素，这个要求在大会的大部分时间里成了一个僵持不下的问题。

与在基金组织份额问题上的偏好不同，代表团更愿意降低其在世界银行中的份额。[99]在世界银行获得更大的份额并没有赋予一国更大的借款权，因为世界银行的贷款是基于对需求的评估。"在基金组织中，各国将自己视为潜在的借款人，而在世界银行中，他们是贷款的担保人。"[100]凯恩斯断言，"区别对待不同成员并评估其信誉是一件不得人心的事，试图完成这项任务则是一个大错特错的举动。"像他所说的那样，世界银行的份额仅仅将转化为提供廉价贷款的责任。[101]拉丁美洲国家尤其急于使其与世界银行的战后重建行动保持距离，因为它们在战争中获得了大量的美元，且无意用这些钱来补贴和帮助与其存在出口竞争关系的欧洲国家进行重建。[102]

各国都需要缴纳黄金资本金，认缴总量等于其份额的25%或其黄金储备的10%两者中更低的那个。"对于剩余的认缴资本，"《纽约时报》写道，"它可以用自己的纸币补充，以一个任意的数字作价，且无论是否可以兑换为黄金，也不管除了作为印刷业的产品之外它还能代表什么。而在此份额的基础上，它可以'购买'具有实际价值的货币，主要是美元，且可以达到其份额的两倍之多。"[103]《芝加哥论坛报》的报道一如既往地生动多彩：

> 这个叫作巴格拉维亚的神秘国度，除了一座印钞机外一无所有，它将用自己的货币出资，但这不过是在那个风景如画的大地上方可使用的欠条罢了……那个自豪国度的人民正在重建被战争摧毁的房屋，他们将亟须购买美国产品……并寻求将相当多数量的货币兑换成美元以购买美国货物……而在巴格拉维亚人通过基金组织将其货币转换成美元的同时，其他 42 个国家的人民也将做着相同的事。国际货币基金组织的美元将立即耗尽，而其资产将由巴尔加斯币、贝尔加斯郎、德拉马克、比塞塔、法郎、英镑以及其他货币组成。[104]

> 到那时，这个计划将意味着，我们欧洲和亚洲的友好邻邦通过这个计划将能够获得我们的货物，并用从国际稳定基金中获得的我国货币来付款。从基金中流出的是所有人都想要的黄金，而流进基金的则是所有人都不要的纸币。用不了多久，基金中的美元和黄金就一个不剩了，而我们将被迫再一次取消债务，而后再来一次，无休止地，或者直到我们和其他国家一样都破产为止。[105]

大会设有一个正式的份额分委会，但它仅仅是走个形式。份额分配实质上完全在美国人的控制之中。怀特和美国团队秘密地讨论出了一稿又一稿的份额分配表草案，按照需要或迫于形势提高某些国家的份额并降低其他国家的份额。最初的份额分配是按照一个秘密的公式进行的，并且在大会召开之前就完成了，会议上的调整则更多地考虑了更主观的因素。

"当你想起南斯拉夫⊖进行的抵抗……在我看来这似乎是个我们应该努力帮一下的国家。"怀特在 7 月 9 日的会议上对其同事提议道。而关于希腊，"凯恩斯说法弗雷索斯是一个非常讨人喜欢的小伙子，他想为他做些什么"。

摩根索基本上对如何确定这些数字不感兴趣，但是他确实希望把他的行军指令弄清楚。"等一下，"他打断了怀特，"那么，波兰是维持在 100 还是不维持在 100？请问你更喜欢哪一个？"

在装备好了关于谈判空间的数字和界限范围之后，摩根索将被派去与各国完成交易，基本上每隔 15 分钟安排一场会议。"现在安排在 4 点的是伊朗人。我们刚才说 4 点 15 分要见谁来着？"

"荷兰人。捷克斯洛伐克人安排在 4 点半。"他的助手兼日记作者克罗茨女士说道。

"我想，下一个是智利人，"柯亚多说道，"他们就是给我们找了点小麻烦的人。"

"智利人在 4 点 45 分。"摩根索确认道。

美国代表团内部就一个问题产生了激烈的政治辩论，即如何对待欧洲殖民帝国。因为它们拥有数量众多、幅员辽阔的殖民地，所以就有权获得更大的份额吗？瓦格纳参议员无法接受这个理由。"在德黑兰做出的决定是，这些国家如果想获得自由就应该获得自由……现在，我们在这里要做的难道是对它们说，'我们要限制你们的自由'？"

"我认为，如果你做了些什么，荷兰女皇会感到非常不安。"怀特表示，他指的是荷属东印度群岛。

"女皇？"瓦格纳回击道，"她是个女皇，但她不是我的女皇。

⊖　1929～2003 年建立于南欧巴尔干半岛上的国家，已解体。——译者注我代表美国。"

"这听起来像一首歌一样。"摩根索评论道。

拉克斯福特提议了一个条款,允许在一个国家"被划分为两个独立的主权国家"的情况下,对份额进行调整。怀特认为这是个"非常好的建议"。而坚持国务院传统保守立场的艾奇逊则称之为一个"可怕的建议"。它"只会惹麻烦"——你将如何处理"苏联……分成 16 个共和国"?

"苏联的情况不涉及这个问题,"怀特毫不客气地说道,"它们不会有这个问题的。"

在大会结束后不久,怀特将执笔写下一篇文章。几乎可以肯定的是,即使他无意永远隐藏这篇文章,但他肯定不希望这篇文章在他仍在政府任职期间被外人看到。在这篇文章中,他严厉地抨击了美国和西方对苏联的虚伪立场。[106] 对于"苏联的情况"的可持续性,怀特的判断当然是错误的,但是这个问题的答案要等到近 50 年之后才能揭晓。

美国代表团内部的争吵一直在继续,直到摩根索提出了一个建议。如果份额分委会选择对拉克斯福特的主权变更条款进行讨论,他将征求赫尔的意见。美国团队同意,如果赫尔反对就将放弃该条款,而艾奇逊认为赫尔肯定会表示反对。[107] 就像 25 年前的巴黎和约一样,关于战后世界各国自决的高尚原则说起来容易,实施中则要困难许多。


摩根索像个黑帮教父一样坐在他的套房里,接见每个代表团的团长,聆听他们的恳切诉求和严正声明。法国代表团团长皮埃尔·孟戴斯 – 弗朗斯是从阿尔及尔飞来参会的,他获准于 7 月

15 日晚 9 时拜会摩根索。孟戴斯－弗朗斯是个情绪激动的人，他抱怨道，美国人"所采取的重要立场……事实上是对我们不利的……总是以不符合我们利益的方式解决这些问题"。怀特 6 月时曾告诉他，法国的份额将会是 5 亿美元；现在却降到了 4.25 亿美元。牺牲法国是为了安抚中国，后者坚持要求在配额分配中占据第 4 位，位于法国之前。关于苏联提出的遭受战争破坏的国家应酌情减少认缴资本金的问题，美国人曾经告诉法国人这个比例对法国将会是 25%，现在他们也出尔反尔了。

"当我回去见到我的人民，"孟戴斯－弗朗斯问道，"并对他们解释称，'我几个月之前前往布雷顿森林，并且说明了我们的立场。我告诉他们我们希望获得这个、这个以及这个，而在所有这些问题上，我不得不告诉你们的是，我什么也没有拿到'。他们会怎么看？"

摩根索提出将执行董事席位由 3 名增加到 5 名，这样也许就能够保证法国的份额足以使其获得基金和银行排名第 5 位的董事席位。这个办法奏效了。孟戴斯－弗朗斯感谢了他。"我告诉过你，"摩根索说道，"我将尽力纠正关于美国代表团对法国不友好的印象，在做到这一点之前我是不会去睡觉的。"现在，他说道："我可以去睡觉了。"[108]

苏联是一个棘手得多的问题。由外贸部副委员 M. S. 斯特帕诺夫率领的苏联代表团在所有问题上都寸步不让；无论是多么小的问题，都必须发电报请示莫斯科，而且要等候多日方能得到答复。"在所有分委会会议上，他们都坐在那里一言不发，做大量的笔记，"罗宾斯记录道，"而如果到了关键时刻，需要提交他们自己的修订案文，为满足他们自己的利益而提出例外，他们也只是站起身来，提出动议，所做的解释少得不能再少。"[109] 根据美国团队的技术顾问雷蒙德·米克塞尔的记录，在谈判中，他们"回避进行全面的辩论和反复的争论"。他们"反驳每一个对立观点的方法，仅仅是重申一下他们的原始立场……他们的观点胜出，靠的不是逻辑或说服能力，而是纯粹依靠顽固地坚持立场，他们知道美国代表团将尽全力满足他们的要求，因为苏联的加入在政治上意义重大"。[110] 美国人此前已经领教过了苏联人的这种行为方式。早在 1943 年时，苏联大使葛罗米柯就曾经当着怀特和伯恩斯坦的面，对他的手下说道："记住了！你们是观察员。你们不得发表任何意见。"[111]

罗宾斯对苏联人的评价是"极其自私，给人留下极其深刻的印象"，并带有先见之明地指出："但是，我不认为这对世界的未来是个好兆头。"[112] 怀特对此视而不见；对他来说，这是那些美国和西欧的反动力量在挑拨与苏联的矛盾，并阻止经济与政治的合作。

苏联的主要目标很简单。作为一个重要的黄金生产国，苏联希望全世界其他国家尽可能多地使用这种金属作为货币。因此，苏联人对在某种形式上恢复金汇兑本位制度抱有兴趣。德国纳粹政府注意到了这一事实，其经济部长兼央行主席沃尔特·冯克将布雷顿森林货币计划斥为讨好苏联人的举动。[113]

苏联最开始的主要诉求是获得与英国人同样的份额，但是斯特帕诺夫暗示，如果份额比其要求的稍微低一点点，他的政府最终也会感到满意。鉴于英国将分得 13 亿美元的份额，怀特将苏联人的要求转换为 12 亿美元，斯特帕诺夫后来对此予以确认。这比美国技术人员此前临时确定的 8 亿美元要多很多，而且也大大超过了与苏联的世界贸易份额相适应的合理水平。然而，苏联的其他要求在政治上甚至更难满足。

苏联希望将其认缴的黄金资本金降低 50%，理由是敌军占领使其遭受了极为严重的物质破坏。怀特对美国代表团解释道，他的技术专家在会前已经向苏联人暗示，降低 25% 也许是可行的，但是英国人强烈反对，他们坚持要求，如果美国做此让步，就必须给予他们同等优惠的待遇。其他代表团，例如法国，也提出了同样的要求。[114]

苏联还提出，其认缴的黄金，只有一半可以实际存放在华盛顿，而剩余部分中约 1/4 必须存放在莫斯科。[115] 苏联还提出了一个与之相关的提案，要求基金组织在份额最高的 4 个国家储备黄金，且储备量应等于东道国自身认缴的黄金总量。这实际上意味着，如果得不到克里姆林宫的同意，基金组织就无法使用苏联认缴的黄金。[116]

苏联进一步提出，要求可以不受限制地改变其货币平价，前提是它"不会对国际交易产生影响"。这给美国代表团和技术人员出了个难题。这种变化怎么会不影响国际交易呢？而且，如果产生不了影响，那为什么还要这么做呢？但是在苏联人看来，对外贸易并不使用卢布，而且官方的卢布汇率与苏联的国内价格和成本无关，这意味着苏联理应获准完全豁免于基金组织关于维持汇率平价的规则。

作为一个黄金开采大国，苏联还要求获得一项豁免，允许其在不超过 10 年的时间内免予执行关于开采出新黄金后需追加认缴黄金资本的要求。最后，也是最困难的一点，谈判中有一项原则是各国在基金组织和世界银行中的份额应当相等，而苏联是唯一拒绝接受这一原则的国家。他们坚持要求其对世界银行认缴的资本金应比基金组织少 3 亿美元。

怀特提出，可以用"实质性地扩大基金份额做交换"，说服苏联"放弃这些条款"或其中的绝大部分条款。这使他与伊寇斯陷入紧张的对峙之中,后者被苏联人的要求激怒了。"在我看来……除非他们愿意彻底改变处理这件事的方法,否则达成共识的前景将不会很光明。现在,他们对这件事上的兴趣与资本主义国家完全不同。他们的兴趣在于获得这些贷款,对此他们毫不隐瞒。"

怀特毫不示弱地回击道:"那中国的兴趣、波兰的兴趣、希腊的兴趣是什么?"苏联玩的游戏其他每一个国家都在玩。

许多国家是为了一个正确的原因而参加这个体系,即稳定汇率,伊寇斯坚持道。但是"苏联和中国则希望拿到所有它们能够拿到的钱"。[117]财政部的米克塞尔将在 7 年后呼应伊寇斯的观点,他写道事实上苏联人"对解决设立基金组织旨在处理的根本性问题,也就是稳定汇率,不感兴趣"。他们关注的主要是"加入对其而言要付出多大的代价以及他们能够从中拿到多少信用"。[118]

伊寇斯评论道,这"当然一直都是该计划饱受批评之处,即它是一个贷款基金而非稳定基金"。[119]新闻媒体实际上也提出了这个问题。"令人担心之处就在于,"《基督教科学箴言报》解释道,"面临'临时性'外汇短缺的国家可能将养成使用基金组织的习惯,对其出售本国货币,向其购买出口国的货币,直到基金组织中全都是这些有问题的货币,就像一家商业银行持有的全都是过度冒险的借款人开出的票据,并且反复地延期,最终导致其资不抵债,宣告破产。"[120]

"在我看来,"伊寇斯总结道,"如果我们按照苏联的要求对它做出让步,那么,你就毁掉了基金组织在美国获得通过的一切可能。"

布朗表示同意。苏联人提出了太多的特殊待遇要求。"银行界以及新闻界对此的议论一直以来都是,美国用好的货币出资,用黄金出资……而他们用大量的各种货币出资。"

"你认为哪一种货币是没有价值的呢？"怀特问道，他的情绪越来越激动。

"希腊的货币以及其他……从苏联人的态度中，难道我们不能得出这样一个结论吗？这是一只稳定基金，但是在我看来，它正在成为一只供各国摸彩的奖品袋。"

这激怒了怀特，引发他发表了一番激烈的长篇大论。"不。我不认为这是一个适当的假设……苏联拥有其他国家所没有的优势。它出产大量的黄金，它拥有庞大的生产能力，最后也是最重要的一点，它自己能够决定它计划出售多少东西。没有一个资本主义国家能够做到这一点，因为它们的销售都必须盈利。"

怀特长久以来对苏联国家计划体制的痴迷突然间完全显现出来。"那么，当苏联非常坦诚地说道：

"我们准备使用基金组织来购买东西，因为现在正是有需要的时候，这正是设立一只稳定基金的目的，而且我们5年、6年或者7年之后会偿还你的。"我会说，这就是一种稳定性的操作，与任何其他国家发生的情况没有区别……有一种倾向要彻底扭曲这种分析并指责苏联，因为他们正在开诚布公地做着其他国家无论如何都要做的事情。你认为波兰、荷兰、法国、比利时或者中国会怎么做？如果它们不这么做，在我看来，它们的财政部部长就是笨蛋……

关于从基金组织购买外汇之后的回购能力问题，在所有国家中我将苏联列为头名，非但不只借它10亿美元，你可以给它20亿美元，而且基金组织能够运行得更好，你的出口也会有更多生意可做。说得有点多了，但我认为这是必要的，因为在稳定基金的性质问题上存在广泛的误解，不仅仅是在这里，而且外人也是这么认为的。我曾经听凯恩斯这么说过。我不得不提出同样的观点予以辩驳。"

伊寇斯不为所动："你的讲话丝毫没有改变我的观点。"

"这场会议绝对是因为苏联人的这些要求而陷入僵局，"布朗得出结论，"我认为现在已经到了这个地步，除非这个问题得以解决，否则大会就会失败，因为它无法在接下来的两周时间内完成任务，我们有必要在这个时候露出牙齿表现我们的愤怒了。"

"别这样，除非确实有一口钢牙。"怀特纠正道。

"我认为已经没有什么可以谈判的了，"伊寇斯坚持道，"我认为你所表达的意思，相当于……这就是唯一的立场，这就是最终的立场。让我们按照他们的策略行事。"

拉克斯福特非常紧张。大会能够承受得起失去苏联的结果吗？"现在摆在我们面前的问题，是我们代表团在此次会议上需要决定的最重要的问题。我们要不要让苏联加入进来？这个问题比剩余的份额加在一起都要重要得多。"

伯恩斯坦补充道，"在黑暗的 20 世纪 30 年代"，苏联已经证明它是一个信用良好的国家。所以，"如果他们想体面地得到一个大的份额，就让他们体面地得到，而让我们得到一个原则上可以普遍适用的基金组织……而这意味着消灭所有例外"，类似苏联提出的那些。[121]

美国代表团终于艰难地达成了一个共识，两派观点各让一步：苏联人可以获得更大的份额，或者认缴更少的黄金，但是不可以兼得。

新闻媒体竭尽全力地跟踪代表团内部讨论的情况，消息的来源显然是谈判人员泄露出去的信息。《纽约时报》报道，匿名的美国官员称，苏联提出"要求更多地使用拟议的世界货币基金的资产，并以认缴数量更少的黄金作为回报……这反映出他们在这种会议上典型的恬不知耻的自私要求"。该报评论道："很奇怪的是，美国人似乎喜欢苏联人的这种做法。"[122]确实，美国团队倾向于与苏联人保持良好顺畅的关系，偶尔会发现双方在位于酒店地下的夜总会中"唱苏联歌曲"。而"在受到相当数量的伏特加刺激之后，苏联人也会和美国人一起唱那些耳熟能详的美国歌曲"。[123]

《芝加哥论坛报》指责苏联"试图回避对基金组织贡献出与其财富资源相适应的黄金"。与来自当地的英雄人物布朗的观点一样，该报认为苏联人"并不是认真严肃地寻求实现旨在稳定货币的计划。他们是在寻找一个办法，将货物从美国弄出来，同时无须付出同等价值的东西作为交换。不能过于严厉地指责他们提出了这种要求，但是应当最最严厉地责备我们的代表居然鼓励他们这么做"。该报总结道，基金组织"的宗旨是使其他国家富裕起来，以损害我们为代价，并将导致美国不可避免地遭遇通货膨胀"。[124]

在美国代表团就苏联问题展开辩论期间，摩根索返回了华盛顿。回来之后，他根据怀特的指示，给苏联人提出了两个选择：份额12亿美元但没有额外的优惠，或者份额9亿美元以及苏联认缴的黄金减少25%。但是苏联人仍然坚持两个都要。这让摩根索非常恼火。他在政治上几乎没有任何回旋余地，但是苏联人也毫不妥协。

"是这样，坦率地说，鉴于我们两国人民已经建立了最为友好的关系，而现在两个伟大的国家居然要开始进行被我们称作'讨价还价式的交易'，对此我感到相当震惊，"摩根索 7 月 11 日对斯特帕诺夫说道，"这不是我国政府处理这个问题的指导精神。"沃尔考特众议员，摩根索解释道，已经向他保证，苏联人提出的要求"完全是不可能的……整个这件事都将在国会中遭到挫败"。

斯特帕诺夫的语气显得非常谦和，当然这是经过了翻译的演绎。他"对摩根索的态度以及美国代表团的态度表示深深的谢意以及敬意"。尽管如此，他希望摩根索能够理解，在苏联认缴黄金的问题上，他在国内面临无法逾越的政治困难，因为莫斯科认为两国的技术专家已经就减少认缴的幅度达成一致。至于份额问题，双方"对于计算的方法相互存在误解"。按照怀特公式得出的结果是 8 亿美元，而苏联人使用不同的数据后得出了 12 亿美元的结论。

摩根索试图消除政治的问题和分歧。"我不是一个外交官，我不是一个律师，我只是一个农民。"他让斯特帕诺夫放心。

"斯特帕诺夫先生说他自己也不是外交官，"翻译回应道，"不是律师，不是金融家，仅仅是一个商人。"对于一个共产党员来说，这一定是一个令人尴尬的职业。

摩根索继续说道，苏联提出要求获得比英国略低一点的份额，这是一个"相当新"的要求，专家从未讨论过。但是美国同意了这一点，摩根索解释道，"主要是考虑到苏联正在进行的伟大斗争"。尽管"代表团其余成员中大多数人"不支持这么做。在此基础上，摩根索再次要求斯特帕诺夫的政府"在两个方案中选择一个"。

斯特帕诺夫坚持认为，8 亿美元"比苏联根据美国的公式有权享受的总份额低了太多……我们不要求获得任何我们不应获得的东西"。但是，苏联没有"提供任何数据"来支持其提出的更高数字，摩根索把话挡了回去。其他代表团都在说苏联有价值40亿美元的黄金，并且还有70万人投身于开采更多的黄金。"我说的这些都是道听途说。"

"是啊，你无法禁止这些流言。"斯特帕诺夫回应道。

摩根索询问斯特帕诺夫是否反对他发报给美国驻莫斯科的哈里曼大使，要求他与莫洛托夫讨论美国人的建议。斯特帕诺夫说他正在等待莫斯科的直接答复，但是不反对财政部部长将讨论的情况通报其大使，事实上，"这么做甚至是有益的"。在分别时，二人相互宣示了诚意，并表示希望未来展开经济合作。[125]

三天过去了，相对会议时间而言已经是一段很长很长的时间。但是苏联代表团还没有收到莫斯科的答复。哈里曼被告知代表团已经收到了指示，但是斯特帕诺夫解释说他得到的指示没有变化。

摩根索试图进一步施压。"我这么说并无冒犯之意，"他对斯特帕诺夫说道，"整个大会都被耽搁了……今天两点还有一场份额会议，所以我们将不得不公开表明立场。"

斯特帕诺夫并不担心。他说，关于将苏联认缴的黄金减少25%的问题，双方可以同意保留各自的不同意见，直到莫斯科发来新的指示。摩根索仍然坚持，美国将支持苏联获得12亿美元的份额，并接受苏联在新开采黄金问题上的立场，但是关于给战争破坏打25%的折扣，这将导致"与其他国家产生许多问题"。斯特帕诺夫态度仍然很诚恳，但立场还是毫不动摇。[126]

各分委会的会议上，苏联继续毫无预兆地提出新的要求。在一场深夜进行的起草会议上，一度像僧侣一样在数小时内一言不发的苏联顾问突然吃力地说起话来，使其谈判对手大吃一惊：
"苏……联……社会主义……共和国联盟（长时间的中断），坚……
坚持……持方案 E。"他违反议事程序地提出，对于受战争重创国
家，应允许其使用世界银行特殊信用贷款。[127]

在斯特帕诺夫的要求下，他与摩根索于 7 月 15 日，也就是次
日上午重新召开会议，参会的还有怀特、苏联代表尼古拉·菲奥
多罗维奇·切楚林以及双方的其他人员。"斯特帕诺夫先生来是要
谈一些他感到有些困难的问题，"他的翻译说道，"按照他的意见，
这些问题并不难处理。"斯特帕诺夫接着开始长篇大论地阐述一系
列与对基金组织认缴黄金以及苏联改变汇率平价自主权等问题有
关的关注。

"他说完了吗？"一段时间过后摩根索问翻译。他还没有完。
斯特帕诺夫还要对世界银行说"几点"。

"能否允许我对斯特帕诺夫先生这么说，"摩根索说道，他显
然是受够了，"他提出了足够我们讨论 10 小时的问题，而怀特先
生 10 点钟还要主持一场委员会的会议。"

怀特无法及时参会了。在将世界银行的问题推迟到下午讨论
后，怀特力争使斯特帕诺夫接受关于平价问题的其他备选文字，
以免给公众留下苏联要使基金组织失去实质意义的印象。斯特帕
诺夫说他需要"考虑一下"，这使美方感到了希望，但他紧接着就
让这些希望落了空。他说道，这需要"再次得到苏联政府的同意。
因此，如果两者之间没有实质性区别的话，我们将坚持我们在此
次会谈开始时提出的表述"。

摩根索认为他已经失去理智了。"斯特帕诺夫先生刚刚说了两
种完全不同的意思，"他回击道，"首先他说他需要时间来考虑有
关文字……接着，一句话的功夫，他就改变了主意，退回到了他

自己的表述。"

"他并没有改变主意……斯特帕诺夫先生愿意考虑有关文字，但是他仍然必须得到政府的同意。"

"你的意思是你需要发电报？"摩根索难以置信地问道。

"要发电报。"

"为什么要这样呢？"怀特无可奈何地问道。

摩根索被打败了："我们将接受你们的文字。"

"非常感谢。"

"你告诉斯特帕诺夫先生，恐怕这是他在这次大会上最后一次说谢谢了！"

笑声短暂地使氛围活跃起来。接着困难的谈判又开始了，下面讨论的是莫斯科认缴的黄金实际将于何处存放的问题。从一个分委会的会场传来两张便条，称他们正在等待美国和苏联的代表。摩根索与怀特表示同意支持苏联的立场，拉克斯福特与苏联财政部副人民委员 P. A. 马勒汀起身离开去出席分委会的会议。摩根索最后回到了苏联认缴黄金减少 25% 这个令人恼火的问题。在这个问题上他坚持了他的立场。

"美国代表团不能支持任何关于受破坏地区可以减少其认缴黄金的建议。我们非常遗憾。"

"你们不但不支持，而且还会反对它吗？"斯特帕诺夫难以置信地问道。

"我们将尽量不表示反对，"怀特答复道，"有足够多的国家可能会表示反对。但是如果没有人反对，我们将不得不表示反对。"[128]

当天下午，基金组织份额清单草案提交全体会议。"文森法官代表美国发言，他开始先洋洋洒洒地说了一大段，意图用雄辩的口才为过去两周艰难的讨价还价套上一圈神圣的光环。"罗宾斯记录道。中国、法国、印度、新西兰以及其他国家正式提出了抗议。罗宾斯最后一个发言，敦促代表们接受这份清单，称它是有望实现的最好结果。"我必须承认，"当天晚些时候他反思道，"在我为政府做过的所有事中，没有什么比这件事更令我感到厌恶了。"[129] 但是，大会没有做进一步的辩论，清单被接受了。会议的一个重大里程碑实现了，但是还有很多的任务有待完成。

7 月 17 日，周一，摩根索召集美国核心人员以及各主要代表团团长开会，商定一个会议截止日期，届时不是成功便是失败。美国和英国的许多专家及支持人员已经疲惫不堪，速记员也已经精疲力竭。工作通常都要持续到后半夜，怀特和其他人依靠几个小时的睡眠勉强维持。显然，最终的案文不可能赶在 7 月 19 日的截止日期前完成了。"我们可能不得不让总统发布一则命令，从周三晚上起查封这座酒店，并派驻军队来维持经营，"摩根索说道，"我们可能得派两个士兵把酒店经理架出去！如果有必要这么做的话，文森法官将发布命令。"

艾奇逊提出，会议最早能够在周六结束，也就是 7 月 22 日。怀特也认为这是可行的；火车可以在周日离开。拉克斯福特是唯一表示怀疑的人，因此成了财政部部长满腔怒火的发泄对象。"你想要做什么，拉克斯福特，在这里一直待到圣诞节？……这里所有人都说周六或者周日可以。为什么……你突然觉得你做不到？"

凯恩斯与其他代表团的团长使之成为正式决定：他们将于周日晚上之前离开。[130]《纽约时报》于 7 月 18 日，也就是次日早晨，在头版的一则报道中宣布了这个消息："会议谈判延长三日，在银行问题上发生争吵。"[131] 在接下来的一周中，怀特及其团队全力以赴地汇总各方面的案文以形成大会的最终文件，包括各分委会、委员会的案文以及由他自己的特殊问题分委会起草的、不为外国代表所知的关键案文。

"苏联使货币谈判陷入僵局"，7 月 20 日的《纽约时报》宣布。[132] 尽管苏联人坚持不懈地要求获得特殊待遇，但是他们最终心甘情愿地使战争破坏特殊优惠的问题遭到投票否决。美国人在新开采出的黄金的问题上所做的让步价值要大得多。然而，在一个重要的问题上，苏联人仍然坚持自己的立场，这也成为达成历史性的协定面临的唯一障碍：莫斯科只愿意向世界银行认缴 9 亿美元的资本金，比其要求在基金中获得的份额少了 3 亿美元。所有其他代表团都接受了世界银行与基金组织份额相等的原则。"这真是个耻辱，"比利时代表团团长乔治·休尼斯在世界银行委员会一场会议结束后冲着罗宾斯大声嚷嚷，"美国人每次都对苏联人做出让步。而你们也是，你们英国人，和他们一样差劲。你们对他们卑躬屈膝。你等着看好了。你会看到在和会上你将收获什么结果。"[133]

7 月 21 日，也就是大会的倒数第二天，这个问题终于到了最紧要的关头。上午 10 时 15 分，文森主持召开代表团团长会议，讨论份额问题。印度代表杰里米·莱斯曼爵士发出了挑战书："如果任何一个重要国家要降低其认缴资本金，那么我不认为我能说服我的国家同意认缴与其份额相等的资本……如果严重地背离了这项原则，我将必然会陷入极为困难的处境。"波兰提出愿意追加 2500 万美元来填补苏联的缺口；中国承诺增资 5000 万美元。斯特帕诺夫坐在那里一言不发。

凯恩斯发言了。"秘书长先生，苏联代表还没有发言。在他发言之前，我希望向他提出一个诚恳的要求。"凯恩斯提出，波兰和中国愿意提高它们对世界银行的认缴资本，而英国在其中也占有很大的份额，这显示出苏联人对金融风险估计过高。"我确实认为，最诚挚地认为，"他在结束发言时有力地说道，"一个伟大的国家在现在这个阶段仍然如此坚定、毫不妥协，这有违大国的荣誉与尊严。"

斯特帕诺夫的一贯做法是仅在必要情况下发言，而且即使发言，主要也只是强调"苏联人抵抗希特勒铁骑入侵其家园的斗争"。[134] 这一次他被迫打破沉默。他说，他被"其他代表团为了达到所提及的目标而显示出的诚意深深地打动了"。但是他不能同意印度代表"将他们自己的份额与苏联的份额相挂钩的做法，因为后者在战争中遭受了如此巨大的损失"。无论如何，他"没有获得授权提出任何其他数字"，莫斯科的授权是 9 亿美元，不能再多了。[135]

加拿大代表随后提出，他也许能够说服渥太华，同意在美国人数字的基础上将其认缴资本提高 10%（后来它确实做到了，增加了 2500 万美元）。摩根索要求与文森和苏联代表举行私下磋商。代表团团长们于下午 3 时 15 分重新召开会议，结果不出意外，文森宣布苏联代表团"没有收到其政府进一步的指示"。但是，除了加拿大、波兰和中国，美国和拉丁美洲代表团也承诺增加认缴资本，3 亿美元的窟窿终于填满了。斯特帕诺夫还是一言不发。

团长们匆忙决定将最终的份额分配表提交凯恩斯的第二委员会，委员会将于下午 6 时召开会议，此后，6 时 30 分，摩根索将主持召开全体会议的最后一场执行会议。[136] "苏联人通过拖延战术拿到了他们想要的一切东西。"凯恩斯第二天致信卡托时写道。"美国的政策关注一直是满足苏联人,并把他们弄进来。在我自己看来,"凯恩斯总结道,"我认为这是明智的。"[137]

　　第二天,也就是 7 月 22 日早晨,摩根索最后一次召集美国团队开会。尽管有苏联这个令人头疼的问题,但是财政部部长仍然有理由感到极为满意。伯恩斯坦后来回忆道:"对于那些经历了一战之后的国际合作的人来说,布雷顿森林会议就像是一个奇迹。"[138] 它获得成功,主要"是因为所有重要的问题在过去的两年之中都已经被讨论过并解决了"。[139] 但是,在引导 44 个国家代表团集体加入一个庞大而复杂的全球货币合作计划的过程中,摩根索成功地确保他自己的代表团没有因为党派分歧而产生分裂,这一点非常关键。大选就在眼前,成群的记者在这片度假胜地四处游荡,在此背景下能做到这一点非常了不起。摩根索、沃尔考特、托贝以及司班斯都相互表达了真诚的赞美之情。"这是民主制度最为成功的一次实验。"摩根索自豪地说道。

　　"对于一个有心理战经验的人来说,"国务院新闻媒体部主管迈克尔·麦克德莫特补充道,"……如果这场大会对结束战争做出了重大贡献,我完全不会感到意外。"德国人"只能说,'上帝啊,我们面对的是怎样的局面啊?'而后就放弃斗争了"。

　　不幸的是,事实并非如此。德国人还将继续战斗 8 个半月。而且,摩根索即将发布由其本人提出的使战后德国去工业化的计划,可以说,它起到的作用是加强而非削弱德国人的战争斗志,并导致战争和屠杀继续。

布朗承诺："将尽我的全力把这份协定推销给这个国家的银行家。"摩根索非常感激，"因为他们似乎是唯一现在仍然叫嚣要反对这件事的人"。

"还有鲍勃·塔夫特。"参议员托贝纠正道。

"我将塔夫特留给你了！"摩根索回应道，"他是你个人的食物。"事实上，塔夫特和银行家将发起一场令人生畏的抵抗。

至于苏联人，虽然他们对布雷顿森林会议达成协议构成了最大的障碍，但是美国代表对他们没有什么怨恨的情绪。"苏联代表团已经在不知道哪根高尔夫球钉那里等我们了。"摩根索宣布，并结束了会议。[140]

"广播公司……已经安排在布雷顿森林会议结束时进行一场广播，由怀特来解释我们取得的成果。"伯恩斯坦多年后回忆道，但是"摩根索不让怀特上广播"。财政部部长再一次匿名地让伯恩斯坦插足。"摩根索一直都对怀特抱有一种矛盾的心态，而且布雷顿森林会议令他感到妒忌，因为更多的注意力放在了怀特而非他的身上。"[141]

当天晚上，大会的闭幕招待会暨批准仪式在规模恢宏、装饰典雅的宴会大厅举行。"疲惫不堪、脸色苍白如纸"[142]的凯恩斯于稍晚些时候走进了挤满人的大厅，缓慢地走向他的空位。几乎整个会场的人都站起身来，默默地注视着他走过，以示敬意。用斯基德尔斯基的话说，这个人"给布雷顿森林协定带来的是其盛名而不是实质内容"。[143]凯恩斯称得上是世界上最伟大的公共知识分子，他使这场聚会提升到了一个更高的层次，超越了一场重要政治事件的范畴。即使经过律师处理的最终案文只零星地保留了他思想的痕迹，即使他语言的痕迹更是寥寥无几（凯恩斯将美国人的法言法语称为"切诺基部落的语言"），在很大程度上由于他的存在，布雷顿森林将始终代表一种理想，代表了从思想的酝酿开始一步步营造全球合作的努力。

任何人的发言都不可能像凯恩斯的晚宴致辞那么生动活泼、文采飞扬、优雅动人。他的讲话充满了轻松的幽默、巧妙的隐喻和大度的情怀，令在场的所有人，至少是那些有能力驾驭英语的人，认识到这样的一个事实，即他们成为一份具有历史意义的伟大事业的参与者。凯恩斯向摩根索致敬，称赞他的"睿智以及友好的指引"，他称赞怀特"不屈不挠的意志和精力，并总是以好脾气和幽默感对前者加以控制"。他赞扬艾奇逊、考克斯、拉克斯福特、柯亚多以及其他美国律师——虽然律师一直以来都是他讽刺挖苦的对象，称他们"将我们的行业术语变成白话散文，又将我们的白话散文编成诗歌"。在影射无处不在的新闻媒体时，他甚至宣称他自己"受到了那种一直关注着我们会议的批评、怀疑甚至是吹毛求疵的精神……极大的鼓舞"，因为他相信："以极度失望开始总比……以极度失望结束要好。"在结束发言时，他若有所指地提出，44 个国家"在布雷顿森林取得的成果，比体现在这份最终文件中的东西意义更加重大"。事实上，鉴于他的全球清算联盟的宏伟构想只有极少部分的内容被纳入了布雷顿森林会议的最终文件之中，这句话成了他寄托伟大希望的信条。他离开大厅时，代表们由衷地齐声唱起了著名的英国歌谣《他是一个快乐的好小伙》。虽然看似是即兴的演奏，但伯恩斯坦后来说，他事先就告诉乐队要演奏这首歌。[144]

摩根索在其闭幕致辞中，将大会的成就牢牢地放置于战争及其肇因这个更大的背景之中。他谴责"漫无目的、毫无意义的竞争与对抗"以及"直接的经济侵略",称这些行为将全世界带上了"一条陡峭的、灾难性的战争之路"。"这种极端的民族主义,"他明确地表示,"属于一个已经死去的时代。今天,各国开明自利的唯一形式就是达成国际和解。在布雷顿森林,"他说道,盟国"采取了切实可行的办法将这一教训融入货币与经济领域的实践之中"。他略微有些夸大了这次会议立竿见影的重要意义,称其"在某种较小的程度上"促使施陶芬贝格及其德国军队中的合谋者两天前在拉斯登堡刺杀希特勒,并差一点就获得了成功。[145]摩根索的退场音乐个人感情色彩多少显得不如凯恩斯的那么浓,乐队奏起了美国国歌《星条旗永不落》。

除了盛大的仪式,当天傍晚还发生了一件幸运的、令人意想不到的事。摩根索在发言开始时带着极大的喜悦向各位代表转达了这个最新的情况。听到了这则消息后,"整个会场一跃而起,欢声雷动",罗宾斯记录道:"所以最终,一切都在铺天盖地的乐观情绪和友好氛围中结束了。"[146]

就像一个落跑的新娘在教堂熄灯落锁之后回来了一样,苏联人在会议正式议程结束后 24 小时又令人吃惊地重新出现。晚上 7 时,在晚宴开始前 30 分钟,斯特帕诺夫前去会见摩根索。他的翻译欣喜地报告道:"斯特帕诺夫先生……从莫洛托夫先生那里得到了回答,答案就是他很高兴地同意你提出的建议。"

摩根索并不确信他听懂了。斯特帕诺夫澄清道:"莫洛托夫先生说我们同意增加在世界银行中的份额。"

"增加到多少?"摩根索难以置信地问道。

"12 亿美元。"与其在基金组织的份额相同。

"莫洛托夫先生同意了？"

"他说他赞成摩根索先生的建议。"

"那么，你告诉莫洛托夫先生，我发自内心地感谢他。"[147]

早在 4 月的时候，就在联合宣言向媒体发布前几个小时（当时苏联尚未表示支持），莫洛托夫就曾对哈里曼说过，苏联政府最终将"愿意指示其专家支持摩根索先生的计划"。[148] 在布雷顿森林，莫斯科故技重施，选择给其一贯迟到的表态找到一丝个人化的理由。"莫洛托夫先生说他赞成份额的规模，"斯特帕诺夫解释道，"因为摩根索先生要求苏联代表团这么做。"苏联人的表态使世界银行的资本金反而比基金组织多了 3 亿美元。

"我希望你将下面的话转告莫洛托夫先生。此举确认了我长久以来对苏联的敬意和信心。"财政部部长兴高采烈地说道。

斯特帕诺夫清楚地传达了以下信息："莫洛托夫先生愿意提高份额，是因为你要求他们这样，他对你非常尊重。"[149]

然而，在布雷顿森林，得到苏联人尊重的美国代表并不仅限于摩根索。财政人民委员会货币局主管 I. D. 兹洛宾在回国后发表了一篇文章，其中的一部分记录了他在布雷顿森林的不寻常的时光，文章题为《在美国的会议》，发表于一份名为《战争与工人阶级》的莫斯科刊物上。故事的焦点是兹洛宾与怀特的友好关系。他说道，在他与切楚林访问华盛顿时，怀特曾邀请二人前往其位于华盛顿郊区的农家小别墅。[150] 怀特后来对一个大陪审团表示，在布雷顿森林会议之前和之后，他都曾经在他的家中招待过整个苏联代表团。[151] 在布雷顿森林，兹洛宾继续写道，他们与怀特以及其他美国和苏联团队的成员一起打排球（米克塞尔指出，苏联人对这些游戏"非常认真"）。[152] "后来，"兹洛宾写道，"每当我们需要使一些符合我们利益的决定通过的时候，怀特总会开玩笑似的说道,'我所能做的是将我们自己的票以及 22 个拉丁美洲共和国的票都供你们差遣'。"[153] 联邦调查局并没有注意到这个玩笑,否则他们会将这篇文章加入他们自 1942 年起就开始建立的关于怀特的调查卷宗之中。

| 第 9 章 |

# 像法拉一样乞求

代表团刚刚从布雷顿森林离开，英美关于这份刚签署的文件的含义就爆发了观点分歧。"我们，以及所有的人，当然都不得不签署，甚至都没有机会通读一遍誊清的、连续的文件。"凯恩斯在5个月之后如此解释道。"我们看到的全部内容就是签字处的虚线。我们唯一的借口，"他补充道，借用了一些莎士比亚的诗句，"就是知道我们的东道主已经做了最终的安排，准备在几个小时内将我们扔出旅馆，使我们既没有领到圣餐，也没有接受涂膏礼，含恨而终。"[1]

代表英国参加基金组织委员会讨论的不是凯恩斯，而是丹尼斯·罗伯逊。但甚至连他都未能参与最终阶段协定条款的拟定。怀特的团队秘密地完成了基金组织协定文本的起草工作，凯恩斯以及其他代表团的团长是在"领取临终圣餐"时才第一次看到最终文本。尽管如此，考虑到凯恩斯及其政府在过去近3年的时间内对这份文件的高度重视，凯恩斯居然断言"在我签署这份文件时从未看到过眼前正在讨论的条款的最终文本"，这种情况令人感到非常震惊。[2]怀特利用结账走人的最后时限施压，争取到了文件的签署，这无疑会令他感到极大的满足。过去两年的谈判都未能达成的成果，通过他在会议最后几天的巧妙运筹终于实现了。

尤其是，将美元指定为唯一的"黄金可兑换货币"，一举使得过去的金汇兑本位制转变为美元本位制，这一制度一直延续至今，即使在 1971 年美元与黄金脱钩之后仍然屹立不倒。如果凯恩斯在草签文件之前有机会读一遍案文，他毫无疑问将会挑战这一点。但是，令人感到不解的是，甚至在会议结束之后，也没有记录显示他注意到了这一点。他仅仅是在一些理论上将在更短的时间内产生影响的问题上与怀特重开争吵。这有可能仅仅是因为，凯恩斯发现了如此重大的疏忽后感到过于惭愧，因而不愿提及它，而且他一定也明白，对于一片这么有价值的外交领土，既然它已经被怀特征服，后者定会寸土不让。

令凯恩斯感到紧张的条款是有关货币可兑换性的规定，即成员政府有义务在固定的汇率水平上维持其货币的可兑换性。有关条款起草得很仓促，又经过了律师的反复加工，因此含义模棱两可，并且在一些地方相互冲突，有可能导致截然不同的解释。对于有关条款究竟包含了哪些义务，凯恩斯和罗伯逊存在不同意见。对于二人中谁将为这种混乱的结果承担主要责任，他们也有不同的看法。凯恩斯指责罗伯逊没有发现有问题的案文；罗伯逊则反击称凯恩斯已经批准了案文，但最终他还是为此次"疏忽"承担了责任。[3]

凯恩斯关注的核心是，英国可能被迫按照某种方式干预外汇市场，或者被禁止以其他的方式干预外汇市场，最终导致它无法控制黄金或美元的外流。他最担心的是这可能会导致一场"金融敦刻尔克"。10 月 6 日，他给怀特寄去一封长信，请求对案文进行修改。这是一封标志性的凯恩斯式信函，逻辑、激情、焦虑与幽默令人头晕目眩地纠缠在一起。怀特没有回信。但是凯恩斯借其 11 月访问华盛顿之机，设法安排了于 18 日与怀特会面。怀特表示，对于他赞同凯恩斯解释的地方，他今后将继续予以支持；对于他不赞成的地方，他坚持让任何有歧义之处保持现状。无论如何，他都不能让国会嗅到一丝不和的风声，案文不可更改。

　　凯恩斯的态度并未缓和。为了显示原则，尽管这么做毫无作用，他于 12 月 29 日致信财政大臣："我们不能签署一份要么是自相矛盾，要么是极为隐晦模糊的协议。"⁴ 自相矛盾和隐晦模糊是外交的精髓，但凯恩斯缺少老练的外交家那种犬儒主义的心态，因而他不能理解这样一个事实，有些东西做不到就是做不到。所以他常常发起无谓的斗争。在这件事上，他吓唬住了财政大臣，使后者向摩根索提出了这个问题，产生的唯一后果是引发了一场外交事件。财政部部长将信件转给怀特，后者不仅拒绝让步，而且要求财政大臣收回这封信，或者更改其日期，或者删除提及案文起草有误的内容，以隐藏争议使之不被国会发现（财政大臣选择了方案三）。最终，这件事证明是一场茶壶里的风暴：在一个饱受战争摧残的世界中，一个初出茅庐的基金组织没有能力来强行实施怀特反对货币贬值的目标。


　　就在此时，布雷顿森林协定在英美两国国内引起了政治上的轩然大波，与之相比，大西洋两岸之间的争议不过是和风细雨罢了。在 1944 年 7 月之前，纵然公众对于怀特计划和凯恩斯计划存在很大异议，但是反对意见，尤其是来自大银行的反对意见，相对而言声音并不响亮，因为它们认为一场庞大臃肿的国际会议本身就足以使这个精心设计的体系垮台。然而，一个轻量级的怀特计划完好无缺地出现了，突然间离成为美国的法律只有一步之遥。那些持反对意见的人现在需要表明立场了。

考虑到战斗即将开始，摩根索于 12 月下旬要求罗斯福提名怀特为财政部部长助理。"他将成为布雷顿森林协定立法斗争主要的攻击对象，而部长助理的身份能够赋予他更多的威信，对这场斗争有很大帮助。他已经多次为自己赢得赞誉……怀特甚至比诸如凯恩斯勋爵之类的人物还要略胜一筹。"[5] 这么说当然是对他的一种最高评价。总统同意了，1945 年 1 月 23 日，怀特终于获得了他的第一个真正有地位的政府职务。

几周之前，1 月 4 日，兰多夫·博格斯以及一群有影响力的银行家与摩根索及其幕僚会面，探讨双方立场的共同之处。博格斯有备而来，美国银行家协会以及储备城市银行家协会为他准备了一份报告，报告总体上接受了世界银行计划（因为世界银行能够为他们的海外投资提供担保），但是否决了基金组织计划，认为后者存在危险。报告提出，基金组织太庞大、太复杂。其职权范围过于宽泛且模糊不清，而且它可以向信誉不佳的政府提供贷款，这种权限过于自由。摩根索承认计划并非完美无瑕。但是他强调，这个计划至关重要、刻不容缓，它是全世界顶尖的专家合作的成果，并且得到了 44 个国家的认可。如果现在有一个国家想改变它，其他国家都会如法效仿，那么公众将会自然而然地怀疑是银行家毁掉了这份协定。"如果说只有两种选择，要么是它，要么就什么都没有，"博格斯说道，"那么他会选择它。"[6] 财政部部长则坚称只有这两种选择。

摩根索认为他达成了交易，所以当美国银行家协会于 2 月发布报告拒绝接受基金组织时，摩根索勃然大怒。美国商会也拒绝接受基金组织。私人机构全国经济理事会则以更加激烈的言辞抨击基金组织，称"'稳定'基金与稳定没有任何关系。它是一台可以将毫无价值的外国纸币变成美元的机器。基金组织和世界银行这两个'计划'都掺杂了凯恩斯勋爵异想天开的负债理论"。[7] 战线已经画好了。

2 月 5 日，摩根索与幕僚召开会议。摩根索对他们说，这是一场银行家与政府之间的战斗，而且政府必须获胜。"要么是它，要么就什么都没有，而且它将是……战后在欧洲以及全世界面前出现的第一个东西，而不仅仅是在美国人民面前，为了期待一个更好的商业世界的到来……应当由政府承担利率的风险，而不是个人。"他说道。他的意思是说应当由政府设定货币条件，而不是银行，更不是位于英国的银行家老巢。难道我们还要"让 5 家纽约的银行控制外汇汇率吗……让伦敦牵着我们的鼻子走，就像他们在过去 100 年一直做的那样"？他反问道。纽约的银行家甚至还"反对联邦储备体系"，拉克斯福特指出。他们都是极端分子。"我们也许可以稍微歪曲一下，"怀特提议，"说反对它的是投机分子。"[8]

美国财政部在影响公众舆论导向方面遇到的最大问题是，布雷顿森林协定实在是太深奥、太复杂了，很难引起公众的兴趣。战争信息办公室向财政部提交的一份报告得出的结论是："关于布雷顿森林会议，几乎没有任何公众舆论。没有对它的广泛讨论，因为根本没有兴趣；没有兴趣，因为根本不理解有关的问题、建议的计划及其重要性。"[9] 国会议员也弄不明白。拉克斯福特对摩根索说道："一位持支持立场的国会议员（沃里斯）告诉我说，'国会对这个问题没有任何意见，因为国会理解不了它'。"[10] 即使是参加了布雷顿森林会议的美联储主席马瑞纳·伊寇斯也是一头雾水。"怀特，你的计划实在是太复杂了，"他对怀特抱怨道，"我要求你的人用外行能够看懂的语言简要地概括它的内容，让我能够弄懂这个该死的东西，知道它究竟是什么意思。"[11]

3 月 1 日，怀特告诉他的助手们，财政部将发起一项新的行动，目的是向公众解释布雷顿森林协定并影响政治辩论的走向。财政部聘请了一个公共关系公司。将由一个外部人士——兰多夫·菲尔塔斯，负责组织实施这场行动。行动的核心要素非常明确：财政部将稍微向右倾斜；左翼已经表示支持，关键是要给温和派留下强烈印象，并说服有影响力的保守主义人士回心转意。财政部的新政直觉是要抨击银行，但是现在需要调整方法。从此时起，敌人应该是"孤立主义者"。要避免细节和数字；叙事的角度应当是经济和政治安全。布雷顿森林将"搭上星光闪闪的雅尔塔会议的便车"，即盟军领袖于 2 月召开的克里米亚会议。财政部自身将与这场行动保持距离，因为在公众的脑海中，"财政部也是嫌疑对象，财政部是个新政疯子"。[12] 对怀特而言，这必然会令他感到非常愤怒。

主动与外界接触并寻求支持是这项行动的关键。从商人、记者、经济学家到所有私人和社区团体。"新教四大教派的神职人员本周都被邀请到华盛顿……参加不公开的'教育性'会议，"《华尔街日报》4 月 13 日报道，"一些牧师离开这座城市时满腔热血，决心要用布雷顿森林的福音向其教区布道。"[13] 但最终的目标是更高一层的权力机构，也就是国会。

2 月 12 日，罗斯福正式通报国会，敦促它立即通过布雷顿森林协定。听证会于 3 月 7 日召开。摩根索第一个出席众议院银行与货币委员会的听证会。鉴于他并不熟悉数字和具体问题，因此他很自然地接受了公关策略并认真地遵照执行。"在政治乱局中寻求经济安全是不可能的，"他说道，"但是在经济乱局中寻求政治

安全同样也是不可能的。"布雷顿森林协定对于实现这两个目标至
关重要。从美国国家利益的角度出发，国际货币基金组织将发挥
关键作用，确保 20 世纪 30 年代美国贸易由于各国"对我们设置
的货币壁垒"而崩溃的情况不再重演。货币的价值需要保持稳定。
但是战争已经表明，"试图仅仅通过 3 个国家或者 6 个国家的合作
来稳定货币运行是徒劳无功的"，这也是美国在《三方协定》中的
经历。稳定体系必须是全球性的。

而为布雷顿森林协定的具体细节进行辩护的工作当然要留给
怀特。他于 3 月 9 日的那个周五开始出席听证会并作证，并一直
到 3 月 15 日的那个周四才结束，持续了一周。一个月之后，4 月
19 日，他又再次出席并作证。他在发言开始时强调布雷顿森林协
定是一个由 44 个国家达成的妥协，但是"美国代表团参会的目
的只有一个，就是维护美国的利益"。接着，他从近期历史的角
度出发来定义这些利益。在一战后，各国寻求重建金本位制。怀
特说，这对美国经济产生了良好结果，但对其他国家，特别是英
国，产生了完全不同的结果。"在它自己看来"，英国无法获得"足
够的世界市场份额，从而导致它无法维持本国的相对充分就业"。
越来越多的英国人将他们的困境归咎于英国恢复一战之前汇率平
价的做法。最后，政治压力压倒了一切，英国于 1931 年抛弃了
英镑平价。随着英镑的贬值，一个又一个国家紧随其后，决心不
允许他国取得出口优势。汇率战导致了贸易战，以德国为首的各
国政府自 1932 年起开始缔结特殊的双边清算协定，更加严格地
控制向它们出口的国家要从自己那里回购什么作为交换。世界贸
易随之崩溃，大萧条愈演愈烈。

如果当时有布雷顿森林协定可以用来稳定汇率，"肯定会对防
止战争扩大化发挥相当大的贡献，甚至有可能阻止战争的发生。"

怀特说道。如果现在能够通过这些议案，美国将从中获得最大的收益，不是因为它需要基金组织或者世界银行的资金援助，而是因为它将"确保其他国家有能力采取高水平的全球贸易所必不可少的货币信用以及贸易政策"。

　　怀特在财政部工作的那个年代，包括美国大出口商和国内生产商在内的势力强大的商业力量对汇率浮动恨之入骨，原因就是美元面临升值的压力。外国货币相对美元贬值将导致美国出口受到压抑，并加剧美国产品面临的进口竞争。但是英国作为世界上最大的国际债务国，它对于迫于美国压力而使英镑汇率稳定在一个价值可能被高估的水平上非常担忧。英国人"认为'稳定'这个词有一种令人不快的僵化的感觉"，怀特在作证时评论道，"他们听到'稳定'这个词就不寒而栗"。这也是为什么美国"同意在给基金组织命名及描述其功能时，用'货币'一词替换'稳定'一词"，他解释道。

　　而后，怀特对基金组织及世界银行的功能和组织结构做了一番长篇的、深入浅出的讲解，在有文字记载的史料中，至今仍然称得上是对美国最初计划最为清晰的概括。怀特在发言中还对罗伯特·布斯比的观点做了细致周密的反驳。英国保守党议员布斯比在致《纽约时报》的信中对布雷顿森林协定的模糊之处提出了尖锐的批评，委员会的一名成员在听证会上朗读了这封信的片段。

　　然而，在一个问题上，怀特迟疑了，这也正是 20 世纪 60 年代美国掌管布雷顿森林货币体系时犯错的地方。该体系究竟是以冰冷、坚硬、稀有的黄金为基础，还是以美国政府可以随心所欲印制的美元为基础？怀特坚持认为两者都是该体系的基础，但是他常常需要费尽力气去解释。

　　"难道该计划不要求回归金本位制吗？"布斯比问道。"这要视情况而定，"怀特回答道，"完全要视'金本位制'的含义而定。"如果它的含义是各国必须使其汇率稳定在平价上下各1%的范围内，那么答案就是肯定的。如果它的含义是假设黄金储备没有达到一定水平的情况下，各国发行更多货币的能力将受到限制，那么答案就是否定的。怀特认为这种自由度是一大优点。

　　委员会成员要求知道基金组织协定第4条第1款的含义，该条款称各成员国的货币应以黄金作价，"或者按照1944年7月1日有效含金量的美元作价"。怀特坚持两者其实是一回事。"对于我们，以及对于全世界，"他解释道，"美元与黄金是同义词……这仅仅是出于使表达更加方便的原因，并没有什么特别的含义，仅仅是为了强调美元实际上与黄金是同义词的事实。"

　　但是其他货币呢？俄亥俄州共和党众议员弗雷德里克·史密斯问道，难道基金组织不能采用"班科"或者"尤尼塔斯"来取代黄金和美元吗？

　　"什么是'班科'或'尤尼塔斯'？"怀特故作天真地回答道，"这样的货币并不存在。"

　　"怎么，你应该知道的，"史密斯回击道，"它存在于你的……"

　　"我曾经提出，可以用类似的某种东西作为国际记账单位，"怀特打断了他，"但是，正如你所知道的，在布雷顿森林会议召开前，这个想法就被放弃了……"

　　"你一定给那个记账单位起过一个名字，难道不是吗？"史密斯又把问题抛还给他。

　　"正是因为我们必须起一个名字，所以我们使用了'美元'这个备选方案。我们认为这是一个相当好的名字，"怀特冒着一定的风险说道，"我们很高兴其他国家接受了这个词组——黄金或者美元。"

　　当然，这是极度地夸大了事实。怀特是背着其他参会代表用美元替代了"黄金可兑换货币"。他这么做正是因为他知道许多代表会反对这一点，就像凯恩斯在会议召开前很多年一直表示反对那样。

　　史密斯紧追不舍："美元将等同于黄金？"

　　"无论什么时候，"怀特坚称，"如果美国要以一个固定的价格自由地购买或出售黄金，都绝不会遇到困难。"

　　到了一定的时候，怀特的观点将被证明是错误的。在 20 世纪 60 年代越南战争以及伟大社会计划期间，美国不顾其黄金储备急速下降的状况仍然继续印刷钞票，引发美国的黄金遭到挤兑，美元汇率下跌，并导致了固定汇率制度的终结。美元并不像怀特所说的那样与黄金是同义词，只有黄金才是黄金。但是，美元等同于黄金这个说法是一个关键要素，既是怀特说服国会相信美国完全拥有行动自由的关键，同时也是他说服全世界相信美国无权自由行事的关键，即如果美国释放的美元超过了全世界希望持有的数量，它将被迫吐出黄金。

　　6 月 14～28 日，怀特数次出席参议院银行与货币委员会作证。他遇到了一个与史密斯完全不同的对手。在辩论中，身为医生的史密斯注重细节且目标明确。与之形成鲜明对照的是，俄亥俄州的罗伯特·塔夫特参议员是一个讲原则而不讲细节的人，他习惯于夸夸其谈以及总体的评判。对于塔夫特而言，问题相当简单。基金组织是一个来自异域的古怪计划，目的是将美国的黄金输送给外国债务人。史密斯使怀特在发言辩护过程中暴露出他性格暴躁、言语刻薄的一面，而塔夫特实际上让怀特变得安静，对基金组织和世界银行背后的具体细节以及经济逻辑更加透彻的了解显然使怀特自信心大涨。

然而，史密斯和塔夫特都认识到，如果要在政治上推翻怀特做出的保证，没有什么方法比援引他那令人生畏的英国对手凯恩斯勋爵的话更加有效了，特别是凯恩斯关于所谓的稀缺货币条款的评论。凯恩斯称这些条款可能可以被基金组织的成员用来限制来自债权过高的国家的进口，也就是美国。兰多夫·博格斯对参议院表示，这些条款是"邪恶的、令人深恶痛绝的东西"。在对凯恩斯的"品格、能力以及对该问题的理解"致以应有的敬意后，怀特把凯恩斯的解释贬得一无是处，坚称协定仅仅规定基金组织可以对美国代表"发布一份报告"。而一旦这份报告送到了参议员塔夫特的委员会之后，他可以"在对其进行适当讨论之后……将它扔进垃圾篓"。

最终，尽管有分量很重的银行家和经济学家提出了相当多的批评意见的证词，布雷顿森林协定法案仍然非常顺利地通过了这两个委员会。技术性的辩论只起到了很小的作用，主要还是因为罗斯福与杜鲁门当局成功设计了一个辩论的框架。布雷顿森林协定是一个关乎战争与和平的问题。"我认为历史回过头来，"怀特一度夸张地对史密斯说道，"将会控诉那些没有对布雷顿森林计划投赞成票的人，就像现在我们回顾历史，并指责某些团体在1921年阻止我们加入旨在防止战争的国际组织那样。"这是一个积极乐观的时代。美国人在欧洲和太平洋地区获得了胜利。由于担心被贴上孤立主义者的标签，共和党内部出现了分裂。最终，6月7日，众议院以345票赞成对18票反对的压倒性多数通过了该法案。6月26日，50个国家的代表在旧金山签署了联合国宪章，怀特作为技术顾问参加了此次会议。7月19日，参议院以61票赞成对16票反对通过了布雷顿森林协定法案。罗斯福将货币会议安排在布雷顿森林召开是为了至少争取到一个有可能投反对票的人。他的盘算被证明是正确的。新罕布什尔州参议员托贝在国会的圆形议事厅对他的议员同事说道："如果我们允许经济战争吞没全世界，或者我们退回到自己的世界之中，这是不可想象的。"他投了赞成票。7 月 31 日，杜鲁门总统签署法案，布雷顿森林协定成为美国的法律。

英国的辩论大体上是美国辩论的一个翻版。英国产业联盟以及伦敦商会反对该协定，伦敦商会提出该体系更有利于债权国，因此将制造摩擦而非促进稳定。"允许盈余国从其不愿增加进口的做法中获利，并且使用其销售所得来压抑汇率并威胁其出口对象国的内部稳定，或者用销售所得对这个国家进行投资，并因此逐渐获得对其固定资产的控制权，任何这样的一个金融体系在长期必将导致混乱而非合作。"[14] 这些都是债务国永不过时的理由。

在美国，国会中带头抨击布雷顿森林协定的人被定性为"孤立主义者"；在英国，议会中带头抨击协定的人则被定性为"帝国主义者"。凯恩斯和财政大臣担心威斯敏斯特宫激烈的政治争论将威胁到华盛顿对协定的批准，因此他们尽一切努力拖延议会辩论的进程，直到美国人通过立法。《经济学人》的文章反映出在布雷顿森林协定上英国民意的核心观点，即协定对经济的影响很糟糕，但是后果同样糟糕的是触怒英国人的银行家，即美国。"为了继续获得美国人的慷慨和友谊，或者说至少避免令美国人感到失望和不满，应当承受多大的经济风险才是一个合理的代价？"[15]《经济学人》一反常态地没有给出答案。

有布雷顿森林协定的地方，租借问题就不会离得太远。1944

年9月，与怀特在华盛顿举行会谈一个月之前，凯恩斯乘坐法兰西岛号远洋邮轮抵达加拿大新斯科舍省首府哈利法克斯，参加所谓的第二阶段租借谈判，第二阶段涵盖了从欧洲战场胜利到太平洋战场胜利之间的阶段。盟军现在预计最早能够于12月击败德国，因此使得上述谈判带有了些许紧迫性。此时，英国已经陷入极度贫困，以至于其抗击日本的承诺带有一丝雇佣军的味道。租借援助将在英国停止战争后终止，而英国财政部则将参加太平洋战区的战争视作一个机会，来减少战争物资的生产，同时利用多余的租借物资提高出口和储备水平。[16]摩根索猜到了这一动机，并称他将"把英国人放到证人席上解释他们准备对太平洋战区做出什么贡献"。[17]

虽然摩根索是内阁中最近似于英国代言人的人，但是他仍然需要继续扮演华盛顿要求他扮演的吝啬鬼的角色。9月，罗斯福与丘吉尔在魁北克召开代号"八角形"的军事会议。在会议的外围，摩根索和英国首相的顾问彻维尔勋爵经过反复讨论商定了第二阶段援助的范围。彻维尔提出大英帝国需要约20亿～30亿美元的非军事援助，而财政部部长尖锐地指出，英国仅仅是急于重建其在世界贸易中的地位。他要求获得可靠的数据来支持彻维尔的主张。"我需要所有的数据，"他说道，"不仅仅是关于食品和弹药的信息，还包括英国完整的经济计划。"[18]

虽然摩根索决心确保英国获得足够的资源，以使其在继续开展战争的同时不至于国内陷入赤贫的境地，但是他并不反对利用租借安排来按照美国人的设想重塑战后世界。尤其是，他利用了美国的金融手段来支持去殖民化的进程。在10月与凯恩斯会谈时，他建议削减英美在印度及其他英国殖民地的驻军数量，以此推进这一进程。凯恩斯十分恼火，坚称大英帝国部队的海外开支问题完全是英国自己的问题。摩根索让步了，但无论如何，缺少资金将导致帝国的太阳迅速落山。

在租借问题上，摩根索的副手比他本人更难对付。财政部部长坚持认为应当把英国当作一个"破产了的朋友"加以对待，而且美国应当"帮助它东山再起并逐步偿还债务"；怀特则主张美国当局不应承担帮助英国重整旗鼓的责任。对恢复英国的繁荣所做的任何承诺都将威胁到美国在战后世界中的金融及政治地位。[19]他不怀好意地建议凯恩斯，"作为一个完全私下的建议"，称英国应当考虑在第二阶段将其黄金和美元储备消耗至必须维持的最低水平，以此确保在第三阶段，即太平洋战争获胜后，从美国那里获得更加慷慨的援助。[20]凯恩斯还不至于愚蠢到把这个建议当真。

对罗斯福来说，他对宏观经济只有一点点模糊不清的概念，而且与怀特不同，他显然从未将它视作一件地缘政治的武器。在11月的一场新闻发布会上，总统关于"他完全不知道什么是第二阶段"的说法令凯恩斯大吃一惊。[21]总统的高级顾问对他在魁北克会议上的表现感到担忧。摩根索告诉赫尔和史汀生，总统"对租借表现得很随意"。由于健康状况欠佳未能出席魁北克会议的赫尔严厉地批评总统"白白丢掉了诱饵"，因为他未能使英国在贸易领域做出让步，并淡化了关于英国不得出口任何在租借协定项下获得的，甚至是与之相似的货物的要求。[22]两周后，赫尔将其辞职的打算通知了总统。12月1日，时任副国务卿爱德华·斯特蒂纽斯接替了他的职务。

然而，罗斯福却完全接受了借英国极度贫困之机扩大美国利益的想法。"我完全不知道英国已经破产了，"他在8月听取了关于英国金融状况的简报后对摩根索说道，"我将去那里，发表几场讲话，然后接管大英帝国。"这句俏皮话反映出他对英国留恋过去那种名誉扫地的海外经商方法由衷地感到厌恶。丘吉尔越来越公开地支持南欧腐朽的家族统治，进而自行其是地于 10 月在莫斯科与斯大林商讨划分欧洲势力范围，这些做法最终激怒了罗斯福。首相还动用英国军队支持越来越不得人心的希腊王室，这一笨拙的举动甚至遭到了其本国重臣的反对，进而在美国激起了一阵强烈的抗议，美国人普遍认为英国是在冷酷无情地维护帝国的私利。总统不满地表示，英国首相变得越来越像"中年的维多利亚女皇"并受到"帝国主义情结"的困扰。[23]

在大选选战正酣之际，罗斯福却不得不承受丘吉尔的挑衅行为造成的打击。因此到了 11 月，根据摩根索的记述，总统开始表现出"似乎从未听说过魁北克协议"。[24] 总统知道进一步向英国提供援助将会遭到国会的强烈反对，因此他不愿再以一种慷慨的姿态对待英国的租借债务问题。这将只会使他遭到谴责，称他以美国公司的利益为代价为英国的出口提供援助。甚至就连英国首相那些地位卓著的美国友人（例如伯纳德·巴鲁克）也将美国当局描述成一个疯狂的富婆。"丘吉尔说他接受首相的职务不是为了要变卖和清算大英帝国，"巴鲁克在一封致摩根索的信中评论道，"但是像我一样的普通美国人会想，像这种性质的行动是不是会牺牲美国人的生活水平。"英国人，他说道，"已经哭穷"哭了太久了。[25]

总统恢复了对复出口的限制并从他对丘吉尔承诺的第二阶段租借援助总金额中砍掉了 6 亿美元，即 10%。但是，更为重要的是，他使之成为一个没有约束力的承诺。当摩根索提出这有违"魁北克精神"时，总统丝毫不予理会。不会再有任何承诺了。从此英国人将不得不依赖"美国人的善意"。

当英国人收到了美国提出的条款后，凯恩斯提出，没有正式承诺并不是最重要的。美国政府所说过的话，"信誉即使不高于他们的债券，至少也和他们的债券一样"。当然，此时如果不这么说，无异于承认他自己的谈判失败了。对于丘吉尔来说，他非常确信，如果一段时间后租借援助被证明不够用，那么罗斯福会产生另一个"灵感"来拯救英国。[26] 但是，就在几个月之后，长期患病的罗斯福突发脑出血，他再也不会产生灵感了。罗斯福于1945 年 4 月 12 日去世，就在国会对《租借法案》施加了更严格的限制条件几周之后。现在，丘吉尔不得不和一个基本很陌生的白宫之主打交道了，他就是哈里·S. 杜鲁门。

5 月 2 日，苏联元帅格奥尔基·朱可夫接受了柏林的投降。5月 3 日，美军接受了奥地利城市因斯布鲁克和萨尔茨堡的投降，美军还在曾作为希特勒休养胜地的山城贝希特斯加登俘虏了 2000 名德国人。第二天，美国军队占领了弗洛森堡集中营；获救的人中包括了法国前总理莱昂·布鲁姆。[27] 德军的抵抗节节败退，5月 8 日，苏联军队夺取了布拉格，同盟国接受了德国的无条件投降。尽管零星的战争仍然继续，欧洲的战争已经正式结束了。

此时，美国只输送了 1945 年计划输送的约 1/6 的军事物资。于是它重新收回了大多数计划供英国在欧洲使用的装备。租借援助第二阶段正式开始了，但是强烈反对向英国提供援助的情绪已经开始蔓延，以至于被丘吉尔寄予厚望的魁北克框架实际上已经死亡了。"从事实层面和法律层面，"一位英国官员从华盛顿发回报告称，"我们又退回到了凯恩斯谈判之前的状况。"[28]

丘吉尔恳求杜鲁门，"当我与罗斯福总统在魁北克会晤时……我们都草签了一份关于德国战败后租借安排的协议……我希望你能够告诉你的人民，由你的前任与我在魁北克达成的原则共识仍然有效。"对于杜鲁门而言，他受到了来自国会和军队高层的强大压力，他们都坚定地反对在他们看来英国人毫无道理的要求。因此在魁北克问题上，杜鲁门的观点与丘吉尔和摩根索产生了分歧。"我不想满足他们所有的要求。"杜鲁门 5 月 23 日对财政部部长训斥道。"我从没这么想过，"摩根索坚定地答复道，"事实上，他们一直在抱怨这一点。"

在过去的 12 年中，摩根索依靠他与罗斯福的长期友谊，夺取了长久以来属于国务院的权力，并使自己对全美国和全世界的影响力逐渐达到顶峰。而多年来在财政部充当像散工一样的技术官僚的怀特，也转而使自己成为对财政部部长来说不可或缺之人，为后者提供必需的思想弹药来支持和扩张这些权力。但是随着罗斯福的故去，两人突然发现自己成了政治汪洋大海中的浮萍。"这也不对，那也不对。"财政部部长愤怒地模仿华盛顿和伦敦那些人的口气，他们将英美军事同盟中出现的所有不正常的问题都归咎于他。"丘吉尔在英国议会全体会议上感谢凯恩斯完成的出色工作，而对我一句都不提。我受够了。如果是罗斯福我愿意忍，因为我是他的朋友，但是现在我需要稍微多得到一些。"[29]

他无法得偿所愿。杜鲁门的白宫不再与罗斯福的财政部保持紧密联系，国务院和战争部迅速填补进来，试图改变新任总统的政策路线。与他的前任一样，杜鲁门也选择依靠一位密友和知己来管理国际金融问题，即大法官弗雷德·文森，他现在是战争动员与复原办公室的负责人。关于租借的问题，文森的助手为杜鲁门起草了一封措辞强硬的致丘吉尔的信件，称自魁北克会议以来新的战略考虑以及供应形势要求重新审视美国对英国的租借援助。信件还进一步指出"英国现在的黄金及外汇储备比此前预测的要高出许多"，这显示出英国政府应当"放松限制，允许使用美元为某些物项进行支付"。

怀特长期以来一直支持对英国采取更加强硬的立场，他主张摩根索草签这封信，这也导致二人的关系出现了严重的裂痕。摩根索转而命令继怀特之后接任财政部货币研究局局长的弗兰克·柯伊起草另一版本的信件，宣誓忠于魁北克协议。文森在两个版本之间犹豫不决，但最终选择将立场强硬的信件提交总统。与此同时，国务院提议，向英国提供第三阶段金融援助采取贷款而非拨款的形式，贷款期限 30 年、年利率 2.5%，并进一步提出贷款前提条件是英国废除帝国特惠制度，使英镑可以自由兑换，并且与美国合作建立全球自由贸易体系。现在美国与英国的分歧比战争开始时还要大，而摩根索则无助地漂浮在英美之间的政治鸿沟之中。

　　1945 年 6 月，摩根索"受够了"在英国问题上不断地遭遇挫折和浪费时间，于是将他的注意力转向德国，认为他在这个问题上可能仍然有一些影响力。但是总统和总统身边的关键人物都不赞同摩根索的观点。摩根索自己认为"总统与我在德国问题上看法相当一致"，但事实截然相反。摩根索"总是要干涉"德国的问题，杜鲁门对史汀生抱怨道。[30] 他的这种干涉也将成为其财政部部长任上留下的遗产中最不光彩的一部分。


　　摩根索于 1944 年夏天开始介入德国战后规划事务。他的传记作者约翰·莫顿·布鲁姆在谈及此事时，轻描淡写地将它称为财政部部长职业生涯中"最富争议、最痛苦的一段插曲"。而在这段插曲中，怀特所发挥的作用至少也是同样富有争议。布鲁姆指出，在布雷顿森林会议结束前，摩根索"对德国的问题思考甚少。但是，从一战时起，他就对德国人心怀戒备，认为是德国人的侵略引发了一战，而且他永远不会忘记他在土耳其前线亲眼看见的残忍景象……德国人，摩根索相信，即使战败了也仍然会滋生统治世界的梦想"。[31]

1944 年 8 月 6 日，摩根索飞赴伦敦审查租借援助以及英国的美元储备情况。在此期间，怀特向财政部部长提交了一份国务院关于战后对德政策的备忘录，主要执笔人是帕斯沃尔斯基和艾奇逊。备忘录提出，在短期内德国应以实物进行战争赔偿，并消除德国对欧洲经济的控制，但是对于长期，备忘录设想让一个繁荣、工业化的德国完全融入全球经济之中，设想要"坚定地推进和平与和解"。

摩根索对此非常抵触。他认为这个方案软弱无力、不顾后果而且天真无知。摩根索认为，这样的政策将使德国有能力再度实施灾难性的武装侵略行动，因为对于一个崇尚暴力、不断制造麻烦的国家而言，这是一种无法抵抗的诱惑。怀特赞成这一观点。在伦敦的一次广播访谈中，财政部部长对英国听众说道："仅仅说'我们将解除德国和日本的武装并希望他们学会像正直的人民一样管好自己'，这样是不够的。"他主张德国需要被分割为两个独立的、去工业化的国家。德国经济的重建应当围绕极小的农业州进行。而且，萨尔、鲁尔以及上西里西亚地区应当被国际托管，其他地区则被分给邻国。他激进的观点导致他与来自英国和美国政府的对话者产生了分歧。

摩根索对国务院感到相当恼火，认为它执行的政策违反了摩根索认为罗斯福、丘吉尔以及斯大林 1943 年 11 月在德黑兰会议上达成的分割德国的共识。于是他在从欧洲返回后，立即请求总统介入。罗斯福也认为国务院没有按照计划行事。"我们或者不得不阉割了德国人，"根据摩根索的记录，总统说道，"或者必须以这样一种方式处理他们，使他们无法继续繁殖那些希望重复其过去做法的人。"[32] 财政部部长认为这句话是暗示他启动财政部自己的分析，这个分析的框架将由他来设定，而和以往一样，怀特将提供大部分的实质内容。

怀特声称，在分割德国的问题上"凯恩斯似乎完全站在我们这边"。[33] 这显示出他渴望获得凯恩斯的认可和支持。但这充其量是在夸大其词，因为凯恩斯仅仅同意临时分割德国，并完全反对使德国去工业化的想法。[34] 对于摩根索而言，他并不在乎凯恩斯的想法，而是集中精力去争取史汀生、赫尔以及美国当局其他重要人物的支持。

在这件事的进行过程中，摩根索的所作所为像极了凯恩斯，依靠粗糙的直觉和情绪而非事实与推理，有时甚至陷入荒唐的境地。"难道你不认为我们应当效仿希特勒的做法，"他对史汀生问道，"彻底将德国人的孩子与他们的父母分开，使这些孩子由国家监护，让前美国军官、英国军官以及苏联军官来掌管这些学校，让这些孩子学些真正的民主精神？……我还对史汀生讲述了关于铲除德国的全部工业，使德国人沦为由小地主组成的农业人口的想法。"史汀生表示反对，称这将使数以百万计的人离开这个国家。"可是，与将他们送进毒气室相比，这个结果不算差了。"财政部部长指出。史汀生称摩根索主张"我们以愚蠢的经济举措……进行大规模的报复"，其结果是"将在德国引发非常危险的反应，并很可能引起一场新的战争"。[35] 但是摩根索的意见非常坚定，并相信他获得了总统的支持。

财政部的报告于 1944 年 9 月 4 日完成，题为《预防德国发起第三次世界大战的计划》，很快它就被称为摩根索计划。怀南特大使的经济顾问 E. F. 彭罗斯挖苦地恭维怀特，称他"几乎就给摩根索糟糕的命题披上了一件思想上可圈可点的外衣"。[36] 后来偶尔也有评论家提出，摩根索计划实际上是"怀特的计划"。在某种意义上，这个说法是准确的，确实是怀特执笔起草了该计划，并且他也相信其中的大部分内容，例如他提出和平要求将德国降格为"第五等国家"。[37] 但是这种说法也带有误导性，因为是摩根索发起了这项工作，也是他迫使怀特将这个计划写得更加极端，超出了怀特自己希望的范畴。美国前国防情报机构官员约翰·迪特里奇援引摩根索之子的话，大意是"所谓的摩根索计划，似乎是在怀特的脑海里诞生的"。[38] 但是其子继续说道："摩根索的反馈大大超出了怀特本人的预期。很快摩根索就如同疯狂驾驶一样继续前进，甚至令他最为热情和忠实的支持者都困惑不已。"[39]

怀南特的政治顾问菲利普·莫斯利指出，该计划将使德国对欧洲大陆的霸权被苏联的霸权所取代。毫无疑问，怀特也意识到了这种转变并予以支持。[40] 但是怀特仍然反对摩根索关于莱茵河流域去工业化的想法，认为这将使 1500 万人陷入极度贫困之中。"我不打算让步，"摩根索仍然坚持道，"总统可以推翻我的想法，但是其他任何人都不行。"[41] 怀特顺从了。

9 月 12 日，摩根索被罗斯福紧急召往魁北克参加与英国人举行的八角形会议，这也是财政部部长第一次受邀参加英美领导人会议。虽然罗斯福并没有说明召唤他的目的，但摩根索猜测是因为"罗斯福试着将我的对德计划告诉了丘吉尔但是并未成功"。这基本上是对的，虽然丘吉尔还请求罗斯福召摩根索前来讨论第二阶段租借的问题。现在这两个问题危险地纠缠在了一起。

在 9 月 13 日晚的国宴上，总统要求摩根索向首相简要介绍他的对德计划。当财政部部长说完了之后，丘吉尔"冲我激烈地发泄了他满腔的抗议、讽刺和愤怒"，摩根索记录道："他看着财政部的计划说道，他将把自己和一具德国死尸绑在一起。"这些想法肯定"不符合基督教的精神"，丘吉尔坚持认为。总统一言不发，而是"让首相猛烈地抨击我直到他精疲力竭"。[42]

摩根索一夜未眠，但是第二天关于德国问题的谈判突然转了一个大弯。丘吉尔的立场发生了不可思议的变化。他解释道："起初我激烈地反对摩根索的想法。但是总统和摩根索先生态度极为坚持，而我们对他们又多有所求，所以最终我们同意考虑这个想法。"[43]但是他所谓的"多有所求"又是什么意思呢？

9 月 14 日中午，罗斯福与丘吉尔举行会谈，摩根索、彻维尔、外交大臣安东尼·艾登以及外交部常务副大臣亚历山大·贾德干爵士参加了会谈。第一个议题是第二阶段对英国的租借援助。65 亿美元利益攸关。总统对待首相显得很漫不经心，打着岔不愿草签备忘录。"你想让我做什么，"丘吉尔一度大声嚷道，"像法拉一样站起来乞求？"（法拉是罗斯福爱犬的名字。）根据怀特所述，罗斯福于是要求首相口头同意摩根索计划。这看起来似乎是一个交换条件。

9 月 14 日，丘吉尔要求，或者更确切地说是乞求，获得第二阶段租借援助。罗斯福故意拖延，目的是先从丘吉尔那里得到关于德国问题的承诺。丘吉尔显然做出了承诺，但当时并未留下任何记录。于是在 9 月 15 日与罗斯福、摩根索、艾登和彻维尔的午间会议上，丘吉尔以在德国问题上没有留下正式的书面谅解为由，口授了一段他自己起草的谅解案文。此前彻维尔已经说服丘吉尔相信摩根索计划中蕴含了对英国非常宝贵的出口机会，因此丘吉尔将计划内容缩短为 6 句话，重点是必须关闭鲁尔与萨尔地区的"冶炼、化学以及电力工业"，并允许"受损害的国家……搬走其需要的机械，作为对其遭受的损失的赔偿"。德国将变成"一个以农牧业为主的国家"。

艾登大发雷霆，并于会后与丘吉尔发生了激烈的争论。如果德国没有了制造业，艾登坚持道，它将如何支付进口产品？丘吉尔警告艾登在战时内阁面前不要反对该计划。"利益攸关我的人民的未来，"他缓慢严肃地说道，"如果要我在我的人民和德国人民之间做出选择，我将会选择我的人民。"[44]

当首相提及"利益攸关"他的人民的未来时，他脑海里想的主要是租借援助，而非将德国农牧化。彻维尔本人也对英国财政部驻华盛顿代表罗伯特·布兰德说道："如果他说服温斯顿签署了这份文件，英国获得贷款的可能性会大很多。"[45] 实际上，彻维尔和丘吉尔是在利用一份糟糕的对德计划来谋求英国的最大利益。罗斯福草签了丘吉尔口授的文字，随后又草签了美国对第二阶段租借的承诺。和在布雷顿森林一样，英国人为了换取亟须的美元，再次加入了一个略微缩水后的美国人的地缘政治计划。

摩根索想让全世界相信，丘吉尔最终支持他的对德计划完全是因为计划自身的价值。他称怀特的记忆有误，没有什么交换条件。9 月 20 日，德国问题内阁委员会在华盛顿召开会议，史汀生追问摩根索对德协议和租借援助协议之间究竟有什么联系。摩根索指向怀特所做的魁北克会议记录，记录支持了财政部部长不甚坦诚的说法，即"在最终起草"租借援助备忘录之前，丘吉尔"已经同意了对德的政策"。[46] 赫尔连一个字也不相信。甚至连财政部部长忠诚的副手怀特实际上也将他称作是个骗子。"你特别强调他们于何时签署了这份文件，"怀特说道，"但是如果允许我提醒你，丘吉尔在试图使总统同意租借文件时说过……'你想让我做什么，像法拉一样站起来乞求？'关于租借的文件确实是在之后签署的，但是实际上之前有一个口头承诺……但是，无论如何，在我脑海中更重要的一点是你曾经将两个问题绑在一起。"[47]

内阁内部的分歧现在已经不可弥合了。摩根索称："在魁北克

议定的事项……是我整个政府职业生涯的顶点。我从这 48 小时中
获得的个人满足超过了此前任何与我有关的事情。"[48] 另外，赫尔
认为该计划是一场"盲目的复仇"，可能会消灭德国 40% 的人口，
他写道"魁北克的整个事件经过……是我担任国务卿一职期间感
到最愤怒的事件之一。如果摩根索计划泄露出去，它一定会泄露
出去（并且就将在不久之后），它很可能意味着德国会战斗到底、
殊死抵抗，这将导致数千个美国人失去生命。"[49]

尽管内阁存在分歧，但是摩根索的处理方法得到了总统的支
持，并得以最终胜出。9 月 22 日，尽管其成员感到强烈不满，德
国问题内阁委员会还是批准了后来臭名昭著的参谋长联席会议关
于战后占领德国的第 1067 号指令的第一稿草案。在这份秘密文
件的各项严厉的条款中，有一条指示盟军最高指挥官德怀特·艾
森豪威尔"不要采取任何旨在恢复或加强德国经济的措施"。他
只需要寻求获得外部物资来满足德国人口"必不可少的需要，以
防止出现饥荒、疾病蔓延或者可能危及占领部队的民众动乱"。

正如赫尔所预料的，摩根索计划的细节以及由此导致内阁激
烈争吵的情况开始被《华盛顿邮报》《纽约时报》《华尔街日报》以
及全球多家媒体曝光。在德国，纳粹政权充分利用这一事件来加
强德军的抵抗。纳粹德国宣传部部长约瑟夫·戈培尔公开宣称它
证明了盎格鲁 – 撒克逊人和布尔什维克一样，决心要"消灭 3000
万～4000 万德国人"。装备和战争生产部部长阿尔伯特·施佩尔
后来回忆道："摩根索计划在某种程度上是为希特勒及其政党量身
定做的，因为他们可以以此为证，称战败将使所有德国人在劫难
逃。"[50] 希特勒本人声称该计划将导致"1500 万～2000 万德国人
流离失所，使我们剩下的人民被运到海外、遭受奴役，毁掉德国
的青年一代，并且最关键的是，令我们的广大民众挨饿致死"。[51]

计划的披露自然而然地在美国引起了一场政治风暴。共和党总统候选人托马斯·德维称有关该计划的消息"相当于 10 个师的德国生力军"。罗斯福的女婿、约翰·伯蒂格中校估计它"顶得上 30 个师的德国部队"。马歇尔·纳潘中校在战后写道："从战场回来的筋疲力尽的人报告说，在摩根索政策宣布后，德国人在战斗中的斗志是之前的两倍。"奥马尔·布拉德利将军回忆道："在9 月初，大多数盟军高级指挥官都认为德军战败在即。然而 10 月德军奇迹般地重整旗鼓，令人感到震惊，并驱散了一些乐观的情绪。"艾森豪威尔自己报告称，德军士兵中有一种"明显的疯狂之情"。"德国人坚信他们是在为自己的生存而战。"[52] 摩根索计划显然加强了纳粹战争宣传的效力，并很可能导致了战争的延长以及盟军伤亡的增加。

赫尔此前曾经警告罗斯福，他与该计划之间的联系将对他造成政治上的损害。现在总统开始寻找庇护。9 月 26 日，他解散了德国问题内阁委员会。10 月 3 日，他不可思议地对史汀生说道，"他不知道他怎么会草签"由丘吉尔口授的魁北克备忘录。"坦白地说"，备忘录的内容让他感到"大吃一惊"。他在一场新闻发布会上说道："所有关于内阁分歧的故事在基本事实上根本都是错误的。"在伦敦，丘吉尔也是掉头就跑，他提出的 6 句话版本的摩根索计划甚至还没有正式提交内阁就已经胎死腹中。战争结束后过了很久，1949 年 7 月，这位前首相甚至还对备忘录做出了道歉："毫无疑问它提出的德国处理方案是一个非常苛刻的方案……我很抱歉我草签了它。"[53]

参谋长联席会议第 1067 号指令最终将被更加开明、惩罚色彩淡化许多的第 1779 号指令取代。但是这要一直等到 1947 年 7 月，也就是欧洲的战争结束两年以后。在此期间，其思想的先驱摩根索计划，不仅仅成了纳粹战时宣传的宝贵工具，而且也成了苏联政权战后宣传的工具。1946 年 7 月，苏联外交部部长莫洛托夫在巴黎举行的外交部部长理事会讲话时攻击这一计划，称："消灭德国这个国家或使其农业化，包括消灭其主要工业中心，采取这样的政策路线是错误的。"无论苏联对德国人民表现出的关心有多么虚伪，基本没有疑问的是摩根索瓦解德国工业的政策不仅使德国战后经济急速下滑，而且还严重影响了欧洲经济的复苏，大大提高了美国后续重建行动的代价。

摩根索计划使美国和西欧付出了重大的经济和地缘政治代价，尽管如此，几乎很难从中找到任何发挥了积极作用的内容。除非人们相信，就像摩根索和怀特所相信的那样，如果不执行一个激进的去工业化的计划，德国将会在较短的时间内发动另一场战争。否则，有理由得出这样一个结论，即该计划完全是美国外交政策的一场灾难。对于英国而言，这个计划是与意志坚定但时而随意任性的垄断债权人做生意所付出的额外代价。对于世界而言，它是美元外交极端恶劣影响的一个示例。

摩根索与怀特，尤其是怀特，在战后德国占领问题的另一个方面也发挥了主导作用，并将再一次被事实证明他们执行了错误的、代价不菲的政策，且仅仅对苏联人有利。1944 年年初，制造德国占领货币的计划正式开始执行，并由怀特负责。一年之前，财政部部长摩根索以书面形式通知怀特，他"将监督财政部参与……与陆军、海军行动有关、与我们的武装力量开展军事行动所在的外国地区的平民事务有关的……所有经济与金融事务的情况并为之承担全部责任"。[54] 英国人同意货币应在美国印制，但是苏联人要求使用美国印刷模板的副本印制自己的钞票。这显然将使其可以随心所欲地印刷德国货币。摩根索对这一要求有些抗拒，但是并不坚定；怀特则完全支持，而且非常坚定。"美国一直以来为苏联做得都不够多，"怀特坚称，"如果苏联人从这项交易中获益，我们应当很高兴地将这个象征着我们赞赏其努力的标志交给他们。"[55]

美国铸印局局长艾尔文·霍尔坚决反对将印刷模板交给苏联人，这引发了怀特的激烈反应。苏联人，他坚持认为："必须在与其他盟国相同的程度上和相同的范围内得到信任。"[56]这种观点往好了说是过于天真了。根据身份于1948年公开的间谍伊丽莎白·本特利的说法，这有可能是一种犯罪行为。她声称，怀特是按照内森·格里高利·西尔弗玛斯特地下组织的要求为苏联获取印制图版的副本。这些说法没有证据支持，但是从怀特的话以及他的后续行动来看，毫无疑问他将自己的权限用到了极致，甚至是越权来满足苏联的利益。[57]

4月14日，怀特收到了时任陆军参谋长乔治·马歇尔的一封信，信中提出："如果美国财政部和国务院与英国外交部和财政部商定，同意将印制图版的副本交给苏联政府，似乎此项行动可以在1944年5月1日之后的任何时间完成，而不会影响艾森豪威尔将军对盟军军用马克的货币需求。"怀特利用了在此问题上的权力真空并立即告诉霍尔："联合参谋长委员会**已经指示**将盟军马克印制图版的玻璃正片移交给苏联政府。"这是公然曲解马歇尔信件的含义，而且怀特从未将这封信给霍尔看过。霍尔随后向摩根索要求授权，摩根索承认他对此事并不充分知情，但还是予以了批准。[58]

怀特将货币印制图版交给苏联人的决定可以预料到的结果就是，后者印刷了大量钞票。西方盟军一共发行流通了105亿盟军马克，几乎与怀特让苏联人印刷的钞票数量完全一样。苏联人从

1944 年 9 月起开始印制钞票，也就是艾森豪威尔的军队第一次跨过德国边界进入埃菲尔地区之后，一共可能发行了超过 780 亿马克。[59] 其中很大一部分最终是由美国政府按照固定汇率予以赎回，这也是怀特的建议，导致苏联人实际上从美国财政部抢劫了 3 亿～5 亿美元，折合成今天的美元大约要翻 12 倍（英国财政部也被洗劫了约 3 亿美元）。[60] 怀特想要给苏联人一个"象征着我们赞赏其努力的标志"，而这毫无疑问是一个慷慨的标志。1945 年 7 月，这种慷慨的做法终止了，美国人宣布苏联印刷的马克在西德无效，幸运的是可以通过序列号前的一道横杠将两种货币区分开来。

1945 年 7 月 5 日，伤痕累累、不知悔改、政治上被孤立的摩根索当面质问杜鲁门总统："到处都是这样的传言……关于我已经完蛋了……总统先生，如果你心中还有任何疑虑，那么在我 12 年的财政部工作经历面前，在我与你共事数月、给予你我忠诚的支持之后，你现在肯定应该知道你的想法了，而如果你还不知道，我现在就想退出了。"杜鲁门不置可否。摩根索说他将递交辞呈，并提出在总统赴波茨坦参加领导人会议期间他可以帮助他的继任者文森逐渐适应角色。杜鲁门的回应像是往摩根索的伤口上撒了一把盐："哦，文森将与我同去，因为要处理租借的问题。"当天晚些时候，摩根索递交了辞呈并收到了总统签署的回信接受他的辞职（回信也是由摩根索起草的）。第二天，杜鲁门宣布有意任命文森接任。财政部部长与文森通话向他表示祝贺，并得知文森将会留在华盛顿，这与杜鲁门的说法恰恰相反。

摩根索不愿在文森的阴影下继续做下去，现在他下定决心立刻离开华盛顿。同一天，大法官萨穆埃尔·罗森曼作为总统的中间人拜访了摩根索，暗示杜鲁门会支持他的决定。罗森曼建议进行某种交易："你想继续担任公职吗？因为如果你有这种想法而你又提出了辞职，我想这一定会令杜鲁门感到有义务为你做些什么……如果接下来你想做一些与布雷顿森林有关的事，他有义务帮助你。"

"其实，我没有这种想法，"摩根索回应道，"但是我周围的人都在说我可以担任世界银行和基金组织的理事，或者世界银行的行长……但是我还没有考虑过这种可能。"

"嗯，我不可能承诺你任何东西，但是如果你辞职了，他将有义务为你做些什么。"

摩根索起草了一封新的辞呈。鉴于他的继任者已经选定，摩根索在信中要求总统立即解除他的职务。7 月 13 日，他将这封辞呈交给了罗森曼，同时还交给了他第二封信和第三封信，是摩根索起草的回信草稿，供总统选用。第三封信写道，总统要求摩根索接受基金组织和世界银行理事的职务。罗森曼将这些信件发给了杜鲁门。

"我收到了你发来的信件，"总统 7 月 14 日复电罗森曼时写道，"我仅仅同意交换前两封电报……不要……泄露第三封电报。"这相当于是说他不愿任命摩根索担任基金组织或世界银行的职务。

尽管摩根索声称他实际上并不希望在基金组织或世界银行任职，但是他对杜鲁门对他辞职一事的处理方式非常不满。[61] 他的公共职业生涯戛然而止。

然而，对于怀特来说，事情正在变得越来越有趣。


在罗斯福与丘吉尔领导下的英美同盟虽然有时风雨飘摇，但最终仍然是牢不可破的。但是，随着罗斯福于 1945 年 4 月逝世，同盟的一根核心支柱已经开始摇晃了，而到了 7 月，第二根支柱也承受了重重一击，丘吉尔的保守党在英国大选中失利，工党的克莱门特·艾德礼夺取了执政权。工党获胜依靠的是它提出的加大国家干预、提高社会保护的经济计划。这与提倡汇率稳定、货币可兑换的布雷顿森林计划并不一致，因为后者要求在国内实施更加灵活而非更加僵硬的政策。

与此同时，新一届美国政府令业已破产的英国向布雷顿森林体系过渡的进程变得更加崎岖艰难。8 月 6 日，美国向广岛投掷了一枚原子弹，8 月 9 日又向长崎投掷了第二枚原子弹。此后不到一周，8 月 14 日，日本政府宣布投降，比英国人此前的预计早了约 9 个月。这意味着第二阶段租借突然终止，而英国人原本寄希望于依靠这些援助渡过 1946 年的难关。3 天后，也就是 8 月 17 日，杜鲁门总统就迅速地明确了第三阶段租借的范围，他下令立刻终止所有对英国的租借援助。这对于英国来说无异于沉重一击，后果严重。凯恩斯预计英国的国际收支赤字约为 56 亿美元，必须通过某种方式得到融资。

1944 年，凯恩斯为英国政府规划了三种政策选择来应对危机，他将这三种选择分别称为"经济紧缩""利益诱惑"和"公平正义"。关于"经济紧缩"，这个概念素来与凯恩斯主义毫无关系，凯恩斯对此断然拒绝，称它将招致"严重的政治及社会动荡"，并导致英国"暂时退出头等大国之列"。关于"利益诱惑"，他将其定义为屈服于一笔大额低息美国贷款的诱惑，付出的代价则是忍痛接受第 7 条关于可兑换货币及贸易多边主义的原则。同样也必须拒绝这种选择，因为它将导致债务的束缚并引起道德的义愤，因为英国在退出战争后将欠下超过 200 亿美元的英镑和美元债务，几乎与同盟国寻求从德国获得的战争赔偿一样多。"公平正义"，正如这个名称所包含的意思一样，自然而然成了唯一可以接受的选择。它涉及美国为英国支付 30 亿～40 亿美元的战争账单，大部分被定性为对英国在租借安排生效之前在美国开支的"退款"；还涉及对自治领的征税，具体形式包括债务免除以及战争成本追溯分摊。根据凯恩斯的说法，所有这些国家或对英国负有道义上的债务，或从战争中收获了"意外之财"，例如黄金矿藏丰富的南非。[62]

这种说法当然会令白厅感到振奋人心、跃跃欲试。以至于当凯恩斯于 1945 年 9 月赴华盛顿，第二次执行拯救英国于金融灾难之际的任务时，他接到的命令是高举"公平正义"的大旗。对于他的本国人民来说，凯恩斯将国家利益与正义无可挑剔、轻而易举地紧密结合在了一起，以至于使两者显得可以相互替代。但是，对于美国人而言，他们在 1/4 个世纪中第二次将欧洲从欧洲人自己的手中拯救出来并为此慷慨解囊、做出牺牲，所谓因为英国的战争行动导致他们对英国负有道义上的债务，这种说法是对美国人的一种侮辱。英国驻美国大使馆告诫伦敦不要采取这种策略。布兰德在信中对凯恩斯写道："我们没有办法让美国人民接受这种观点，即他们应当向我们提供无偿拨款，这是一种'公平正义'的行为，因为他们理应在宣战之前就加入战争，并因此欠我们 30 亿美元我们在这里支出的钱。"[63]当月盖洛普的一份民意调查显示，60% 的美国公众甚至反对向英国提供贷款；[64]"退款"30亿美元是不可想象的。然而，白厅对"公平正义"的方案极为着迷，以至于它散发了一份文件来比较英美的战争行动和努力，并称英国付出了更多。这份文件刊登于《纽约时报》后，引发了美国新闻媒体一片负面的回应。[65]

谈判于 9 月 13 日开始。怀特在英国金融事务方面的主导地位被文森以及国务院主管经济事务的助理国务卿威廉·克莱顿所取代。曾经是得克萨斯州棉花商人的克莱顿身高约两米，仪表出众、口才过人。他紧紧追随赫尔和艾奇逊的脚步，主张全球自由贸易。在摩根索辞职后，怀特无所事事地漂泊在政治荒野之中，他无法再与凯恩斯同台竞技，只被安排去迎接他那受人尊敬的对手并劝告他"除非是在正确的时候，否则不要轻易发火"。[66] 此时，怀特正在期待在基金组织或世界银行开始一段新的人生，但是他那段过去的人生正要重新登场并将给他带来挥之不去的困扰。

英国方面由凯恩斯和哈利法克斯主谈。凯恩斯已经 62 岁，满头白发，身体明显虚弱了很多。但是他口才仍然犀利雄辩，处于巅峰的状态。他演绎的大英帝国神圣乐章讲述了英国人用英勇的抗争和大量的牺牲换来了英美共同事业的胜利，并对他的听众产生了惯常的效果：令他的本国同胞赞叹不绝，却激怒了他本应感动的当地人。美国银行家罗素·莱芬威尔评论道："我认为，没有什么比把凯恩斯勋爵派到这里更加让人感到不安的事了。他是一个聪明绝顶的人，但是他过于聪明以至于无法令美国人信服……无论对错，有多少人会相信他呢？有多少人会接受他的推销之词呢？一个都没有。"[67]

美国人立即开始戳穿凯恩斯云山雾绕的辞藻。克莱顿称，美国人民无法理解，为何英国一直从美国这里获得免费的战争物资，但在大英帝国内部获得同类物资的时候形成了不断积累的债务。马瑞纳·伊寇斯将英国比作一家即将破产的公司，其债权人不得不在债务重组中接受一些损失以使其重返正轨。亨利·华莱士提出英国应当以承认印度独立来换取债务免除。在凯恩斯习惯性不怀好意地嘲讽了一番律师之后，文森勃然大怒地说道："这就是那种你能说得出口的话。"

这样的外交进行了两周后，"公平正义"就死亡了。美国人活剥了它。对于克莱顿而言，现在是时候让英国人兑现他们在第 7 条中做出的承诺了，即终止贸易歧视，以及随之而来的复杂的货币管控措施。这是他们在租借协定中签字承诺的东西。现在他们居然好像失去了记忆，手中拿着帽子回到华盛顿再次卑微地提出请求，领头的则是赤字支出政策巧舌如簧的代言人，这实在令人感到非常气愤。

9 月 27 日，一只谈判增援团队到达华盛顿，这支队伍的到来令凯恩斯感到非常不快。莱昂内尔·罗宾斯是其中的一员，他沮丧地评论道，凯恩斯现在有责任"将伦敦从催眠的状态中唤醒……他自己施法迷惑了国王陛下的司库，让他们痴迷地幻想着理想化的'公平正义'，现在应当由他来……将他们唤醒"。[68] 现在英国必须撤回到"利益诱惑"的方案，确保获得美国的商业性贷款，以避免凯恩斯最痛恨的第三种选择："经济紧缩"。

凯恩斯要求伦敦批准他彻底改变此前他极力主张的谈判方针，转而开始寻求获得一笔美国的无息贷款。包括休·道尔顿（财政大臣）、欧内斯特·贝文（外交大臣）和理查德·克里普斯（贸易委员会主席）在内的工党大臣团队对此表示完全不能相信。凯恩斯与美国人谈判多年，他怎么会严重地错判了美国人的意图并严重地误导了伦敦的政策？归根结底，是凯恩斯本人最为激烈地坚持主张英国拒不接受任何美国的贷款。

伦敦的立场开始变得强硬起来。这一次英国人比过去 3 年中的任何时候都更倾向于拒绝美国人提出的以布雷顿森林体系为核心的战后经济政策要求，并回绝亟须的金融援助。残酷的经济紧缩以及英美关系严重破裂开始成为一种可能，并且甚至有可能无法避免。尽管如此，道尔顿也开始慢慢地、痛苦地赋予凯恩斯一些灵活性空间。10 月 8 日，在华盛顿谈判开始了近一个月之后，道尔顿告诉哈利法克斯，现在可能能够接受一笔 50 亿美元的 50 年期无息贷款，但是需要事先声明伦敦"无可争议地拥有限制英国进口总量的权利"。[69] 但是道尔顿仍然期待凯恩斯能够争取到 20 亿美元的退款，作为对租借安排生效前英国在美国的采购开支的偿还。

压力给凯恩斯的健康带来了不利影响，10 月 7 日，他似乎爆发了一次轻微的心脏病。[70] 10 月 9 日的谈判会议上，克莱顿将底线划在一笔 50 亿美元的 50 年期贷款上，年息 2%，并带有利息豁免条款供英国在极度贫困的情况下援引使用。这是英国人可以拿到的最好的出价，但是凯恩斯没有抓住它。相反，他不幸地被来自幕后的蛊惑之音迷住了心窍，这声音来自怀特，凯恩斯现在将他称为"在幕后赞成无息原则的我们最热情的支持者"。[71]

尽管此时怀特在美国当局内部已经被边缘化，但是他仍然成立了一个技术委员会就英国的财政状况问题为文森提供建议。怀特将伯恩斯坦和拉克斯福特排除在这个委员会之外，因为他们素来同情英国的状况。他设计了一套技术上很复杂、政治上不可行的方案，由美国按照一定的折扣价格购买英国对英镑区的很大一部分债务，从而将这些债务转为对美国的规模稍小的负债。由此产生的一个关键后果是，英国据称只需要美国提供 30 亿美元的贷款就可以满足它的经常账户需要，而非 50 亿美元。怀特显然意识到这种安排将对英镑区的存在产生威胁；凯恩斯显然也意识到了这一点，无论这令他感到多么尴尬。[72]

对于英国而言，怀特的干预以及凯恩斯对此的纵容产生了非常糟糕的后果。凯恩斯非但没有试图说服道尔顿接受文森的出价，反而试图进一步获得谈判授权来削弱道尔顿的豁免条件，并采纳怀特的方案将英国的英镑债务"汇聚"成单一的、规模更小的美元债务。道尔顿是经济学博士，并曾经写过一本关于公共财政原则的专著，他立即拒绝了这一要求，不仅是出于技术原因，而且还因为它缺少了"公平正义的甜蜜芳香"。[73] 将"公平正义"一词甩回到凯恩斯的面前，一定会对他造成极大的打击。雪上加霜的是，文森也以"过于花哨"为由拒绝了怀特的方案，他仅仅从中得出一个结论，即英国一定夸大了它的需求，因此需要减少贷款的规模。怀特技术官僚式的方案笼罩着重重迷雾，使人无法得知他的准确意图，但确凿无疑的是，他的干预行动导致凯恩斯遭遇了最为惨痛的外交失败。

怀特提醒凯恩斯"一个令人不快的意外结果"即将出现，但是从未暗示说他本人——怀特——可能要为此负责。10 月 18 日，这个意外降临了。文森告诉凯恩斯、哈利法克斯以及布兰德，现在他只能提供 35 亿美元的贷款，利率 2%，分 50 年偿还；外加约 5 亿美元的贷款用来给租借计划"收尾"，利率 2.375%，分 30 年偿还。这"引爆"了凯恩斯预料之中的怒火，并威胁要中止谈判。但是，凯恩斯也非常清醒地认识到空手而归的极其糟糕的后果。它将意味着布雷顿森林体系的崩溃，因为其缔约方有义务于年底之前批准有关协定。还将导致出现不可承受的后果，即英国政治至关重要的中间地带被社会主义国有贸易支持者以及反动的帝国主义者逐渐蚕食消灭。而且，用凯恩斯的说法，"饥饿之角"⊖正在逼近英国。

所以凯恩斯在接下来的几周中仍然坚持不懈，费尽力气试图使贷款增加一些并改善豁免条款。但是克莱顿和文森并不接受英国人对战后国际收支失衡的悲观观点。克莱顿甚至提出，美国的"海外

---

⊖　指的是第三种选择，即"经济紧缩"。——译者注

支出很快将超过它的出口"，而凯恩斯也无法确定这一观点是不是错误的。[74] 因此美国人也在争取英国人做出更多的让步。11 月 10 日，他们试图侵蚀英国人在布雷顿森林协定项下的过渡期权利。凯恩斯当天早晨本来已经准备好按照此前美国提出的条件达成协议，现在则质问道："你们为什么把我们逼到这个地步？"[75] 听起来很像丘吉尔 1944 年在魁北克的痛心疾呼："你想让我做什么，像法拉一样站起来乞求？"

11 月 15 日，双方再度举行会谈，哈利法克斯首先对谈判现状做了一番悲观而又无奈的评价。谈判陷入了僵局。也许一年之后有可能恢复谈判，但是按照现在的状况，英国不可能批准布雷顿森林协定。文森主张他们继续就存在问题的领域进行谈判。但不幸的是，这对凯恩斯意味着要再愤怒地过一遍美国人建议中那些有问题的条款。

一位美国的谈判人员插话道，很多问题要视英国未来的黄金储备而定。"你们可能会在一个山洞里找到隐藏着的大量黄金。"他说道。凯恩斯面露喜色。"山洞里的黄金！"他以讽刺的口吻兴奋地对他的同事弗兰克·李说道："弗兰克，把这句话放进协议里。我们接受这一条。"[76] 这令文森怒火中烧。

伊寇斯希望在确保美国得到偿还的问题上获得更多保证。如果美国要为一家破产的公司提供资金，那么相对于其他早期的债权人，它应当拥有优先权。现在轮到凯恩斯发火了："你不能把一个伟大的国家当作一家破产的公司对待。"凯恩斯私下对伊寇斯的评价是："难怪这个人是个摩门教徒。没有一个女人受得了他。"⊖

会议之后的第二天，英国财政部官员弗雷迪·哈默称凯恩斯

---

⊖　摩门教的全称是耶稣基督后期圣徒教会，其原始教义允许实行一夫多妻制，现在已经废除。——译者注

"几乎失控……他的健康状况承受不住这样的紧张压力"。

双方开始吓唬对方。英国人警告称，如果他们无法以合理的条款获得金融援助，布雷顿森林体系就将崩溃。美国人则提醒英方，英国批准布雷顿森林协定是获得金融援助的前提条件。双方都承受着强大的国内政治势力的压力，这些势力坚决反对他们的谈判团队所做出的让步，有时这些让步还是缺乏授权的。在致理查德·卡恩的信中，凯恩斯将双方这种没完没了的你推我挡称为"你能够想象到的最恼人、最消耗人的谈判"。

凯恩斯此前已经非常有力地说服了英国政府千万不要接受美国提出的可能剥夺英国金融独立性的条件。现在他受到了来自伦敦的反作用力的强烈敲打。他在高度敏感的领域对美国人做出了让步，涉及布雷顿森林协定的过渡期权利、英镑的可兑换性、贸易特惠以及债权人优先地位等。凯恩斯已经精疲力竭，而且作为一个外交官和布雷顿森林体系的联合创始人，他当然很在意他的个人遗产，因此他决心要立即带着一份协议，或者说任何协议，离开华盛顿。"如果我能够及时返乡参加年度大会（国王学院的年度大会将于12月8日召开），"他在致理查德·卡恩的信中满怀期盼地写道，"那将是极大的幸福。"

然而，身处伦敦的艾德礼和道尔顿可能是受到了忧心忡忡的埃迪的刺激，因此不同意凯恩斯对可兑换性问题做出承诺。1947年将要发生的事件将证明他们的担心是有道理的。不仅凯恩斯提出签署协议的请求被驳回，而且财政部常务秘书爱德华·布里奇斯也被派到华盛顿，他实际上取代了凯恩斯的位置，成为谈判的执行负责人。凯恩斯以辞职相威胁，但是随即退让了。12月2日，周日，谈判进入最高潮，在持续了一整天的谈判会议上，觉察到了形势变化的文森盛赞凯恩斯进行谈判的方式，也许是急切地希望将他伤痕累累、步履蹒跚的对手留在谈判场内。最终的结果"与之前的预料完全一样",罗宾斯记录到,"耻辱"。

美国人仅仅在债权人优先级、英镑区经常项目收益可兑换的最后期限等问题上接受了一些不太重要的修改意见。关于执行可兑换义务的最后期限,现在英国有一年的过渡期,自国会和总统批准货款协议之日起计算,大约可以拖到 1947 年春季(而非凯恩斯承诺的 1946 年年底)。贷款的主要部分,从技术上说是信用额度,被确定在 37.5 亿美元,利率 2%,大幅低于克莱顿最初提出的 50 亿美元。但是额外追加了 6.5 亿美元的租借计划"收尾"资金,以此作为对英国人让步的回报,这使得贷款总额达到了 44 亿美元。考虑到美国已经对英国提供了总额高达 220 亿美元的租借援助(这个数字已经扣减了从英国获得的 50 亿美元逆租借援助),在美国当局看来,这笔贷款是美国的一个极为慷慨大度的举动。

在协议草签之前,英国代表团又用了几天时间密集发报与伦敦沟通。从维拉德酒店的夜总会被叫出来的半醉半醒的文森给了英国人最后一击。英国人终于投降了。12 月 6 日上午 10 时 30 分,哈利法克斯和文森在国务院签署了《英美财政协定》,签字仪式官方照片上的凯恩斯"无精打采、疲惫不堪"。在纽约进行了一段短暂的旅行之后,12 月 11 日,莉迪亚和凯恩斯搭乘伊丽莎白王后号邮轮启程返乡,此时国王学院的年度大会已经过去了 3 天。罗宾斯回忆起凯恩斯坐在船舱里:"面色忧郁、情绪焦急……从收音机播音员里听到对他的努力和他的贷款颠倒黑白的说法,感到越来越气愤和受辱,竭尽了全部剩余的力气为自己写下了辩护词并不断地润色。"[77]

下议院的辩论于 12 月 13 日开始并于同一天结束，当时凯恩斯还在海上航行。12 月 31 日是批准布雷顿森林协定以及与之相挂钩的贷款协定的最后期限，迫于压力的艾德礼和道尔顿决心以极快的速度推动投票表决，赶在反对意见势头变强之前。辩论的过程很短，但是言辞非常尖锐，场面十分激动。"现在有一把手枪指着我们的脑袋，告诉我们说我们必须在 3 天之内通过这一整套东西。"罗伯特·布斯无比愤怒地提出抗议，但是没有奏效。

保守党议员、中校托马斯·摩尔爵士发言反对议案时引用了他的女管家的话："告诉那些下议院的先生要坚决捍卫英国，不要当美国人和他们那些垃圾的跟班。"托马斯爵士"虽然不是经济学家，但是他有一个印象，货币必须与某些东西相关联或以之为基础；这种东西是黄金，是大理石，还是虾，似乎都没有太大关系，只不过大理石很容易制作，虾很容易捕捞，而黄金出于种种原因拥有更加稳定的属性"。英镑毅然抛弃了过去的传统，现在"不再以黄金为基础"，但是没有任何理由要放弃"英国一体化区域……来换取世界货币基金那结果难料、吉凶未卜的祝福"。英国应当挺直腰板并表现出"我们不会低三下四地去争取这笔贷款"。

工党议员珍妮·李坚称："无论我们是否想与美国人打一场贸易战，我们已经身处其中了……这笔贷款的条款使我们没有丝毫理由认为，一个提出如此吝啬、野蛮和过时的解决方案的政府能够解决其本国的失业问题，更不用说会帮助世界了。"保守党议员大卫·伊寇斯称英国是一个小国，"位于苏联的修正帝国主义与美国的商业入侵之间"。他称协议条款"苛刻，并且……与两个刚刚费尽力气拯救了世界的盟友不相配"。但是，最终，美元贷款是不可或缺的，因此他也会勉强地投下支持票。

丘吉尔现在成为反对党领袖，他反对将贷款、贸易政策承诺以及布雷顿森林协定混在一起。但是，他在由他领导下的政府谈判的宝贵、"圣洁的"战时美国租借援助与艾德礼提交议会的可怕的协定条款之间坚决地划清界限。使英镑在 15 个月之内可兑换的规定"太糟糕了，不应该是真的"。新的工党政府显然要为此负责，他们的承诺燃起了英国选民"令人眼花缭乱的期望"，"不仅期待一个高得多的生活水平，而且是一种容易得多的生活，在英国历史上前所未有的生活"，这令美国人感到了警觉。对于这份"仓促草率"提交议会的复杂晦涩的协议，丘吉尔呼吁他的保守党同僚既不赞成也不反对，而是投下弃权票。

代表政府发言的贝文严厉反驳了丘吉尔关于他有能力获得更好的结果的说法。这是在"诽谤美国政府"。反对党可以投弃权票，"但是，"他恳求工党的诸位大臣，"不要让我们的这一边出现懦夫。"他大声疾呼道："这个国家现在面临的经济状况与 1940 年它所面对的军事状况极为相似，"即在敦刻尔克之时及以后。"现在是时候再努一把力帮助这个古老的国家渡过难关了，就像我们上一次所做的那样。"[78] 议案以 345 票赞成对 98 票反对通过了。[79]

12 月 17 日，凯恩斯抵达英格兰，并立即由南安普顿出发前往伦敦。上议院关于布雷顿森林协定以及贷款协定的辩论已经开始。当天，精疲力竭的凯恩斯耐心听完了 5 个小时的辩论。辩论中关于战争的故事和比喻接连不断。"我们在敦刻尔克进行了战斗，"沃尔顿勋爵指出，"但是今天，我们正在放弃我认为是属于我们的正当权利。我们把它们让渡给了美元霸权，因为那些掌管这个国家事务的人不敢撤退到大英帝国的经济堡垒之中。"战争使英国成为有史以来最大的债务国，而美国"则变得富有，富得超出了它自己的想象"。就像凯恩斯之前要求的那样，他要求美国"理应偿还我们为后来的共同事业预先支付的美元"。现在美国人要求英国在年底前批准布雷顿森林协定，并以此作为贷款的条件，但是"这种对待这个国家的方法我想我不喜欢"。

肯尼沃斯勋爵回忆道："政府正在与美国人进行谈判，美国人是这样一种人，在我们困难的初期，他们拿走了柯陶德在美国的利益，支付的钱少得令人感到荒唐可笑……这笔交易让英国纳税人付出了3000万英镑的代价。"而现在，布雷顿森林协定和这笔贷款所附带的条件，"必将导致帝国的纽带遭到削弱"。

就像他在1944年5月动身前往布雷顿森林之前所做的那样，凯恩斯现在要说服上议院支持一个新的国际货币体系，尽管这个体系大体上是由一位雄心勃勃的美国技术官僚设计的。要做到这一点，凯恩斯需要用尽他所有的严肃理由，来公开地推销他在多年的秘密谈判中想要改变却一直未能改变的结果。在从纽约出发的邮轮上，他已经起草了一篇讲话稿，但是上议院尖锐激烈的辩论场面令他大为吃惊，于是他又仔仔细细地对稿子做了调整。经过调整的讲话稿充分展现了他雄辩的文采。尽管身体上已经极为劳累，第二天的讨论仍由他首先发言。凯恩斯用只对上议院专用的谦逊语言再现了他在华盛顿谈判的情形：这是一场为期数月、紧张激烈、令人身心俱疲的谈判；两个国家叙事的角度截然不同，并且这种叙事只有按照两国自己的说法理解才显得逻辑连贯；谈判就是将这两种截然不同的叙事角度融为一体，这一过程是缓慢的，并且必然是不完美的。上议院的贵族认为美国人提出的交易亏待了英国，凯恩斯说这种观点并没有错，但他意在说服自尊受到伤害的贵族议员并让他们相信，鉴于美国政治文化善良的特性，这已经是能够取得的最好结果了。

凯恩斯解释道，"计划的每一个部分与其余的部分都是相互补充的"，远非像议会中的某些人士所描述的那样是一个残酷的交换条件。"无论它设计得周密与否"，都必须将它"置于整体之中加以全面考量，这个整体就放在诸位大人的面前"。"要在长期实现以多边和非歧视为基础的世界贸易和外汇汇兑"，逻辑上需要辅之以"在短期内按照同样方向使英镑区早日恢复原样的各项建议，以及一项由美国人提供的财政援助，来使这个国家克服眼下困难的过渡期"。每个部分"都受到了合理的批评"。但是，"这是为了摆脱战争的混乱状态、建立国际秩序而进行的第一次伟大尝试，而且是按照一种既不会妨碍各国政策的多样性，又可以将导致各国摩擦与敌意的因素降至最低的方式来建立国际秩序"，他不知道"这种尝试是否得到了正确的看待"。这种缓和、恭敬、朴实的语言，与他过去几个月在逻辑上对美国人冷酷无情的穷追猛打截然不同。

凯恩斯最大的挑战也许就是，他要说服他的同僚相信他所谓的美国人民对英国持有"强烈的善意"。这种善意对他们来说根本不明显，但是鉴于美国的要求将令英国承担巨大的风险，弄清美国人的意图是至关重要的。凯恩斯辩称，没错，英国人在过去是做出了巨大的牺牲，而且这种牺牲并未受到充分的认可和感激。但是，"用展示我们勋章的方式作为回应是不合适的……美国人对事后比较主要盟国的相对贡献和牺牲感到极度反感与不满。他们这么做有错吗"？美国人的世界观向来都是这样：非常实际，重点关注的是未来。

最后，凯恩斯坚称，美国人向英国提供的财政援助"将对加强这个国家的国力做出巨大的、不可或缺的贡献，无论是在海外还是本土"。但是，他无法掩饰对援助条款的愤愤不平："对于这不是一笔无息贷款的事实，我将抱憾余生。"在此问题上，他参照了美国财政部外交官指南老套的内容，将大部分责任归咎于美国国会。

随着议员开始提出问题并频频打断他的讲话，凯恩斯也变得更加戒备和抵触，语气也显得咄咄逼人起来。"我听到有人提出建议，说我们应当求助于不附带任何条件的商业贷款，"他不屑地说道，"我不知那些提出这种建议的人有没有任何常识。"他坚称，此类贷款的条款只会更差。当他谈及布雷顿森林协定的时候，他的激情终于真正地爆发了："有些人说，我们中的一些人很早就在这个领域中公开抨击和谴责不加限制的自由放任主义及其特别表现形式——金本位制，指责它们是在错误前提的基础上得出了错误的结果……然而现在，他们在进入晚年为国效劳时，却开起了倒车，要再度树立偶像崇拜，崇拜的对象则是一度被他们赶出了市场的东西。这种说法是在故意混淆视听，要对说这些话的人保持耐心不是一件容易的事情。"

凯恩斯显然决心要巩固他的历史遗产。他是史上最具革命性的思想家，是一个与过去的教条决裂、使世界"朝着兼顾国际经济秩序与国家政策多样性的目标向前迈进了一大步"的人。他不能容忍自己被描述成区区一个支持重建金本位制的反动人物。提出这些批评意见的人都是天真的空想主义者，他们理解不了，英国是无法对像美国和苏联这样特殊的大国发号施令的。"毁灭的工作已经完成，"他宣称，"场地已经清理完毕，准备建造一个新的建筑。"

辩论又继续了5个小时，随后进行了投票。半数议员投了弃权票，以示他们的不满和无奈。批准财政协定的决议最后以90票赞成对8票反对的结果得以通过。而英国欠美国的债务直到2006

年 12 月才最终还清，当时的英国首相是托尼·布莱尔，最后一笔还款的金额为 8325 万美元。

随着议会冲突的大戏落下帷幕，凯恩斯开始私下猛烈抨击那些反对国际货币基金组织和美国贷款条款的英国人。如果不是因为他最终成为历史性的布雷顿森林体系的缔造者，他可能也会用同样刻薄的语言来抨击任何支持基金组织和美国贷款的人。"一部分社会主义者认为，"他在 1946 年元旦致信哈利法克斯时写道，"他们确凿无疑地在美国人对国际事务的构想中察觉到了一丝自由放任的味道，或者说至少是反对计划经济的味道。这种说法只说对了一半。但是，非歧视的原则确实要求我们承诺放弃沙赫特主义的方法，尽管他们的犹太裔经济顾问非常渴望这种方法。但他们根本不知道英联邦是如何建立又是如何维系的。"

对于"一部分保守主义者，他们以麦克斯·比弗布鲁克为首，并得到了其他与丘吉尔过从甚密的人的支持，他们有一些理由相信，提议的贸易政策将使帝国特惠不再可能作为未来一项重要的、有实质内容的政策……因此，当我指出他们所设想的帝国将不包括加拿大（很可能也不包括南非），并且将不得不建立在印度、巴勒斯坦、埃及和爱尔兰对英国的忠诚与善意的基础之上时，这当然会令他们感到非常恼火"。[80]

关于英镑可兑换的条件，这个问题遭到了左翼和右翼人士的广泛谴责，但凯恩斯坚称如果不接受这些条件，就无法获得美国的贷款。然而，在凯恩斯启程赴美之前，正是他自己使英国政府相信，他最终在华盛顿签字同意的贷款条款相当于一种债务上的束缚和道德上的侮辱，"是以一种令人无法容忍的方式总结以及终结了所发生的一切"。[81]

即使不完全赞成凯恩斯自辩的内容或观点的人，也能够提出下面这个合理的问题，即他或者其他任何英国代表实际上有没有可能为英国争取到一个更好的结果。当然，我们无法确定地知道究竟什么样的结果是能够实现的，也不知道各种替代方案最终可能会产生的后果。但是，正如我们将在下面看到的，战后历史在很短时间内就将表明，英国在多年后能够以更优惠的条件获得它从布雷顿森林体系中获得的东西。1945 年，英国实际上需要的是成本合理、不带什么地缘政治条件的短期融资，可能还需要更低的汇率。而固执己见的凯恩斯没有去争取其中任何一个。

关于汇率，凯恩斯多次回绝了英镑贬值的建议，最值得注意的一次是 1945 年 9 月 12 日在华盛顿召开的一场新闻发布会上。"在当前的汇率水平上我们能够卖掉所有我们可以生产的东西，"他宣称，"我们的问题是要尽快恢复我们的工业，这样就有东西可以出口，而到了那个时候，不能想象还有比试图以相当没有必要的低价格出售这些出口产品更加愚蠢的事情了。"未来将成为诺贝尔奖得主的詹姆斯·米德非常有力地指出凯恩斯从逻辑和经验上都错了，很多其他英国经济学家也这么认为。在凯恩斯出使华盛顿之前，怀特本人也对参议院银行委员会称，他认为英国会采取使英镑贬值的做法，而这会削弱英国要求获得大额过渡期援助的理由。[82]

关于融资，1944 年 5 月，美国银行家将这样一个诱人的机会摆在了英国人的面前，而凯恩斯以一贯鄙视的态度对它不屑一顾。他宁愿坚持按照布雷顿森林计划以及美国贷款的方向继续推进，尽管他在私下曾多次表示它们反映了错误的经济原则以及对英国而言极为糟糕的条款。这显示出他的自尊心过强，并且过于关注他个人的历史地位。一个职业外交官，或者说任何一个不那么在乎把自己的名字与新的货币体系联系在一起的人，很可能会寻求带有常规条款的紧急融资，而不会接受美国人通过布雷顿森林体系强加给英国的那些条件。事实上，英国财政部官员理查德（"奥托"）·克拉克爵士在多年后认为，"最简单的计划就是放弃'宏伟设计'的理念"，转而开展谈判并从美国进出口银行、加拿大以及其他地方获得规模更小的贷款，"这个计划有很多可取之处，但是没有人能够说服凯恩斯"。"我们可以很容易地对美国人说，'我们愿意签署布雷顿森林协定……但是我们不愿意做出任何事先的承诺，直到我们了解新世界会变成什么样子……事实上，1947 年发生的一系列事件表明，多边主义的神学家'对于未来事件路径的设想是完全错误的……因此事实证明，推迟'宏伟设计'的谈判，并在必要的情况下以昂贵代价借入相对少量的资金，这种做法才更合理一些。"[83]

一旦英国同意接受美国贷款协定的条款，就为签署《国际货币基金组织协定》铺平了道路。12 月 27～31 日，30 个国家的代表签署了该协定。有 14 个参加了布雷顿森林会议的国家未能批准该协定，其中包括苏联。苏联政府称其官员没有足够的时间来研究有关建议。他们随后派了一个低级别的观察员参加了 1946 年 3 月基金组织和世界银行理事会的成立大会，但是没有加入其中任何一个机构。[84]

事实上，苏联人非常认真地研究了有关建议。就在华盛顿签字仪式之前几天，苏联的外交部和贸易部起草了数份备忘录强调加入的好处，尤其是，苏联将能够影响国际信贷的分配，有能力从内部监控基金组织和世界银行，能够从基金组织甚至是世界银行中获得廉价贷款，便利黄金的销售，以及将获得美国为鼓励苏联加入而提供的贷款。"众所周知，美国人将加入基金组织作为向英国提供贷款的前提条件。"其中一份备忘录这样写道。作为美国当局在苏联加入问题上最有力的支持者，怀特实际上曾于1945年1月提出向苏联提供一笔总额100亿美元、年利率2%的重建贷款，是他提议向英国提供的过渡期贷款的3倍之多。

最终，美国人没有提供这样一笔贷款，这才是苏联外交部最终建议不批准布雷顿森林协定的一个关键的原因。"鉴于美国政府没有向苏联提供贷款……我们加入这些机构可能被理解成一种示弱的表现，认为这是在美国的压力下被迫的举动。我们拒绝加入基金组织和世界银行将显示出我们在此问题上的独立立场。"当然，斯大林拒绝苏联参加由美国主导的经济机构，肯定也有其他原因。[85]

大名鼎鼎的美国外交官乔治·凯南在他那封1946年2月22日从莫斯科发回的著名长电报中，提到了其中一些原因。"在国际经济问题上，"凯南认为，"苏联的政策实际上主要是追求在苏联及其控制的毗邻地区的总体范围内实现自给自足。"这一立场背后的一个基本理由是认为"资本主义世界受到资本主义社会固有的内部冲突的困扰。这些冲突无法通过和平妥协的方式解决。最大的冲突就在英国和美国之间"。[86]虽然苏联人显然是通过扭曲的意识形态镜片来看待英美利益的冲突，但是他们正确地看到了两个西方大国的战时同盟仅仅暂时掩盖了国家利益分歧的事实。在未来，这种利益冲突将逐渐显现出来。

虽然怀特为苏联争取美国慷慨的战后金融援助的努力没有奏效，但是在莫斯科看来他并非一个无用之人。美国陆军信号情报所截获并破解了1945年5月和6月从旧金山发回莫斯科的苏联密电，其中多次提到美国代表团在联合国成立大会上的内部讨论情况，情报的来源是一个名为"理查德"的人。理查德有时又被称为"法学家"和"律师"，1944年3月16日～1946年1月8日共被 18 封苏联电报提及。但是，直到 1995 年美国国家安全局开始公布著名的维诺纳计划的解密文件后，世人才得以知晓这些电报的内容以及各个苏联人物以及美国人物的身份。根据电报中提及的其他人名、日期以及地点推断，"理查德""法学家"和"律师"显然都是怀特的代号。[87]

| 第 10 章 |

# 旧秩序退场，新秩序登台

Battle
Woods

John Maynard Keynes,
Harry Dexter White,
and the Making of a New World Order

纳粹的装甲纵队轰轰隆隆地开进波兰的第二天，也就是1939年9月2日傍晚，精神上备受煎熬的钱伯斯在吞下一杯苏打威士忌之后，对罗斯福内部安全事务助理阿道夫·伯利道出了参与苏联间谍活动的美国官员的名字。钱伯斯曾经是共产党，现在是《时代周刊》的撰稿人，他担心苏德条约的签署预示着德国人和苏联人将在美国内部展开针对美国的情报合作。他一度希望将他的故事直接对总统本人讲述。但是他的对话人、反共刊物《直话直说》的编辑艾萨克·唐·列维没有办法安排这样一场会面。于是只好由伯利代劳。

钱伯斯说出了十几个人的名字。但他后来坚称，怀特不在其中。他希望怀特已经听从了他的警告并脱离了地下运动。[1]但是，列维对于此次会谈的记录中包括了怀特的名字，而伯利随后为总统准备的备忘录中也有怀特的名字。这显然令人非常不解。也许几杯威士忌打开了他的话匣子，却也模糊了他的记忆。

罗斯福显然并未对伯利的备忘录予以重视，也没有采取任何行动。1941年3月，伯利找到联邦调查局，询问他们了解多少关于钱伯斯的情况；此时，联邦调查局仅仅注意到钱伯斯过去曾经参加过激进活动。后来，又有多个消息人士与联邦调查局接触并声称钱伯斯掌握了关于苏联间谍活动的重要情报。尽管如此，联邦调查局直到 1942 年 5 月才第一次讯问了钱伯斯。钱伯斯讲述了他与伯利会谈的情况，并称他忘了将怀特的情况告诉伯利。之后又过了一年多，直到 1943 年 6 月，联邦调查局才提出要求并取得了 1939 年伯利呈给罗斯福的备忘录副本。[2]

随着 1945 年 2 月达成的雅尔塔协定突然破裂，美苏关系迅速恶化，美国政府对共产党在美国国内影响的关注开始升温。3 月 20 日，国务院安全事务官员雷·莫菲讯问钱伯斯长达 2 小时，并记录了后者对怀特的描述："一个没有固定任务的成员，相当小心谨慎。"他将地下组织和共产党成员安插进财政部，诸如哈罗德·格拉瑟、所罗门（"索尔"）·艾德勒以及弗兰克·柯伊，等等。[3] 联邦调查局于 1945 年 5 月再次讯问了钱伯斯。但是，尽管联邦调查局在追捕共产党的问题上一直背负着过于狂热的名声，此时它完全没有任何积极性。接着，伊丽莎白·本特利登场了。

8 月 23 日，本特利走进了联邦调查局位于康涅狄格州纽黑文市的地区办公室。根据与她交谈的特工记述，她时年 37 岁，身高约 1 米 7，体重约 65 公斤，体态丰满，双足健硕，肤色红润，衣着品位不高。本特利对他们讲述了一个模糊不清的故事：一个自称是纽约国民警卫队的官员找到她，要求获得苏联人与她的雇主进行交易的信息。然而，本特利在其自己公开出版的材料中对她为何找到联邦调查局给出了一个截然不同的原因，称是出于对她的叛国行为感到良心不安。多年来她的证词的许多内容遭到了广泛的质疑，这一条仅仅是其中的原因之一。[4]

令人惊讶的是，鉴于本特利日后在联邦调查局调查苏联间谍活动过程中发挥的核心作用，当时他们居然没有对本特利采取进一步行动。两个月后，她自己又回来了，这一次的说法是她"参加了苏联间谍活动"。现在她终于得到了联邦调查局的注意。11月7日，本特利又被招来进行了第三次讯问，这一次她被盘问了8小时，随后签署了一份31页的声明材料。她继续坦白交代了长达数周，最终形成了一份107页的联邦调查局报告，具名指出了超过80个有同谋关系的个人。

联邦调查局非常重视本特利的声明，因为她"极为准确地报告了一些只有政府内部人士才知道的事情"，其中包括关于租借、货币等政策问题的机密讨论，甚至是诺曼底登陆的大致时间表。她的声明在很多情况下印证并进一步补充了5月钱伯斯对联邦调查局讲述的内容。[5]

按照本特利的陈述，她在意大利学习时对法西斯主义产生了反感。从意大利归来一年后，也就是1935年，她加入了美国共产党。1938年，她收到指示，仅可从一个名叫"蒂米"的人那里接受命令，并且不得与其他共产党员会面。她最后发现蒂米实际上就是雅各布·葛罗斯。俄罗斯裔的葛罗斯是美国共产党监督委员会的三个成员之一，也是苏联内务人民委员部的一名特工。本特利成为他的助手和情人。

1941年6月德国入侵苏联后，葛罗斯随即接到命令，要求他将可靠的人安插到美国政府的战略岗位上以便向苏联输送情报。次月，葛罗斯告诉本特利，她将成为他本人与乌克兰裔的内森·格里高利（"格里戈"）·西尔弗玛斯特之间的通讯员，后者是农场安全管理署的经济学家，他正在组建一个由政府关键岗位上的志趣相投的人士组成的网络，其中包括了弗兰克·柯伊、所罗门·艾德勒、威廉·路德维希（"路德"）·乌尔曼、劳克林·卡利、乔治·西尔弗曼、索尼娅·戈尔德、埃尔文·卡普兰以及哈里·德克斯特·怀特。西尔弗玛斯特与乌尔曼在前者家中的地下室里翻拍了大量由怀特和其他人窃取的军事和政治情报；接着，本特利会定期将胶卷藏在一个大的编织袋中从华盛顿运到纽约，葛罗斯将在那里把情报交给苏联人。1943 年葛罗斯去世后，本特利又接管了维克托·皮尔洛的网络，其中就包括了怀特从前的助手哈罗德·格拉瑟。上述所有人都曾经在某个时点在罗斯福和杜鲁门的财政部工作。

无论是本特利、钱伯斯还是西尔弗玛斯特，他们都不知道怀特究竟是一个共产党员，还是只是一个"同路人"。西尔弗玛斯特告诉本特利，他与怀特于 1936 年左右成为朋友；在某个晚上，他与他的妻子造访了怀特的家并注意到了那张说明问题的布哈拉地毯，他从中猜到了怀特的苏联关系。随后怀特对他讲述了他过去的活动，并提出愿意提供他力所能及的帮助。

怀特是一个极其有价值的资源，因为他几乎能够接触到财政部所有的机密材料，以及财政部从其他部门收到的秘密情报。怀特还愿意并且有能力在暗中施加影响来帮助遇到困难的特工，例如西尔弗玛斯特本人，他曾在 1942 年和 1944 年两次被指控"极有可能"是一名苏联特工。1944 年 3 月 23 日，农业部副部长保罗·阿普尔比在给其下属的一份备忘录中写道，怀特询问他能否将西尔弗玛斯特安排在农业部工作，后者当时"正受到戴斯委员会（即众议院非美活动特殊委员会）的攻击"。怀特还推荐了其他重要人物（例如乌尔曼），并将新的特工安插进了财政部。[6]

与钱伯斯一样，西尔弗玛斯特将怀特描述成一个胆小怕事、紧张多疑的人。怀特经常感到焦虑不安，因为"他不希望他的右手知道他的左手正在做什么"。受到钱伯斯断绝关系事件的惊吓，怀特对他的妻子保证"他今后将远离间谍活动。他的妻子不是共产党，也不喜欢他的革命活动。怀特生活在恐惧之中，担心妻子会发现他违背了誓言"。西尔弗玛斯特试图使怀特平静下来，称他的情报只会被送到美国共产党中央委员会的一个人那里，尽管怀特肯定不会猜到这些情报最终将被送到莫斯科。[7]

本特利的话到底有多大的可信度？在她对联邦调查局的声明、对政府的证词以及出版的自传中，关于她的共产党地下组织经历以及对数十名据她称是地下组织成员的政府官员的描述，存在明显的错误以及前后矛盾之处。这"似乎主要是因为她会习惯性地增加一些细节以使她的故事显得更加真实，但是这些在她的整体叙事中显得并不重要且并未显示出她在撒谎"。[8]然而，这些情况确实凸显了进一步寻求佐证的必要性，特别是关于怀特这个她所指认的最重要的人物。

与钱伯斯不同，本特利从未声称她见过怀特，而且她也没掌握任何实际证据支持她对怀特的指控。她的一些说法肯定是不真实的，例如，她声称她本人在1944年盟军占领德国前将美国设计的德国货币交给了苏联人。苏联人进行了尝试但是未能成功复制模板，"后来是我通过怀特，成功地让美国财政部把真正的印刷模板交给了苏联人！"她生动地在她的回忆录中写道。无论她是否参与了这件事，对于结果都是不重要的。在这件事上，怀特采取了公开行动，并且不需要任何人的督促。然而，本特利陈述的许多关于怀特的情况得到了佐证，因此不能不予考虑。钱伯斯和本特利各自都向联邦调查局指认了怀特，并且是在彼此互不知悉对方声明的情况下。维克托·皮尔洛的前妻也在一封1944年4月致罗斯福总统的未署名的信中谴责了怀特；在联邦调查局查出她是信的作者之后，她承认是她写了这封信。[9] 在多年以后，还有更多的信息将要浮出水面。

11 月 8 日，联邦调查局局长约翰·埃德加·胡佛致函白宫联邦调查局联络员哈里·沃恩准将，称从"高度机密的消息来源获得的"情报显示，许多政府雇员正在向外部人士提供情报，而后者又将它们传递给"苏联政府的间谍"。被指出姓名的雇员依次是：内森·格里高利·西尔弗玛斯特、哈里·怀特、乔治·西尔弗曼、劳克林·卡利以及维克托·皮尔洛。胡佛建议立即将这些"初步信息"报告总统。

11 月 27 日，胡佛给沃恩发去一份长达 71 页的更为详细的备忘录，备忘录的副本也同时发给了国务卿詹姆斯·伯恩斯、司法部部长汤姆·克拉克以及其他政府要员。克拉克的继任者赫伯特·布劳内尔日后会在国会作证称，这份备忘录"简要概述了怀特的间谍行为"。尽管概括得十分简洁，但它表明，"这个国家任命怀特（他是备忘录中提及的级别最高的官员）进入国际货币基金组织任职或继续让他在政府中担任任何职务将涉及极大的风险……并对此提出了足够的警示"。联邦调查局开始全面监视怀特。他们最终收集的有关怀特的材料超过 13 000 页。

1946 年 1 月 23 日，杜鲁门总统提名怀特担任美国在国际货币基金组织的执行董事。杜鲁门后来透露，他曾经还"计划美国将支持怀特先生竞选国际货币基金组织的最高管理职务，即总裁一职，这个职务比执行董事更加重要"。[10] 但是，胡佛打乱了这些计划。

当胡佛得知提名的情况后，他让联邦调查局根据自 30 个消息渠道获得的情报为总统准备了一份关于怀特的特别报告，并于2月4日将报告送给了沃恩。胡佛决心确保怀特的提名不会有下一步的进展。他在报告随附的信函中对沃恩强调，怀特是"一个苏联地下间谍组织的重要助手"。怀特提供了原始文件、与原件一字不差的副本以及笔记，而后这些材料在西尔弗玛斯特的家中被翻拍并通过各种渠道送给雅各布·葛罗斯，后者是众所周知的苏联特工。怀特被认为特别有价值，因为他有能力将对苏联间谍活动特别重要的人安插进财政部。备忘录详细指出了怀特财政部的同事（诸如哈罗德·格拉瑟和索尼娅·戈尔德）所从事的间谍活动，后者是一位秘书，据称是通过怀特获得了她的任命。胡佛的判断是基于"大量确信可靠的机密情报来源"。怀特仍然继续与间谍网络中的几乎所有人保持密切的个人接触。胡佛还指出，一个加拿大的消息人士至少知晓联邦调查局备忘录中的部分指控，并非常焦急地希望确保不要任命怀特进入基金组织或者世界银行任职，因为他在这些组织中将能够对国际金融安排发挥巨大影响。胡佛强调，怀特不当行为的事实一旦被发现，也将危害到基金组织和世界银行的成功运行。

杜鲁门后来声称，他直到1946年2月初才获悉对怀特的指控，算起来大约是在沃恩收到胡佛报告的那段时间，也就是他提名怀特担任美国驻国际货币基金组织执行董事两周之后。[11] 2月5日，参议院银行与货币委员会批准了对怀特的提名，当日伯恩斯收到了胡佛发来的报告，而一天之后文森也从杜鲁门那里收到了报告。伯恩斯后来表示，他对报告的内容感到大为震惊，并建议总统收回对怀特的提名。一向讨厌怀特的文森则希望将他从政府队伍中彻底清除出去。根据伯恩斯所述，杜鲁门给国务卿打电话询问怀特提名的进度状况，并在得知提名已被通过后大为懊恼。伯恩斯和杜鲁门讨论了撤销提名的各种办法，但总统非常谨慎。

2 月 22 日，文森、克拉克以及胡佛举行了长时间的会议，讨论各种给总统建议的方案，其中包括总统将怀特免职且不做任何声明，或要求怀特辞职。根据杜鲁门后来的叙述，他最终决定继续推进怀特的任命程序，一则是为了保护联邦调查局的调查行动，避免发出信号使间谍网络察觉到调查行动的存在；二则是为了将怀特从财政部调到一个对于国家安全而言敏感性没有那么高的位置上。

多份联邦调查局的进一步调查报告于春季开始在政府内部传阅，详细列举了被本特利指认的怀特其他前同事涉嫌从事的间谍活动，包括弗兰克·柯伊，他后于 1958 年前往中国并为中国政府工作，以及威廉·路德维希·乌尔曼。[12] 怀特此时很可能已经知道他受到了监视和调查。他于 5 月初开始了在国际货币基金组织的新工作。[13] 胡佛后来称，此后联邦调查局对怀特的监视因为基金组织的治外法权而"受到限制"。

2 月 19 日，凯恩斯被任命为英国驻国际货币基金组织和世界银行两个机构的理事。3 月 5 日，他在华盛顿与文森会面。文森称，美国当局决定不提名怀特担任国际货币基金组织的最高职务，尽管怀特是这一职务的"当然"之选。相反，他们决定支持一个美国人担任世界银行的最高职务以赢得"美国投资市场的信心"。从公平性的角度出发，他们一反常态地得出结论，认为"由美国人担任两个机构的负责人"将是"不合适的"。虽然凯恩斯与怀特有过不少争执，他仍然对此感到失望。他认为，国际货币基金组织需要一个最优秀的领导人才能发挥实际作用。

毫无疑问，美国的银行家会更愿意让一个他们自己的人来掌管世界银行。但是，一年之前美国银行家协会已经正式宣布支持世界银行；如果说有哪个机构令他们感到缺乏信心，那就是基金组织。事实上，美国当局很可能得出的结论是，在基金组织中任命一个美国人担任比怀特更高的职务可能会引起太多令人尴尬的问题：为什么这个"当然"的候选人没有得到这个职位？

文森显然不能将有关联邦调查局报告的真相告诉凯恩斯。历史的路径就这样被简单地改变了。如果没有这些报告，由欧洲人出任国际货币基金组织总裁、由美国人出任世界银行行长的传统肯定会颠倒过来，前提是美国人不会对两个职位都提出要求。

凯恩斯得到的另一则消息更加令他感到不安。英国人一直以为基金组织和世界银行会设在纽约，但是文森告诉他美国当局将坚持设在华盛顿。用凯恩斯自己的话说，他对此反应"非常强烈"，就像在布雷顿森林会议上美国人否决了伦敦的可能性时他的反应一样，并称将基金组织和世界银行设在华盛顿将使它们沦为美国当局的"领地"。文森反驳道，将它们设在纽约将使其"受到'国际金融'的毒害"。这是当局对其感到厌恶的银行家的代号。他委婉地表示，这一决定是不可更改的。[14]

凯恩斯与莉迪亚乘火车向南行驶 750 英里抵达了佐治亚州萨凡纳附近的威明顿岛，凯恩斯期待此行将是布雷顿森林会议后续的一场轻松愉快的胜利之旅，这一次是为了创立基金组织和世界银行理事会而召开的国际会议，会议还将就少数遗留问题做出决定，诸如两个机构的选址以及执行董事的职责。这个南方小镇温暖舒适、景色迷人，凯恩斯立即为之倾倒，称它是"一个美丽的女人……她的脸庞蒙着一层精美的蕾丝"。[15]

　　300 名代表、观察员、工作人员以及媒体参加了这次盛会。3月 9 日，文森作为大会主席致辞欢迎宾客的到来，他回忆起代表们在布雷顿森林的集体创造，称其不亚于"一个经济的大宪章"。英国财政部驻华盛顿代表保罗·巴瑞称他这番话是"长篇大论、空话连篇……充满了情绪化的以及本质上很虚伪的希望之词"。[16]而文森自己则对凯恩斯的一番发言感到非常恼火。凯恩斯借用不久前上演的舞剧《睡美人》中的形象，编造了一个与仙女有关的比喻：他希望仙女们能将智慧和好运的雨露撒向新设立的布雷顿森林体系。他在结束时说道，让我们希望"没有恶毒的仙女"施加诅咒将它们变成总是怀有黑暗和不可告人的动机的"政客"。因为那时，"可能发生的最好的结果……就是让它们进入永恒的睡眠，永远不会醒来，不会在人间的法庭和市场上听到它们的消息"。

　　雷鸣般的掌声让文森怒火中烧，他认为这番话是对他的人身攻击。"我不介意别人说我恶毒，"他抱怨道，"但我确实介意被人称作一个仙女。"[17]

　　国际货币基金组织的总体架构早在布雷顿森林会议之前就已经敲定了，但是还有两个重要的问题悬而未决，暴露出了英美长期的观点分歧。对于美国人而言，基金组织是一个手段，赋予美国政府新的权力来监督和管理国际金融活动，其中既包括其他国家的政府行为，也包括私人银行家的活动。相比之下，对于英国人而言，他们希望基金组织能够被动地提供国际信贷资源，从而摆脱美元外交的威逼利诱。

　　第一个问题是基金组织以及世界银行的选址。凯恩斯的观点得到了其他代表团的支持，于是他忽视了文森这个月早些时候的警告，继续力争将两家机构设在纽约而非华盛顿。他坚称，这样做是必要的，以确保它们具备真正意义上的国际属性，并独立于任何政府。他还提出，将它们设在一个重要的金融中心，并且接近联合国经济社会理事会，这种方案在技术上也具有优势。巴瑞写道，美国人"无情地对此毫不理会"。[18] 威廉·克莱顿的回应是，英国人的立场自相矛盾，因为他们同时还坚持提出执行董事应当代表国家利益，并且大部分时间应该待在本国国内。他指出，作为政府间机构，基金组织和世界银行设在华盛顿能够使其更少地受到私人金融与商业利益的影响。

凯恩斯后来声称，他得到了大多数代表团以及纽约联储的支持[19]（位于华盛顿的美国联邦储备委员会的委员自然是全力支持美国当局）。但是，美国人坚决反对外国干涉美国在自己本国的城市之间进行选择，于是英国人、法国人还有印度人只得放弃了他们反对将两个机构的总部定为华盛顿的立场。凯恩斯在致道尔顿的信中写道，文森"强迫大会通过了这一决定，并且得到了一队可悲的跟班的大声支持，这已经是司空见惯的了，其中最突出的是埃塞俄比亚（由一位美国银行家代表）、萨尔瓦多、危地马拉、墨西哥，其余绝大多数代表谨慎地默不作声"。[20]

董事们的职责问题，尤其是基金组织董事的职责，是另一个有待解决的问题。这个问题不仅在象征意义上不亚于选址问题，而且是一个更具实质性的问题。按照美国人的设想，基金组织应当积极监督并纠正各国采取的导致国际金融出现失衡的危险政策。因此美国人要求董事们必须全职工作，接受高额薪酬，并且有一大批技术性专家雇员在其背后提供支持。而英国人希望使基金组织变得更像一台自动信贷机，而非一个受美国控制、有独立思想、爱多管闲事的官僚机构。他们提出，基金组织的董事们在各自的政府或中央银行中已经承担了重要的日常工作，他们在基金组织中的角色应当是兼职性的，主要是为了确保其各自国家的利益得到保护。凯恩斯认为，30 个技术专家足以处理基金的工作，而非像美国人建议的 300 人。

"美国人完全不知道如何使这些机构成为国际机构，"凯恩斯在致卡恩的信中抱怨道，"他们的想法从几乎各个方面看都是很糟糕的。但他们显然是想将自己的想法强加于我们其他人。其结果就是，这些机构看起来可能会成为美国的机构，由大量美国雇员来运营，而将我们其他人晾在一旁。"[21]

最后，凯恩斯集中火力抨击支付董事与副董事高额免税薪酬的问题，他认为鉴于董事和副董事需要想方设法才能使自己在这份全职工作上忙碌起来，建议的薪酬水平实在高得离谱。令他感到特别反感的是，在萨凡纳就薪酬问题做出决定的人当中，很多人自己就将接受相关的职务。克莱顿做出了一个让步，董事和副董事之中只有一个人需要留在基金组织总部持续工作，而无须两人同时留下工作。但是对凯恩斯来说这并不够，他在理事会上委婉而强烈地直言反对薪酬问题。

怀特站起身来反驳凯恩斯，这也是他最后一次反驳凯恩斯。"摆在我们面前的薪酬问题，无论是多几千美元还是少几千美元，都不是真正的问题。"他坚称。实际的问题是基金组织将成为一个怎样的组织。"从一开始，我们的信念就是，基金组织是一个协调货币政策、避免经济战争并尝试在世界范围内推行稳健货币政策的强有力的工具"。但是，英国人并不这么看，他说道。

"我相信，凯恩斯勋爵的观点以及他的政府的观点源于很早之前的一些东西，"他继续说道，"这些观点在几年前我们与英国朋友的第一次对话中，在讨论早期的草案时就出现了……他们的观点自始至终一直没有改变，无论是在大西洋城会议上，还是在布雷顿森林会议上。"英国人一直都想要一个"国际清算联盟，这个方案更多强调的是提供短期信用"。他们认为，基金组织"在决定任何一个成员政府采取的政策是否符合某些原则的问题上，其裁量权应当尽可能的小……我们的观点是"，他总结道："关于薪酬水平应低于吸引能人志士所必需的水平的观点……有可能成为，当然我希望这不是故意的，一个改变基金组织的目标和一般政策的工具，以至于使基金组织除了作为贷款来源外一无是处，这与一些人士内心的观点非常接近。"[22]

这些评论非常尖锐，但是它确实抓住了英美对于基金组织观点的核心分歧。巴瑞从英国人的观点出发评论道，美国人"设想基金组织将成为其成员国国际货币关系中一个全新的、革命性的、积极的入侵者。他们继承了新政思想对私人商业银行家的猜忌，因此决心不仅要将对国际货币基金组织的控制权交到政府代表的手中，而且连其日常活动也要交由政府代表组织和管理"。但是美国人实际上并没有说服全世界接受这一设想。"我们英国人在所有的议题上都输了，"巴瑞总结道，"但不是输在理性辩论之中，而是输给了一大群坚定并且自动投票支持美国的国家。"尤其是拉丁美洲国家，"他们的代表很值得信赖，有时甚至带着极大的困难宣读由美国代表团的秘书为他们起草的发言稿"。

在如此强大的势力面前，凯恩斯无能为力。最后，他独自一人投票反对薪酬条款，这也是大会记录中唯一一张反对票。"游说拉票、动员支持、餐桌政治，这些都不是凯恩斯所擅长的，"巴瑞指出，"原本他以为这次旅行是一场愉快的间奏，可最终结果居然是这个样子……令他大失所望的一个更重要的原因是，凯恩斯说道，'我来到萨凡纳，是要与世界会面，但我遇到的却仅仅是一个专制的暴君'。"[23]

　　然而，凯恩斯一如既往地表现出了使自己的情绪快速恢复正常的能力。他的记录显示出 3 月 18 日他带着良好的心情离开了萨凡纳。这是一个"迷人的 3 月中旬的夜晚，一轮满月挂在这片三角洲的河流湖泊之上，还有大海，晚上 10 点的温度大约是华氏 70 度"。他很高兴前任比利时财政部部长卡米尔·格特同意了他的建议竞选基金组织总裁一职，他是"一位值得信赖的老朋友……虽然不再那么年轻，精力也不再那么旺盛"。格特将于 5 月 6 日正式当选。至于怀特，他"领着一群来自拉丁美洲的'酒神喧闹的随从萨提尔和希勒诺斯们'进入宴会厅"参加闭幕晚宴，"他的头发上插着'葡萄藤的叶子'，或者也许是鸡尾酒的小棍，大声唱着'基督精兵前进'的赞美诗"。[24]

　　虽然凯恩斯离开萨凡纳时兴致颇佳，但是他的回乡之旅历尽艰险。3 月 19 日上午，他在前往华盛顿的火车上突然昏倒，几个小时之后才恢复知觉。他继续乘车前往纽约，并于 21 日登上驶往英格兰南安普顿的玛丽王后号邮轮。在路上他得了肠胃感冒。英国银行家乔治·博尔顿后来说道，凯恩斯将旅途的大部分时间都花在了写文章上，"极其猛烈地谴责美国的政策，并强烈建议女王陛下的政府拒绝批准基金组织和世界银行的协定"。凯恩斯的传记作者唐纳德·莫格里奇称这是一段糊里糊涂的错误回忆。博尔顿认为凯恩斯当时的心情几乎肯定是真实的，但是像这样宣告失败几乎完全不符合凯恩斯一贯的作风。无论怎样，英国政府已经批准了布雷顿森林协定。

　　凯恩斯最终于 3 月 27 日完成了致内阁的备忘录，这份备忘录像极了他在布雷顿森林会议前前后后的一贯做法。虽然并没有掩饰他的失望之情，但是他仍从同情和理解的角度出发来解释美国人的行为，认为应当更加体谅克莱顿关于坚持赋予国际货币基金组织执行董事强大权力的立场，将其视为一种保护美国行政当局在对外经济政策领域的特权不受美国国会侵蚀的方法。[25] "也许我们太傻了，居然没有早点认识到这一点，"他提出，"我们的一些批评和反对意见也许显得太粗鲁无礼了。但是鉴于他们对待我们的方式，要理解他们并不容易。"[26]

在3月底到4月初这段时间，凯恩斯对经济问题的思考似乎充满了一种奇怪的乐观情绪。此时他的文章和对话提出，"看不见的手"可能是英国摆脱严峻的财政问题的一种办法。[27] 对于"这只看不见的手"，他指出："20年前我曾经试图将它从经济学思想中驱逐出去。"英格兰银行前任经济学家亨利·克雷在致已经退休的蒙塔古·诺曼的信中评论道："这是我们的总设计师所做的一则有趣的告白。"

"我认为他依赖的是思维智力，而这也许意味着他忽视了'看不见的手'，"诺曼答复道，"而且我认为他可能被怀特误导了。当然，如果你忽视贷款的偿还问题，那么商定一笔贷款想必就很容易了。但是，除非大西洋的对岸出现高额通货膨胀，影响到他们的债务追索权并给我们提供了一条轻松的出路，不然我们还有什么希望偿还贷款呢？"[28]

3月27日，怀特最后一次致信凯恩斯，称他赞成凯恩斯在即将发表的一篇文章中对美国的国际收支做出的乐观估计。"总的来说，在我看来，美元在接下来的5年中出现短缺的可能性似乎微乎其微，这与你的判断一样，"怀特写道，"当然，除非出现意外的政治变化。"[29] 然而不幸的是，未来将会出现很多这样意料之外的政治变化。

4月12日，凯恩斯在他位于苏塞克斯的家中开始了复活节的短暂休假。接下来的一周，他的健康状况良好，身体似乎再度有了好转，他甚至还进行了一些远足。但是 4 月 21 日，复活节的那个周日，他的心脏病再次发作。这一次，他再也没有恢复过来。他在家中去世，享年 62 岁。

"大英帝国似乎正以与美国贷款一样快的速度消失，"1946 年12 月 20 日丘吉尔在下议院疾呼，"速度快得令人震惊。"大英帝国的支柱与英镑的国际可接受性同时坍塌瓦解，就好像密谋好要同时发生一样。虽然两方面此前都已经有了充分的预兆，但是并没有减轻由此产生的创痛。

美元的阴影笼罩着所有与大英帝国将会如何解体有关的问题。对于这件皇帝的新衣，凯恩斯提出了各种极为贴切而尴尬的问题。"以埃及为例，"他于 1946 年 2 月说道："埃及人提出要求我们将军队从埃及撤出，我们打算如何答复呢？有没有人认识到这一事实，即我们是通过从埃及借钱来支付将军队留在那里的费用的？如果埃及对我们说（当然，它一定会这么说），它不再愿意向我们提供必要的资金，我们应该如何作答？"[30] 答案就是将军队撤离，但仅仅是转移到巴勒斯坦。当时的希望是，这一举动将在西奈半岛以东争取更多的时间，直到阿拉伯人、犹太复国主义者和美国人能够达成些什么东西，或者说任何东西。

新当选的工党议员理查德·克罗斯曼（后来在 20 世纪 60 年代威尔逊政府时期担任内阁部部长）在 1946 年年初是一个英美调查委员会的成员，该委员会负责调查与犹太人在巴勒斯坦重新定居有关的问题。起初他持亲阿拉伯的立场，但是经过多次旅行和会议，他转而变成支持犹太复国主义的事业。他从没有忘记美国的犹太复国主义支持者对国内政治的影响力，其中许多人还是

"积极的反英主义者"并因此有能力阻挠美国的贷款。他指出，在英属巴勒斯坦托管地的问题上采取亲犹太的处理方法有特殊的好处，因为这将"更容易被美国公共舆论所接受"。另外，亲阿拉伯的处理方法"必将加强反英主义者和孤立主义者的势力，甚至可能危及贷款协定"。

"我理解贵国在战争中遭到了极大的削弱，"耶路撒冷穆夫提的表兄杰玛尔·胡塞尼对克罗斯曼同情地说道，"而且你们需要美国人的帮助，以使你们的帝国不至于四分五裂。"

克罗斯曼无法否认这一点。"如果阿拉伯政策非常不合时宜，以至于将迫使我们在美国人的友谊与阿拉伯人的友谊之间做出选择，"他提出警告，"作为一个现实主义者，我将不得不选择美国人。"[31]

此时，英美之间的友谊也出现了问题。1946 年 3 月英国机构大众观察的民调显示，只有 22% 的英国人对美国人持有好感，而 1945 年时这一比例为 58%。租借援助的终止以及贷款谈判的拖延是口头答复中经常被提及的问题。而美国国务院 6 月的一次民意调查显示，只有 38% 的美国人支持向英国人提供贷款，而有 48% 的人表示反对。[32] 用国会中的一位反对者的话说，贷款"在国内将导致太多社会主义，在海外将导致太多帝国主义"。[33] 然而，人们对于苏联威胁的担忧日益加剧，扭转了华盛顿辩论的势头。3 月 5 日，丘吉尔在密苏里州的富尔顿学院发表了著名的"铁幕"演讲。这次演讲以及斯大林对它的谴责发挥了很大作用，争取到了怀疑论者的支持，诸如共和党参议员阿瑟·范登堡，他在 12 月英国上议院就贷款进行辩论之后曾经一度指责英国人"开始要像'夏洛克'一样对待我们"。最终，5 月 14 日，国会参议院仅以 46 票赞成、34 票反对的微弱多数批准了贷款；7 月 13 日，众议院以 219 票赞成、155 票反对批准了贷款。

凯恩斯早在 2 月的时候，也就是在他最后一次美国之行出发前几周，就已经充分预见到了美国贷款的不详结局。这不过是一项治标不治本的权宜之计，为的是满足厌战的英国人民的物质渴望，著名的贝弗里奇全民社保计划既体现了这种渴望，也进一步激发了这种情绪；同时还是为了满足白厅习惯性的思维："即使入不敷出，也要在世界面前显得很风光。"[34] 他评论道，这个国家"陷入自怜自哀之中，还无法平静而明智地接受这个现实，即它的地位以及它的资源已经江河日下、不复当年了"。将英国军队留在印度，每年需要 5 亿美元；留在中东，需要 3 亿美元。这两项之和就占到了美国贷款的 1/4。"我认为，心理分析将显示出"愿望与能力之间的差距"是导致英国冷淡对待美国贷款及其附带建议的真正的背景原因"。[35]

7 月 22 日，犹太地下组织伊尔贡对耶路撒冷的大卫王酒店实施炸弹爆炸袭击，伊尔贡当时的领导人是梅纳赫姆·贝京，他曾经是一名英国陆军下士，几十年后成为以色列首相。爆炸袭击造成 91 人死亡，其中包括英国人、阿拉伯人和犹太人。灾难发生后不久，丘吉尔就满怀希望地提出："任何美国人和我们联手的解决方案都能够成功。"然而杜鲁门政府有其自己的政治导航系统。与罗斯福不同，杜鲁门没有类似击败纳粹这样的压倒一切的战略目标，因此他没有什么手段能够使其政府从满足英国人的利益中获益。10 月 4 日，他的一则声明破坏了英国人与他自己的国务院关于设立一个容纳两个民族的巴勒斯坦的努力（即所谓的莫里森－格雷迪计划）。他的声明被广泛理解为公开支持分裂并建立一个犹太国家。艾德礼做出了强烈反应，对杜鲁门拒绝推迟发表声明表示抗议。显然，丘吉尔的话如果反过来说可能更加正确一些：英国人关于其帝国困境的任何解决方案如果没有美国人的支持，都是无望取得成功的。[36]

1946 年夏天，英国试图控制印度种族冲突的努力也遭遇了溃败。于 7 月当选由印度教徒占主导地位的印度国民大会党主席的贾瓦拉哈拉·尼赫鲁，未能与穆罕默德·阿里·真纳（又被称为"伟大的领袖"）及其领导的穆斯林联盟就组建一个统一、独立的印度达成协议。真纳宣布穆斯林联盟将退出合作并追求建立一个独立的巴基斯坦，随后种族冲突从加尔各答开始蔓延，数以千计的人因此丧生。

与此同时，希腊的局面每况愈下。英国军队在希腊北部被共产党的游击队死死纠缠。宝贵的美元借款在军事行动中逐渐消耗殆尽。贝文于 11～12 月在美国停留了 6 周，他警告伯恩斯，由于现金短缺，英国人可能不得不撤出希腊。但是，由于反对扩大支出的共和党不久之前轻松地赢得了国会的控制权，在美国提供军事支持的问题上伯恩斯无能为力。

此时，艾德礼得出了这样的结论：不仅仅是希腊，还有巴勒斯坦和印度的局势都需要进行痛苦的重新评估。在 12 月 1 日致贝文的一封私人信件中他阐述了自己的想法。"我开始怀疑对希腊的赌博是否得不偿失。"他直言不讳地写道。至于巴勒斯坦，"这个中东地区只是一个前哨阵地"。如果没有美国的支持，英国地域广布的军事承诺是难以维系的，而美国提供支持的可能性不大。"在美国有一种倾向，将我们视作一个前哨阵地，"他无奈地评论道，"但是这个前哨阵地他们可能不打算设防。"

60 年来气候最恶劣、最残酷的冬天，使得英国遍布世界各地的承诺在政治上和经济上都濒临崩溃的边缘。1947 年 1 月 27 日，艾德礼与缅甸将军昂山签署了缅甸独立协定。到了 2 月，大英帝国的支柱在 7 天之内戏剧性地一根接着一根地相继坍塌。2 月 14 日，贝文宣布英属巴勒斯坦托管地将被交还给联合国。2 月 18 日，英国内阁同意从希腊撤军。2 月 20 日，艾德礼在议会中宣布英国将离开印度。

"仓皇而逃！"保守党再度发出愤怒的抗议。丘吉尔在未来的几个月中将把这个词一次又一次地甩在工党政府面前。但是，事态发展已成定局。

仅仅一年的时间，变化竟然如此之大。"我知道，如果大英帝国瓦解了，"1946 年 2 月贝文在下议院说道，"……这将意味着英国人的生活水平将显著下降。"确切地说，1946 年，英国统治阶级中的许多人仍然深信大英帝国是经济实力的一个源泉。现在，很明显，帝国成为一个无法承担的美元吸金池。而且，由于英国已经在战争中欠下了巨额债务，它也没有什么经济手段来使像印度一样忤逆不从的殖民地再循规蹈矩下去了。

华盛顿被旧秩序的迅速崩溃搞了个措手不及。"现在只剩下两个大国了。"艾奇逊于 1947 年 2 月沉重地评论道，他指的是美国和苏联。"英国人已经完蛋了。"[37] 艾奇逊现在是乔治·马歇尔将军的幕僚长，后者刚刚接替身体欠佳的伯恩斯出任国务卿。虽然罗斯福曾经一度因为英国在希腊的军事行动而几乎要停止租借援助，但是现在马歇尔和杜鲁门急于采取行动来阻止共产党在英国撤退之后接管这个国家。3 月 12 日，杜鲁门在国会两院联席会议上发表了历史性的演讲，提出了后来被称为"杜鲁门主义"的观点。美国将承诺对希腊和土耳其提供经济和军事支持，以防止其受到苏联的控制。大英帝国的崩溃留下了一个真空，需要美国在未来的数十年中填补，而这个问题只是美国将要面临的一系列多米诺骨牌式的地缘政治挑战中的第一个。

1946 年 7 月 15 日，杜鲁门签署了英国贷款法案，从此将英镑送上了一段为期一年的痛苦的死亡征途，因为按照协议规定英镑将于 1947 年 7 月 15 日全面恢复可兑换。贷款的目的正是减缓这一冲击，但是美元正在以惊人的速度流失。1947 年 3 月 21 日财政大臣道尔顿在致内阁成员的信中写道："我们消耗贷款的速度越来越快，各种迹象显示出局面已经失去控制。"而美国价格水平也开始迅速抬升，导致英国进口支出增加并超出了预期的水平，从而使状况进一步恶化。道尔顿恳求其同僚在接下来的几个月中付出艰苦卓绝的努力，以减少需要以美元支付的进口，增加出口，与此同时继续维持粮食限量配给。[38]

5 月 28 日，道尔顿详细说明了英国国际收支的严峻状况。他说，全球美元短缺的情况愈演愈烈，并将"威胁引发一场世界经济危机"。凯恩斯与怀特前一年春天所做的乐观预测都是错误的。以英法为例，两国各自与美国的有形贸易赤字都在不断增加，全年将达到 10 亿美元的水平。道尔顿强调："我们英国人将要遭遇的危机，从性质上不同于我们之前经历过的任何一场危机。货币贬值、调整或拒绝履行外部债务都不是我们的出路所在。我们的海外收入无法满足我们对海外的需求。"这一问题一直"被租借安排、英镑借款以及美国及加拿大的贷款成功地掩盖住了"，但是这些都即将用尽。这个国家现在面临的是"美元饥荒"。他指出，英国可能能够从新设立的国际货币基金组织中提取每年最高达 3.24 亿美元的贷款，但是他警告道，基金组织董事会以及"尤其是美国，定将仔细审查任何大量提取贷款的国家的情况"。[39]财政部的奥托·克拉克也提出警告称："纠正巨大的贸易失衡不关基金组织的事。"

克拉克担心英国"在《英美财政协定》项下的承诺将使整个

问题严重恶化"。由于失去了来自世界其他地方的美元收入，英国将不得不"大幅削减……自美洲大陆的进口"。但是，鉴于英国所做出的非歧视承诺，英国要削减自美洲的进口，就必须同时削减自其他地方的进口，这将导致世界贸易大范围崩盘。英镑的可兑换也将导致相同的结果，因为其他国家为了尽可能多地积攒可兑换的英镑，将试图削减自英国的进口，而这又将迫使英国相应削减自己的进口。最后，他感到，唯一的希望似乎就是马歇尔将军于 6 月提出的激动人心的建议。[40]

然而，马歇尔并不能免除英镑可兑换的义务。7 月 20 日的那一周，英国的金库流失了 1.06 亿美元；接下来一周，外流资金增至 1.26 亿美元；再之后的一周达到 1.27 亿美元。在 8 月 16 日的那一周，美元流失的金额达到 1.83 亿美元。道尔顿试图通过加速提取美国贷款的方式将储备稳定在 25 亿美元，但是现在美国贷款仅剩下 8.5 亿美元。随着全球美元短缺状况的加剧，加之英镑是欧洲交战国货币中唯一实现可兑换的货币，没有任何办法能够阻止美元的外流。8 月 20 日，英国政府暂停了英镑的可兑换。[41]重新恢复英镑的世界货币地位的梦想破灭了。


1947 年 6 月 5 日，马歇尔发表了他著名的哈佛大学演讲。而此时，英美对于欧洲经济组织方式的设想分歧越来越大。艾德礼的政府正忙于使煤矿、铁路以及电力供应国有化。中央计划将成为英国经济安全的基石。而现任美国负责经济事务的第一副国务卿威廉·克莱顿在 5 月访问欧洲之后，提出了一个截然不同的计划。英国将成为一个经济一体化的欧洲的一部分，而这个经济一体化的欧洲将大张旗鼓地实施资本主义和自由贸易。在华盛顿，人们则是透过乔治·凯南前一年从莫斯科发回的那封长电报的视角来看待这些观点。他们认为，那些不效仿美国模式的国家，往往最终有可能遵循苏联的模式。

克莱顿之所以成为一名民主党人，唯一的原因就是共和党人都是保护主义者。在相当程度上，他既像赫尔一样致力于推行自由贸易，也像怀特一样致力于实现货币稳定。在对外经济问题上，他对于马歇尔的重要性不亚于怀特对于摩根索的重要性。而且，克莱顿还有一个勇敢无畏、影响深远、慷慨大度、务实可行的设想：要坚定地按照自由市场原则恢复欧洲饱受战火摧残的经济。

尤其是法国。克莱顿在 5 月访问法国时亲眼看见了中央计划模式失败的例子并对此感到极为不安。法国政府通过价格管制的方法抗击通货膨胀，而农民对这一政策做出的反应则是囤积农产品，导致城市遭受饥荒。[42] 哄抢打劫、囤积居奇成为普遍状况；文明社会的经济纽带支离破碎。[43] 克莱顿很清醒地认识到，如果不对政策做出根本性的调整，局面就不可能得到好转；他也不抱有任何幻想，认为仅凭美国人的说教就会令政策发生改变。美国将不得不提供巨额金融援助，而且是拨款援助而非贷款、信用额度或者租借，以此来换取欧洲国家进行重要的市场改革。这与 1945 年怀特提出的美国战后援助的设想有天壤之别，当时怀特设想的核心内容是向如今变得越来越咄咄逼人的苏联提供 100 亿美元的无条件重建贷款。

4 月马歇尔访问了莫斯科，但没有取得任何成果。回到美国后，他立即通过广播向美国人民讲述了欧洲经济危机的严峻形势以及立即采取大刀阔斧的行动的必要性。但是，为日后的马歇尔计划打下思想基础的人实际上是克莱顿。克莱顿习惯性地避免凸显他本人的作用，但是艾奇逊将马歇尔演讲半数以上的内容归功于克莱顿，即有关欧洲的状况及其原因的部分。事实上，如果将马歇尔的讲话与克莱顿 5 月 27 日的备忘录并排做一个比较，就会凸显后者的关键作用。[44]

马歇尔这篇演说仅有 1442 个字，然而其天才之处不仅仅在于它的大视野，还在于它巧妙得令人叹为观止的外交技巧。美国的欧洲盟国既需要为迫在眉睫的生存问题筹措资金，也需要为重新恢复必不可少的商业及贸易联系而提供融资，但无法两者兼顾。马歇尔的演讲为美国的欧洲盟国提供了一线生机。但在这一线生机的实现方式上，它把责任交给了欧洲人自己，由他们负责制订一个强有力的合作与复苏的计划，并负责向比以往任何时候疑心都更重的美国国会和公众详细说明实现上述目标所必需的援助内容。最后，演讲非常小心地未将苏联排除在外，从而避免了欧洲的分裂，但它也无须征求苏联人的同意；条款将由美国人制定，而苏联人将不得不使自己被排除在外，并为此付出政治的代价。

艾奇逊担心欧洲人没有领会马歇尔演讲的讯息，于是通过他在英国媒体中的朋友进一步阐明其要义。贝文迅速地抓住了这个机会，并召集法国外交部部长乔治·皮杜尔以及莫洛托夫举行会议，会议于两周后在巴黎召开。克莱顿事先已经对贝文做出保证，华盛顿将不允许马歇尔计划因为苏联的要求而停滞不前，其核心意思是不会再出现布雷顿森林会议时苏联人阻挠进程的情况。根据贝文的记述，莫洛托夫在接到一封莫斯科发来的电报之后提出了意料之中的反对意见，涉及苏联的主权问题，这样就使问题"简单多了"。苏联人退出了。英法于 7 月 3 日发布联合公报，邀请其他 22 个欧洲国家派代表到巴黎起草一份复苏计划。[45]

然而，贝文并没有欣然地接受美国人的倡议，也没有紧紧地抓住不放。他温和地向克莱顿和美国大使卢·道格拉斯提出抗议，认为英国被"与其他国家混在一起"，好像它"不过是另一个欧洲国家罢了"。当然不能像苏联人对待南斯拉夫那样对待英国。"拥有一个帝国的英国属于另一种情况。"[46]贝文将马歇尔计划视作一个机会，可以让他的国家与美国"建立一种新型的金融伙伴关系"。但是，克莱顿立场非常坚定，"处理欧洲的问题不会采取零敲碎打的方式"，美国人将不会制造任何"特殊的合作伙伴"。[47]贝文则诉诸英国例外主义的说辞，并认为会得到美国人的同情和支持，这一点在今天看来令人难以想象。但是在 1947 年，帝国思维的改革远远落后于全球秩序重塑的匆匆脚步。

接下来的三个月中，克莱顿在三条战线上坚持不懈地工作，这三条战线在他眼中属于同一场战役，即推动巴黎会议代表提出一份有说服力的马歇尔计划援助请求，在全球贸易自由化谈判中取得突破，以及促成一个"欧洲联邦"来协调欧洲经济行动并实施关税同盟。

在马歇尔计划方面，马歇尔本人多次断然拒绝了克莱顿在夏天时反复提出的为欧洲人提供过渡性援助的请求，而欧洲人正在变得越来越绝望和沮丧。到了 9 月，马歇尔让步了。9 月 10 日，他公开敦促国会迅速拨款来缓解"这个饥饿与寒冷的冬天的不利影响"。这对巴黎会议产生了重大影响，9 月 22 日，欧洲人终于提交了一份符合美国期望值的"最初"报告及援助请求。克莱顿立即从巴黎赶赴伦敦，力推他关于贸易自由化的诉求，他将贸易自由化视作与美国援助相辅相成、不可或缺的一个部分。

然而，事实表明这个问题更加棘手。整个夏天，克莱顿都在两线作战，一方面与伦敦斗争以取消帝国特惠制度，另一方面与他自己首都的保护主义者进行斗争，后者决心设立新的羊毛进口关税。在羊毛大战中，他最终赢得了杜鲁门的支持，并因此拯救了在日内瓦进行的困难重重的全球贸易谈判。面对克莱顿对帝国特惠制度的公开指责，英国人进行了顽强的抵抗。他们之前为了换取租借援助已经承诺要取消帝国特惠制度，后来为了获得贷款又做了一次承诺。1946 年文森对国会保证，英国人如果获得了贷款将"立即接受公平和非歧视货币与贸易做法的原则"，现在已经证明这是一张空头支票。[48] 尽管有马歇尔计划胡萝卜的诱惑，但是英国人又一次打起了退堂鼓。然而到了 9 月下旬，他们提出可以削减关税特惠的幅度，而非取消关税特惠，但同时也降低了他们对美国关税互惠削减的要价。克莱顿曾经希望取得更大的成果（他一直如此），但他还是支持了这个折中方案以实现一个他更加珍视的目标，即成功缔结关税与贸易总协定（简称"关贸总协定"），也就是世界贸易组织的前身。当他实现了他的雄心壮志之后，10 月 7 日，克莱顿向国务院第 6 次也是最后一次提交了辞呈，终于在他 68 岁的时候满足了他妻子的要求，两人永远地离开了华盛顿。[49]

"关贸总协定是个庞大的工程，与它相比此前所有的国际经济协定都显得微不足道，" 10 月 15 日的《纽约时报》写道，"它实现了克莱顿先生的梦想，使一群志同道合的民主国家能够有意识地扭转扼杀世界贸易的历史潮流。这是一大步，除了克莱顿先生以及他为数不多的同事之外，没有人能够走出这一步。"

欧洲人普遍对怀特在打造国际货币基金组织时所表现出的高超技艺以及不知疲倦的干劲表示尊敬，但无论是怀特还是他的基金组织都不曾成为受人喜爱或鼓舞人心的对象。相比之下，克莱顿被普遍视为"既是美国国际经济政策中最具建设性的元素的代表，也是其背后源源不绝的动力"。[50] 英国和法国的报纸极尽溢美之词，尽管（有些时候甚至正是因为如此）克莱顿坚持不懈地对欧洲政府施压，要求他们予以更多合作并采取更少的国有化措施。法国《世界报》称克莱顿是"自由主义的领军人物"。"我们的外交官们……将对一位最熟悉欧洲事务的美国人的离去深表遗憾"。[51]

克莱顿试图打破欧洲旧有的国民（以及帝国）经济结构，并为一个取而代之的、新的、开放的、以市场为基础的自由贸易区域打下基础。1947 年，他的努力成效甚微。但是到了 1957 年，他可以理直气壮地将这一点添加到他的遗产之列。1947 年，他忙碌的近乎疯狂的夏季穿梭外交遭遇了强大的障碍，最先制造障碍的就是英国政府，它致力于对工业实行更多的国家控制并保留帝国的经济残余，因为它与帝国的贸易是与欧洲贸易的两倍。尽管克莱顿在国务院的同事对此感到越来越愤怒，但是他们也认识到，克莱顿对关税同盟的痴迷念头是一个着眼长远的宏伟抱负，尽管它会树立贸易壁垒，但是有助于在短期内实现振兴欧洲工业和农业生产的优先目标。[52] 虽然 1947 年 9 月，克莱顿未能得到他希望从欧洲人那里得到的坚定承诺，但马歇尔计划最终是以欧洲政府采取对市场以及投资友好的政策为前提条件，而这些前提条件与法国人确保能够长期获取德国的煤炭和焦炭等资源方面的利益不谋而合。使战败的德国融入战后的欧洲经济之中，这成为马歇尔援助安排的一个重要支柱，与怀特的国际货币基金组织以及摩根索计划形成了鲜明对比。

1948 年 4 月 3 日，杜鲁门总统签署《经济合作法案》，马歇尔计划正式成为法律。它最终承诺向包括联邦德国在内的 16 个欧洲国家提供 130 亿美元（折合今天 1220 亿美元）的经济和技术援助，直到 1951 年年底。除了立即提供食品、粮食、燃料和机械等必不可少的物资援助之外，马歇尔计划还在诸如工业和农业现代化、恢复运输以及贸易复苏等方面发挥了重要的长期作用，并为通向欧洲一体化进程的一些具有划时代意义协定的达成提供了关键的推动力。[53]艾奇逊钦佩地指出，克莱顿比欧洲联盟的创始性文件"1957 年的《罗马条约》超前了近 10 年"。[54]有趣的是，英国直到 1973 年加入欧洲经济共同体之后才最终取消了帝国特惠制度。

在其余生之中，克莱顿一直公开支持欧洲与跨大西洋经济、货币以及外交一体化进程。他还时常指责他自己的国家对它在世界中扮演的角色的思考过于狭隘。"如果我们不停止那些为了满足特殊利益集团自私的目的而制定国家政策的做法，"他于 1958 年致《纽约时报》的信中写道，"我们将失去我们现在拥有的、对自由世界虚弱的领导地位。"[55]克莱顿于 1966 年逝世，杜鲁门称他是"那种凤毛麟角的公职人员，不仅致力于服务公共利益，而且有一种世界性的视野，看到了那个使美国能够与所有国家和谐共处的位置"。[56]这份悼词既不吝赞美又实事求是，很少有悼念之辞能够实现这两者的统一。


1947 年 3 月 1 日，国际货币基金组织开始投入运行。紧接着，一个又一个国家援引了基金组织协定中的过渡期条款项，继续保留战时的汇兑限制措施。3 月 31 日，怀特向杜鲁门总统递交了辞呈，称他"一段时间以来都有这样一个想法，非常希望回归私人企业"。"鉴于基金组织的运行……已经开了一个好头而且积极操作的阶段……才刚刚开始"，现在是个"好机会"让他的"继任者接手了"。杜鲁门于 4 月 7 日回信正式接受了他的辞呈，并称赞："怀特为使世界银行和国际货币基金组织对稳定国际贸易做出实实在在的贡献而付出了不懈的努力。"关于怀特为对稳定贸易做出贡献而"付出努力"的说法，实际上是承认距离实现所说的这种稳定仍然有相当一段距离。

在 1947 年 4 月提交的一份关于国际货币基金组织第一年运行情况的乐观报告中，怀特写道，尽管"拥有购买外汇资格的成员国中还没有任何一个国家提出这种申请"，但是称这种情况是"一种失败、失灵的表现，或者说它反映出有些东西出了问题"的说法是"荒谬的"。这是不值一提的临时性因素的结果，而且这些临时因素很快就要发生变化。[57]

1947 年 6 月，国际货币基金组织执行董事会对资金援助请求采取了强硬的立场，公开坚持要求"审查援助请求背后的东西"，以确保它们与国际货币基金组织的条款相一致，即援助资金将不会用于重建目的。然而，在接下来的 12 个月中，基金组织却睁一只眼闭一只眼地发放了 6 亿美元，作为一种临时性的应急措施，直到 1948 年春季马歇尔计划接手并开始提供援助资金。[58]此后，基金组织实际上再度陷入睡眠状态之中。

1948 年 5 月，怀特执笔写下一份非常悲观的声明草稿，对基金协定的条款提出修订，但是这份草稿从未公开发表，甚至都没有对外提出。这与他一年之前的那篇兴致颇佳的文章形成了鲜明对比。现在他大胆地提出："坦率地评估目前为止基金组织和世界银行对实现其声明的宗旨做出的贡献，将使我们不得不得出这样一个结论，即取得的成就远小于预期。""如果在接下来的几年内，形势确实有望发生改变"，那么现在的这个结果"还不会那么令人感到不安。但这种希望并不存在"。怀特现在认为国际货币基金组织需要急剧增强其货币火力。特别值得注意的是，尽管他曾经坚决地反对凯恩斯所倡导的国际货币，但是他现在提议设立"一种国际汇兑媒介，作为对国际货币基金组织的资源的一个补充"。对英国的贷款发挥了极大的作用（尽管 1945 年 6 月时怀特在参议院银行委员会面前甚至还否认英国需要特殊的过渡期援助）；马歇尔计划也发挥了作用。"但是这些努力不足以弥补世界所遭受的损失，因为'同一个世界'至少分裂成了两个。"[59]

在早前那篇严词批评美国及西方对苏联态度虚伪的从未发表的文章中，怀特提出了他希望战后建立美苏联盟的想法，现在这个希望已经成为泡影。[60]他写道："我怀疑，国际货币基金组织成员国中任何一个负责任的官员会在 1944 年春天时认为，到了 1948 年，也就是战争结束仅仅 3 年之后，某些主要大国之间的矛盾会变得如此凸显，而且在这几年中，世界非但没有因为一个共同的事业而凝聚在一起，反倒是急速地走向分裂。"[61]"民主党已经不再为争取和平和建设一个更好的美国而斗争"，备感失望的怀特将他对扭转美苏不断升级的敌对状况的希望寄托在进步党总统候选人亨利·华莱士身上。[62]他热情地支持华莱士，就像他 1924年热情地支持鲍勃·拉夫雷特那样。用华莱士的话说，他的竞选是"献给认为苏联人诚挚地希望和平的主张"。华莱士有意恢复怀特的政治生命，作为他的财政部部长。[63]凯南日后尖锐地评价道，"在华盛顿，若论与苏联开展战后合作的愿望，没有一个部门比财政部的想法更加复杂详尽、更加幼稚天真、更加根深蒂固（也可以说是毅然决然）"，[64]他想到的很可能就是怀特。

1947 年 8 月，怀特接受了联邦调查局长达两小时的盘问，询问他与格里戈·西尔弗玛斯特、海伦·西尔弗玛斯特、乔治·西尔弗曼、路德·乌尔曼、威廉·泰勒、哈罗德·格拉瑟、索尔·艾德勒、索尼娅·戈尔德以及劳克林·卡利的关系。9 月初，他犯了一次严重的心脏病。10月，他在位于纽约的新家中卧床休养，其间收到了联邦司法警察送来的大陪审团传票。他的妻子回信附上一份医嘱，证明怀特身患重病无法出庭。根据他兄弟的说法，怀特卧床不起一直到12月。[65] 1948年3月24日和25日，怀特终于出庭作证。他承认他曾经与柯伊有过一次"泛泛的交谈"，是关于柯伊本人早前在大陪审团的证词；他也和西尔弗曼泛泛地谈过一次他被联邦调查局讯问以及即将在大陪审团出庭的事。怀特并不知道本特利和钱伯斯对联邦调查局所做的声明以及对大陪审团的证词，因此当他得知检察官知道自己曾经给西尔弗玛斯特打电话并要求见面时，他肯定会感到震惊，因为这意味着他的电话已经被监听了。[66] 然而法庭对于监听获得的证据不予采信，因此不能用来对他提起指控。本特利的证词也没有包含任何实质性的证据来证实她对怀特的指控。最终大陪审团因为缺少确凿的证据而无法起诉怀特。

7月31日，本特利第一次在众议院非美活动委员会上引人注目地登台亮相。直到8月11日，她还将4次出席听证会并作证。第一天，她被问及西尔弗玛斯特集团的成员以及活动。在指认了乌尔曼与艾德勒之后，她被问及财政部是否还有其他人参与其中。"是的，"她回答道，"哈里·德克斯特·怀特。"怀特是她指认的30名前政府官员中级别最高的一个。[67]

怀特是共产党吗？她被问到这个问题。"我不知道怀特先生是不是一名正式的共产党员。"他在这个集团中的作用是什么？"他向西尔弗玛斯特先生提供情报，这些情报又被传达给我。"怀特知道这些情报的去处吗？"我知道西尔弗玛斯特和乌尔曼两人确切地知道情报的去处。按照他们所说的，怀特先生知道情报的去处，但是他不愿提起这件事。"除了劳克林·卡利之外，还有其他人试图将间谍网的成员安插进政府的特定职位吗？"当然，怀特先生也帮助一些人获得职位。"

媒体现在变得非常兴奋。怀特迫于压力做出回应。"这是我所听说过的最匪夷所思的事情，"他在电话中对本特利的证词评论道，"我之前从未听说过这个女人。我感到震惊。"他要求委员会允许他出席听证会并"否认这些指控"。[68]

8 月期间，钱伯斯一共 6 次出席委员会听证会并作证。在他作证的第一天，也就是 8 月 3 日，他被问及 1939 年与伯利的会谈，在那次会谈中他指认了政府中的共产党。当时他指认怀特了吗？"没有，"钱伯斯答道，"因为当时我认为我已经使怀特先生脱离了地下组织，直到大约 4 年之后我才第一次对联邦调查局提及怀特先生。"他告诉联邦调查局的原因是否因为他确信怀特并没有脱离间谍网络？"是的。"怀特是共产党吗？"我不能说他一定是一名登记注册的共产党员，但是他一直以来肯定是这个群体的同路人，因此如果他不是共产党，这意味着双方都出了错。"[69]

因为钱伯斯声称认识怀特本人，他关于怀特的证词增加了本特利证言的可信度。钱伯斯关于阿尔杰·希斯的指控也是爆炸性的，两人之间随后的法律冲突将使他们成为家喻户晓的人物。至于总统本人，他现在正在进行一场艰苦的选战，并将这场调查斥为共和党"转移话题、混淆视听之举"。

现在舞台已经搭好，轮到怀特在万众瞩目之中出席了。虽然怀特在对国会作证的技巧方面颇有造诣，但他过去常常是在招架对财政部政策的攻击，而非对他本人的品格操守以及爱国心的指责。这将是他人生中最重要的一次对质。

8 月 13 日上午，怀特在闪光灯下走进了挤满人的委员会会议室，故作时髦的花哨领带与灰色三件套条纹西服显得很不协调。

他面对委员会和一大把麦克风，举起了他的右手，按照规定宣读了誓言。在他的开场白中，他试图证明自己是一个符合进步主义传统的忠诚的美国人。

我从报纸上得知了一位名叫伊丽莎白·本特利的女士和一位名叫惠特克·钱伯斯的先生对我提出的指控。我来到诸位的面前，是因为我认为有必要向委员会和公众说明事实的真相……

首先，我想要声明的是，我现在不是、过去也从未曾是一名共产党员，甚至离成为一名共产党员也差得很远；我不记得曾经认识一位名叫本特利的女士或一位名叫钱伯斯的先生……

新闻报道称，证人声称我帮助一些我知道正在从事间谍活动的人获得重要职位，来帮助这些人从事上述活动。这一指控完全是不实的……

我所信奉并笃行的原则决定了，我不可能从事不忠诚的活动，也不可能做出任何违背我们国家利益的事情……

美国的信条就是我的信条。我坚信宗教自由、言论自由、思想自由、新闻自由、批判自由以及迁徙自由。我坚信机会均等的目标……

我坚信每个公民都有权利和责任去争取、要求以及获得更多更广的、适用于所有人的政治、经济以及情感安全。我反对任何形式的歧视……

我坚信民众拥有自由选择政府代表的权利，不受机关枪、秘密警察或者警察国家的限制。

我反对任意及不当地使用权力或权威，无论这种权力或权威出自何处，或针对何人或任何团体。

我坚信法治的政府而非人治的政府，法律高于一切个人，无人可以凌驾于法律之上。

我认为这些原则神圣而不可侵犯。我视其为我们美国生活方式的基础结构，而且我坚信它们是鲜活的现实，而非一纸空文。

这就是我的信条……

我愿意回答诸位希望提出的任何问题。

旁听席顿时爆发出热烈的掌声。

形势对怀特有利。到了这个时候，公众已经逐渐对委员会形成一种印象，认为它的所作所为有失体统，是在哗众取宠，而怀特充分利用了这种印象。尽管他有一个当之无愧的脾气暴躁的名声，但是这一次，他刻意避免与控告的一方发生冲突。

怀特认识钱伯斯吗？"根据我用心地回忆，我不记得这个名字。"他答道。怀特是否曾经去过西尔弗玛斯特的地下室？是的，他们在那里打过乒乓球。

主席抓住了这一点。怀特不是患有严重的心脏病，并为此要求委员会准许他每作证 1 小时就休息 5～10 分钟吗？"对于一个心脏患有严重疾病的人，"帕内尔·托马斯评论道，"显然你能够从事许多运动。"

"我的心脏病是去年发作的。我所说的打乒乓球……是许多年之前的事情了，"怀特纠正道，"我希望能够消除这个误会，主席先生。"

更多的掌声。

怀特注意到地下室中有任何摄影设备了吗？"我没有注意到，但是我没有注意到，并不意味着没有……在我的记忆中，那是一个堆满了杂物的地下室。"西尔弗玛斯特是一名共产党吗？他对怀特保证称他不是，怀特相信了他。"但是我非常理解并且完全赞成这个观点，"他补充道，"即如果对于一个人是不是共产党有任何的怀疑，他就不应当……担任任何能够经手机密情报的职务……仅仅是一种怀疑就足够了。"后来他又接着补充道，"我不会雇用任何我知道是或者怀疑是共产党的人担任高级政府职务。"

与委员会主席不同，委员会最年轻的成员发言不多但"头脑清醒地紧扣当前的问题"。[70] 时年35岁、第一年担任共和党国会议员的理查德·尼克松目标明确，他要设下圈套来证明怀特犯了伪证罪，因此他敦促怀特明确地承认他从未见过钱伯斯。怀特非常小心，仍然坚持他事先准备好的措辞，反复表示他不"记得"曾经见过钱伯斯。

委员会继续询问其他的名字——柯伊、格拉瑟、皮尔洛。怀特被要求辨认一份名单，人名旁边打上了蓝色叉。其中哪些人曾经与怀特一同共事？

"红色的叉号可能更加合适一些，"怀特尖刻地讽刺道，"我是从你的角度出发补充了这一句。"他对托马斯说道。那个熟悉的怀特又回来了。

怀特是著名的摩根索计划的作者吗？约翰·麦克多维尔问道。

"你还有没有听说过，"怀特回应道，"我碰巧也是著名的怀特计划的作者？"麦克多维尔试图改变话题，但是怀特还想乘胜追击。"我想你问了一个问题，"怀特坚定地说道，"一个实质性的问题。"

托马斯试图让听众停止鼓掌。

"主席先生，"F. 爱德华·赫伯特愤怒地说道，"我建议你要求证人，显然他很有智慧，显然他善于逗乐……但是我希望你要求证人回答问题。"[71] 怀特停止了他的讽刺，而听证会也就此结束。第二天《纽约时报》刊文称怀特"发言毫无保留"，与早前的证人形成了"鲜明的反差"，他们中的许多人援引第五修正案的权利并拒绝回答"相关的问题"。[72] 怀特甚至提出，听证会更像是非法的"星室法庭审判"，这引发了托马斯和尼克松的谴责。[73]

听证会结束后，怀特立即乘火车离开华盛顿前往纽约。第二天，8 月 14 日，他在纽约看了医生，随后登上了另一列火车前往他位于新罕布什尔州菲茨威廉镇的家中避暑。在途中，他感到胸口剧烈疼痛，这很像两年之前凯恩斯从萨凡纳到华盛顿途中经历的那种状况。第三天，8 月 15 日，当地的医生诊断他突发了严重的心脏病，并称已经无力回天。第四天的傍晚，怀特去世了。

阴谋论的说法几乎立即流传开来。怀特被苏联情报机构清除了。怀特的死是一场精心安排的骗局。他已经逃离到了乌拉圭。这些传言的背后没有一丝一毫的确凿证据支持。

怀特因心脏病去世后，美国众议院非美活动委员会自然成为媒体严厉谴责的对象，因为听证会的紧张压力似乎是导致他死亡的直接原因。怀特的案件现在停滞了，至少从表面上看是这样。但是，更多问题还将暴露出来。

1950 年 1 月 25 日，阿尔杰·希斯因犯伪证罪而被判处 5 年有期徒刑。曾经公开谴责间谍调查的杜鲁门现在私下承认："这个混蛋……罪大恶极。"[74] 这个案子的关键是钱伯斯 1938 年年初悄悄藏起来的一些文件，他把这些文件当作他的"救生衣"，以备他从苏联地下组织叛变时使用。他原本想"在共产党准备对他的性命采取行动的时候"[75] 用这些文件劝阻那些潜在的攻击者。1948 年 11 月，这些文件在审前出示证据的阶段被交给了希斯的律师，希斯又要求他的律师将这些文件交给司法部。其中包括了 65 页国务院文件的副本，看上去是用希斯的打字机打印的；还有 4 页手写的总结，文件是希斯的笔迹。

第二天，1950 年 1 月 26 日，尼克松在众议院全体会议上透露，他从 1948 年 12 月起就持有 "8 页文件的照片副本，文件是怀特先生的笔迹，钱伯斯先生于 1948 年 11 月 17 日将这些文件交给司法部"。[76] 尼克松接下来朗读了文件的部分内容。

这些文件的原件包括一份 4 页纸、双倍行距的备忘录，由怀特手写在黄色的线条纸上，材料内容的时间跨度为 1938 年 1 月 10 日～2 月 15 日。这份备忘录是钱伯斯 "救生衣" 的一部分。[77] 联邦调查局和退伍军人管理署所进行的笔迹分析确认了怀特是这份文件的作者。[78]

备忘录混杂了各种内容，既包括各种简要情报，也包括对财政部和国务院在外交及军事问题上的立场的评论。其中提及了欧洲经济与政治发展的情况，包括法国政治领袖在与美国驻法大使（同时也是前任美国驻苏联大使）威廉·布里特私下交谈中向他透露的对苏联和德国的意图；概述了美国可能对日本采取的行动，例如贸易禁运或资产冻结；描述了日本对其石油储备设施采取的军事保护措施；泄露了总统对财政部部长的个人指示。怀特清楚地表明他正在记录机密的情报，他明确地写道财政部针对日本的经济战争计划是应总统要求起草的，"在财政部之外无人知晓"。

1951 年 8 月，本特利与钱伯斯出席参议院内部安全小组委员会（麦克卡伦委员会）听证会，并再次指证怀特。第二年，钱伯斯将出版一本爆炸性的自传——《证人》，书中完整地讲述了他与怀特的来往。1953 年 11 月，随着司法部部长布劳内尔对现在已是前任总统的杜鲁门发起公开的正面抨击，怀特的名字再次登上头版新闻。"哈里·德克斯特·怀特是一个苏联间谍，"布劳内尔断然指出，"他将秘密文件偷偷带给苏联特工，由后者传给莫斯科。哈里·德克斯特·怀特是一个共产党特工，那个明知这一情况的人却任命怀特担任了他在政府部门中曾经担任过的最为敏感的职务"，即国际货币基金组织的执行董事。杜鲁门对这一指责猝不及防。"我们一发现怀特的不忠行为，就立即解雇了他。"他回应道。他后来又含糊其词地声称，"怀特是以主动辞职的方式被解雇的"。

政府内部就怀特与希斯案件产生的巨大分歧，其中至少一部分原因是美国反间谍官员对于苏联间谍活动体系的了解实际上远远多于他们愿意与白宫分享的情报。令人难以置信的是，在二战结束已经半个世纪之后，公众仍然无法知晓他们证据宝库中的惊人内容。

随着战争于 1939 年爆发，美国开始收集所有进出美国的电报的副本，这也是全世界战争时期的标准做法。苏联在华盛顿的大使馆以及在纽约和旧金山的领事馆完全明白他们的电报通信受到了监视，但没有提出任何抗议。苏联人复杂的密码电报系统又被称为一次性密码本，它从理论上是无法破译的。

卡特·克拉克上校却没有知难而退。1943 年年初，有传闻称纳粹德国和苏联正在进行秘密和谈。作为美国陆军特种部队的首席长官，他命令信号情报处的精英密码破译员研究电报并从中寻找有关此类谈判的证据。这项最高机密的工程被命名为维诺纳计划。

这是个艰巨的任务。但是经过对数千份电报的仔细研究，美国密码破译人员发现了在情报加密过程中存在的一个程序性错误，这使得密码有被破译的可能。然而，等到他们成功破译第一条情报的时候已经是 1946 年，战争已经结束了。尽管如此，他们发现的内容仍然非常重要，并且出乎意料。这些电报并不是苏联驻美国的外交人员与其莫斯科的外交事务人民委员之间的通信，而是在美国的苏联情报特工人员与克格勃外国情报总局首脑之间的通信。它们没有包含任何关于纳粹德国与苏联和谈的证据，但是包含了大量关于苏联在美国从事系统性间谍活动的证据。

第一批被破译的电报中有一条是 1944 年从纽约发回莫斯科的一则消息，显示出苏联人已经渗入美国高度机密的原子弹计划。到了 1948 年，美国军队情报部门已经获悉苏联在美国所有重要的外交和军事部门及机构中都招募并安插了间谍。此时，破译密码的行动仍然严格保密，只有很少几个联邦调查局以及中央情报局的官员知晓，而中央情报局甚至直到 1953 年才开始接到被破译情报的副本。尽管最为关键的破译工作是在 1947～1952 年进行的，但是破译所有可疑电报的工作实际上一直持续到 1980 年。后来又过了许多年，随着民间以及国会不断提出要求将这些文件公开以接受公众监督，最终在 1995 年，学者们第一次看到有关文件。在接下来的两年中，美国国家安全局公布了维诺纳计划破译的所有情报，总数近 3000 条，超过 5000 页纸。[79] 直到 1999 年，第一部分析情报库的书籍才公开出版。[80]

杜鲁门非常不信任胡佛，但他并不知道联邦调查局关于间谍活动的报告背后一个重要的情报来源就是苏联的电报通信。准确的原因无从可考，但是众所周知，陆军参谋长奥马尔·布拉德利对白宫向媒体透风的做法非常不放心，并有可能据此做出决定，不让总统本人知悉维诺纳计划的存在。维诺纳计划破译的电报为本特利和钱伯斯提出的指控提供了强有力的佐证，本应使总统可以采取更加激进的行动。[81] 但是，在怀特的问题上，它对怀特案件的审查会产生多大的区别，我们无从得知，因为联邦调查局直到 1950 年 10 月 16 日才在其内部备忘录中第一次确认在一份破译的电报中发现了怀特。[82]

　　诸如钱伯斯、本特利等坦白的苏联特工提供的证词是一回事，而大量被截获的苏联密码通信在很大程度上就是另一回事了，显然后者是更有力的证据。在 1939 年钱伯斯对伯利指认的人中，有 8 个人出现在了维诺纳计划破译的电报中[83]（其他 5 个人则通过其他渠道的证据证实）。[84] 本特利在 1945 年指认的属于西尔弗玛斯特集团成员的 14 个人中的 11 个人也出现在了电报中，包括西尔弗玛斯特、乌尔曼、西尔弗曼、柯伊、戈尔德、库里、艾德勒以及怀特。有 18 份电报用各种代号提及了怀特，时间跨度在 1944 年 3 月 16 日～1946 年 1 月 8 日。[85] 怀特的维诺纳代号也独立地出现在了前克格勃档案管理员瓦西里·米特罗欣的记录之中，后者令人难以置信地成功地从克格勃对外情报总局的办公室中偷运出了 6 大箱文件。英国军情六处于 1992 年秘密地将他和他的文件从苏联运到了英国。[86]

　　1944 年 4 月 29 日和 1945 年 1 月 18 日的两份电报报告了怀特提供的情报，内容是关于美国当局高层对向苏联提供数十亿美元贷款可能性的讨论情况。尤其是第二份电报，它提供了证据表明怀特与其处理人，即本案中的西尔弗玛斯特，协调在美国政府的最高层实现苏联利益的问题。1945 年 1 月 3 日，苏联正式提出要求获得一笔总额 60 亿美元的贷款，年息 2.25%，分 30 年还清。一周之后，怀特成功地说服摩根索要求总统以更优惠的条件提供更多的贷款：100 亿美元，年息 2%，分 35 年还清。[87]"按照理查德（即怀特）的说法"，这份 1 月 18 日发给莫斯科的电报写道，"我们可以以更加优惠的条件获得一笔贷款"，优于莫斯科的要求。

然而，罗斯福没有批准贷款。

同一天的另一份电报证实了有关怀特利用职务之便帮助地下组织的其他成员获得任命的指控。"根据罗伯特（即西尔弗玛斯特）的报告，"这份电报写道，"他有可能从理查德（即怀特）那里得到一个机会，由卢布（很可能是哈罗德·格拉瑟）接替理查德的职位，因为后者将很快被任命为部长助理。"

1945 年春季，怀特在众议院和参议院就布雷顿森林协定作证的间歇，曾被派往旧金山担任美国代表团的技术顾问。<sup>⊖</sup>国务院官员阿尔杰·希斯是旧金山会议的执行秘书长，他的名字也作为一个线人出现在了电报中。4 月 6 日，就在斯特蒂纽斯邀请怀特赴旧金山加入美国代表团一周之后，阿赫梅罗夫接到莫斯科的指示："安排罗伯特（即西尔弗玛斯特）与在巴比伦（即旧金山）的理查德（即怀特）和飞行员（即怀特的助手威廉·路德维希·乌尔曼）保持联系。"[88] 一个月之后，莫斯科开始收到旧金山发来的电报。克格勃官员弗拉德米尔·普拉夫丁在 5 月 5 日的消息中报告称，怀特表示"杜鲁门和斯特蒂纽斯希望不惜一切代价取得大会的胜利"。怀特告诉普拉夫丁，美国"将同意苏联的否决权"。5 月 4 日~6 月 8 日发出的其他电报中部分被破译的内容揭示出，怀特还谈及了美国代表团其他成员的观点，诸如里奥·帕斯沃尔斯基、助理国务卿内尔森·洛克菲勒、参议员阿瑟·范登堡以及众议员查尔斯·伊顿，后又对拉丁美洲代表的观点进行了分析评估（怀特将其中一人称作"笨蛋"）。普拉夫丁在旧金山以塔斯社记者的身份从事秘密工作，还不清楚怀特是否知道他的主业。但是怀特显然明白，他对普拉夫丁所说的内容本不应该泄露给媒体。

---

⊖　1945 年 4 月 25 日~6 月 25 日，"联合国国际组织会议"在旧金山召开，会议通过了《联合国宪章》。——译者注

钱伯斯提供了确凿的证据，能够证明怀特记录并散发了机密情报。克格勃文件记录了西尔弗玛斯特在 1944 年中期对阿赫梅罗夫讲述的如下内容："'J'（即怀特）知道他提供的情报的去处，这也正是他当初输送这些情报的原因。"[89] 然而直到 20 世纪 90 年代西方学者才第一次看到这批文件。而维诺纳计划破译的电文也显示出怀特把官方文件交了出去。1944 年 8 月 4 日至 5 日的一封电报记录，怀特对一个代号为"KOL'TsOV"的苏联特工说"拿到该份文件冒了极大的风险"，联邦调查局认为这个特工很可能就是国家银行副主席、布雷顿森林会议苏联代表尼古拉·菲奥多罗维奇·切楚林。[90] 根据克格勃的档案，普拉夫丁 1945 年 10 月 29 日对莫斯科写道怀特"确信他的免职只是几周或几个月的时间问题"，并抱怨怀特不再交出"情报或文件了"。怀特现在只"对重大政治和经济问题提供建议"。他的财政部同事柯伊也对普拉夫丁"避而不见"。"西尔弗玛斯特集团中没有人……希望继续工作了。"[91]

和普拉夫丁一样，与怀特会面的苏联人都有其他掩护的身份。根据本特利的说法，西尔弗玛斯特的联络员告诉怀特，他的情报将被送给美国共产党，而非苏联地下组织。怀特的处理人显然试图在一定程度上给他提供一个可以合理推诿责任的借口。但是维诺纳解密的电文基本可以确信怀特完全知道他的情报去向。关于 KOL'TsOV 的电报被破译的部分提到："关于下一步与我们合作的方法，怀特说他的妻子……愿意做出任何自我牺牲。"怀特"自己并没有考虑他的个人安全，但是如果连累到他……将引起一场政治丑闻并且……会导致所有支持新事业的人名誉扫地，因此他希望非常谨慎地行事"。电报还进一步建议怀特采取措施来隐瞒他们会面的情况，就像他处理与钱伯斯的会面那样。"怀特没有适合用作常设集会地点的住所，但是他所有的朋友都是家里人"
（家里人这个词指的是"新事业"的追随者）。怀特建议"可以在
他们的家中召开会议，每隔四五个月便从一家换到另一家。他还
提议可以偶尔在他开车的时候进行不超过半小时的对话"。

破译的电文还显示出，怀特的妻子利用了她丈夫的地位来使
他们家获益。根据 1944 年 11 月 20 日一份题为《对"理查德"的
资金援助》的电报，安妮·特瑞·怀特对西尔弗玛斯特称，她的
丈夫正试图在私人部门寻找工作，"以缓解他们沉重的开支压力"。
西尔弗玛斯特心领神会，并"对怀特的妻子（她知道她的丈夫在
与我们合作）说，我们愿意帮助他们，并且考虑到各种因素不会
允许他们离开迦太基"，迦太基就是华盛顿。西尔弗玛斯特认为：
"定期提供资金可能会被怀特拒绝，但是他也许会接受用来表达
我们感激之情的礼物。"阿赫梅罗夫对西尔弗玛斯特说，"他认为
我们可以为怀特女儿的教育提供经费"，这笔开支"大约是一年
2000 美元"，但是"明确劝告西尔弗玛斯特、乌尔曼以及其他人
不要试图向怀特直接提供资助"。电报结束时写道，怀特"非常
乐意地接受了这个资助的建议"。

1953 年，钱伯斯写道："作为苏联特工，如果非要说怀特的
重要性排在第二位的话，他也是仅次于阿尔杰·希斯一人而已。"
他说，怀特是一个"绝佳的官员"，为人低调却逐渐升任高位，从
而能够"影响美国政府政策并服务于苏联政府利益"。[92] 在钱伯
斯与本特利对联邦调查局做出惊人的间谍指控 50 年之后，已故
的纽约州民主党参议员丹尼尔·帕特里克·莫伊尼汉领导了一个
美国参议院委员会重新研究维诺纳电报，并于 1997 年得出结论：
"国务院的阿尔杰·希斯同谋的罪名似乎是板上钉钉了。财政部的
哈里·德克斯特·怀特也是一样。"[93]

| 第 11 章 |

# 尾　声

发生在 1947 年的英镑危机，激发了英国人对美国的美元外交及其导致的悲惨后果的愤怒指责和强烈不满。"在这个国家中，并没有多少人认为美国的政策是刻意地、有意识地要毁灭英国，毁灭世界上英国所代表的一切，"《经济学人》写道，"但是证据显然可以被这样解读。如果每一次延长援助都附加条件，使英国永远都得索要更多援助，而获得这些额外援助要求我们更加卑躬屈膝且后果更加严重，那么结果必然如同共产党所预料的那样。"[1]

在马歇尔计划出台之前，美国对外经济政策的目标是在固定汇率水平上争取自由的多边贸易。贷款协定的条款即是为了实现这一目标而强加于英国的。但是协定产生了适得其反的结果。随着英镑可兑换计划的彻底失败，美国匆忙抛弃了怀特与赫尔打造的、建立在将英国作为一个重要的经济和政治竞争对手信念之上的外交武器库。事实证明它不仅荒谬可笑，而且在与苏联即将爆发的"冷战"面前，对振兴英国以及西欧这个当时最重要的目标构成了严重障碍。"英国的紧急状况令这个国家感到震惊，"《纽约时报》写道，"它使我们脑海中突然间浮现出这样一幅景象，世界上再也没有强大的英国，没有中庸温和的英国作为平衡的摆轮，民主的天平少了英国这个砝码。在我们生活的经济和政治世界中出现这种真空，其后果令人感到不安；一如当时对英国战败的担忧，这种担忧迫使我们早在还未公开宣布参战时就向英国提供了援助。"[2]

战争的严重破坏使全世界都急缺美元，因为它是唯一可靠的黄金替代物。这也导致整个世界都处于一种危险之中：容易受到美国在任何时点可能遭受的经济病患的影响。1946 年，美国放松价格管制后出现了通货膨胀，推高了欧洲的进口价格。1948 年和 1949 年，美国经济出现衰退，抑制了美国的进口需求。1949 年中期，国际货币基金组织的董事为他们的战时目标写下了一段辛酸的墓志铭，他们不得不承认，在世界进入和平年代 4 年之后，"对双边贸易和不可兑换货币的依赖远甚于战前"。[3]

英国继续加严货币管制，但是仍然无法阻止黄金和美元储备的外流。1949 年 9 月 18 日，英国将英镑贬值了 30%，现在 1 英镑仅能买到 2.8 美元，而非 4.03 美元。最终，怀特与凯恩斯就国际货币基金组织在一国改变汇率平价中的作用所进行的无数次辩论仅形同于闲聊一场：英国在贬值前 24 小时才通知基金组织。一周之内，另外 23 个国家也相继贬值，此后还有 7 个国家很快也如法效仿。

贬值有助于缓解美元短缺的状况。就英国而言，储备水平的下降得到了遏制，并且在接下来的两年中增长了 3 倍。但是，美国的经常账户仍然继续维持顺差状态，在 1950 年的上半年即达到 30 亿美元的年化水平。[4] 当年，在美国的支持和资助下，欧洲支付联盟成立，目标是打破欧洲内部的贸易和支付壁垒。此后的很多年之中，拥有 18 个成员国的欧洲支付联盟看起来就像是一个欧洲的国际货币基金组织，尽管其宗旨是通过歧视稀缺的美元来促进欧洲的贸易，而非促进全球多边贸易。虽然成立时最初只有两年的权限，但是欧洲支付联盟一直持续运行到 1958 年。1952 年，国际货币基金组织遗憾地指出："在实现基金组织关于不受限制的多边贸易以及货币普遍可兑换的宗旨方面，几乎没有取得稳固或持续的进展。"但是，欧洲内部的贸易现在取得了迅速的增长。[5]

1956 年的苏伊士运河危机以尖锐的、令人震惊的方式提醒英国人，他们此前在世界舞台上进行外交和军事运作的广阔空间现在严重地受到他们对美元需求的限制。埃及总统迦玛尔·阿卜杜尔·纳赛尔 7 月 26 日宣布苏伊士运河国有化之后，英国、法国和以色列密谋入侵埃及并推翻纳萨尔。10 月 29 日，以色列对西奈半岛发动进攻，英国和法国立即根据事先策划好的方案对以色列予以支持。虽然进攻取得了军事上的胜利，但在外交上是一个灾难。英国人以卑劣的手段明目张胆地挑战美国在中东的利益，特别是影响到了美国防止苏联军队染指该区域的核心利益，这令艾森豪威尔总统及其内阁愤怒不已，他们决定镇压英国人，以最无情的方式施展美元外交，远甚于怀特或摩根索曾经的做法。美国利用其对国际货币基金组织的控制权，拒绝了英国对基金组织提出的美元贷款要求，而英国亟须这笔贷款以遏制英镑的挤兑；此外美国还采取措施阻挠英国获取紧急的石油供应。英国人对此难以置信，他们本已经准备要无视联合国的要求，但随即便迫于形势而不得不耻辱地撤退，因为它最重要的盟友可能会对它的经济实施毁灭性的打击。[6]

尽管 20 世纪 50 年代英国、法国和联邦德国都经历了经济和政治上的挫折与危机，其经济仍然恢复了增长，贸易水平迅速提高，而且在美国大规模对外援助和军事支出的支持下，美元短缺的状况消失了。1958 年 12 月 27 日，欧洲支付联盟中的 14 个国家宣布实施经常项目可兑换。1945～1971 年这 1/4 个世纪的时期常常被人称作"布雷顿森林体系时代"，但是布雷顿森林协定所要求建立的货币体系可以说直到 1961 年才真正投入运行，当年第一批 9 个欧洲国家以及秘鲁和沙特阿拉伯正式接受了国际货币基金组织协定条款第 8 条规定的货币可兑换承诺（使全球接受该条款的国家总数上升至 20 个）。但是此时，布雷顿森林体系已经受到了此前众多分析家都未曾预见的压力。

战争刚刚结束后的那段时期，正如大多数人所担心的那样，美国确实保持了大额的国际收支顺差，并因此加剧了全球美元短缺的状况。但是，这些顺差不久之后就开始逐渐减少。除了苏伊士运河危机的短暂时期以外，20 世纪 50 年代美国对西欧的经常账户国际收支状况一直呈现明显下行的趋势，并于 50 年代末转为大额逆差。在 20 世纪 50 年代的大部分时间中，美国的资本出口和对外经济援助水平大大超出了这个国家对全世界的总盈余水平。资金的缺口表现在两个重要方面：外国持有的美元数量迅速上升，以及美国黄金的大量流失，后一种情况是由于外国人为从欧洲更高的利率水平中牟利而汇回资本所引发的。于是，美国在解决了美元短缺这个全球性问题的同时，又创造了另一个问题，即用来兑付外国持有的多余美元的黄金出现了短缺。

简单地说，怀特错了。美国不可能同时实现以下两个条件：既向世界供应充足的美元，又使其黄金储备维持在满足黄金可兑换承诺所要求的水平上。事实上，任何一个国家的货币都无法担当这一重任。比利时裔的美国经济学家罗伯特·特里芬在他著名的 1959 年国会证词中清晰地阐述了其中的原因。他解释了"使用一国货币作为国际储备资产所连带产生的荒谬结果"。[7] 这种安排成了国际货币体系中"内在的不稳定因素"。1958 年 12 月欧洲的货币可兑换承诺，非但不是进入新货币时代最后的关键一步，反而"仅仅是使世界退回到了 20 世纪 20 年代晚期那种混乱无章、民族主义的金汇兑本位制度"。[8]

当世界积累美元而非黄金作为储备资产时，美国就被放到了一个难以两全的位置上。外国人将多余的美元借回给美国。这增加了美国的短期负债，也意味着美国需要增加其黄金储备以维持美元与黄金可兑换的承诺。但是这里问题就出现了：如果它这么做，那么全球美元"短缺"就将持续下去；如果它不这么做，那么美国最终将以越来越少的黄金为越来越多的美元提供担保。美国释放出的美元既要足够多以满足全世界的交易需求，又要足够少以确保它们总能兑现固定数量的黄金，要让这种局面稳定地、长期地持续下去是不可能的。如果美国满足了世界的流动性需求，它就完蛋了；如果它不能满足，它也完蛋了；对于世界其余国家也是一样。这就是著名的"特里芬悖论"。

特里芬解释道，如果国际上不协调一致采取行动来改变这个体系，那么它就会释放一种极具破坏性的原动力。美国必须通过紧缩通货、货币贬值或者实施贸易及汇兑限制来阻止其黄金储备流失殆尽。这将导致全球金融恐慌并引发全世界采取保护主义的措施。根据特里芬的说法，怀特缔造的这个体系是一个正在形成的经济末日之灾。

有什么能够阻止它发生呢？1962 年，时任英国首相哈罗德·麦克米兰对肯尼迪总统说："如果使黄金价格翻一番达到每盎司 70 美元的水平，大多数的问题都会消失。"[9] 虽然这个建议解决不了特里芬悖论，但是它很可能为从怀特的体系中平稳过渡出来争取到更多时间。但是和20世纪20年代初的丘吉尔一样，肯尼迪不允许美元贬值，他将这种情况视作一种危机。同样，采取经济紧缩政策也是不行的。于是，美国诉诸税收、管制、干预黄金市场以及央行间互换安排等措施来填补缺口，并对银行和外国政府进行道德规劝，就像特里芬所预料的那样。

不是每个国家的政府都全心全意地予以配合。时任法国总统夏尔·戴高乐就严厉指责道："两场世界大战使其他国家沦为一片废墟，只有美国独善其身；因此全世界不得不赋予美国的货币一种巨大的、超常的特权地位。"他表示，世界"别无选择，只得接受被称为'金汇兑本位制度'的国际货币体系，其中美元被自动视作黄金的等价物"。美国"不愿意放弃它的霸权，导致它持续不断地……发行美元用来对其他国家提供借贷、支付美国的债务或者购买货物，且远远超出了其储备资产的真实价值"。而且，美国利用它对国际货币基金组织的控制权来阻止其贸易伙伴将多余的美元兑换成黄金。1963年9月，戴高乐命令法兰西银行"要求美国从此以后用黄金偿还其对法国国际收支差额的80%"。[10]

1965年2月4日，戴高乐召开了一场著名的新闻发布会，会上他从经济逻辑的角度详细解释他的有关结论，即美元不可能作为"一个公正的、国际性的贸易媒介……事实上它是仅供一个国家使用的信用工具"。[11]戴高乐不是经济学家，所以他的准确分析显然要归功于某些接受过这门学科训练的人。这个人不是别人，正是就德国一战赔款问题与凯恩斯进行思想辩论的老对头雅克·吕夫，尽管他"断然否认自己是戴高乐将军的笔杆子"。[12]和特里芬一样，吕夫成为20世纪60年代最著名的末日预言家，四处宣传以美元为基础的布雷顿森林体系终将崩溃的思想。[13]虽然两人的诊断相同，但是他们提出的解决办法相去甚远。

特里芬直接回到了凯恩斯针对怀特计划提出的"班科"的替代方案。他提议设立一种新的国际储备货币并由国际货币基金组织管理。他提出设立一些官僚机构程序方面的保障措施，来预防该体系潜在的通货膨胀倾向，但在其他方面仅满足于大段大段地援引凯恩斯的观点。[14] 与他形成鲜明对照的是，吕夫提倡回归1914 年之前的古典金本位制。他坚称"他对黄金没有宗教式的信仰"；尽管黄金得到了历史的支持，原则上其他商品也可以适用。实际上需要的是一种真正的金本位机制，通过盈余国信用扩张、赤字国信用收缩的方式确保全球失衡的状况自动得到控制，换句话说，"阻止本国人民消费那一部分必须留作出口之用的国内生产"以抵消国际收支的赤字。[15] 在吕夫看来，特里芬（以及凯恩斯）关于设立新的国际储备单位的替代方案"纯属随意性地创造一种对外支付手段"；或者更加直白地说，"是一种装扮成货币模样的虚无缥缈的东西"。[16] 没有一个官僚机构能够控制它内在的通货膨胀原动力。而在特里芬看来，吕夫的设想"意味着完全放弃国家主权……放弃各种贸易和支付限制措施，甚至是对汇率的控制"。他称："这种放弃控制权，转而青睐某种不过是 19 世纪自由放任主义的做法，完全不考虑各国的就业水平和经济活动状况，这在今天是完全不可想象的。"[17]

现在，对布雷顿森林体系进行改革的政治舞台已经搭好。这场改革对于各国政府而言意义重大，但是对于市场来说则微不足道。这就是国际货币基金组织理事会于 1968 年批准设立的特别提款权（Special Drawing Right，SDR）。[18] 对于凯恩斯"班科"设想的支持者来说，特别提款权是朝着一个真正的国际法定货币迈出的小小的第一步。对于法国以及其他反对以美元为基础的布雷顿森林体系的国家而言，这个与黄金挂钩的新工具是朝着废黜美元、恢复黄金作为国际首要储备资产迈进了一步。而对于美国而言，它是一种权宜之计，为美国采取措施停止其黄金储备的流失赢得了时间，使它可以实施新的政策，要求将黄金交易限制在各国货币当局之间，而美国貌似有能力对后者进行威胁并迫使它们不将持有的美元兑换成黄金。

　　设立特别提款权，主要是为了解决所谓的国际流动性短缺的问题，事实上也就是美元短缺的问题。可是等到第二年特别提款权正式启动时，世界在解决这个问题方面已经取得了很大进展。在尼克松政府时期，美国的通货膨胀水平急剧攀升，1970年接近6%，世界的美元储备也迅速增长。没有几个国家还在强烈要求获得特别提款权这个美元的替代物，流通之中真金白银的美元已经绰绰有余了。现在的问题是，随着近年来美国黄金储备总量由相当于外国银行持有美元总量的50%暴跌至22%的水平，越来越多的美元能否继续可靠地与固定数量的黄金挂钩？正如法国财政部部长瓦勒里·季斯卡尔·德斯坦在1970年所说的那样，美国"不可能永久地要求人们根据一块有问题的时钟来设定他们手表的时间"。尼克松政府必须改变其国内经济议程，并调整其在诸如越南等地方进行的代价不菲的军事行动，使之适应布雷顿森林体系的要求；或者它就必须放弃自欺欺人的观点，即美元在这个体系中具备天生的特权。

　　美联储的官员警告称，一场美元的信心危机可能随时爆发。但是时任财政部主管货币事务副部长的保罗·沃尔克日后回忆道："总统们——其中当然包括约翰逊和尼克松——不希望听到他们的政策选择要受到美元弱点的制约。"尼克松当然对由怀特创立的神秘的货币新发明没有任何留恋，他长期以来都坚信怀特是个叛徒。

到了 1971 年 5 月，美元的压力已经令联邦德国无法承受。联邦德国马克曾于 1961 年和 1969 年两次升值，但是持续不断的资本流入进一步推高其汇率，自 1970 年以来资本流入达到了 96 亿美元（相当于今天的 540 亿美元）。经过一场激烈的内部辩论，联邦德国政府于 5 月 10 日允许马克的汇率自由浮动。这一做法成功抑制了投机性资本流入联邦德国，但是它未能阻止资本流出美国。尼克松的财政部部长、自称为"恶棍"的约翰·康纳利愤然拒绝了国际货币基金组织总裁皮埃尔 – 保罗·施维策提出的美国提高利率或使美元贬值的建议，反而指责日本"控制经济"的做法，后者在西德马克自由浮动之后成为投资性资本最新的目的地。康纳利希望日元升值。他在公开场合要求扩大美国产品在外国的市场准入，在私下场合则提出美国"将不得不修改其与日本和联邦德国的共同安保安排"以解决其收支失衡的问题。但是日本不愿做出让步。

8 月 6 日，一个国会小组委员会发布了一份题为《当前为了加强美元需要采取的行动》的报告。报告提出了一个自相矛盾的结论，即认为应当进一步使美元走弱。美元被加速抛售。法国派出一艘军舰将它存放在纽约联储金库中的黄金运回国。华盛顿则在激辩应对之策。尼克松被康纳利说服了，选择采取一个大胆而决定性的举措。8 月 15 日，总统在全美电视广播中宣布了他的"新经济政策"。除了降低税收、90 天内冻结工资和价格以及加征 10% 的进口附加费以外，黄金窗口也将被关闭，美国将不再用黄金兑换外国政府持有的美元。施维策仅仅在这一决定宣布前一个小时才得到通知，这种做法显然违反了美国在国际货币基金组织项下的义务。[19]康纳利随即清楚而残酷地向一群欧洲的官员说明了总统的首要任务，告诉他们美元"是我们的货币，却是你们的问题"。

布雷顿森林货币体系被终结了。虽然在过去近 60 年中货币与黄金之间的纽带一直在不断瓦解，但是对全世界绝大多数地方而言，在过去的两个半世纪中，这种状况仅仅是危机时期所采取的权宜之计。[20] 但是这一次不一样了。美元实际上是最后一艘固定在黄金锚地上的船只，船上承载了世界上所有其他货币，而美国正在切断锚索，永久地驶离黄金的锚地。怀特曾经认为，这将意味着美元国际霸权的终结。他在 1942 年时写道："有些人认为一种全球通用但不可兑换黄金的货币……是可以和各国的主权并存的。但是，少许思考就可以揭示出任何此类想法的不切实际之处。一个外国今天之所以愿意接受美元作为货物和服务的支付手段，是因为它肯定它能够以固定的价格将这些美元兑换成黄金。"[21] 世界将先迎来一波惊涛骇浪，之后才能弄清楚怀特的判断正确与否。世界会陷入 20 世纪 30 年代那种急剧增长的保护主义之中吗？或者，某种国际货币体系可以在没有黄金支持的情况下运转吗？

施维策的做法惹怒了美国当局。他在广播中提出，可以采取普遍调整固定汇率水平的做法使国际货币体系维持下去："你可以称之为美元贬值，你也可以称之为重新调整其他国家的货币。"[22] 12 月，十国集团的部长在华盛顿的史密森尼学会召开了为期两天的艰难谈判，施维策终于如愿以偿。平均来说，美元贬值约 10%，西德马克升值 13.57%，日元升值 16.9%，黄金升值 8.57%（升至每盎司 38 美元）。汇率围绕新平价变动的允许范围由 1% 扩大到 2.25%。尼克松称赞这份协议是"世界历史上最重要的货币协定"。[23]

尽管货币协定的历史确实令人失望，但尼克松的上述说法仍属一派胡言。尼克松将于第二年 11 月面临一场选举,他并不准备将他的命运与新的美元平价水平牢牢捆绑在一起。1972 年 6 月,反对固定汇率的乔治·舒尔茨被任命为财政部部长,他延续了他的前任直言不讳的风格,否认美国对国际货币体系的义务。他宣称:"圣诞老人已经死了。"[24] 总统成功地强迫美联储主席阿瑟·伯恩斯降低了利率,这一政策刺激了全球货币供应的增长。1973 年 1 月,在尼克松大败民主党挑战者乔治·麦克格文两个月之后,他便结束了工资与价格管制;美元又恢复了外流。沃尔克秘密地飞赴东京和波恩谈判新的平价,但是舒尔茨反对美国政府对维护平价做出任何承诺,因为这会妨碍他完成他的首要任务,即结束资本管制。在节奏紧张的多边谈判中,美国现在采取了在布雷顿森林会议上凯恩斯和英国曾经采取过,而怀特坚决反对的谈判立场,即盈余国应被迫减少顺差。国会议员甚至要求针对诸如联邦德国和日本等国家援引此前遭人痛恨的稀缺货币条款。盈余国究竟是谨慎而负责任的,还是顽固而自私自利的,答案看起来取决于回答问题的人所在的国家是不是盈余国。这样一种立场对于开展长期国际货币合作而言不是个好兆头。

1973 年 3 月,十国集团正式宣布停止过去两年来为重建固定汇率平价体所采取的曲折复杂的努力。在国际货币基金组织的成员中,没有一个国家还在遵守基金组织协定的条款。美国拒绝支持施维策再连任一届基金组织总裁,并于 9 月将他扫地出门,而不顾欧洲国家的激烈反对(就法国而言,它表示反对似乎更多是因为美国人恃强凌弱的做法,而非因为施维策本人)。新任总裁是曾任荷兰财政部部长的约翰内斯·维特费恩,他启动了使国际货币基金组织放弃固定(而可调整)汇率基本原则的历史进程。维特费恩于 1974 年 1 月表示:"在当前的形势下,大范围的汇率浮动是不可避免的，也确实是可取的。"[25] 然而，联邦德国与法国从未放弃它们决心在欧洲层面固定汇率的努力。1999 年欧元创立，标志着为使这样一个体系长期存在而付出的数十年艰苦的政治努力终于取得成果；此外，欧元的创立还旨在为更深层次的欧洲政治一体化建立一个更加坚实的基础。然而到了 2011 年，欧洲大陆债务危机已经表明，货币联盟自身不足以替代一个能够使盈余国和赤字国互相通融调和的切实可行的政治机制；事实上，货币联盟的维系需要以这种机制为必要条件。

　　1973 年，十国集团政府未能达成一个稳定汇率的新机制。但是在当年的背景之下，并非所有人都将这场政治上的失败视作一件坏事。10 年之前，当特里芬建议设立新的国际储备货币而吕夫倡导回归古典金本位制之时，芝加哥大学的经济学家米尔顿·弗里德曼则一直在对国会宣扬美元汇率自由浮动的好处。弗里德曼和吕夫一样青睐"一个真正的金本位制"，因为在该体系下经济"纪律的强制实施依靠的是那些非人性化的力量，而这些力量反过来又反映了资源、偏好以及技术的现实"，但是他认为回归这样的纪律是一场政治的白日梦。[26] 相反，允许市场决定美元相对其他货币的价格水平，将使美国的政策制定者可以不受限制地追求国内经济目标，而无须被国际收支问题所困扰，也无须在无穷无尽的谈判中安抚外国的政府。

　　但是，并非所有与弗里德曼一样从道德和经济学角度坚信自由企业市场体系的著名经济学家都赞同他对浮动汇率的乐观观点。1974 年获得诺贝尔经济学奖的哈耶克（他比弗里德曼早获奖两年）早在 1937 年就提出，浮动汇率制度将导致资本流动产生灾难性的不稳定结果。在古典金本位制下汇率是固定的，短期资本流动"总体而言往往能够缓解由临时性国际收支逆差的最初原因所引发的紧张压力"。[27] 这是因为投资者有这样一种预期，认为任何偏离汇率平价的状况都会在短时间内得到扭转，这就为那些迅速低买高卖的人创造了盈利的机会。但是，如果汇率是可变的，资本流动往往会追随之前的流向，并因此而加剧汇率的波动。[28]

时任中国人民银行行长周小川在 2009 年曾经评论道："从布雷顿森林体系解体后金融危机屡屡发生且愈演愈烈来看，全世界为现行货币体系付出的代价可能会超出从中的收益。"然而，弗里德曼的支持者提出，在不以黄金为锚的情况下，试图在法定货币体系中固定双边汇率的做法将造成更大的经济危害。[29] 弗里德曼和哈耶克对于 20 世纪 70 年代席卷全球的"滞胀"，即低增长加高通胀，都感到束手无策。然而，弗里德曼将责任归咎于央行未能限制货币供应的增长，而哈耶克则认为当政府不再受到金本位制所施加的那种外部硬约束时，这种不守纪律的做法是不可避免的。1976 年，哈耶克公开宣布赞成用竞争性的私人货币发行机构取代垄断的中央银行。[30]

特里芬、吕夫以及哈耶克提出的激进的布雷顿森林体系替代方案，即国际货币、恢复金本位制以及私人货币竞争，并不合各国政府的心意，尤其不合美国政府的心意。这一点并不出乎意料。但是弗里德曼的货币主义思想走得更快一些，因为它不会威胁到各国的中央银行，不会使其变得无足轻重。当吉米·卡特总统于 1979 年任命沃尔克担任美联储主席时，开展这项实验的时机成熟了。通货膨胀持续飙升，并于 1980 年达到了 14.7% 的高位。在许多人心目中仍然是终极的价值储藏和支付手段的黄金，其价格飙升至创纪录的每盎司 875 美元（相当于今天的 2400 美元），是 10 年前官方价格的 25 倍。石油生产国威胁要使用美元替代物为其产品定价，并作为其货币储备的计价单位。

身高两米多、身材魁梧的沃尔克着手收紧货币供应，并允许市场利率升至美国历史上难以想象的高位，通过这些措施来结束通货膨胀并切断推动通货膨胀的心理预期。尽管受到了凌厉而持续的人身攻击，但是他仍然允许联邦基金利率于 1981 年 6 月飙升至 20% 的高位。美国经济陷入了衰退，失业率高企。国外的情况更糟。20 世纪 70 年代全球美元过剩刺激了对拉丁美洲和世界其他地方贫穷国家的借贷，这些借贷行为由花旗集团主席沃尔特·瑞斯顿的一句格言作为担保："国家不会破产。"但是现在，随着借款成本飙升以及初级商品出口价格暴跌，国家就是破产了。在新的全球法定货币体系下第一场重大的国际债务危机已经发生了。

凯恩斯曾经有一句著名的评论："如果在暴风雨的季节里，经济学家能够告诉我们的只是当风暴过去之后海面会恢复平静，那么他们给自己布置的任务就是过于简单、毫无价值的。"然而，沃尔克执意要驶入风暴之中，他认为如果政府试图回避前方波涛汹涌的大海，那么风暴只会变得更加猛烈。通货膨胀迅速回落，并于 1983 年降至 3.2% 的年化水平，并开始在这个水平附近稳定下来，同时经济恢复增长，就业也逐渐回归。此后延续近 1/4 个世纪相对稳定的增长似乎最终证明了沃尔克政策的正确性。增长的基础是美联储对消费者价格通胀水平的高超控制，而这主要是在艾伦·格林斯潘的指导下实现的。

格林斯潘的继任者本·伯南克以及其他人宣称，世界经济从此进入了一个绰号"大缓和"的新时代。[31] 在黄金的问题上，怀特的回答似乎错了。它看起来确实是凯恩斯试图从人类货币意识中消除的那种野蛮的残余。20 世纪 90 年代，全世界的中央银行出售了大量的这种"残余"储备，到了这个千年结束的时候，金价被推低到每盎司 290 美元。美元称王称霸，包括韩国、俄罗斯和巴西在内的众多国家从其外国债权人的行动中痛苦地领悟到了这一点，这些债权人中就包括现在千夫所指的国际货币基金组织。答案似乎应该是积累更多的美元，而方法则是压低汇率以及创造贸易顺差。

作为正在崛起的世界新兴经济大国的中国于 1994 年起将其货币与美元挂钩。对于一个快速融入世界经济、使用美元开展大部分贸易的国家而言，自愿进口美国的货币政策是一种不可抗拒的逻辑。即使是在 1997~1998 年亚洲金融危机混乱的局面之中，尽管各方均猜测它会效仿邻国货币贬值的做法，但中国仍然坚持了这一政策。这为它赢得了美国政府的极高赞誉。克林顿总统的财政部部长罗伯特·鲁宾在 1998 年 5 月公开表示："中国维持其汇率政策，并因此成为这个动荡区域中一根重要的定海神针。"[32]

今天，中美两国大约占了全世界国内生产总值的 1/3。在过去 10 年中不断加剧的全球贸易失衡局面主要是由这两个经济大国制造的。就像特里芬和吕夫肯定会预见到的那样，货币的麻烦出现了。支付给中国用来购买商品的美元第二天就以低息贷款的形式回到了美国，并且随后迅速地在美国的金融系统中重新循环并创造出更多的廉价信用。中国的贸易顺差或美国的赤字日益增长，但没有采取任何行动来扭转这种趋势，既没有美元贬值以提高美国货物的竞争力，也没有黄金外流或美联储紧缩货币供应以限制美国的信用增长。各种形式的贷款证券化蓬勃发展，尤其是与住房有关的贷款证券化产品。黄金价格也迅速攀升，但是对于政策制定者而言它已经没有任何意义了。

中国积累了数量惊人的货币储备：到 2012 年中期达到 3.24 万亿美元，其中约有 60% 是美国政府债券。而美国则积累了全世界最多的国际债务，高达 15.5 万亿美元。两个国家的政府各自都焦虑不安地注视着对方规模巨大的储备或债务及其发展轨迹：中国担心其积聚美元的全球购买力突然崩溃，美国则担心其外国融资突然中断。这种僵持不下的局面被拉里·萨默斯称作是一种"金融恐怖平衡"。[33] 两国政府无法找到合作的途径来缓和这种局面。

20 世纪 40 年代，美国的立场发生了大转弯，从摩根索和怀特时期坚决维护其债权人的特权，转变为马歇尔和克莱顿时期放弃这些特权以恢复全球增长。立场转变部分是因为美国当局的管理层发生了变化，但主要还是因为美国在地缘政治环境发生变化的情况下理性地重新校准了它的利益。但是今时今日，美国坚持认为，有过错的是它最大的债权人，即中国，因为中国持续将其汇率固定在一个人为的低水平。1998 年受到美国财政部部长赞许的做法，在 2009 年时被当时提名为财政部部长的蒂姆·盖特纳和现在的许多其他人斥为一种操纵货币的做法。1998 年，中国政府是在抵御市场对人民币施加的贬值压力；到了 2009 年，中国政府则是在抗拒市场对其货币施加的升值压力。参议员查尔斯·舒默和林赛·格雷厄姆抨击中国的货币做法，宣称："自由贸易一个最基本的原则就是货币应当自由浮动。"这种说法不仅违背了经济思想史，也不符合美国参加布雷顿森林会议的指导原则。[34]

1944 年怀特规划布雷顿森林体系，1971 年尼克松关闭黄金窗口，1998 年鲁宾称赞中国的汇率挂钩政策，2009 年盖特纳谴责这一政策，这四种态度和立场实际上有一脉相承之处：在一个给定的时点，美国是支持固定汇率还是浮动汇率，取决于哪种制度能够使美元更有竞争力。虽然从美国国家利益的狭隘角度出发可以理解美国这种有弹性的原则尺度，但是它使外国很难对以美元为基础的全球货币体系抱有持久的信心。

不出意料的是，中国拒绝接受对其政策提出的批评，并将指责的矛头对准了美国的肆意挥霍以及松弛的货币管制措施。"美国政府必须直面这样一个痛苦的现实，即过去那种靠借钱来走出自己所造成的困境的好日子最终一去不返了，"新华社 2011 年 8 月严厉地评论道，"作为这个唯一的超级大国最大的债权人，中国现在完全有权要求美国解决其结构性债务问题并确保中国持有的、以美元计价的资产的安全。"[35] 时任中国国家主席胡锦涛的表态更加克制，但是仍然表现出他对美联储的担心："美国货币政策会对全球流动性和资本流动产生重要影响，应该保持美元流动性的合理稳定。"胡锦涛指出，美联储行动对全球产生的不利影响，源于"现行国际货币体系"的缺陷，而这"是历史形成的"。[36] 时任中国人民银行行长周小川则重提了特里芬的观点，进一步明确指出美国的善意或审慎都不足以改正这一根本性问题。

周小川呼吁从整体上改革并重塑国际货币体系。他指出："当前以主权信用货币作为主要国际储备货币是历史上少有的特例。"储备货币发行国"无法同时兼顾国内外的不同目标"，而这正是特里芬对布雷顿森林体系批评意见的核心观点。他提出："危机未必是储备货币发行当局故意导致的结果，却是制度性缺陷的必然。"怀特的计划失败了。他得出结论："以怀特方案为基础的布雷顿森林体系的崩溃显示凯恩斯的方案可能更有远见。"他要求国际货币基金组织在推广使用几乎已经被遗忘的特别提款权方面发挥带头作用，使之成为一个真正的"超主权储备货币"，即以凯恩斯的班科为模型。[37] 新华社继 2011 年谴责美国"借债成瘾"之后，又一次重申了周小川的观点，呼吁创造一种"新的稳定的以及安全的国际储备货币"。[38]

虽然中国是美国的一个大债主，但是和 20 世纪 40 年代的美国不同，它无力策划一场布雷顿森林式的改革来重塑国际货币体系。今天的美国并非 20 世纪 40 年代那个哀求乞讨的英国。英国因为两场世界大战而破产了，如果没有外国的援助，它就无法用美元或黄金支付必不可少的进口。相比之下，美国还在用自己印刷的钞票支付账单。尽管美国的债务规模庞大并且不断增长，但是金融危机席卷大西洋两岸之时，它却以有史以来最低的利率售出了数量创纪录的新债券。美元仍然占到了全球外汇储备的 60%（较 10 年之前的 70% 有所下降），而全球自美国以外其他国家的总进口的 75% 仍然使用美元结算。[39] 在 2008 年金融危机期间，美联储采取了超常规的行动来支持国内信贷市场；相比之下，瑞典、澳大利亚等各国央行要采取相同的动作，就不得不出售外国资产才能换得美元。[40] 当前，美国没有必要为了顾及某种模糊的全球公共利益而牺牲其超级特权。只有当市场采取行动并清晰地转向美元替代物时，美国才会有所动摇。

但是，可靠的美元替代物目前供应不足。欧元正面临一场生死存亡的危机，这进一步导致人们对超主权法定货币的可行性产生了严重怀疑。至于特别提款权，它们目前占全球储备资产总量的 3% 还不到，而且私人贸易货、借款以及贷款无一使用特别提款权作为计价单位。[41] 直到这种状况改变之前，中央银行没有动力去持有更多的特别提款权。而颇为自相矛盾的是，虽然在布雷顿森林会议召开之前，支持超主权储备货币的是凯恩斯，怀特则是强烈反对；但是，这种货币的生命力在一个以国有贸易为主导的世界中应该会大很多，这就是苏联的那种做法，也是怀特私下里认为的世界未来的方向。

中国的人民币有能力挑战美元的主导地位吗？虽然中国的经

济规模在这个 10 年结束时可能会超过美国，但是其货币受到严格的汇兑管制。[42] 中国还面临另一个现实的困境，即任何成功削弱美元储备货币统治地位的举动都将以大幅牺牲它所持有的大量美国证券的购买力为代价。

最后，值得指出的是，有一批为数不多的人激烈地支持回归某种形式的国际金本位制，而且令人不解的是这些人主要是在美国。尽管今天几乎没有证据表明一国政府有意愿且有能力遵守金本位制的条条框框，因为它要求各国容忍通货紧缩，并将其视为一种自然的，而且不可避免的周期性事件；但是，如果普遍出现对法定货币失去信心的状况，可能会促使公共机构以及私人改变现有做法。无论是穷国还是富国，全世界各地的中央银行已经开始重新积累黄金储备，这与 20 世纪 90 年代的趋势截然相反。在某个时点，各国政府可能会寻求用黄金来结算贸易余额。黄金在衍生产品交易中被用作抵押物。私人黄金"银行"账户允许存款人使用黄金作为支付手段进行跨境电子转移支付，虽然它还是一个小众的业务，但是增长十分迅速。有朝一日有可能会为此类账户发行电子借记卡。[43] 因此，黄金有可能在无须宣布成立某种新体系的情况下重新成为一种活跃的货币，这并非一种科学幻想。事实上，古典金本位制就是在没有任何国际计划或协定的情况下出现的。

2010 年 9 月，巴西财政部部长吉多·曼特加登上了报纸的头条，他宣称"一场国际货币战争"爆发了，在经济增长减速的严峻形势面前，许多国家试图刻意压低其货币汇率来增加出口并阻碍进口，特别是美国。瑞士、日本、巴西以及其他国家采取行动干预外汇市场，以减轻在其看来不可承受的货币升值压力。虽然曼特加的评论也许是夸大其词，但是他的说法在大范围内被反复提及，这反映出市场很明显地察觉到了"大缓和"时代的逝去所蕴含的危险。

虽然有可能出现一种良性过渡的局面，即从一个美元主导的世界温和地过渡到一个其他发达国家和新兴市场货币在国际上发挥更大作用的世界，但是此方面成功的先例不多。20 世纪初，美元、英镑、法郎和马克各自都曾经扮演过储备货币的角色，但是它们都是黄金的替代物。当 20 世纪中期美元和英镑共同分担储备货币地位时，英镑总体上还是不可兑换的，主要服务一群别无选择的客户。

因此，也有可能出现下面这种局面，即一旦世界出现明显脱离美元的趋势，将会产生扰乱性和破坏性的结果。20 世纪 30 年代就是一个更黑暗的样板，在那 10 年中，全球贸易崩溃瓦解。近期，中国与日本、巴西、俄罗斯和土耳其等国缔结双边协定，目的是在开展双边贸易时无须使用美元。如果这些国家都不再大量积累其他国家的法定货币，从而变得更有可能通过在国际贸易中采取歧视性的做法来平衡双边贸易。美国曾经试图通过布雷顿森林体系来永久性地消除这种歧视性做法。

今天，中国与美国的债权人–债务人关系与 20 世纪四五十年代美国与英国的关系有很大的区别。中国和美国不是盟友，但是它们在经济上深深地相互依赖，以至于政治关系破裂将给双方带来巨大的危险和高昂的代价。在苏伊士运河危机时期，美国政府持有的英国证券数量仅为人均 1 美元；今天，中国持有的美国政府证券数量超过了人均 1000 美元。[44] 所以，20 世纪四五十年代的美国政府有能力随时引发一场英镑危机，并且自己几乎不用付出什么代价；相比之下，今天中国就不能对美元采取类似的行动。中国认为由美国主导的国际金融体系属于一个已经过去的时代，无法为它的经济利益提供足够的安全保证。但是，它找不出替代方案，因为任何一个替代方案都意味着它的储备资产可能会遭受巨额损失，出口工业和依赖资本补贴的国有企业可能会出现经济混乱，以及可能会诱发潜在的社会动荡和政治剧变。

有一个想法很诱人，即回归 18 世纪启蒙运动的思想，尤其是伊曼努尔·康德和大卫·休谟的思想，认为中美在商业上的复杂关系使两国在维持稳定的国际秩序问题上拥有充分的共同利益，从而使两国都不愿为了根本性地改变两国之间地缘政治权力平衡而承担使两国关系破裂的风险。这不仅涉及中国南海领土主权的地缘政治，以及对能源等全球战略性资源的控制权，还包括了货币秩序。

但是，同样有可能的一种结果是，两国关系的破裂是不可避免的，就如同 1907 年英国外交部官员艾尔·克劳对英德关系的判断那样。克劳认为，无论德国的意图或其声明的意图为何，德国有强烈的意愿要"在它能够负担的范围内创建一支尽可能强大的海军"，而这样一支海军的存在"与大英帝国的存在是互不相容的"。英国不能允许它的存在，风险太大了。所以，外交手段终将有其局限性，战争实际上成了一个时间的问题。[45] 虽然在接下来的两次世界大战中，英国都是获胜的一方，但是金融的压力最终导致帝国的清算和解体。

2005 年《外交》杂志刊登了中国政府的长期政策顾问、国家智囊郑必坚的一篇文章，他提出中国"将不会走一战之前德国走过的路"；相反，它将致力于走"和平崛起"的发展道路。[46] 但是，当代的克劳也许能在一个崛起的中国和一个继承了英国并更具统治地位的美国之间察觉到同样的原动力在发挥着作用。无论郑必坚或中国的其他领导人说些什么，甚至是坚信什么，如果中国在未来几年中扩充其在太平洋的海军实力，美国将抑制中国的崛起，采取新的模式与太平洋国家进行接触，并不可避免地令中国感到威胁。按照这一逻辑，致命的冲突将不可避免。前任美国国务卿亨利·基辛格认为，这样一种毁灭性的原动力是可以避免的，但是他仍然深表担忧。有这种观点的不只是他一人。[47]

　　布雷顿森林的故事发生在现代历史上一个特殊的交叉路口。占据优势地位的反殖民主义超级大国美国，通过对已经破产的帝国盟友英国施展经济手段的方式，订立条款终结了后者对外贸及金融规则与规范不断萎缩的控制权。英国予以合作，因为生存这个压倒一切的目标似乎决定了它只能选择这条路线。怀特设计了一个货币体系，并通过一场国际会议赋予它权力，会议的参与方是一群亟须美元的盟国；但是正如该体系的批评者所指出的，其内在的矛盾最终导致了它的崩溃。尽管这个货币体系是借助国际货币基金组织启动的，但国际货币基金组织存续了下来。虽然基金组织的宗旨已经被彻底改变，许多人仍然希望基金组织能够充当催化剂，催生一个新的、更加持久的"布雷顿森林体系"。然而，历史表明，只有当美国和中国各自都得出结论，认识到僵持的做法无望纠正两国间特有的失衡状况，而继续这样做的后果过于严重，才有可能形成一个新的合作性的货币体系。但是，更加令人望而生畏的是，建立一个持久的货币体系必须满足极高的条件，而货币民族主义正是 1944 年那次伟大尝试失败的原因。

The
Battle
of Bretton
Woods

# 附录 A

## 哈里·德克斯特·怀特手稿照片

照片 1：

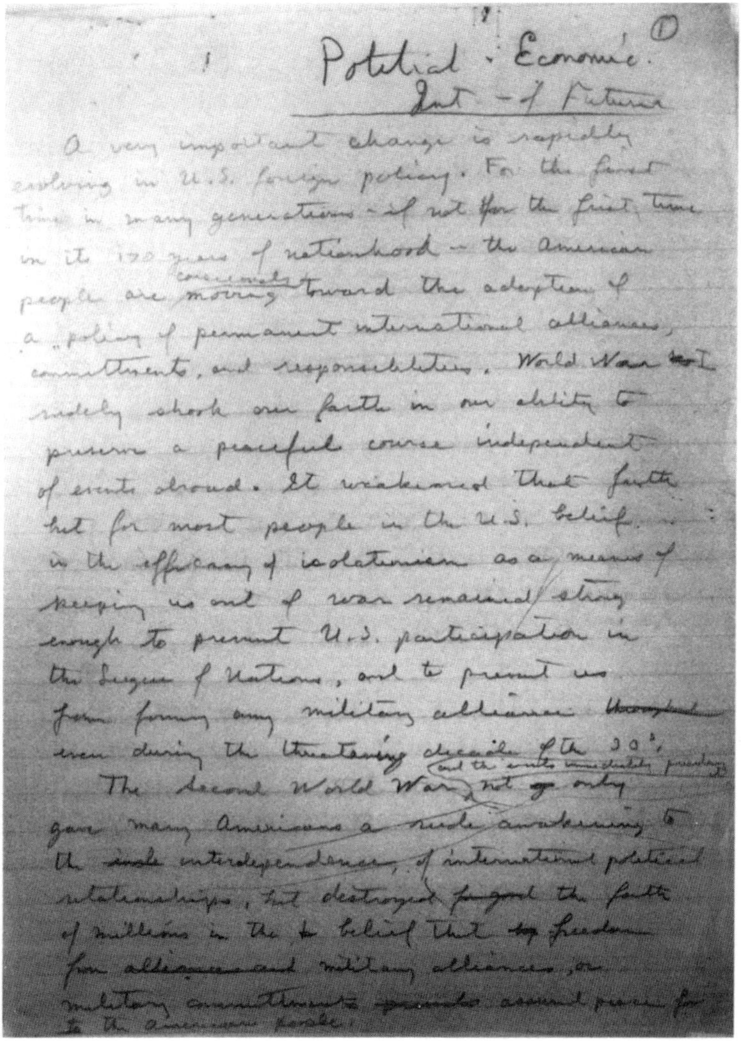

"Political Economic Int. of Future"，哈里·德克斯特·怀特手稿，未注明日期，第 1 页（普林斯顿大学图书馆。哈里·德克斯特·怀特文件，公共政策文件，善本特藏部，普林斯顿大学图书馆）。

照片 2：

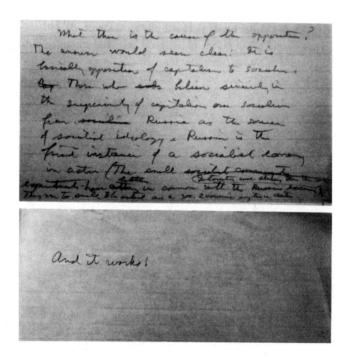

"Political Economic Int. of Future"，哈里·德克斯特·怀特手稿，未注明日期，第28～29页（普林斯顿大学图书馆。哈里·德克斯特·怀特文件，公共政策文件，善本特藏部，普林斯顿大学图书馆）。

文字整理稿，第28～29页：

那么反对的理由是什么呢？答案看起来很清楚：基本上就是资本主义反对社会主义。那些真心认为资本主义优于社会主义的人担心苏联将成为社会主义意识形态的发源地。苏联是第一个付诸实践的社会主义经济案例（小规模的社会主义公社实验与苏联的经济几乎没有共同之处。虽然它们是很有趣的案例，但是它们的规模太小，不足以作为一个社会经济系统）。

而且它成功了！

# 附录 B

## 哈里·S.杜鲁门关于
## 哈里·德克斯特·怀特的声明
### 1953 年

《纽约时报》1953 年 11 月 17 日,《杜鲁门向国民解释他在怀特案件中采取的行动的发言稿》(节选)。

1945 年年末,联邦调查局正在对这个国家内的颠覆活动开展秘密调查。在这次调查中,联邦调查局付出了极大的努力来核实及确证由秘密的消息提供者做出的某些间谍指控。

1945 年 12 月,联邦调查局关于此问题的一份篇幅很长的报告被送到白宫。这份报告包括了许多被当时尚未核实的指控所涉及的人的名字,其中既有政府公职人员,也有政府之外的人。我现在发现,在许多被提及的人名之中,有哈里·德克斯特·怀特的名字,他曾经在财政部任职多年,当时担任财政部部长助理。

根据我现在能够确认的情况,我最初得知关于怀特的指控是在 1946 年 2 月初,当时联邦调查局一份专门关于怀特活动的报告引起了我的注意。这份联邦调查局的报告是由沃恩将军送给我的，国务卿伯恩斯也让我亲自关注这份报告。

这份报告显示出怀特受到了严重的指控，但是它也指出根据当时掌握的证据，实际上无法证实这些指控。

此事提请我关注后，我立即将报告的副本，以及由我签署的一份随附便条，送给了怀特的直接上级：财政部部长弗雷德·文森。在这张 1946 年 2 月 6 日的便条中，我写道：

"给你随信附上一份由国务卿送来的备忘录，我今天上午刚刚收到。"

"我建议你读一读这份备忘录，并对其完全保密，而后我想，你、国务卿和我本人可以对此情况进行讨论并研究我们应该做些什么。"我给文森先生的便条的结尾就是这样的。

后来，我认为是当天晚些时候，我与财政部部长文森和国务卿伯恩斯讨论了这个问题。

正如我已经提到的，怀特先生当时是财政部的一名部长助理。那个时候已经计划了一段时间，要将他从这个位置调任至国际货币基金组织，担任美国执行董事，国际货币基金组织当时是一个正在建立之中的新的国际组织。

他的新职务的任命已经被送到参议院，并于 2 月 6 日得到确认，在我与国务卿伯恩斯和财政部部长文森会面之前不久，在此情况下，我要求财政部部长文森与政府中的适当官员进行会商并向我报告处理建议。

财政部部长文森与司法部部长汤姆·克拉克及其他政府官员进行了会商。当这些会商的结果向我报告时，得出的结论是应当让这项任命按照其正常程序进行下去。

当然，我要为这项决定承担最终责任。做出此项决定的原因是，联邦调查局收到的有关怀特先生的指控还涉及了许多其他人。

数以百计的联邦调查局特工正在对所有受到指控的人进行调查。

让这项调查继续下去对这个国家至关重要，以证明这些指控真实与否，并判断是否还有其他人受到牵连。

任何与怀特先生的任命有关的异常行动很可能使所有涉案人员意识到正在进行的调查并由此危及此项调查的成功。

最初的计划是美国将支持怀特先生竞选国际货币基金组织的最高管理职务，即总裁一职，该职务比执行董事的职务重要得多。

但是在接到联邦调查局的报告并与我的内阁成员进行会商之后，做出的决定是仅提名怀特先生担任执行董事。

鉴于他的职责受到了这样的限制，他将受到国务卿的监督，而且与当时他所担任的财政部部长助理的职务相比，他的新职务的重要性有所下降，而如果说有任何敏感性的话，敏感性也大大降低。

# 人物表

**Acheson, Dean  迪安·艾奇逊（1893—1971）**：美国律师、政治家。1949～1953年任国务卿。一位非常聪明、有贵族气息的亲英派。他代表美国国务院参加布雷顿森林会议，并担任凯恩斯所主持的世界银行委员会的美国首席代表。

**Adler, Solomon（"Sol"）  索罗门（"索尔"）·艾德勒（1909—1994）**：美国经济学家。1936～1950年在财政部任职。在其担任政府公职期间和之后在中国生活多年。被钱伯斯和本特利指认为苏联特工。

**Akhmerov, Iskhak  伊斯卡克·阿赫梅罗夫（1901—1975）**：苏联内务人民委员会情报官员，20世纪三四十年代在美国执行任务。"白雪行动"小组成员之一，该行动据称利用了怀特挑动日本对美国发动袭击。

**Amery, Leopold  里奥伯德·艾莫瑞（1873—1955）**：英国保

守党政治家。1940～1945 年任印度及缅甸事务大臣。丘吉尔帝国特惠政策的主要支持者。

**Anderson，Sir John　约翰·安德森爵士（1882—1958）**：英国公务员、政治家。1943～1945 年任财政大臣。

**Atlee，Clement　克莱门特·艾德礼（1883—1967）**：英国工党政治家。1935～1955 年任工党领袖；1945～1951 年任首相。推行扩大国家干预及社会保护的政策。主持了大英帝国大部分的去殖民化进程。

**Bareau，Paul　保罗·巴瑞（1901—2000）**：比利时裔英国金融记者。1945～1946 年英国财政部赴华盛顿代表团成员。

**Barkley，Alben　阿尔本·巴克利（1877—1956）**：美国政治家。民主党，1937～1947 年任参议院多数党领袖；1949～1953 年任杜鲁门的副总统。作为参议院多数党领袖时，将众议院第 1776 号法案提交参议院讨论，即《租借法案》。

**Baruch，Bernard　伯纳德·巴鲁克（1870—1965）**：美国金融家、政治家。一个天赋过人的商人，威尔逊总统和罗斯福总统请他出任政治顾问。

**Beaverbrook，Lord（William Maxwell Aitken）（威廉·麦克斯韦尔·阿蒂肯）比弗布鲁克勋爵（1879—1964）**：加拿大裔英国政治家、报业大亨。一战和二战中均在英国内阁任职的唯一三名内阁成员之一。反对 1944 年英美联合声明以及凯恩斯提出的清算联盟方案。

**Bentley，Elizabeth　伊丽莎白·本特利（1908—1963）**：美国

人。1938～1945 年为苏联从事间谍活动。1945 年叛逃出共产党。揭露了西尔弗玛斯特和皮尔洛的间谍网络,抖搂出超过 80 名为苏联工作的美国人的名字,包括怀特。

**Berle,Adolf　阿道夫·伯利(1895—1971)**:美国律师、外交官。1938～1944 年任助理国务卿。深得罗斯福信赖的顾问之一。

**Bernstein,Edward("Eddie")　爱德华("艾迪")·伯恩斯坦,(1904—1996)**:美国经济学家。1940～1946 年任财政部首席经济学家;1946～1958 年任国际货币基金组织研究主管。他认为怀特不是一个实力很强的经济技术官僚,但认为他是一个出色的政策制定者。

**Bevin,Ernest　欧内斯特·贝文(1881—1951)**:英国工会会员、工党政治家。1940～1945 年任劳工和国民服务大臣;1945～1951 年任外交大臣。

**Beyen,Johan Willem　乔安·威廉·贝叶恩(1897—1976)**:荷兰银行家、公务员。布雷顿森林会议荷兰代表团团长。1937～1939 年任国际清算银行主席。

**Bidault,Georges　乔治·皮杜尔(1899—1983)**:法国政治家。1946 年任临时政府总统;1947～1948 年任外交部部长;1949～1950 年任总理。

**Blum,John Morton　约翰·莫顿·布鲁姆(1921—2011)**:美国政治历史学家。耶鲁大学教授,三卷本 *From the Morgenthau Diaries* 的作者。

**Blum,Léon　莱昂·布鲁姆(1872—1950)**:法国社会主义政

治家。1936～1937 年、1938 年任总理；1946～1947 年任临时
政府总统。作为一个犹太人，他在二战时期被纳粹囚禁并几乎
遭到处决。

**Bolton，Sir George　乔治·博尔顿爵士（1900—1982）**：英国
银行家、保守党政治家。1931～1945 年、1950～1959 年任下议
院议员；1948～1957 年任英格兰银行执行董事；1957～1968 年
任英格兰银行董事。布雷顿森林会议英国代表团成员。

**Boothby，Robert　罗伯特·布斯比（1900—1986）**：英国保守
党政治家。1924～1958 年任下议院议员。金本位制在英国议会
中的主要反对者，布雷顿森林体系的主要批评者。

**Bradley，Omar　奥马尔·布拉德利（1893—1981）**：美国陆军
军官。1949～1953 年任参谋长联席会议主席。他对于白宫向媒
体泄露消息的担心可能是导致向杜鲁门总统隐瞒维诺纳计划的
原因，该计划对怀特的间谍活动提供了最具说服力的证据。

**Brand，Robert　罗伯特·布兰德（1878—1963）**：英国公务员、
银行家。1944～1946 年任英国财政部驻华盛顿代表。强烈支持
英美合作，和凯恩斯一样持自由主义观点。

**Brown，Edward Eagle　爱德华·易戈尔·布朗（1885—
1959）**：美国律师、银行家。芝加哥第一国民银行的主席。布雷
顿森林会议美国代表团中唯一两名非政府成员之一。凯恩斯对
他的评价是："我已经很久没有遇到过比他更有能力或更加杰出
的银行家了。"

**Brownell，Herbert　赫伯特·布劳内尔（1904—1996）**：美国

律师、政治家。1953～1957 年任美国司法部部长。在国会作证称杜鲁门提名怀特担任国际货币基金组织执行董事时已经知道他是一名"共产党特工"。

**Bullitt，William  威廉·布里特（1891—1967）**：美国外交官、记者、小说家。1933～1936 年任美国驻苏联大使；1936～1940 年任美国驻法国大使。

**Burgess，Randolph  兰多夫·伯格斯（1889—1978）**：美国银行家、外交官。在布雷顿森林会议谈判中代表纽约银行界的利益。反对国际货币基金组织计划，称其不稳健。

**Bykov，Colonel Boris  鲍里斯·贝科夫上校**：苏联军事情报总局（格鲁乌）特工。钱伯斯称曾于 1937 年将他引荐给怀特。

**Byrnes，James Francis  詹姆斯·弗朗西斯·伯恩斯（1882—1972）**：美国政治家。1931～1941 年任南卡罗来纳州民主党参议员；1941～1942 年任最高法院法官；1945～1947 年任国务卿。他是罗斯福的密友，并自杜鲁门刚刚进入参议院时就成为他的导师。

**Cadogan，Sir Alexander  亚历山大·贾德干爵士（1884—1968）**：英国公务员。1933～1936 年任驻华大使；1938～1946 年任外交事务常务副大臣。1944 年 9 月参加了与罗斯福和摩根索的"八角形会议"。

**Catto，Lord（Thomas）（托马斯）卡托勋爵（1879—1959）**：苏格兰商人、银行家。1944～1949 年任英格兰银行行长。尽管出生于一个典型的工人阶级家庭，他仍然与凯恩斯找到了共同语言，两人成为关系密切的好友。

**Chamberlain，Neville　内维尔·张伯伦（1869—1940）：** 英国保守党政治家。1923～1924年、1931～1937年任财政大臣；1937～1940年任首相。在二战前领导了对德国的绥靖政策。作为财政大臣，他反对赤字支出政策。凯恩斯对他进行了无情的批判。

**Chambers，Whittaker　惠特克·钱伯斯（1901—1961）：** 美国记者。共产党成员，苏联特工，是他招募了怀特。最终他主动透露了至少13名作为苏联特工在美国活动的美国人的名字，包括怀特。

**Chechulin，Nikolai Fyodorovich　尼古拉·菲奥多罗维奇·切楚林（1908—1955）：** 苏联银行家。1940～1955年任国家银行董事会副主席。布雷顿森林会议苏联代表团成员。

**Cherwell，Lord（Frederick Alexander Lindemann）（弗雷德里克·亚历山大·林德曼）彻维尔勋爵（1886—1957）：** 德国裔英国物理学家。曾任首相统计分析办公室主任，是丘吉尔最为信任的顾问之一。在与美国人进行的第二阶段租借谈判中发挥了重要作用。

**Churchill，Winston　温斯顿·丘吉尔（1874—1965）：** 英国保守党政治家。1924～1929年任财政大臣；1940～1945年、1951～1955年任首相。凯恩斯强烈反对他1925年使英国重归金本位制（或者说"金汇兑本位制"）。

**Clarke，Colonel Carter　卡特·克拉克上校（1896—1987）：**

美国军官。美国陆军特种部队的首席长官，他于 1943 年启动了维诺纳计划，旨在截获和破译苏联的战时通信。

**Clarke，Sir Richard（"Otto"） 理查德（"奥托"）·克拉克爵士（1910—1975）**：英国公务员。曾在多个政府部门工作，后于 1945 年加入财政部。虽然他很崇拜凯恩斯，但是他对 1945 年凯恩斯与美国进行贷款谈判的策略提出了严厉批评。

**Clayton，William 威廉·克莱顿（1880—1966）**：美国政治家。1944～1945 年任负责经济事务的助理国务卿；1946～1947 年任负责经济事务的副国务卿。1945 年签署《英美贷款协定》。强烈支持以市场为基础的开放的自由贸易，并为马歇尔计划奠定了思想基础。

**Coe，Frank 弗兰克·柯伊（1907—1980）**：美国经济学家、政府官员。1944～1945 年任美国财政部货币研究局局长；1946～1952 年任国际货币基金组织秘书。后因受到国会压力而辞去基金组织的职务，原因是钱伯斯和本特利指控他是一名苏联特工。1958 年移居中国为中国政府工作。

**Collado，Emilio 艾米里奥·柯亚多（1910—1995）**：美国经济学家。1934～1936 年在财政部任职；1936～1938 年在纽约联邦储备银行任职；1938～1946 年在国务院任职；1946～1947 年任美国世界银行执行董事。布雷顿森林会议美国代表团技术顾问。

**Connally，John 约翰·康纳利（1917—1993）**：美国政治家。民主党，1963～1969 年担任得克萨斯州州长；1971～1972 年任财政部部长。1971 年尼克松关闭黄金窗口后，他对欧洲官员说的一句话成为名言：美元"是我们的货币，却是你们的问题"。

**Cripps, Sir Richard Stafford　理查德·斯塔福特·克里普斯爵士（1889—1952）**：英国外交官、政治家。1940～1942年任驻苏联大使；1945～1947年任贸易委员会主席；1947年任经济事务大臣；1947～1950年任财政大臣。参加了1945年与美国人的贷款谈判。

**Crossman, Richard　理查德·克罗斯曼（1907—1974）**：英国工党政治家。20世纪60年代哈罗德·威尔逊政府内阁成员。原本持支持阿拉伯的立场，后成为工党中支持犹太复国主义的领导人物。

**Crowley, Leo　里奥·克劳利（1889—1972）**：美国商人、政府官员。1943～1945年仟美国外国经济署署长。协助进行租借协定的谈判。

**Cunliffe, Lord（Walter）（沃尔特）康立弗勋爵（1855—1920）**：英国银行家。1913～1918年任英格兰银行行长。他对凯恩斯1917年支持财政部捍卫美元对英镑汇率的做法感到非常恼火，并试图将凯恩斯解职。

**Currie, Lauchlin　劳克林·卡利（1902—1993）**：加拿大裔美国经济学家。二战时期任罗斯福的顾问，后被钱伯斯和本特利指认为苏联特工，为西尔弗玛斯特的间谍网工作。

**Dalton, Hugh　休·道尔顿（1887—1962）**：英国经济学家、工党政治家。1945～1947年任财政大臣。对凯恩斯1945年与美国进行贷款谈判的处理方法感到不满。

**de Gaulle，Charles 夏尔·戴高乐（1890—1970）**：法国军官、政治家。1959～1969年任法国总统。在二战期间领导自由法国运动并于1958年成立法兰西第五共和国。认为美元在世界经济中拥有一种巨大的超级特权地位。1963年，他要求美国从此以后用黄金偿还美国对法国国际收支赤字的80%。

**Eady，Sir Wilfrid 维尔弗里德·埃迪爵士（1890—1962）**：英国外交官、财政部官员。布雷顿森林会议英国代表团成员。反对凯恩斯1945年对美国贷款谈判的处理方式。

**Eccles，Marriner 马瑞纳·伊寇斯（1890—1977）**：美国银行家。1934～1948年任美联储主席。布雷顿森林会议美国代表团成员。就怀特顺从苏联人在会议上提出的要求与他发生争执。

**Eden Anthony 安东尼·艾登（1897—1977）**：英国保守党政治家。1935～1938年、1940～1945年、1951～1955年任外交大臣；1955～1957年任首相。坚决反对旨在使战后德国去工业化的摩根索计划，坚决反对丘吉尔默许该计划。

**Eisenhower，Dwight David 德怀特·大卫·艾森豪威尔（1890—1969）**：美国陆军军官、政治家。1953～1961年任总统。二战期间任联军欧洲最高指挥官。

**Feis，Herbert 赫伯特·菲斯（1893—1972）**：美国政治家、作家、历史学家。在胡佛政府和罗斯福政府时期任国务院负责国际事务的经济顾问。

**Foley，Edward 爱德华·弗雷（1906—1982）**：美国律师、政府官员。1939～1942年任财政部法律总顾问；1946～1948年任

财政部部长助理；1948～1953 年任财政部副部长。起草了最初的《租借法案》。

**Friedman，Milton　米尔顿·弗里德曼（1912—2006）**：美国经济学家。著名的货币主义者，很早就明确地支持浮动汇率制度。1976 年获得诺贝尔经济学奖。

**Funk，Walther　沃尔特·冯克（1890—1960）**：德国经济学家、政府官员。1937～1945 年任帝国经济部部长；1939～1945 年任德意志帝国银行主席。坚定的民族主义者和反共主义者，炮轰布雷顿森林货币计划是讨好苏联人的做法。作为战争罪犯在纽伦堡受审。

**Glasser，Harold　哈罗德·格拉瑟（1905—1992）**：美国经济学家。1936～1947 年在财政部任职。在怀特的帮助下进入财政部工作，并与怀特密切合作。后被本特利指认为苏联间谍。

**Goldenweiser，Emanuel　艾曼努尔·戈登维泽（1883—1953）**：俄罗斯 - 乌克兰裔美国经济学家。1926～1945 年任美联储研究与统计部主任。布雷顿森林会议美国代表团顾问，他称凯恩斯是"在思想和表达上是人类最耀眼的光芒之一"以及"世界上最糟糕的主席"。

**Golos，Jacob　雅各布·葛罗斯（1890—1943）**：乌克兰裔俄罗斯人，美国共产党控制委员会三名成员之一，苏联内务人民委员会特工。他是本特利与共产党党员的第一联络人；后者后来成为他的助手和情人。

**Grant，Duncan　邓肯·格兰特（1885—1978）**：英国画家、设

计师。布鲁姆斯伯里作家和画家小团体的成员，凯恩斯曾经的情人。

**Gromyko，Andrei  安德烈·葛罗米柯（1909—1989）**：苏联外交官、政治家。1943～1946年任驻美国大使；1957～1985年任外交部部长；1985～1988年任苏联最高苏维埃主席团主席。1943年，他当着怀特的面对未来将要参加布雷顿森林会议的苏联代表说，他们是去当"观察员"的并且"不得发表任何意见"。

**Halifax，Lord（Edward Wood）（爱德华·伍德）哈利法克斯勋爵（1881—1959）**：英国保守党政治家。1938～1940年任外交大臣；1941～1946年任驻美国大使。与凯恩斯关系密切。1945年12月在华盛顿与弗雷德·文森签署《英美财政协定》。

**Harriman，William Averell  威廉·艾弗雷尔·哈里曼（1891—1986）**：美国银行家、外交官、政治家。1943～1946年任驻苏联大使；1946年任驻英国大使；1946～1948年任商务部部长。参加了二战期间的多个会议，包括布雷森莎湾会议（1941年）、德黑兰会议（1943年）及雅尔塔会议（1945年）。

**Harrod，Sir（Henry）Roy （亨利）罗伊·哈罗德爵士（1900—1978）**：英国经济学家。1940～1942年任首相统计分析办公室顾问。凯恩斯的传记作家，他与凯恩斯保持了长期的个人与职业书信往来。

**Hayek，Friedrich  弗里德里希·哈耶克（1899—1992）**：奥地利裔英国经济学家。他对自由市场资本主义以及古典自由主义的辩护观点广为人知。虽然他在思想上反对凯恩斯，但他与凯恩斯保持了热情而相互尊敬的友谊。1974年获得诺贝尔经济学奖。

**Hébert，Felix Edward　菲利克斯·爱德华·赫伯特（1901—1979）**：美国政治家。1941～1977 年任路易斯安那州共和党众议员。众议院非美活动委员会成员，怀特 1948 年曾在出席该委员会听证会并作证。

**Henderson，Sir Hubert　休伯特·亨德森爵士（1890—1952）**：英国经济学家。1939～1944 年任财政部顾问。强烈反对凯恩斯的清算联盟计划，认为它甚至还不如金本位制（或"金汇兑本位制"）。

**Hiss，Alger　阿尔杰·希斯（1904—1996）**：美国律师、政府官员。1944～1946 年任国务院特别政治事务办公室主任。钱伯斯将其招募为苏联特工，后于众议院非美活动委员会上对其提出谴责。1950 年，因否认介入苏联间谍活动而被判处伪证罪。

**Hoover，John Edgar　约翰·埃德加·胡佛（1895—1972）**：美国国内情报官员。1924～1972 年任联邦调查局局长。不受杜鲁门信任，提醒杜鲁门注意在美国政府最高层存在苏联的间谍网络。

**Hopkins，Harry　哈里·霍普金斯（1890—1946）**：美国政府官员。1933～1935 年任联邦紧急状况救济署署长；1935～1938 年任公共工程管理署署长；1938～1940 年任商务部部长。他是罗斯福最亲密的顾问之一，帮助制定了新政政策，是租借计划最关键的设计者之一。

**Hull，Cordell　科德尔·赫尔（1871—1955）**：美国政治家。1933～1944 年任国务卿。自由贸易坚定的支持者，认为 20 世纪 30 年代的经济和政治危机很大程度上要归咎于保护主义的政策。决心要废除英国的帝国特惠体系。

**Kahn, Richard　理查德·卡恩（1905—1989）**：英国经济学家。受教于剑桥大学国王学院，是凯恩斯最青睐的学生。他提出了财政乘数的概念，凯恩斯采纳并发挥了这一概念。

**Kennan, George　乔治·凯南（1904—2005）**：美国外交官，历史学家。他1946年的"长电报"为战后遏制苏联的政策奠定了思想基础。马歇尔计划的设计者之一。

**Kennedy, Joseph　约瑟夫·肯尼迪（1888—1969）**：美国商人、外交官、政府官员。1930～1940年任驻英国大使。反对美国参加二战。由于遭到唐宁街的憎恨，他在罗斯福的压力下被迫辞去大使职务。他是约翰F.肯尼迪总统的父亲。

**Kung, Hsiang-his　孔祥熙（1880—1967）**：中国银行家、商人、政府官员。1938～1939年任中华民国国民政府行政院院长。一个传奇式的人物，据称是孔子的后裔。布雷顿森林会议中国代表团团长。

**Law,（Andrew）Bonar　（安德鲁）博纳·劳（1858—1923）**：英国保守党政治家。1916～1919年任财政大臣；1922～1923年任首相。是保守党人中凯恩斯少见的盟友。

**Law, Richard（later Lord Coleraine）　理查德·劳（后封为科尔雷恩勋爵）（1901—1980）**：英国保守党政治家。1941～1943年任外交部议会副大臣；1943～1945年任外交部国务大臣。是英国战时内阁中对1944年英美联合声明最有力的支持者，虽然他的支持仍然软弱无力。

**Lloyd George，David　大卫·劳合·乔治（1863—1945）**：英国自由党政治家。1908～1915年任财政大臣；1916～1922年任首相。他认为凯恩斯性格冲动、反复无常，并亲自将他从1917年皇家荣誉名单中划掉。而凯恩斯则痛恨劳合·乔治在一战期间和巴黎和会上的表现，虽然后来他的观点软化了许多。

**Lodge，Henry Cabot　亨利·卡博特·洛吉（1850—1924）**：美国政治家。1893～1924年任马萨诸塞州共和党参议员。他的"十四点保留意见"对于参议院否决1919年《凡尔赛条约》起到了决定性的作用。

**Lopokova，Lydia　莉迪亚·洛波科娃（1892—1981）**：俄罗斯裔芭蕾舞演员，凯恩斯的妻子。

**Luxford，Ansel Frank　安塞尔·弗兰克·拉克斯福特（1911—1971）**：美国律师，政府官员。1944～1946年任财政部部长助理。布雷顿森林会议上任美国代表团首席法律顾问。

**Maletin，Pavel Andreyevich　帕维尔·安德烈维奇·马勒汀（1905—1969）**：苏联政府官员。1939～1945年任财政部副人民委员。布雷顿森林会议苏联代表团成员。

**Marshall，Alfred　阿尔弗雷德·马歇尔（1842—1924）**：英国经济学家。现代经济学最伟大的奠基人之一。他于1908年选择凯恩斯作为他在剑桥大学国王学院的教学助理，这对凯恩斯在他26岁时竞选获得终身研究员的职务发挥了关键作用。

**Marshall，George Catlett　乔治·卡特莱特·马歇尔（1880—1959）**：美国军事指挥官、政治家。1939～1945年任美国陆军

参谋长；1947～1949 年任国务卿；1950～1951 年任国防部部长。他 1947 年在哈佛演讲时提出美国应对一项新的欧洲经济复苏计划提供大规模援助，这次著名的演讲成为马歇尔计划的基础。1953 年获得诺贝尔和平奖。

**McAdoo，William Gibbs　威廉·吉布斯·麦卡杜（1863—1941）：** 美国律师、政治家。1913～1918 年任财政部部长；1914 年任美联储主席；1933～1938 年任加利福尼亚州民主党参议员。凯恩斯在一战期间曾经恳求麦卡杜向英国提供金融援助，这次痛苦的经历使凯恩斯意识到，英国在二战期间再度向华盛顿乞讨所要承担的地缘政治代价。

**McKenna，Reginald　雷金纳德·麦克纳（1863—1943）：** 英国银行家、自由党政治家。1915～1916 年任财政大臣。凯恩斯是他在一战期间最信赖的顾问。

**Meade，James　詹姆斯·米德（1907—1995）：** 英国经济学家，1946～1947 年任战时内阁经济部主任。他承认凯恩斯在思想上的光芒四射，并将他奉若"天神"，但是认为他欠缺外交技巧。1977 年获得诺贝尔经济学奖。

**Mendès-France，Pierre　皮埃尔·孟戴斯 – 弗朗斯（1907—1982）：** 法国政治家。1954～1955 年任总理。布雷顿森林会议法国代表团团长。

**Mikesell，Raymond　雷蒙德·米克塞尔（1913—2006）：** 美国经济学家、政府官员。布雷顿森林会议美国技术官员代表团成员，他对苏联代表团不合作的方式提出了严厉批评。

**Molotov，Vyacheslav　维亚切斯拉夫·莫洛托夫（1890—1986）：** 苏联外交官。1939～1949年、1953～1956年任外交部部长。以最严格的方式限制布雷顿森林会议的苏联代表，禁止他们在没有莫斯科授权的情况下做出一丝一毫的让步。他把苏联予以合作描述为对摩根索个人的友好姿态。

**Morgenthau，Henry　小亨利·摩根索（1891—1967）：** 美国政治家。1934～1945年任财政部部长。罗斯福长期的密友。他与怀特是一种显著的政治共生关系，他依靠怀特提出政策方案，怀特依靠他获得晋升以及更大的影响力。

**Newcomer，Mabel　玛贝尔·纽康梅尔（1892—1983）：** 美国经济学家。她是瓦萨学院的教授，也是布雷顿森林会议美国代表团唯一的女性成员。

**Nixon,Richard　理查德·尼克松（1913—1994）：** 美国政治家。1969～1974年任总统。作为众议院非美活动委员会成员，曾于1948年8月听证会上与怀特发生争吵。1950年，公开展示一份从钱伯斯处获得的、能够证明怀特罪责的备忘录，备忘录是怀特的笔迹。1971年，停止美元以固定汇率兑换黄金的做法，实际上终结了布雷顿森林货币体系。

**Norman，Lord（Montagu Collet）（蒙塔古·柯莱特）诺曼勋爵（1871—1950）：** 英国银行家。1920～1944年任英格兰银行行长。他与凯恩斯经常公开发生观点上的争执，尤其是关于金本位制的问题。

**Oliphant，Herman　赫尔曼·奥利芬特（1884—1939）：** 美国法学教授。1934～1939年任财政部法律总顾问。

**Opie，Redvers　雷德弗尔斯·奥佩（1900—1984）**：英国经济学家。1939~1946 年任英国驻美使馆参赞和经济顾问。布雷顿森林会议英国代表团成员。

**Pasvolsky，Leo　里奥·帕斯沃尔斯基（1893—1953）**：俄罗斯 – 乌克兰裔美国经济学家。1936~1938 年、1939~1946 年任国务卿特别助理。深度介入对战后的经济规划，与英国人密切合作。

**Pavlov，Vitali　维塔利·巴甫洛夫（1914—2005）**：苏联情报特工。内务人民委员会情报总局美国办公室负责人。他在《白雪行动》一书中描述了他于 1941 年被派赴华盛顿激活一个名叫哈里·德克斯特·怀特的"有影响力的特工"的故事。

**Peacock，Sir Edward　爱德华·皮考克爵士（1871—1962）**：加拿大裔英国银行家。1921~1924 年、1929~1946 年任英格兰银行董事。热情地支持凯恩斯的清算联盟计划，但同时承认该计划在未来几十年中无望变成现实。

**Penrose，Ernest Francis　欧内斯特·弗朗西斯·彭罗斯（1895—1984）**：英国经济学家。美国驻英国大使怀南特的顾问。对怀特的评论是，他"是个和凯恩斯一样恃才傲物、特立独行的人"。

**Perlo，Victor　维克托·皮尔洛（1912—1999）**：美国经济学家、美国共产党成员。在美国政府内多个部门任职，包括财政部，直到他作为苏联特工以及所谓的"皮尔洛集团"领导的身份曝光。他的前妻在一封 1944 年致罗斯福的未署名的信中谴责了怀特。

**Phillips，Sir Frederick　弗雷德里克·菲利普斯爵士（1884—1943）**：英国公务员。1940～1943 年任财政部驻华盛顿代表团首席代表。他清楚干练地向凯恩斯和伦敦传达了美国人的观点，然而后者却不是总能够理解他的意思。

**Pigou，Arthur Cecil　阿瑟·赛斯尔·庇古（1877—1959）**：英国经济学家，1902～1959 年任剑桥大学国王学院研究员。20世纪 30 年代他与凯恩斯发生了观点上的争执。凯恩斯提出批评的态度激怒了他，于是他对凯恩斯的《通论》提出了格外尖锐的批评。

**Pravdin，Vladimir　弗拉德米尔·普拉夫丁（1905—1970）**：苏联克格勃官员。以塔斯社记者身份进入美国，传递怀特给莫斯科的情报。

**Reading，Lord（Rufus Isaacs）（鲁弗斯·艾萨克）雷丁勋爵（1860—1935）**：英国律师、自由党政治家。1913～1921 年任英格兰首席法官；1918～1919 年驻美国大使；1931 年任外交大臣。1917 年他率团赴华盛顿乞求援助，凯恩斯与他作伴。

**Robbins，Lionel　莱昂内尔·罗宾斯（1898—1984）**：英国经济学家。1929～1961 年任伦敦经济学院教授；1941～1945 年任战时内阁经济部主任。布雷顿森林会议英国代表团成员。他是一个非凯恩斯主义的自由贸易主义者，但最终还是接受了凯恩斯关于在经济衰退中扩大公共开支的思想。成为凯恩斯在布雷顿森林会议上的重要盟友。

**Robertson，Sir Dennis Holme　丹尼斯·霍姆·罗伯逊爵士（1890—1963）**：英国经济学家。是他所在的时代中一位享有盛誉的古典自由主义经济思想家，认为凯恩斯的《通论》不是一个关于市场体系的有效模型。布雷顿森林会议英国代表团成员；不经意之间帮助怀特完成了他的花招，使美元成为全球公认的黄金替代物。

**Ronald，Nigel　奈吉尔·罗纳德（1894—1973）**：英国外交官。1942～1947年任外交部助理副大臣。布雷顿森林会议英国代表团成员。

**Roosevelt，Franklin Delano（FDR）　富兰克林·德拉诺·罗斯福（1882—1945）**：美国政治家。1933～1945年任总统。凯恩斯钦佩罗斯福对经济进行大胆干预的政策。但是和丘吉尔一样，罗斯福对于对外经济政策的细节并不感兴趣，并且，与怀特不同，他从不将它视为一件地缘政治的武器。

**Rueff，Jacques　雅克·吕夫（1896—1978）**：法国经济学家。保守主义、自由市场派思想家，长期担任法国政府顾问。提倡重归1914年之前的古典金本位制。

**Say，Jean-Baptiste　让－巴蒂斯特·萨伊（1767—1832）**：法国经济学家。以"萨伊定律"而闻名。"萨伊定律"反映了古典经济学的思想，凯恩斯试图用他的《通论》来推翻这种思想。

**Schacht，Hjalmar　亚马尔·沙赫特（1877—1970）**：德国银行家。1926～1930年任帝国银行主席；1934～1937年任帝国经济部部长。以创立"沙赫特式"国民经济管理体系而闻名。将德国由一个融入西方的开放经济体转变为一个封闭的、自给自足的经济体，对进口施加严格控制并在双边易货贸易的基础上开展对外贸易。

**Schumpeter，Joseph　约瑟夫·熊彼特（1883—1950）**：奥地利裔美国经济学家和政治学家。他以关注创新和企业家问题闻名，认为它们是推动资本主义经济的关键动力。对凯恩斯的方法以及"经济停滞主义"提出了严厉的批评。

**Schweitzer，Pierre-Paul　皮埃尔 - 保罗·施维策（1912—1994）**：法国政府官员。1963～1973 年任国际货币基金组织总裁。遭到尼克松政府的痛恨。

**Shultz，George　乔治·舒尔茨（1920—）**：美国经济学家、政治家。1972～1974 年任财政部部长；1982～1989 年任国务卿。公开批评固定汇率制度。

**Silverman，Abraham George　亚伯拉罕·乔治·西尔弗曼（1900—1973）**：美国数学家、政府官员。被本特利指认为苏联特工以及西尔弗玛斯特所控制的间谍圈的成员。维诺纳电报证明他是怀特和苏联情报人员的中间人。

**Silvermaster，Nathan Gregory　内森·格里高利·西尔弗玛斯特（1898—1964）**：俄罗斯 - 乌克兰裔美国经济学家。从属于财政部以及战争资产管理署。1941～1945 年领导西尔弗玛斯特间谍圈。涉嫌在他的地下室里翻拍了大量机密情报，而怀特对众议院非美活动委员会称他在那里打乒乓球。

**Skidelsky，Lord（Robert）（罗伯特）斯基德尔斯基勋爵（1939—）**：英国经济历史学家。华威大学政治经济学终身教授。获得殊荣的三卷本凯恩斯传记的作者。

**Smith，Frederick Cleveland　弗雷德里克·克利夫兰·史密斯**

（1884—1956）：美国医生、政治家。1939～1951 年任俄亥俄州共和党众议员。众议院银行与货币委员会成员。反对布雷顿森林协定。

**Spence，Brent　布伦特·司班斯（1874—1967）**：美国政治家。1931～1963 年任肯塔基州民主党众议员；1943～1947 年、1949～1953 年、1955～1963 年任众议院银行与货币委员会主席。布雷顿森林会议美国代表团成员。

**Stepanov，Mikhail Stepanovich　米哈伊尔·斯特潘诺维奇·斯特帕诺夫（1896—1966）**：苏联政府官员。20 世纪 40 年代任外贸部副委员。布雷顿森林会议苏联代表团团长。他优雅的蓄意阻挠的做法令摩根索无力招架，但又给后者留下了印象深刻。

**Stettinius，Edward Reilly，Jr.　小爱德华·莱利·斯特蒂纽斯（1900—1949）**：美国商人和政府官员。1944～1945 年任国务卿。

**Stimson，Henry　亨利·史汀生（1867—1950）**：美国律师、政治家。1929～1933 年任国务卿；1940～1945 年任战争部部长。

**Sze，Alfred Sao-ke　施肇基（1877—1958）**：中国政治家、外交官。1935～1937 年任驻美国大使。20 世纪 30 年代中国宣布准备放弃银本位制之后，他与摩根索谈判将白银出售给美国。

**Taft，Robert　罗伯特·塔夫特（1889—1953）**：美国政治家。1939～1953 年任俄亥俄州共和党参议员。坚定地反对国际货币基金组织，认为这是一个可耻的计划，用美国的巨额黄金储备来援救外国债务人。

**Thomas，John Parnell　约翰·帕内尔·托马斯（1895—1970）：**
美国政治家。1937～1950 年任新泽西州共和党众议员。众议院
非美活动委员会主席，1948 年 8 月怀特出席该委员会听证会并
作证。

**Tobey，Charles　查尔斯·托贝（1880—1953）：** 美国政治家。
共和党，1929～1931 年任新罕布什尔州州长；1933～1939 年任
新罕布什尔州众议员；1939～1953 年任新罕布什尔州参议员。
布雷顿森林会议美国代表团成员。

**Triffin，Robert　罗伯特·特里芬（1911—1993）：** 比利时裔美
国经济学家。因为他 1950 年在国会的作证而闻名，在作证时他
对布雷顿森林体系的根本性缺陷提出警告。他的诊断后来被称
为"特里芬悖论"。

**Truman，Harry S.　哈里·S.杜鲁门（1884—1972）：** 美国政
治家。1945～1953 年任总统。1945 年 7 月签署布雷顿森林法案。
几周之后在没有事先预告的情况下终止了租借援助，将英国推
入一场新的危机。将对外经济政策的控制权由财政部转移到国
务院。

**Ullmann，William Ludwig（"Lud"）　威廉·路德维希（"路
德"）·乌尔曼（1908—1993）：** 美国政府官员。怀特财政部的同
事。被本特利指认为苏联特工以及西尔弗玛斯特间谍圈的核心
成员，有关指控得到了维诺纳电报的证实。

**Vaughan，Brigadier General Harry　哈里·沃恩准将（1893—**

1981）：美国军官。1945～1953 年任副总统及后来的总统杜鲁门的军事助理。1946 年任白宫联邦调查局联络人，当时胡佛试图阻止怀特被任命为国际货币基金组织美国执行董事。

**Viner，Jacob　雅各布·维纳（1892—1970）**：加拿大裔美国经济学家。凯恩斯在思想上的对手，米尔顿·弗里德曼的老师。他在担任财政部部长摩根索的顾问时将怀特请到华盛顿并给了他第一份政府工作。

**Vinson，Frederick（"Judge"）　弗雷德里克（"法官"）·文森（1890—1953）**：美国律师、法官、政府官员。1931～1938 年任肯塔基州民主党众议员；1945～1946 年任财政部部长；1946～1953 年任美国首席大法官。布雷顿森林会议美国代表团副团长。憎恨怀特，在胡佛指控怀特是苏联间谍后希望将他逐出政府。

**Volcker，Paul　保罗·沃尔克（1927— ）**：美国经济学家。1969～1974 年任财政部负责货币事务的副部长；1975～1979 年任纽约联邦储备银行主席；1979～1987 年任美联储主席。因 20 世纪 70 年代末和 80 年代初大力削减高水平的通货膨胀而闻名。

**Wagner，Robert　罗伯特·瓦格纳（1887—1953）**：美国政治家。1927～1949 年任纽约州民主党参议员；1937～1947 年任参议院银行与货币委员会主席。是著名的新政主义者和支持劳工的进步主义者，与罗斯福关系密切。布雷顿森林会议美国代表团成员。

**Waley，Sir David（Sigismund David Schloss）　大卫·维利爵士（希吉斯蒙德·大卫·施罗斯）（1887—1962）**：英国公务员。

1939～1946 年任财政部副大臣。他预见到了美国的战后货币计划将给英国带来的问题，并敦促凯恩斯考虑英国向私人借款的可能性，以此作为对与怀特和摩根索合作的备选方案。凯恩斯断然拒绝了这个建议。

**Wallace，Henry 亨利·华莱士（1888—1965）**：美国政治家。1941～1945 年任罗斯福总统的副总统；1945～1946 年任商务部部长。1948 年作为进步党候选人竞选总统，"献给认为苏联人诚挚地希望和平的主张"。得到怀特热烈的支持，而他有意任命怀特担任财政部部长。

**Welles，(Benjamin) Sumner （本杰明）萨姆纳·韦尔斯（1892—1961）**：美国外交官。1937～1943 年任副国务卿。强烈反对英国帝国贸易特惠制度。

**White，Anne Terry 安妮·特瑞·怀特（1896—1980）**：俄罗斯－乌克兰裔美国儿童读物作家。怀特的妻子。

**Wilson，Woodrow 伍德罗·威尔逊（1856—1924）**：美国学者、政治家。1913～1921 年任总统。在《和约的经济后果》一书中遭到凯恩斯的讽刺。威尔逊就美国加入国联问题与参议院斗争失败的经历对罗斯福的布雷顿森林计划战略产生了很大影响。

**Winant，John Gilbert 约翰·吉尔伯特·怀南特（1889—1947）**：美国政治家、外交官。共和党，1925～1927 年、1931～1935 年任新罕布什尔州州长；1941～1946 年任驻英国大使。亲英派，凯恩斯的朋友。

**Witteveen，Johannes 约翰内斯·维特费恩（1921—）**：荷兰

经济学家、政治家。1973～1978 年任国际货币基金组织总裁。启动了国际货币基金组织放弃其固定（而可调整）汇率的基本原则的历史进程。

**Wolcott，Jesse　杰西·沃尔考特（1893—1969）**：美国政治家。1931～1957 年任密歇根州共和党众议员。布雷顿森林会议美国代表团成员。

**Wood，Sir（Howard）Kingsley　（霍华德）金斯利·伍德爵士（1881—1943）**：英国保守党政治家。1940～1943 年任财政大臣。

**Woolton，Lord（Frederick James Marquis）（弗雷德里克·詹姆斯·马奎斯）沃尔顿勋爵（1883—1964）**：英国商人、保守党政治家。1946～1955 年任保守党主席。反对布雷顿森林计划，称它意味着英国"将它正当的权利让渡给了美元霸权，因为那些掌管这个国家事务的人不敢撤退到大英帝国的经济堡垒之中"。

**Zhou，Xiaochuan　周小川（1948— ）**：中国经济学家、银行家。2002～2018 年任中国人民银行行长。

# 注 释

## 第 1 章　引言

1. James (1996:57).

2. 1940 年英国远征军从法国海港敦刻尔克撤退，标志着盟军保卫低地国家的军事行动以惨败告终。在英国，"敦刻尔克"随后就成为灾难的代名词。

3. Gardner (1956 [1980]:XIII).

4. Howson and Moggridge (1990:133, 135).

5. Bareau (1951).

6. Keynes (1980) XXV, Oct. 3, 1943, p. 356.

7. Keynes (1980) XXV, Oct. 9, 1943, pp. 370–371.

8. White Archives (undated), "Political Economic Int. of Future." See appendix 1 for a photograph of the front and back pages.

## 第 2 章　世界齐聚于白山

1. *New York Times* (July 2, 1944:14)。财政部部长摩根索说道，他后悔没有带一双暖和的羊毛袜。祝福的民众过了一周就给他寄来几双羊毛袜（*Washington Post July* 11, 1944:3 ）。

2. 美国代表团首席技术顾问、执行秘书伯恩斯坦，quoted in Black (1991:47)。

3. Robbins (1990:166).

4. Foreign Office (July 4, 1944).

5. Grant (1992).

6. Eckes (1975). Skidelsky (2000).

7. Grant (1992).

8. Eckes (1975:139).

9. *The New Yorker* (Aug. 5, 1944:12).

10. Skidelsky (2000:347).

11. *New York Times* (Feb. 20, 2009).

12. 酒店记录上凯恩斯的房间号是 129，酒店甚至还在房间门口挂上了一个牌子标明 1944 年凯恩斯曾经入住这里。斯基德尔斯基（2000:347）和其他作者也重复了这个房间号码。但这一记录几乎可以肯定地说是错误的。按照摩根索所述，凯恩斯夫人练习的噪声是来自他的天花板（即 219 房间），而不是与他同层的走廊。美国代表团的另一名团员，戈登维泽的记录也证实了这一点，他写道"凯恩斯在布雷顿森林的工作主要是在二层的一间套房里完成的，所有人都去那里寻求启发、接受指导和做出妥协"（Morgenthau, *Diaries*, Vol. 747, pp. 60A-C）。而且，摩根索的儿子也说，部长住在"凯恩斯勋爵和夫人正下方的套房里"(Morgenthau III [1991:344-345])。219 房间的格局几乎与摩根索所住的 119 房间相同，而 129 房间则相对更小、更简朴。美国人几乎肯定不会让英国代表团的团长住在那里。因此，很有可能是在某个时点，也许是酒店易主时，酒店记录中的 219 被误写成了 129。

13. Robbins (1990:167).

14. Italics added.

15. Harrod (1951:512).

## 第 3 章　怀特不可思议的崛起

1. *Time* (1953).

2. Interlocking subversion in Government Departments Hearings, Aug. 30, 1955, p. 2647.

3. *Time* (1953). Rees (1973).

4. *Time* (1953).

5. *Time* (1953). Rees (1973).

6. Nathan White (1956:270–271).

7. Nathan White (1956:271).

8. Whipple (1953).

9. Interlocking subversion in Government Departments Hearings, Aug. 30, 1955, pp. 2541–2542.

10. Zweig (1943 [2009]:1).

11. Harry Dexter White (1933:301–312).

12. Interlocking subversion in Government Departments Hearings, Aug. 30, 1955, p. 2570.

13. White Archives (Jan. 22, 1934), p. 5.

14. White Archives (Jan. 22, 1934), pp. 7–8.

15. White Archives (Jan. 22, 1934), p. 245.

16. White Archives (Jan. 22, 1934), pp. 308, 310.

17. Bureau of Economic Analysis (2010).

18. United Nations Statistics Division (1962).

19. Lebergott (1957).

20. McJimsey (2003).

21. Blum (1959:141).

22. 正是在同一年，1933 年，凯恩斯在《耶鲁评论》上写下了这段著名的话："思想、知识、科学、好客、旅游——这些东西本质上应该是国际性的。但是，只要是合理且便于实现的，就让货物在本国出产，最重要的是，让金融以本国为主。"

23. Blum (1959:70).

24. Blum (1959:71).

25. Morgenthau (1947).

26. Levy (2010).

27. Morgenthau III (1991:272).

28. 美国首位犹太裔内阁部部长是奥斯卡·斯特劳斯，他在 1906～1909年担任西奥多·罗斯福的商务部部长和劳工部部长。

29. Meltzer (2003).

30. White Archives (1935), "Deficit Spending" (underscore in original).

31. White Archives (1935), "Outline of Analysis."

32. White Archives (1935), "Deficit Spending."

33. "Outline Analysis of the Current Situation," Feb. 26 and Mar. 5, 1935, referenced in Rees (1973:56, f. 3).

34. White Archives (Mar. 15, 1935).

35. White Archives (Mar. 15, 1935), pp. 9–110.

36. Blum (1959:139).

37. Interlocking Subversion in Government Departments Hearings, June 1, 1955, pp. 2281–2282.

38. White Archives, (Jun. 13, 1935), "Personal Report on London Trip, April–May, 1935," p. 2.

39. White Archives (Jun. 13, 1935), "Summary of conversations with men inter-viewed in London," p. 1.

40. Feis (1966:107). Kimball (1969:5).

41. Rees (1973:63).

42. Blum (1959).

43. Blum (1959:145).

44. Blum (1959:162).

45. Blum (1959:178).

46. Blum (1967:90).

47. Morgenthau III (1991:310–311).

48. Morgenthau III (1991:313).

49. Blum (1967:90).

50. Rees (1973).

51. 这一说法出自 Chambers(1952:414-417)。Rees(1973:454, f.22) 称 "没有记录显示怀特曾经拥有这样一块地毯"。但是在怀特去世后，他的遗孀对她的律师说 "她在不晚于 1937 年秋季收到了一块地毯"（interview with A. George Silverman, Apr. 26, 1949, in Weinstein[1997: 553, f.49]）。参见 Weinstein 对地毯故事的详细叙述（Weinstein [1997:189-192]）。

52. Chambers(1952:415-416). 西尔弗曼的女佣回忆称有 3 块地毯被送到了其住所（See Sibley [2004:262, f. 127], also referring to Weinstein [1997:212-216]）。

53. Weinstein (1997:189–190).

54. Chambers (1952:417).

55. See, for example, Chambers (1952:426, 419, 384, 430).

56. Chambers (1952:421–423).

57. Institute of Pacific Relations Hearings, Aug. 16, 1951, p. 492.

58. Chambers (1952:70, 383–384, 442).

59. Blum (1967:127).

60. Chambers (1952:419).

61. Chambers (1952:430).

62. Rees (1973).

63. Chambers (1952:430–431).

64. White Archives (Aug. 4, 1942), Section IV, p. 17 (note: the folder contains numerous duplicate page numbers).

65. 在介绍怀特生平的主要文章中，最透彻、最严肃的一篇写于 20 多年之前，当时关于 20 世纪 40 年代苏联与怀特之间和苏联关于怀特的秘密通信的第一批关键材料还未公开（见本书第 10 章）。David Rees 于 1973 年出版的不带有感情色彩的作品，由于缺少怀特秘密活动的最有力证据，因此对于公众进一步厘清围绕怀特产生的诸多争议无甚帮助。

66. See in Particular Schecter and Schecter (2002) and Romerstein and Breindel (2000).

67. See in particular Craig(2004) and Boughton (2000, 2004).

　　Craig 的怀特传记对怀特的描述显得含糊不清，作者隐晦地得出结论：这个人涉及"某种间谍活动"。他对于其研究对象的看法前后不一，这无疑反映出了一种冲突，一方面是关于维诺纳苏联情报活动电报的有力证据（详见本书第 10 章），另一方面是作者此前的坚定信念，即怀特是"右翼极端分子"抹黑行动的受害者。作者试图虚构出一种平衡，但是不准确的记述加重了这种写法存在的问题。"怀特的忠诚超出了他对其祖先栖居之地及其出生之地——俄国母亲——的感情。"Craig 尴尬地为怀特做了辩护，但怀特实际上是在波士顿出生并长大的。"一个潜在雇员曾经是（或者甚至像目前所声称的那样仍然是）一个共产党员，这总的来说与怀特无关，"Craig 坚称，但没有给出任何依据，"怀特仅仅是不在乎其某个下属是否曾经或甚至仍然与共产党有关联。"但如果这个说法是正确的，那么很明显怀特对国会的一个委员会撒了谎，当时他说："我不会雇用任何我知道是或怀疑是共产党的人担任高级政府职务。"以及，"我非常理解并且完全赞成这种观点，即如果对于一个人是不是共产党有任何的怀疑，他就不应当……担任任何能够经手秘密情报的职务……仅仅是一种怀疑就足够了"。（Craig[2004:263, 277, 275, 111]）.

68. White Archives (undated), "Political Economic int. of Future." See appendix 1 for a photo of the front and back pages of the manuscript.

69. Interlocking Subversion in Government Departments Hearings, Apr. 6, 1954, pp. 1421–1432.

70. Laski (1944:57).

71. Morgenthau III (1991:314).

72. Export Policy and Loyalty Hearings, July 30, 1948. See also May (1994:96); Sibley (2004:120).

73. Chambers(1952:432). 在讲述这个故事的时候，钱伯斯将怀特称为"财政部部长助理"，而怀特仅于 1945 年 1 月～1946 年 4 月短暂地担任过这个职务。

74. Chambers (1952:67–68).

75. Bentley (1951 [1988]:164–165).

76. Chambers (1952:426).

77. 同样的评价也适用于联邦调查局于 2010 年 6 月破获的苏联时期的间谍网。

78. Chambers (1952:427).

79. Rees (1973:65).

80. White Archives (Mar. 22, 1938).

81. 然而，正如怀特所指出的，从 1931 年各国开始逐渐脱离金汇兑本位制起，白银的价格就开始上涨，因此不能将引发中国经济衰退的责任归咎于《白银采购法》。See White Archives (1936).

82. 怀特的要求如果放在今天美国与中国货币对峙的背景之下会显得很难理解。今天，美国不断地要求人民币与美元脱钩。但是今天，中国货币面临的是升值压力，而非贬值压力。美国最根本的目标仍然是一致的，即使美元的汇率更具竞争力。

83. Blum (1959:212).

84. Blum (1959:223).

85. White Archives (1936), pp. 40–41.

86. Blum (1959:524).

87. Blum (1959:524).

88. White Archives (Oct. 10, 1938).

89. Blum (1965:48).

90. Two untitled HDW memoranda, June 15 and Aug. 13, 1940, referenced in Rees (1973:109, f.27).

91. White Archives, undated, referenced in Rees (1973:109, f. 7). Young (1963:193–194, 463).

92. White Archives (Mar. 31, 1939).

93. Two untitled HDW memoranda, June 15 and Aug. 13, 1940, referenced in Rees (1973:108, f.27).

94. Sherwood (1948 [2008]:109).

95. Gilbert (1989:272–275).

96. Hastings (2009:181).

97. Schecter and Schecter (2002:45).

98. Rees (1973:121–125).

99. Karpov (2000:1). See also Schecter and Schecter (2002:43–44).

100. Pavolov（1996）。我非常感谢 Nikolai Krylov 帮助翻译了有关内容。巴甫洛夫第一次讲述这个故事是在他的书出版前一年，发表在《间谍与反间谍新闻》杂志上，1995，nos. 9-10，11-12。

101. 阿赫梅罗夫是鞑靼人（Tatar），他扮作土耳其人（Turk）进入位于北京的一所美国大学学习，并因此得以用一个假身份进入美国。

102. 值得注意的是，历史学家 Jonathan Utley 虽然对"白雪行动"一无所知，并且高度评价怀特对美日关系提出的"外交革命性"建议，但他仍然得出结论："也许这是一个天真的计划，但对东京就过于激进了。"(1985:170, 172).

103. "在日本方面，日本政府提出如下建议：①（按照 1931 年边界）从中国、中南半岛和泰国撤出所有武装力量，包括海军和空中警察部队；②撤回对除国民政府之外的其他任何中国政府的军事、政治和经济支持；③按照由中国、日本、英国和美国四国财政部议定的汇率替换在中国流通的日元货币，包括军用券、日元和傀儡政府纸币；④放弃所有在中国的治外法权；⑤以 2% 的利率向中国提供 10 亿日元的贷款（每年提供 1 亿日元）以帮助中国重建。"Harry Dexter White (June 6, 1941).

104. Blum (1965:376).

105. 怀特还扩大了他在美洲，包括南美洲和北美洲的职权。他向摩根索提出对拉丁美洲提供大额经济发展贷款，认为这是"一个极好的机会"，将使该地区更接近"美国的轨道"（Rees 1973:103）。他代表财政部多次出访该地区，并在改革古巴中央银行法（1948 年通过）等技术性问题上发挥了影响。最重要的是，他是西半球地区发展银行章程的主要起草者。该章程于 1940 年 2 月获得美洲金融与经济咨询委员会批准，但是后来未得到诸如阿根廷和智利等南美重要国家的财政支持，并最终由于得不到美国参议院委员会的关注而夭折。但是，这为怀特提供了一个构建多边金融机构的宝贵试验机会。几年后在推动通过更雄心勃勃的布雷顿森林计划时，怀特充分利用了这些经验。

1941 年 6 月，怀特被任命为美国加拿大经济联合委员会成员，8 月他参加了一个部际委员会，讨论在美加之间使用著名的"租借"计划资金的问题。怀特随后深度介入了美国为英国的战争行动提供租借援助的问题，而该问题也难以磨灭地与布雷顿森林议程结合在了一起。

106. Blum (1967:89).

## 第 4 章　凯恩斯与货币威胁

1. Skidelsky (1983:13).

2. Keynes Papers (Mar. 11, 1906).

3. Skidelsky (1983:71).

4. Skidelsky (1994:496).

5. Keynes (1933 [1972]) X, p. 173.

6. Keynes (1933 [1972]) X, p. 446.

7. Skidelsky (1983:176).

8. Hubback (1985:77).

9. Keynes Papers (sept. 13, 1907).

10. Skidelsky (1983:206). Keynes Papers (May 10, 1909).

11. Keynes Papers (Dec. 18, 1908).

12. Keynes (1913 [1971]) I, p. 51.

13. Keynes (1913 [1971]) I, p. 135.

14. Keynes (1983) XII, pp. 713–718.

15. Keynes (1983) XI, Dec. 1914, p. 320.

16. Skidelsky (1983:227).

17. Skidelsky (1983:57).

18. Keynes (1978) XVI, p. 296.

19. Keynes (1978) XVI, Feb. 28, 1916, p. 178.

20. Skidelsky (1983:315–327).

21. Skidelsky (1983:333).

22. Keynes (1978) XVI, Oct. 10, 1916, p. 198; Oct. 24, 1916, p. 201.

23. Keynes (1978) XVI, Sept. 24, 1939, p. 211.

24. Skidelsky (1983:335–336).

25. Hendrick (1928:269–270).

26. Spring-Rice (undated).

27. Keynes (1978) XVI, Jan. 1, 1918, p. 264.

28. Skidelsky (1983:342).

29. Keynes (1978) XVI, Apr. 19, 1918, p. 291. Keynes (1978) XVI, May 8, 1918, p. 287.

30. George (1938:684).

31. Keynes (1978) XVI, Dec. 24, 1917, p. 265.

32. Keynes (1919 [1971]II, pp. 20-32) 描述劳合·乔治的语言被从最终文稿中拿掉了，但是可以在 Keynes (1933[1972]X, p.23) 中找到。

33. Keynes (1919 [1971]) II, p. 9.

34. Skidelsky (1983:359–360).

35. Keynes (1919 [1971]) II, p. 11.

36. Keynes (1978) XVI, p. 375.

37. Keynes (1978) XVI, p. 418.

38. MacMillan (2003:184).

39. 见 Rueff (Sept. 1929)，其中包括了凯恩斯的答复。See also Chivvis (2010:50-55).

40. Skidelsky (1983:352).

41. Keynes (1981) XX, Feb. 20, 1930, p. 64. Keynes (1981) XIX, Aug. 1, 1923, p.112.

42. Keynes (1981) XIX, Nov. 24, 1923, p. 152.

43. Keynes (1981) XIX, Dec. 13, 1923, p. 160.

44. Keynes (1982) XXI, July 8 and 15, 1933, p. 244.

45. Keynes (1923 [1971]) IV, pp. 138, 139, 155.

46. Keynes (1923 [1971]) IV, p. 65.

47. Skidelsky (1994:161).

48. 例如，参见凯恩斯的朋友亨利·斯特拉克什在 1925 年 7 月 31 日致伦敦《泰晤士报》的一封信，凯恩斯于次日对这封信做了回复。

49. See, for example, Mundell (2000:331).

50. Keynes (1981) XX, Dec. 30, 1930, p. 263.

51. Skidelsky (1994:227–229).

52. Keynes (1931 [1972]) IX, Aug. 8 and 15, 1925, p. 297.

53. Keynes (1931 [1972]) IX, Aug. 8 and 15, 1925, p. 306.

54. Keynes Papers (1925–1926).

55. Keynes (1931 [1972]) IX, Oct. 11 and 18, 1930, p. 329.

56. Keynes Papers (Sept. 12, 1933) and (Oct. 2, 1933).

57. Keynes (1983) XII, p. 11.

58. Keynes (1981) XX, Mar. 7, 1930, p. 153.

59. Keynes (1930 [1971]) V, p. 152.

60. Keynes (1930 [1971]) V, p. 152.

61. Keynes (1930 [1971]) VI, p. 134.

62. Committee on Finance and industry (1931:7653, 7836).

63. Skidelsky (1944:366). 凯恩斯与亨德森在如何使经济复苏问题上的观点分歧与今天经济学家之间就亨德森用"李嘉图等价定理"反对财政乘数的观点的激烈辩论极为相似。

64. Keynes (1981) XX, Feb. 20, 1930, p. 64.

65. Keynes (1981) XX, Feb. 26, 1930, p. 318.

66. Keynes (1981) XX, Feb. 28, 1930, p. 109.

67. Keynes (1987) XIII, Sept. 21, 1930, p. 186.

68. Keynes (1981) XX, Mar. 6, 1930, p. 147.

69. Keynes (1931 [1972]) IX, Oct. 11 and 18, 1930, p. 322.

70. Keynes (1931 [1972]) IX, Mar. 7, 1931, pp. 231–238.

71. Keynes (1981) XX, Mar. 16, 1931, pp. 496–497.

72. Keynes (1931 [1972]) IX, Jan. 14, 1931, pp. 135–136.

73. Keynes (1931 [1972]) IX, Sept. 10, 1931, pp. 238–242.

74. http://www.youtube.com/watch?v=U1s9F3agsUA&feature=related.

75. Rolph (1973:164).

76. Keynes (1931 [1972]) IX, Sept. 29, 1931, pp. 243–244.

77. Keynes Papers (Nov. 22, 1934).

78. Keynes (1978) XIV, Jan. 1, 1935, p. 492. 关于马克思的评论摘自 1934 年 12 月 2 日致萧伯纳的一封信。

79. Keynes (June 1933).

80. *Daily Mail* (Apr. 26, 1933).

81. Sefton and Weale (1995).

82. Keynes Papers (June 2, 1934).

83. Skidelsky (1994:481).

84. Skidelsky (1994:493).

85. Keynes (1982) XXI, July 8 and 15, 1933, pp. 233–246.

86. Skidelsky (1994:524).

87. Keynes (1978) XIV, Feb. 1947, p. 111.

88. Pigou (1936:115).

89. Clarke (2009:156–157).

90. Keynes (1936 [1973]) VII, p. 18.

91. Say (1880 [1971]:134–135).

92. Rymes (1989:92).

93. Barber (1990:114). Stein (1996:167).

94. Skidelsky (1994:543).

95. 约瑟夫·熊彼特、雅各布·维纳、弗兰克·奈特以及阿尔文·汉森称得上是美国四个最杰出的《通论》评论家；和吕夫一样，他们都侧重于分析凯恩斯关于"流动性偏好"概念的重要性。

96. Samuelson (1964:332).

97. Schumpeter (May 19, 1937).

98. Rueff (May 1947).

99. Sefton and Weale (1995).

100. Keynes (1982) XXVIII, Mar. 25, 1938, pp. 99–104.

101. Keynes Paper (Aug. 29, 1938). 凯恩斯误标了这封信的日期。应该是 1938 年 9 月 29 日。

102. Clarke (1996:192).

103. Keynes (1982) XXII, Sept. 28, 1939, p. 31.

104. Keynes Papers (July 3, 1940). Keynes Papers (June 28, 1940).

105. Keynes (1982) XXII, pp. 353–354.

106. *The New Republic* (July 29, 1940).

107. Keynes Papers (Nov. 2, 1939).

108. Keynes Papers (Nov. 2, 1939).

109. Keynes (1979) XXIII, Mar. 11, 1941, p. 48.

110. Keynes (1979) XXIII, Oct. 27, 1940, pp. 13–26.

## 第 5 章 "最圣洁的法案"

1. Sherwood (1948 [2008]:99).

2. Sherwood (1948 [2008]:117).

3. Sherwood (1948 [2008]).

4. Sherwood (1948 [2008]).

5. Sherwood (1948 [2008]).

6. Blum (1965:199–200).

7. Blum (1965:204).

8. Blum (1965:205–206).

9. Blum (1965).

10. Harriman and Abel (1975:5).

11. Lindbergh (1940).

12. Gilbert (1989:156).

13. Howard (Oct. 1977).

14. Gilbert (1989:162).

15. Clarke (2008:11).

16. Churchill (Nov. 10, 1941).

17. Cuthbert Headlam, quoted by Hastings (2009:161).

18. Black (2003:595).

19. Quoted in the *Daily Cleveland Herald* (Mar. 29, 1869). variations on the quotation began to be attributed to Otto von Bismarck in the 1930s.

20. Blum (1967:122–123).

21. Blum (1967:123).

22. Blum (1967:124).

23. Blum (1967:136).

24. White Archives (Oct. 21, 1938), p. 1.

25. White Archives (Aug. 31, 1938), pp. 12–13.

26. White Archives (Feb. 2, 1939), p. 6.

27. White Archives (Sept. 6, 1938).

28. Keynes (1979) XXIII, Mar. 11, 1941, pp. 46–48.

29. Skidelsky (2000).

30. Keynes (1979) XXIII, Apr. 7, 1941, pp. 62–63.

31. Skidelsky (2000:106).

32. Keynes (1979) XXIV, Dec. 12, 1944, p. 212.

33. Treasury Papers (May 8–11, 1941).

34. Keynes (1979) XXIII, June 2, 1941, and July 13, 1941, pp. 107, 154–155.

35. Skidelsky (2000:111).

36. Treasury Papers (May 22, 1941).

37. Morgenthau, *Diaries*, Vol. 410, June 19, 1941, p. 103.

38. Keynes (1979) XXIII, May 19, 1941, pp. 87–88.

39. Treasury Papers (May 24 and 26, 1941).

40. Halifax, *Diary*, July 7, 1941.

41. Culbertson (1925:192).

42. Skidelsky (2000).

43. Skidelsky (2000).

44. Harrod (1951:512).

45. London Chamber of Commerce (1942).

46. Acheson (1969:28).

47. Keynes (1933:769).

48. *Foreign Relations of the United States*, 1941 (1941:21–22); Kimball (1971:252–253); Dobson (1986:52).

49. Hastings (2009:162–163).

50. Hastings (2009:164).

51. Gilbert (1989:222).

52. Hastings (2009:171).

53. Memorandum between Welles and Cadogan, cited in Gardner (1956 [1980]:42).

54. Churchill (1950 [2005]:385).

55. Welles (1946:7–8).

56. Welles (1946:12–13).

57. Welles (1946:12–15).

58. Churchill (1950 [2005]:397).

59. *Congressional Record*, Senate (Aug. 19, 1941).

60. Gardner (1956 [1980]:51).

61. Sherwood (1948 [2008]:298).

62. Roosevelt (1942).

63. Hull (1948:1152).

64. House of Commons Debates (1944).

65. Skidelsky (2000:180).

66. Skidelsky (2000).

67. Morgenthau, *Diaries*, Vol. 753, July 13, 1944, p. 162.

## 第 6 章　怀特与凯恩斯的完美计划

1. *Proceedings and Documents* (1948), pp. 1107–1126.

2. *New York Herald Tribune* (Mar. 31, 1946).

3. Blum (1967:92, 123).

4. Hastings (2009:204).

5. Sherwood (1948 [2008]:394).

6.White Archives (Mar. 1942), "United Nations Stabilization Fund."

7. 世界贸易组织成立于 1995 年。它的前身是关税与贸易总协定。

8. Hastings (2009:212–213).

9. White Archives (Mar. 1942), "Suggested Plan," pp. 1–3, 9.

10. Hastings (2009:214, 217).

11. Sherwood (1948 [2008]:402).

12. "黄金是存储或储蓄一般购买力最好的媒介……世界上所有国家都会愿意出售货物换得黄金，没有一个国家会拒绝在清偿债务或支付提供的服务时使用黄金……有了充足的黄金储备，一个国家可以在较长的时间内允许其对外支付水平超出其海外收入，而无须被迫通过海外借款或出售本国国民的外国资产等方式来努力筹措海外资金，也无须实施进口限制、货币贬值、出口补贴等措施，也无须诉诸复杂的多重货币安排以恢复其国际收支账户的平衡。黄金储备是将国内经济与海外经济变化的不利影响隔绝的最有效的缓冲之一。"White Archives (Aug.4, 1942), pp.4-5, 12 (note: the folder contains numerous duplicate page numbers).

13.White Archives (Aug. 4, 1942), pp. 13–14 (note: the folder contains numerous duplicate page numbers).

14. Simmel (1900 [1978]:181–182).

15. White Archives (Aug. 4, 1942), pp. 13–14 (note: the folder contains numerous duplicate page numbers).

16. White Archives (Aug. 4, 1942), Section IV, p. 12 (note: the folder contains numerous duplicate page numbers).

17. White Archives (Aug. 4, 1942), Section IV, p. 16 (note: the folder contains numerous duplicate page numbers).

18. "瑞典、瑞士和阿根廷也许会将其用于国际支付的储备资产转为美元结存或者甚至是美国政府债券的形式，但是它们感到这么做是安全的，仅仅是因为它们知道如果有需要，可以随时将这些美元兑换为黄金……没有一个国家会选择在外国积累大量的结存……除非它相信外国的货币价值分文不少……并且在各种情况下，永远如此。"White Archives (Aug.4, 1942), pp.4-5, 12（note: the folder contains numerous duplicate page numbers).

19. White Archives (Aug. 4, 1942), Section IV, p. 20 (note: the folder contains numerous duplicate page numbers).

20. White Archives (Aug. 4, 1942), Section IV, p. 7 (note: the folder contains numerous duplicate page numbers).

21. "那个教科书中描述的金本位制，那个有时会按照半自动方式运行的金本位制，已经于 1914 年死亡。1925～1931 年它那段痛苦的、命运多舛的重生经历，也许是为了弄懂经济的现实而必须付出的一部分代价。从这段插曲中应该得出的教训，并不是不再相信黄金本身，而是不应该再相信虚假的平价，不应该再相信上一场战争导致的国际间大量无果而终的债务，不应该再相信经济民族主义，不应该再相信完全疯狂、自相矛盾的经济模式，这导致了新的金本位制的灭亡，也将使任何国际货币体系同样无法正常运转。

　　某种国际价值标准和支付手段是必不可少的。各国货币单位必须以某种统一的标准加以表达。相应地，那个标准必须与被选作支付尚未付清的国际债务余额的手段有关；有很多强大的理由支持使用黄金追索权来实现这个双重功能。其中最重要，也许也是最无法衡量的一点，就是世界大部分地区仍然对黄金持有的崇敬之心。这种感觉可以追溯到文明的起源。它不可能一天之内就被消灭。此时此刻，无论是孟买的自由市场，还是世界各地的黑市，对黄金的报价水平大约是官方美元和英镑价格的两倍。全世界没有一个国家不接受黄金。

　　作为国际价值和支付标准的黄金的替代品或某种基于黄金的国际记账单位，将会从现有的货币中产生。在战后的经济形势下，它将必然是美元。但是美元扮演这一角色，也许会遭到政治上强烈的反对。无论在战后的货币世界中美元的统治地位多么强大，无论黄金是多么彻底地依赖美国政府以固定的美元价格购买它的意愿，有充分的理由认为黄金应当扮演着外衣的角色，强势的货币在黄金的掩护下可以发挥它们的作用。" *The Economist* (Nov.28, 1942:655-656).

22. White Archives (Jan. 8, 1943).

23. White Archives (Aug. 4, 1942), p. 18 (note: the folder contains numerous duplicate page numbers).

24. White Archives (Aug. 4, 1942), Section IV, p. 22 (note: the folder contains numerous duplicate page numbers).

25. "流入的资金可以蓄积在基金之中，而不会增加基础信用；流出的资金将从基金中得到释放，而不会减少基础信用。而且，可以使用基金放松或收紧货币市场，或者减少或增加政府债券价格的波动。它可以帮助刺激或抑制信用扩张。它可以用来加强或削弱外汇汇兑，在短期或长期内实行汇兑挂钩，以及增加或降低外汇汇兑的波动。"White Archives(undated), "Stabilization", p. 1.

26. White Archives (undated), "Stabilization," pp. 5–6.

27. White Archives (Mar. 1942), "Suggested Plan," Section I, p. 7.

28. White Archives (Mar. 1942), "Suggested Plan," Section II, pp. 49–50.

29. White Archives (Mar. 1942), "Suggested Plan," Section II, pp. 55–56.

30. "苏联尽管实行的是社会主义经济，但是它加入进来仍然能够做出贡献并使自己获益。在这场合作改善世界经济关系的行动中，拒绝它加入的权利，将是重复上一代人所犯下的悲剧性的错误，并在这个万众瞩目的新时代中引入一个非常不和谐的音符。如果苏联政府愿意合作，就应当在初步谈判阶段积极征求它的意见，就像对待其他任何国家一样，而对于它加入基金和银行也同样应当表示欢迎。

社会主义经济体和资本主义经济体一样，都要从事国际贸易和金融交易，都会对于其他国家产生或有益、或有害的影响。事实上，在一个社会主义经济体中，进行对外贸易和国际金融交易是政府的专属特征，因此就更加有理由尝试让它们加入这场通过合作稳定国际经济关系、提高贸易水平的行动中来。如果唯一的理由就是，对于一个强大的社会主义经济体而言，如果它要扰乱贸易，它将不受制于任何限制。那么不欢迎苏联加入就是极为短视的做法。"White Archives (Mar. 1942), "Suggested Plan", Section II, pp. 62-63.

31. Hastings (2009:238).

32. White Archives (undated), "Political Economic int. of Future."

33. White Archives, (Mar. 1942), "Suggested Plan," Section II, pp. 62–63.

34. Skidelsky (2000:191).

35. Keynes (1980) XXV, Aug. 8, 1941, p. 28.

36. Keynes (1980) XXV, Jan. 22, 1942, p. 107.

37. Goodhart and Delargy (1998).

38. Keynes (1983) XI, Oct. 13, 1936, p. 501.

39. Keynes (1980) XXV, Apr. 25, 1941, pp. 16–19.

40. Keynes (1980) XXV, Jan. 22, 1942, pp. 106–107.

41. Schumpeter (1952:274).

42. Keynes (1980) XXV, Apr. 25, 1941, pp. 16–19.

43. Keynes (1980) XXV, Dec. 1, 1940, pp. 8–9.

44. Henderson (Jan. 26, 1951).

45. 关于对沙赫特的生动描述，包括他的思想和他的体系，见 Ahamed (2009)。

46. Keynes (1980) XXV, Apr. 25, 1941, pp. 16–19.

47. Skidelsky (2000:202–204).

48. Keynes (1943).

49. Keynes (1980) XXV, Dec. 15, 1941, pp. 74–75.

50. Keynes (1943).

51. Keynes (1980) XXV, Apr. 19, 1942, p. 148.

52. Keynes (1980) XXV, Dec. 15, 1941, pp. 86–87.

53. Keynes (1980) XXV, Nov. 18, 1941, p. 54.

54. Keynes (1980) XXV, May 4, 1943, p. 258.

55. Keynes (1980) XXV, Nov. 18, 1941, p. 55.

56. Keynes (1980) XXV, May 18, 1943, p. 279.

57. Keynes (1980) XXV, Nov. 18, 1941, p. 60.

58. See minutes of British and U.S. negotiating delegations, Keynes (1980) XXV, Sept. 24, 1943, p. 348.

59. White Archives (Mar. 1942), "United Nations Stabilization Fund."

60. Keynes (1980) XXV, Aug. 3, 1942, p. 161.

61. Keynes (1980) XXV, Apr. 16, 1943, p. 246.

62. 怀特提议，各国认缴的资本金应当包括：① 25% 为现金，首付，其中至少一半应以黄金形式认缴；② 25% 为付息政府证券，首付；③ 50% 的剩余资本金，后续分期支付，形式有待基金确定。

63. White Archives (Sept. 3, 1942).

64. Keynes (1980) XXV, July 2, 1943, pp. 330–331.

65. Keynes (1980) XXV, May 8, 1942, p. 152.

66. Treasury Papers (May 16, 1944), Waley to Keynes, Brand, and eady.

## 第 7 章  一败涂地

1. 摩根索最终还是接受了英国人关于使用不同的入侵货币的建议：美国军队使用特殊的"黄印美元"，英国军队使用"军方英镑"（Blum [1967:141-142,158]）。

2. Morgenthau, *Diaries*, Vol. 526, p. 111.

3. Morgenthau, *Diaries*, Vol. 527, pp. 235–236.

4. *Foreign Relations of the United States*, 1942 (1942:171–172).

5. Morgenthau, *Diaries*, Vol. 545, pp. 35–37.

6. Morgenthau, *Diaries*, Vol. 529, pp. 115–117.

7. Morgenthau, *Diaries*, Vol. 750, July 5, 1944, p. 125.

8. Morgenthau, *Diaries*, Vol. 545, pp. 90–114.

9. Treasury Papers (July 8, 1942).

10. Treasury Papers (July 14, 1942).

11. Treasury Papers (Aug. 4, 1942).

12. Van Dormael (1978:60).

13. Keynes (1980) XXV, Aug. 3, 1942, pp. 158–159.

14. Keynes (1980) XXV, Aug. 3, 1942, p. 160.

15. Keynes (1980) XXV, Apr. 16, 1943, p. 245.

16. Keynes (1980) XXV, Aug. 3, 1942, pp. 160–166.

17. Treasury Papers (Oct. 7, 1942). 布兰德的话也可以适用于 2010～2011 年的欧洲中央银行，后者凭空创造了新的欧元来购买希腊、爱尔兰、葡萄牙、西班牙和意大利的国债，这些债券私人投资者连碰都不愿意碰。

18. Penrose (1953:48–49).

19. Keynes (1980) XXV, Dec. 16, 1942, p. 201.

20. Henry Dexter White (Mar. 1943:382–387).

21. Keynes (1980) XXV, Jan. 8, 1943, pp. 204–205.

22. White Archives (Aug. 28, 1942).

23. Treasury Papers (Jan. 21, 1943).

24. Treasury Papers (Feb. 19, 1943).

25. Treasury Papers (Feb. 16, 1943).

26. Foreign Office (Feb. 17, 1943).

27. Treasury Papers (Feb. 18, 1943).

28. Treasury Papers (Feb. 19, 1943).

29. Foreign Office (Mar. 24, 1943).

30. Van Dormael (1978:72).

31. Keynes (1980) XXV, Feb. 26, 1943, p. 208.

32. Keynes (1980) XXV, Apr. 22, 1943, p. 251.

33. Keynes (1980) XXV, May 5, 1943, p. 266.

34. Keynes (1980) XXV, Apr. 16, 1943, p. 240.

35. Morgenthau, *Diaries*, Vol. 622, pp. 8–9.

36. Morgenthau, *Diaries*, Vol. 622, pp. 242–246.

37. *New York Times* (Mar. 30, 1943).

38. *New York World-Telegram* (1943).

39. *The Times* (London) (Apr. 8, 1943).

40. *Daily Herald* (Apr. 8, 1943).

41. Keynes (1980) XXV, Apr. 16, 1943, p. 242.

42. Keynes (1980) XXV, Apr. 21, 1943, p. 236.

43. Keynes (1980) XXV, Apr. 16, 1943, p. 242.

44. Keynes (1980) XXV, Apr. 22, 1943, p. 253.

45. Keynes (1980) XXV, Apr. 16, 1943, p. 245.

46. Keynes (1980) XXV, May 18, 1943, p. 278.

47. Keynes (1980) XXV, May 18, 1943, p. 269.

48. Keynes (1980) XXV, May 18, 1943, p. 269.

49. Treasury Papers (Jan. 21, 1943).

50. Keynes (1980) XXV, Apr. 22, 1943, p. 252.

51. Van Dormael (1978:86).

52. Van Dormael (1978:83).

53. Van Dormael (1978:88).

54. Keynes (1980) XXV, Mar. 2, 1943, p. 227.

55. Keynes (1980) XXV, Mar. 4, 1943, p. 230.

56. Keynes (1980) XXV, Apr. 12, 1943, p. 238.

57. Foreign Office (May 20, 1943).

58. Foreign Office (June 18, 1943).

59. Foreign Office (July 19, 1943; July 1, 1943).

60. Foreign Office (June 13, 1943).

61. *Foreign Relations of the United States*, 1943 (1943:1081–1082).

62. Gilbert (1989:447).

63. Keynes (1980) XXV, July 24, 1943, and sept. 21, 1943, pp. 335–338, 341–342.

64. Harrod (1951:558–559).

65. Van Dormael (1978:101).

66. Keynes (1980) XXV, Oct. 3, 1943, p. 356, 361.

67. Keynes (1980) XXV, Oct. 3, 1943, p. 363.

68. Keynes (1980) XXV, Oct. 4, 1943, p. 364.

69. Keynes (1980) XXV, Oct. 3, 1943, p. 364.

70. Keynes (1980) XXV, Oct. 9, 1943, pp. 370–371.

71. Keynes (1980) XXV, Oct. 10, 1943, pp. 372–373.

72. Foreign Office (Jan. 7, 1944).

73. Treasury Papers (Jan. 26, 1944).

74. *Congressional Record*, House (Nov. 1, 1943), pp. 8964–8975.

75. Treasury Papers (Feb. 3, 1944).

76. Treasury Papers (Jan. 14, 1944).

77. Treasury Papers (Dec. 14, 1943).

78. War Cabinet Minutes, Cab. 66/47.

79. War Cabinet Minutes, Cab. 66/47, WP(44)129; Foreign Office (undated).

80. War Cabinet Minutes, Cab. 66/46, WP(44)75.

81. Blum (1967).

82. Keynes (1979) XXIV, p. 63.

83. Hastings (2009:244).

84. Keynes (1980) XXV, Feb. 23, 1944, p. 412.

85. Keynes (1980) XXV, Mar. 8, 1944, p. 417.

86. Keynes (1980) XXV, Mar. 11, 1944, pp. 417–418.

87. Morgenthau, *Diaries*, Vol. 719, pp. 208–209.

88. Treasury Papers (Apr. 13, 1944).

89. Van Dormael (1978:124).

90. Morgenthau, *Diaries*, Vol. 723, pp. 37–38.

91. Treasury Papers (Apr. 16, 1944).

92. Treasury Papers (Apr. 25, 1944).

93. Foreign Office (Apr. 30, 1944).

94. Harrod (1951:573).

95. Keynes (1980) XXVI, May 16, 1944, p. 5.

96. Keynes (1980) XXVI, May 18, 1944, pp. 8–9.

97. Keynes (1980) XXVI, May 23, 1944, p. 10.

98. Keynes (1980) XXVI, May 23, 1944, pp. 9–21.

99. Keynes (1980) XXV, Aug. 3, 1942, p. 160.

100. Keynes (1980) XXVI, May 23, 1944, pp. 9–21.

101. Keynes (1980) XXVI, May 22, 1944, p. 24.

102. Keynes (1980) XXVI, May 31, 1944, p. 25.

103. Keynes (1980) XXVI, May 23, 1944, p. 14.

104. *Deutsche Bergwerks Zeitung* (June 8, 1944). See Van Dormael (1978:150).

105. *Kölnische Zeitung* (May 26, 1944). See Van Dormael (1978:150).

106. National Archives, RG59.800.515–BWA/6–2444.

107. Treasury Papers (May 16, 1944), Waley to Keynes, Brand, and Eady.

108. Treasury Papers (May 16, 1944), Keynes memorandum.

109. Foreign Office (May 9, 1944).

110. Blum (1967:253).

111. Keynes (1980) XXVI, May 24, 1944, p. 27.

112. Keynes (1980) XXVI, May 30, 1944, pp. 41–42.

113. Foreign Office (May 24, 1944).

114. Keynes (1979) XXIV, pp. 34–65, 93.

115. See, for example, Wapshott (2011).

116. Keynes (1980) XXVI, June 25, 1944, p. 56.

117. Keynes (1980) XXVI, June 25, 1944, p. 61.

118. Keynes (1980) XXVI, June 25, 1944, pp. 61, 63.

119. Keynes (1980) XXVI, June 26, 1944, p. 65.

120. National Archives, RG59.800.515–BWA/6–2444, Collado Notes.

121. Van Dormael (1978).

122. National Archives, RG59.800.515/6–2844.

123. Keynes (1980) XXVI, June 30, 1944, pp. 67–68.

124. Morgenthau, *Diaries*, Vol. 747, pp. 60A–C.

125. Board of Governors of the Federal Reserve System, American meeting (June 26, 1944).

126. Van Dormael (1978:166).

127. 外国代表团的准确数量存在争议，不同的渠道提出了不同的数字，从 13 到 17 不等。世界银行的记录显示共有 15 个代表团。http://jolis. worldbankimflib.org/Bwf/60panel2.htm.

128. Board of Governors of the Federal Reserve System (June 26, 1944).

129. Van Dormael (1978).

130. Morgenthau, *Diaries*, Vol. 746, pp. 133–139.

131. Blum (1967:253).

## 第 8 章 历史于此铸就

1. Gilbert (1989).

2. Morgenthau, *Diaries*, Vol. 748, June 30, 1944, pp. 228–229.

3. *Christian Science Monitor* (July 3, 1944:1).

4. Morgenthau, *Diaries*, Vol. 748, June 30, 1944, pp. 228–229.

5. Keynes (1980) XXV, Dec. 15, 1941, p. 71.

6. Robbins (1990:167). 斯基德尔斯基 (2000:347) 和摩根索的儿子（Morgenthau III, 1991:339）都写道，凯恩斯没有参加开幕仪式。有鉴于美国人的怠慢，这也许是合理的。但是并没有证据显示凯恩斯没有参加，因为这样一定会引起外交上的争吵。《凯恩斯文集》的编辑莫格里奇只是写道："凯恩斯没有正式参与开幕式的准备以及讲话。"这显然不等同于没有出席（Keynes [1980] XXV, p.71）。摩根索的儿子奇怪地从莫格里奇那里生造出一段引文，称凯恩斯"没有出席开幕仪式，而是选择自己召开了一个小型的晚宴"。莫格里奇的书中并没有这些内容，而且从大会材料《程序及文件汇编》（1948，Vol. 1, p.3）中我们可以知道，开幕仪式是下午 3 点开始，5 点之前就结束了，时间上比凯恩斯的晚宴早很多。

7. *Time* (July 3, 1944).

8. Robbins (1990:168).

9. *Christian Science Monitor* (July 1, 1944:1).

10. *Chicago Tribune* (July 23, 1944:G9).

11. *Chicago Tribune* (July 3, 1944:13).

12. *Chicago Tribune* (July 9, 1944:10), "Good Money For Bad."

13. *Wall Street Journal* (July 5, 1944:6).

14. *Time* (July 10, 1944).

15. Morgenthau, *Diaries*, Vol. 756, July 21, 1944, pp. 251–252.

16. Bernstein quoted in Black (1991:45).

17. Tenkotte and Claypool (2009). Kenton County Historical Society (Feb. 1997).

18. Blum (1967:252).

19. *Biographical Directory of the United States Congress.*

20. Blum (1967:251).

21. *Chicago Tribune* (June 12, 1944:12).

22. *Chicago Tribune* (July 2, 1944:6).

23. *Time* (July 17, 1944).

24. Keynes Papers (July 22, 1944).

25. *Vassar Encyclopedia.*

26. *New York Times* (July 5, 1944:20), " Monetary Conference Keeps Dr. Newcomer Too Busy for Her Mountain-Climbing Hobby."

27. Morgenthau, *Diaries*, Vol. 749, July 1, 1944, pp. 22–23.

28. Morgenthau, *Diaries*, Vol. 749, July 1, 1944, p. 24.

29. Morgenthau, *Diaries*, Vol. 749, July 1, 1944, p. 25.

30. Morgenthau, *Diaries*, Vol. 749, July 1, 1944, p. 30.

31. Morgenthau, *Diaries*, Vol. 753, July 13, 1944, p. 125.

32. *Christian Science Monitor* (July 15, 1944:16).

33. *Washington Post* (July 8, 1944:4).

34. Lippmann (July 13, 1944:7).

35. *The Times* (London) (July 17, 1944:3).

36. Gilbert (1989:551).

37. Morgenthau, *Diaries*, Vol. 749, July 3, 1944, pp. 284–286.

38. Goldenweiser, Papers, Bretton Woods Conference, Box 4.

39. Morgenthau, *Diaries*, Vol. 753, July 13, 1944, pp. 90–91.

40. Morgenthau, *Diaries*, Vol. 749, July 2 or 3, 1944, pp. 210–211.

41. *Washington Post* (July 12, 1944:1).

42. Morgenthau, *Diaries*, Vol. 752, July 10, 1944, pp. 58–78.

43. *Chicago Tribune* (July 7, 1944:10).

44. *Wall Street Journal* (July 3, 1944:4).

45. *Wall Street Journal* (July 7, 1944:2).

46. *Christian Science Monitor* (July 12, 1944:17).

47. Robbins (1990:174, 184).

48. Robbins (1990:179).

49. *Chicago Tribune* (July 9, 1944:A5), "study Means to Balk Hiding of Axis Assets."

50. Bourneuf (July 6, 1944:3–4). Van Dormael (1978:201–202).

51. Morgenthau, *Diaries*, Vol. 753, July 13, 1944, p. 85.

52. "可兑换黄金货币"和"可兑换黄金外汇"这两个术语在讨论中交替使用。

53. See Schuler and Rosenberg (2012: page number unavailable)，"第一委员会第四次会议纪要，1944 年 7 月 13 日，下午 2 时 30 分"。See also Bourneuf (July 13, 1944:3).

在次日，也就是 7 月 14 日，上午 10 点的第一委员会会议上，罗伯逊在另一个不同背景下再次提出了这个问题。"我希望得到确认，上次提出的修改建议已经被充分地纳入了第三条中，"他说道，"在第 3 页，将原来的'其黄金及黄金可兑换外汇官方储备的 10%'替换为'其黄金及美元官方储备净值的 10%'。"

伯恩斯坦回应道："我的意图是在涉及定义的问题时提及这一改动。但是，我认为，那些已经考虑过这个问题的人认为，将'黄金可兑换外汇'替换为'美元'实际上是在重复相同的原则。除了美元之外，没有什么其他货币现在能够满足这一定义，而如果我们现在做这个替换，将使程序更加便捷。"

"那么建议的改动就是将'可兑换黄金外汇'替换为'美元'。"怀特总结道，没有人提出反对。(Schuler and Rosenberg [2012]).

54. Morgenthau, *Diaries*, Vol. 754, July 14, 1944, p. 3.

55. Gilbert (1989:552–553).

56. *New York Times* (July 7, 1944:7), "Britain is 'Broke,' Two Ministers say."

57. Keynes (1980) XXVI, July 4, 1944, pp. 78–79, 81.

58. *New York Times* (July 7, 1944:9), "Keynes Attacks Fund Plan Critics."

59. *New York Times* (July 5, 1944:19), "Quota issues Split World Fund Talks."

60. Robbins (1990:168).

61. New York Times (July 9, 1944:e6).

62. Robbins (1990:179).

63. *Foreign Office* (July 1944 [day unclear]).

64. Foreign Office (July 10, 1944).

65. Foreign Office (July 11, 1944).

66. Robbins (1990:174).

67. Goldenweiser, Papers, Bretton Woods Conference, Box 4.

68. Morgenthau, *Diaries*, Vol. 753, pp. 143–144.

69. Morgenthau, *Diaries*, Vol. 753, July 13, 1944, pp. 133–164.

70. Robbins (1990:174).

71. Morgenthau, *Diaries*, Vol. 752, pp. 33–36; Vol. 753, pp. 122–132.

72. Morgenthau, *Diaries*, Vol. 752, July 10, 1944, pp. 34–38.

73. Morgenthau, *Diaries*, Vol. 753, July 13, 1944, pp. 89.

74. Morgenthau, *Diaries*, Vol. 754, July 14, 1944, pp. 4–5.

75. Blum (1967:269–270).

76. Keynes (1980) XXVI, July 14, 1944, p. 92.

77. Morgenthau, *Diaries*, Vol. 754, July 15, 1944, p. 6.

78. Keynes (1980) XXVI, July 17, 1944, p. 94–95.

79. *New York Times* (July 19, 1944:5).

80. Morgenthau, *Diaries*, Vol. 756, July 20, 1944, p. 120.

81. Robbins (1990:168).

82. Robbins (1990:183–184, 192).

83. Acheson (1969:81–82).

84. Morgenthau, *Diaries*, Vol. 753, July 13, 1944, pp. 133–164.

85. Robbins (1990:181).

86. Robbins (1990:190).

87. Skidelsky (2000:354).

88. Robbins (1990:190).

89. Morgenthau, *Diaries*, Vol. 756, July 20, 1944, pp. 137–169.

90. Morgenthau, *Diaries*, Vol. 756, July 20, 1944, p. 144.

91. Morgenthau, *Diaries*, Vol. 756, July 20, 1944, p. 120.

92. Skidelsky (2000:355).

93. Robbins (1990:191).

94. Foreign Office, July 20, 1944.

95. Morgenthau, *Diaries*, Vol. 756, July 20, 1944, p. 119.

96. Morgenthau, *Diaries*, Vol. 756, July 20, 1944, p. 151.

97. Robbins (1990:182).

98. *The Times* (London) (July 10, 1944:3).

99. *New York Times* (July 17, 1944:19).

100. Bernstein quoted in Black (1991:47).

101. *New York Times* (July 19, 1944:18).

102. *New York Times* (July 18, 1944).

103. *New York Times* (July 18, 1944:18).

104. *Chicago Tribune* (July 9, 1944:10), "Good Money For Bad."

105. *Chicago Tribune* (July 15, 1944:6).

106. White Archives (undated), "Political Economic Int. of Future."

107. Morgenthau, *Diaries*, Vol. 751, July 9, 1944, pp. 272–291.

108. Morgenthau, *Diaries*, Vol. 754, July 15, 1944, pp. 164–176.

109. Robbins (1990:172).

110. Mikesell (1951:104–105).

111. Bernstein quoted in Black (1991:43).

112. Robbins (1990:172).

113. *New York Times* (July 8, 1944:20).

114. *New York Times* (July 14, 1944:28).

115. Morgenthau, *Diaries*, Vol. 750, July 5, 1944, pp. 87–124.

116. Mikesell (1951:108).

117. Morgenthau, *Diaries*, Vol. 750, July 5, 1944, pp. 87–124.

118. Mikesell (1951:103).

119. Morgenthau, *Diaries*, Vol. 750, July 5, 1944, pp. 87–124.

120. *Christian Science Monitor* (July 6, 1944:15).

121. Morgenthau, *Diaries*, Vol. 750, July 5, 1944, pp. 87–124.

122. *New York Times* (July 9, 1944:e6).

123. Mikesell (1951:104).

124. *Chicago Tribune* (July 15, 1944:6).

125. Morgenthau, *Diaries*, Vol. 752, July 11, 1944, pp. 203–216.

126. Morgenthau, *Diaries*, Vol. 754, July 14, 1944, pp. 14–20.

127. Robbins (1990:185).

128. Morgenthau, *Diaries*, Vol. 754, July 15, 1944, pp. 115–139.

129. Robbins (1990:186).

130. Morgenthau, *Diaries*, Vol. 755, July 17, 1944, pp. 69–86.

131. *New York Times* (July 18, 1944:1).

132. *New York Times* (July 20, 1944:24).

133. Robbins (1990:192).

134. Mikesell (1951:104).

135. Morgenthau, *Diaries*, Vol. 756, July 21, 1944, p. 255.

136. Morgenthau, *Diaries*, Vol. 756, July 21, 1944, pp. 258–260.

137. Keynes Papers (July 22, 1944).

138. Bernstein quoted in Black (1991:104).

139. Bernstein quoted in Black (1991:47).

140. Morgenthau, *Diaries*, Vol. 757, July 22, 1944, pp. 1–13.

141. Bernstein quoted in Black (1991:48).

142. Bareau (1951).

143. Skidelsky (2000:357).

144. Black (1991:57).

145. *Proceedings and Documents* (1948), Vol. 1, pp. 1107–1126.

146. Robbins (1990:193).

147. Morgenthau, *Diaries*, Vol. 757, July 22, 1944, pp. 13A–13B.

148. Morgenthau, *Diaries*, Vol. 723, pp. 37–38.

149. Morgenthau, *Diaries*, Vol. 757, July 22, 1944, pp. 13A–13B.

150. Zlobin (Oct. 15, 1944).

151. Grand Jury Testimony in the Alger Hiss Case, 1947–1949, HDW, Mar. 24–25,1948, pp. 2740–2741.

152. Mikesell (1951:104).

153. Zlobin (Oct. 15, 1944).

# 第 9 章　像法拉一样乞求

1. Foreign Office (Dec. 29, 1944).

Ghost:

Thus was I, sleeping, by a brother's hand

Of life, of crown, of queen, at once dispatch'd

Cut off even in the blossoms of my sin,

Unhousel'd, disappointed, unaneled;

No reckoning made, but sent to my account

With all my imperfections on my head

(*Hamlet*, Act 1, scene 5, Lines 74–79)

2. Foreign Office (Apr. 5, 1945).

3. Skidelsky (2000:358).

4. Foreign Office (Dec. 29, 1944).

5. Morgenthau, *Diaries*, Vol. 805, p. 163.

6. Morgenthau, *Diaries*, Vol. 807, pp. 151–156.

7. *Commercial and Financial Chronicle* (Sept. 14, 1944).

8. Morgenthau, *Diaries*, Vol. 816, pp. 108–118.

9. Morgenthau, *Diaries*, Vol. 752, p. 279.

10. Morgenthau, *Diaries*, Vol. 763, pp. 219–220.

11. Morgenthau *Diaries*, Vol. 657, p. 6.

12. Van Dormael (1978:246).

13. *Wall Street Journal* (Apr. 13, 1945).

14. Foreign Office (Dec. 1944).

15. *The Economist* (July 21, 1945).

16. Skidelsky (2000:361).

17. Blum (1967:314).

18. Blum (1967:315).

19. Morgenthau, *Diaries*, Vol. 780, pp. 1–13.

20. Skidelsky (2000:367–368).

21. Keynes (1979) XXIV, Dec. 12, 1944, p. 217.

22. Blum (1967:314).

23. Herring Jr. (1971:271).

24. Blum (1967:320).

25. Blum (1967:323).

26. Herring Jr. (1971:269).

27. Gilbert (1989:683–686).

28. Herring Jr. (1971:274).

29. Blum (1967:448–449).

30. Blum (1967:463–464).

31. Blum (1967:327, 332–333).

32. Blum (1967:342).

33. Blum (1967:343).

34. Skidelsky (2000).

35. Blum (1967:344, 350).

36. Blum (1967:338).

37. Blum (1967:338–339).

38. Dietrich (2002:17).

39. Morgenthau III (1991:164).

40. Rees (1973).

41. Blum (1967:355).

42. Blum (1967:369).

43. Churchill (1953:158).

44. Blum (1967:371).

45. Rees (1973:278).

46. Blum (1967:374). Rees (1973:277).

47. Rees (1973:279).

48. Blum (1967:373).

49. Hull (1948:1614).

50. Rees (1973:282).

51. Dietrich (2002:71).

52. Dietrich (2002:70–72).

53. Rees (1973:284–286).

54. Rees (1973:177).

55. Petrov (1967:122–123).

56. Blum (1967:180–181).

57. 关于怀特在同盟国军用马克问题上所采取的行动，本特利阴谋论的说法充其量是混淆事实，而且很有可能就是错误的。她声称，根据苏联情报人员的命令，她通过中间人从怀特那里购买到了货币的样本。苏联人希望用它来制造假币，但是最终失败了。然而，怀特实际上于 1944 年 2 月 9 日公开将印刷模板的副本寄给了苏联大使葛罗米柯，所以这些隐蔽的交易是没有必要的。

58. Rees (1973:189).

59. Petrov (1967).

60. Dietrich (2002).

61. Blum (1967:469–473).

62. Skidelsky (2000:381–383).

63. Keynes (1979) XXIV, June 23, 1945, p. 369.

64. Clarke (2008:393).

65. Skidelsky (2000:413).

66. Skidelsky (2000:410).

67. Skidelsky (2000:407).

68. Skidelsky (2000:416).

69. Skidelsky (2000:420).

70. Keynes (1979) XXIV, Oct. 12, 1945, p. 541.

71. Keynes (1979) XXIV, Oct. 12, 1945, p. 540.

72. Keynes (1979) XXIV, Oct. 5, 1945, p. 535.

73. Skidelsky (2000:421).

74. Skidelsky (2000:425–427).

75. Skidelsky (2000:432).

76. 这是这段交锋的一个版本，由英国谈判人员保罗·巴瑞叙述给了斯基德尔斯基（2000：434）。加德纳（1956[1980]：201）则讲述了一个略有区别的版本。

77. Skidelsky (2000:434–444).

78. Van Dormael (1978:276–280).

79. House of Commons Debates (Dec. 13, 1945).

80. Keynes (1979) XXIV, Jan. 1, 1946, p. 627.

81. Keynes (1979) XXIV, May 15, 1945, p. 278.

82. Skidelsky (2000:451–452).

83. Clarke (1982:57).

84. Mikesell (1951).

85. James (1996:69–70).

86. Kennan (1946).

87. 例如，一份 1945 年 1 月 18 日的电报提到，"理查德"将被任命为"纳鲍勃"（即摩根索）部门的部长助理（国家安全局，维诺纳文件，T247 重印，1945 年 1 月 18 日）。怀特于 1 月 23 日被任命为部长助理。

## 第 10 章 旧秩序退场，新秩序登台

1. Chambers (1952:453–470).

2. Haynes and Klehr (1999:90–92).

3. Tanenhaus (1997:203); Rees (1973:408).

4. Hayden B. Peake, afterword to Bentley (1951 [1988]).

5. Sibley (2004:120–121).

6. Bentley (1951 [1988]:113–114); Rees (1973:207); Haynes and Klehr (1999:133).

7. Bentley (1951 [1988]:113–114).

8. Packer (1962:117).

9. Haynes and Klehr (1999:150).

10. "最初的计划是美国将支持怀特先生竞选国际货币基金组织的最高管理职务……但是在接到联邦调查局的报告并与我的内阁成员会商之后，达成的决定是仅提名他担任董事会成员。"(*New York Times*, Nov. 17, 1953.)

11. 杜鲁门对此事件的完整陈述见附录 B。

12. Rees (1973:377–390). Interlocking Subversion in Government Departments Hearings, Dec. 3, 1953, and Dec. 16, 1953, p. 1219, 1247.

13. See the testimony of J. Edgar Hoover, Interlocking Subversion in Government Departments Hearings, Nov. 17, 1953, pp. 1143, 1145–1147.

14. Keynes (1980) XXVI, Mar. 7, 1946, pp. 210-214. See also memoranda by W. M. Tomlinson, Jan. 19, 1946, and William H. Taylor, Jan. 24, 1946, referenced in Rees (1973:367). Horsefield's (1969:135) 中对为何怀特没有获得国际货币基金组织总裁一职的说法与凯恩斯记录的文森的解释完全一样。See also Mason and Asher (1973:40).

15. Skidelsky (2000:464–465).

16. Skidelsky (2000:465).

17. Gardner (1956 [1980]:266).

18. Bareau (1951).

19. Memo dated March 27, 1946, reprinted in Harrod (1951:630).

20. Keynes (1980) XXVI, Mar. 27, 1946, p. 222.

21. Keynes (1980) XXVI, Mar. 13, 1946, p. 217.

22. Van Dormael (1978:299–300).

23. Bareau (1951).

24. Skidelsky (2000:467–468).

25. Skidelsky (2000:468–469).

26. Keynes (1980) XXVI, Mar. 27, 1946, p. 234.

27. Keynes (1946:172–187).

28. Skidelsky (2000:470).

29. Rees (1973:371).

30. Keynes (1980) XXVII, Feb. 11, 1946, p. 480.

31. Clarke (2008:409, 413–415).

32. Clarke (2008:417).

33. Gardner (1956 [1980]:237).

34. Keynes (1980) XXVII, Feb. 11, 1946, p. 466.

35. Keynes (1980) XXVII, Jan. 29, 1946, pp. 464–465.

36. Clarke (2008:460–462).

37. Clarke (2008:474–487).

38. Reproduced in Clarke (1982:156–157).

39. Reproduced in Clarke (1982:159–166).

40. Memorandum dated July 23, 1947, reproduced in Clarke (1982:168–176).

41. Gardner (1956 [1980]).

42. Nitze (1989:51–52). Fossedal and Mikhail (1997:195–199).

43. Fossedal (1993:225).

44. See Fossedal (1993:228–229). 当然，还有很多人也参与了文件的起草，特别是艾奇逊、凯南、苏联问题专家查尔斯（"奇普"）·博伦以及本杰明·科恩的作用。

45. Acheson (1969:234–235).

46. Clarke (2008:492–493).

47. Fossedal (1993:240).

48. Gardner (1956 [1980]).

49. Fossedal (1993:252–253).

50. New York Times (Oct. 15, 1947:1).

51. Fossedal (1993:258).

52. See, for example, Robert Lovett's memorandum to Clayton, *Foreign Relations of the United States, 1947* (Aug. 26, 1947): http://digicoll.

library.wisc.edu/cgi-bin/FRUs/FRUs-idx?type=turn&entity=FRUs.
FRUs1947v03.p0404&id=FRUs.FRUs1947v03&isize=M.
53. 其中包括 1950 年成立的欧洲支付联盟和 1951 年成立的欧洲煤钢共同体。
54. Acheson (1969:231). see also Healy (Apr. 2011).
55. Clayton (Jan. 5, 1958).
56. Fossedal (1993:286).
57. Published in Henry Dexter White (July 1947:21–29).
58. Rees (1973:401).
59. White Archives (May 19, 1948), "Rough Draft."
60. White Archives (undated), "Political economic int. of Future."
61. White Archives (May 19, 1948), "Rough Draft."
62. Draft letter from White to Henry Wallace, dated Jan. 17, 1948, quoted in Rees (1973:407).
63. Rees (1973:407). interlocking subversion in Government Departments Hearings, Aug. 3, 1955, pp. 2529–2530. Craig (2004:204).
64. Kennan (1967:292).
65. Nathan White (1956:71).
66. Craig (2004:208).
67. HUAC Hearings, July 31, 1948, pp. 511, 553.
68. *Sunday Globe* (Aug. 1, 1948).
69. HUAC Hearings, Aug. 3, 1948, pp. 574, 580.
70. Tanenhaus (1997:214).
71. HUAC Hearings, Aug. 13, 1948, pp. 877–906.
72. *New York Times* (Aug. 14, 1948).
73. HUAC Hearings, Aug. 13, 1948, p. 891.
74. Tanenhaus (1997:438).
75. Chambers (1952:38, 40–41).
76. *Congressional Record*, House (Jan. 26, 1950).
77. Chambers (1952:40).

78. 最初的分析是由联邦调查局于 1948 年 12 月 6 日完成的（Craig [2004:299-300, f.82]）。See "Report by Horald Gesell, Handwriting Expert of the Veterans 'Administration, on the 'White memorandum', March 2, 1949," reprinted in Rees (1973:435–436).

79. Haynes and Klehr (1999:1–15).

80. Haynes and Klehr (1999). Romerstein and Breindel (2000). Andrew and Mi- trokhin (1999).

81. Haynes and Klehr (1999:15).

82. Federal Bureau of Investigation (Oct. 16, 1950). Harvey Klehr 提供了此份备忘录的副本，我对此深表感激。

83. 根据艾萨克·唐·列维和阿道夫·伯利的记述，这里将怀特也算作钱伯斯指认的 8 个人之一。

84. Haynes and Klehr (1999:91).

85. These cables can be found on the Web site of the National security Agency: http://www.nsa.gov/public_info/declass/venona/.

86. Andrew and Mitrokhin (1999:xxi, 106, 109).

87. Haynes and Klehr (1999:142).

88. Romerstein 与 Breindel (2000) 写道阿赫梅罗夫接到了这些命令，但是被破译的电报实际上只提到了"阿尔伯特"这个名字，而没有点明阿赫梅罗夫。

89. See Haynes, Klehr, and vassiliev (2009:260, 592, f. 118).

90. Craig (2004:257).

91. Weinstein and Vassiliev (2000:169).

92. Chambers (Dec. 2, 1953).

93. Commission on Protecting and Reducing Government Secrecy (1997).

国际货币基金组织的历史学家詹姆斯·伯顿是怀特最执着、最忠实的辩护人，他认为破译的维诺纳电报仅仅"确认了怀特在讨论与苏联有关的政策问题时言行轻率"。但这种说法是无法令人信服的，因为这些电报不仅显示出怀特清楚地知道他行动的危险性，而且显示出他是在通过美国的中间人开展行动。从逻辑上讲，"言行轻率"这种轻量级过错如果要适用于怀特，必须是在怀特与他的苏联联系人直接往来的情况下。

关于罗斯福政府对苏联战时资金援助问题的内部讨论，伯顿写道，怀特"使他的苏联联系人及时获悉此方面进展情况的做法与他一贯的工作习惯是一致的"(2004:234-235)。对于伯顿而言，怀特是无罪的，他只是为了使苏联外交官知晓他努力使他们获得更好贷款条件的行动的最新进展。怀特向苏联人提供了机密信息，这种做法将严重影响美国人的谈判策略，但是伯顿认为这没有什么问题。而且，对于怀特提供这些情报的方式，伯顿也歪曲了事实。苏联人得知怀特行动的信息不是通过怀特，而是通过一位美国政府官员，即西尔弗玛斯特，他是苏联在美国的一个间谍网络的负责人，定期将怀特提供给他的情报转给莫斯科。有关电报显示怀特知道他的情报的去处。

## 第 11 章 尾 声

1. *The Economist* (Aug. 23, 1947).

2. *New York Times* (Feb. 14, 1947).

3. Gardner (1956 [1980]:298).

4. Eichengreen (2008:104).

5. James (1996:97).

6. 参见 Kunz(1991) 对此问题的精彩叙述。

7. Triffin (Oct. 28, 1959).

8. Triffin (1960:87, 145).

9. James (1996:158).

10. De Gaulle (1970:372–375).

11. Reprinted in Rueff (1972:72).

12. Rueff (1972:76).

13. 吕夫和特里芬就美元危机不可避免的问题接受了联合采访并刊登于 1966 年 7 月 3 日的伦敦《星期日泰晤士报》和第二天的巴黎《震旦报》(reprinted in Rueff [1972:107–114])。

14. Triffin (1960:91–93).

15. Rueff (1972:41).

16. Rueff (1972:95, 143). 吕夫关于"虚无缥缈的东西"的说法具体是指国际货币基金组织的特别提款权，但是在他的脑海中这个说法肯定也适用于凯恩斯的班科、伯恩斯坦的复合储备单位（composite reserve unites, CRU）以及其他国际法定储备货币的变体。

17. Triffin (1960:146).

18. 对特别提款权历史的最新记述，参见 Wilkie (2012)，尽管叙述带有一种非典型的积极色彩。

19. James (1996:211–220).

20. 白银在历史长河中也充当过重要的货币，例如在中国，白银一直使用到 20 世纪 30 年代（参见第 3 章）。

21. White Archives (Aug. 4, 1942), section IV, pp. 1, 3, 13 (note: the folder contains numerous duplicate page numbers).

22. James (1996:222).

23. Dale Jr. (Dec. 19, 1971:1).

24. Cohen (1974:129).

25. Witteveen (Jan. 15, 1974).

26. Friedman (Nov. 14, 1963).

27. Hayek (1937 [1989]:64).

28. 哈耶克和弗里德曼在固定汇率与浮动汇率制度上的分歧大体上重现了 20 世纪 30 年代两个有影响力的经济学家罗格纳·纳克斯（Ragnar Nurske）和戈特弗里德·哈伯勒（Gottfried Haberler）之间的分歧。参见 James(1996:38, 89).

29. Zhou (Mar. 23, 2009).

30. Hayek (1976).

31. Stock and Watson (2002). Bernanke (Feb. 20, 2004).

32. Rubin (May 26, 1998).

33. Summers (Mar. 23, 2004).

34. Schumer and Graham (sept. 25, 2006).

35. Xinhua News Agency (Aug. 6, 2011).